JN323589

長野浩典

Nagano Hironori

ある村の幕末・明治

『長野《ながの》内匠《たくみ》日記』でたどる75年

弦書房

装丁＝藤村興晴

目次

【凡例】

一、本書で引用した『長野内匠日記』は、『長陽村史資料集第一集』『同二集』『同三集』（長陽村教育委員会、平成十六年）による。

二、右の資料集では、近世文書の独特の仮名遣い、例えば「〻」というような文字は、分かりやすく「より」というように表記しているが、本書もそれに従った。

三、『長野内匠日記』（長野立春氏所蔵）の原本は現在、南阿蘇村教育委員会に寄託されている。

四、読みやすさを考慮して、引用（参考）文献を本文中には付していない場合がある。参考文献は、巻末にすべて引用順に列挙した。

五、本文中の日付は、『内匠日記』の日付に従い旧暦である。ただし第四章、明治十年（一八七七）の西南戦争と阿蘇一揆の項は新暦で表記し、必要な場合は旧暦を（ ）内に表記している。したがって、全体を通して（ ）内の日付は、すべて旧暦である。

はじめに——長野家と長野内匠と『長野内匠日記』の概要と意義について

熊本市から国道五七号線を東に向かい、菊池郡大津町を過ぎると阿蘇の火口瀬にさしかかる。ここは阿蘇の外輪山がただ一ヶ所、西に向かって開いたところで、熊本側からは阿蘇の入口にあたる。このあたりの国道五七号線は、東に向かってけっこうな勾配で、白川を右手に見ながらのぼりつづける。豊肥線の立野《たての》駅は、ちょうどこの火口瀬の一角に位置する。さらに坂をのぼると、阿蘇谷と南郷谷の分岐点にさしかかる。白川と黒川の合流点付近である。五七号線をまっすぐ進めば赤水を通って阿蘇谷へ、ここを右折して国道三二五号線をすすめば南郷谷へ向かうことになる。

五七号線から右折して、黒川を跨ぐ阿蘇大橋をわたる。橋の中ほどで、左手にちらりと滝がみえる。数鹿《すが》流ヶ滝《るがたき》と言う。徳富蘆花の短編小説のタイトルにもなった名瀑である。視線をもどすと、正面には阿蘇の中央火口丘へ連なる雄大なスロープが見える。この辺りまでくると、どこをみても緑、緑、みどりである。夏の阿蘇は、視界にしめる「緑色の占有率」がとても高いと、帰るたびに思う。

新しい栃木《とちのき》温泉の脇をすぎて、さらにしばらく東へ向かうと、地獄・垂玉《たるたま》温泉を指す案内板がみえる。阿蘇山側に向かって左折すると、離合するだけで緊張する細い「田舎道」にはいる。間もなく、家屋も疎らな集落に出る。阿蘇の山が、さらに近づいてきた。緩やかな傾斜地には棚田があって、棚田の群の中にぽつぽつと農家がくっついている。あと十分も道を登れば垂玉温泉である。そんな所に、この本の舞台である「長野村」がある。現在は阿蘇南郷、阿蘇郡南阿蘇村大字長野である。初めてここを訪れたある知人が、「静寂と緑の丘があるだけだ」と言ったが、まさにその通りの村である。

長野村のほぼ真ん中に、長野阿蘇神社がある。この小さな村の開発領主である長野氏が、阿蘇神社の主神健磐龍命《たけいわたつのみこと》を勧請《かんじょう》した神社だ。長野氏は阿蘇氏の庶流

数鹿流ヶ滝

と言われ、中世長野村は阿蘇大宮司家の直轄地であったらしい。ここは、毎年秋に長野岩戸神楽が奉納されることで有名である。神社の隣には神楽殿があって、近ごろは祭でないときも観光客に神楽を披露している。

さてこの長野村に、幕末に生まれ明治維新を跨いで七〇年あまりにわたって日記を綴った人物がいた。名を長野内匠《たくみ》惟起《これおき》と言う。内匠は阿蘇家の家来で手習（寺子屋）の師匠であるいっぽう、農業を営んでいた。刀を腰に差してはいるが、年貢を納めている。が、単なる郷士でもない。何とも江戸時代の身分制では分類が難しい存在である。いったい、長野内匠とはどういう人物なのか。彼が書き残した日記が、今は『長野内匠日記』（以下、『内匠日記』と略記）とよばれている。彼自身と彼の家族と、そして長野村の「記録」でもある。本書は彼の日記をもとに、幕末から明治前期の小さな農村の暮らしぶりや歴史をたどろうとするものである。

*

ここで少々長くなるが、長野内匠と長野家、さらに『内匠日記』について、あらかじめ紹介しておきたい。まず、長野家と長野内匠の存在は、近世の「士農工商」という身分制のなかで、一筋縄ではくくれない。ただし、近年の近世史研究は、この四つの身分で分類できない諸階層があまたいたことを指摘する。近世社会の身分、階層、諸集団の多様性を明らかにしつつある、いわゆる「近世の身分的周縁」論である。『内匠日記』をみると、長野内匠は武士であり、農民であり、宗教者であり、文化人であり、職人であり、挙げ句には商売までやっている。驚くほど多様な面をみせるのだが、言い換えれば、何と「あいまいな身分」だろう、と思わせる。しかしそれは、長野内匠個人だけでなく、長野家自体の「あいまいさ」なのである。

長野家が武士たる所以は、阿蘇家の家来であること

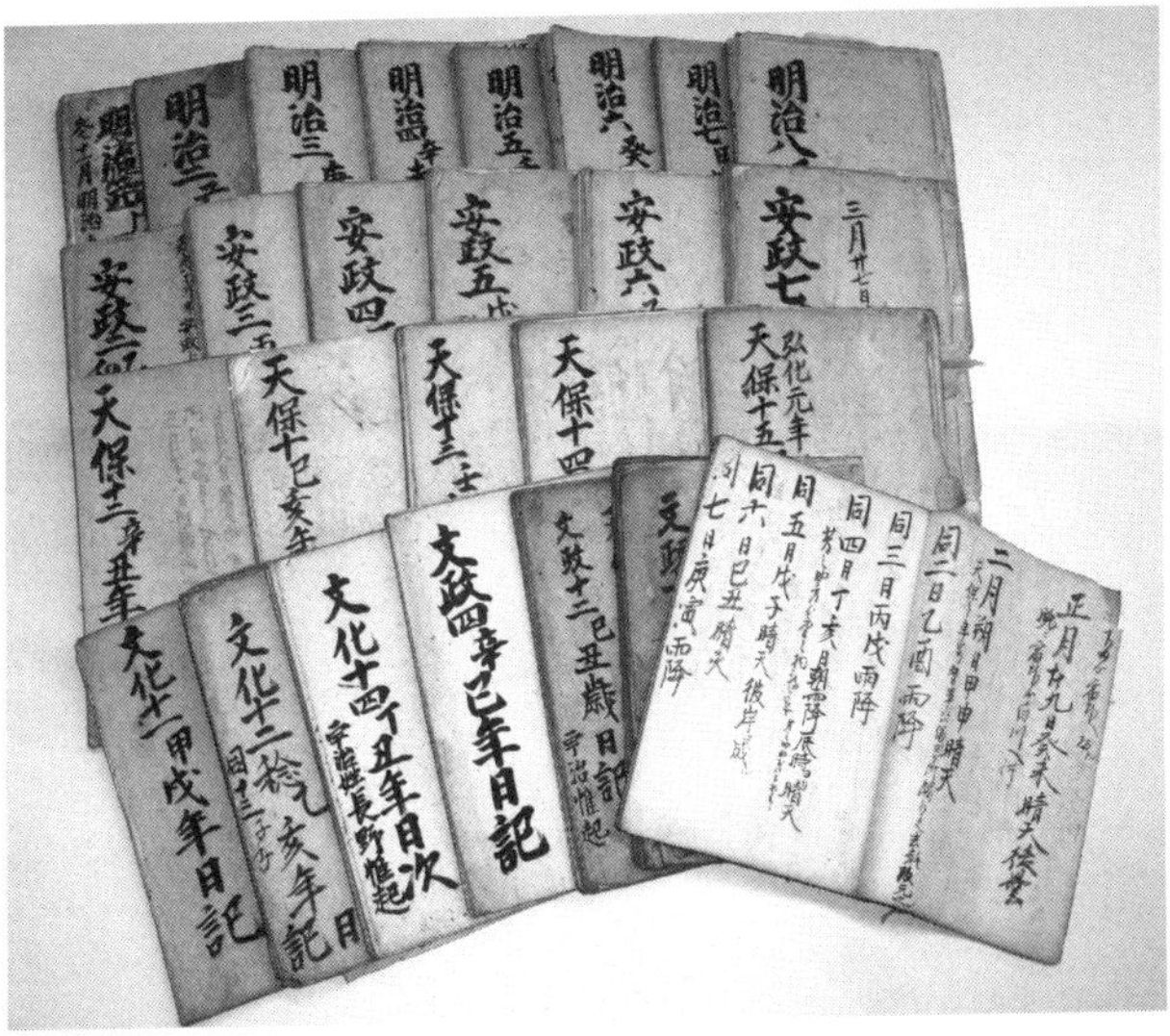

『長野内匠日記』書影

にある。長野家は、中世長野村の開発を先導しそこに土着したものと推定される。長野家の氏神である長野阿蘇神社は、阿蘇社の神々をそのまま勧請《かんじょう》している。従って、長野家は阿蘇家の庶流と考えられる。そしてその後裔《こうえい》の長野惟久《これひさ》（長野家初代）は、天正の戦乱において、自らの所領と阿蘇家を守るために、薩摩島津氏の軍勢と果敢に戦って果てた。長野家は、まぎれもなく中世の小領主であった。

　その天正の戦乱では、阿蘇家も島津氏に敗れた。幼少の当主阿蘇惟光《これてる》は、かろうじて生き延びた。しかし惟光は、肥後国衆一揆の再発を恐れた秀吉によってのちに切腹させられる。その後、加藤氏の時代に惟光の弟、又次郎が跡目をつぎ、近世の阿蘇家は神主として存続することになる。近世の阿蘇家は、一切の政治的な権力を有せず、神事に専念することになった。加藤氏のあと、細川氏が熊本に入封したあとも、この阿蘇家の待遇は引き継がれた。しばらくして熊本藩は、阿蘇家が家来を持つことも許した。こうして阿蘇家の縁故の者たちが、家来としてふたたび阿蘇家に仕えはじめた。長野家と長野内匠もこの阿蘇家の「家来」なのである。

　内匠の二代前の長野一郎右衛門は、地侍の地位を弟の形右衛門に譲り、自らは阿蘇家に仕えることになった。これが「阿蘇家の家来」としての長野家のはじまりである。その「家来」の跡目は内匠の兄七郎が継いだが、内匠も若い頃から阿蘇家に出入りが許された。おそらく内匠の才能を買ってのことだろう。のちに内匠は分家として認められ、彼自身も「家来」となって阿蘇家に仕えた。『内匠日記』に「殿様」とか「若殿様」などとみえるのは、宮地の阿蘇大宮司をさしている。月に一度ほど宮地の大宮司（殿様）の屋敷を訪れ、阿蘇家の古文書を読んだり写したり、また雑事を処理した。大宮司が御社参などに出かけるときの御供や駕籠の先導役を勤めるのが、彼のハレの舞台であった。

長野家は、あくまでも阿蘇家の家来であるが、苗字帯刀を許されていた。長野家には代々伝えられた刀や槍、具足もあった。これらは現在、ほとんど失われているが、『内匠日記』には、「大石ノ弁吉、居合刀借りニ来」（文化十二年〈一八一五〉三月十一日）などと居合い抜き用の刀さえもあった事がわかる。と言うことは、居合いなどの剣術にも勤しんでいたことになる。また『内匠日記』をみると、長野家は絵踏も免除されている。以上のような状況から考えると、長野家は、「武士に準ずる」身分として扱われていたと思われる。

さて、日記を書き残した長野内匠は、寛政十一年（一七九九）、父長野惟清《これきよ》、母のと（能登）の子として生まれた。幼名を千壽王《せんじゅおう》という。兄七郎惟繁《これしげ》とは七つ違い。六歳の時から、父について手習《てならい》をはじめる。一五歳（文化十年〈一八一三〉）で元服し、内匠惟起《これおき》と名のる。「この年から、阿蘇家への奉公がはじまった」と『内匠日記』に書いている。父親に連れられ、阿蘇の御館に通うようになったようだ。この頃から、手習（寺子屋）の師匠もはじめる。二〇歳前後で「おとを」と言う女性と結婚したが、そのときの『内匠日記』は欠落して正確なことが分からない。しかし、おとをとは、内匠二六歳の時に死別している。翌年、「おりせ」と再婚したが、おりせはこのとき二〇歳であった。おりせとの間には、判明する限り一男六女をもうけたが、長男と次女、三女、六女は早世した。結局、内匠の家を継いだのは四女むつであった。むつには婿養子（定嘉《さだか》）を立野《たての》の中尾家から迎えた。内匠二二歳の時（文政三年〈一八二〇〉）に「阿蘇家から別家」を仰《おお》せつけられて（明治元年九月二十九日付「覚」）、正式に阿蘇家の家来となり奉公することになる。前年の文政二年に父惟清が他界している。父の死を契機に七郎と兄弟で阿蘇家に仕えよ、という阿蘇家の取り計らいであったのだろう。

内匠がちょうど七〇歳の時に明治を迎えた。この二年前に阿蘇家に対し隠居を申し出たが認められなかったのか、この年、再び隠居願いを出している（慶応四年〈一八六八〉九月）。そして、養子定嘉への家督相続がかなった。明治二年（一八六九）に差し出した「阿蘇大宮司家譜代之家来給人席」では、当主長野定嘉（三五歳）・養父長野内匠（七一歳）・養母利勢（五六歳）・妻むつ（三二歳）・嫡子群雄《むらお》（二歳）・妹満濃《まの》（二八歳）・妹さかへ（二三歳）・育長野伊三郎（三〇歳）の八人家族であることを申告している。このうちさかへは、養女である。また「育」は「はぐくみ」と言い、長野家一門の者を教育を兼ねて養育してたものである。長野伊三郎は、のちにたびたび登場する長野内蔵《くら》之允《のじょう》（湯ノ谷温泉の湯亭）の弟である。【図1】は内匠の家族と周辺の略系図である。

隠居してもなお、隠居の身分で非公式に殿様に仕えたようだ。明治二年に隠居以前に作成を命じられた『南郷事蹟考』を完成させ殿様に献上した。明治五年の八月には、理由は分からないが、「御狩場絵図」を作成するように命ぜられ、翌月はじめには完成させた。絵図の写しを作ったのであろうが、すでに隠居した内匠のほかに絵を描くものはいなかったのか。内匠は、絵もすぐれて堪能だったと考えるべきか。

八〇歳まぢかの明治十年（一八七七）、阿蘇一揆と西南戦争が起こる。この時も、村内の方々を飛び回って情報を収集して記録している。年齢からして、まさに「おそるべし内匠翁」である。同時にこれは、戦場となった村の住人の記録として極めて貴重なものである。阿蘇一揆と西南戦争についても、項を改めて記述したい。

明治十八年（一八八五）、ずっと連れ添った妻りせが八〇歳で死去。内匠はその二年後、明治二十年（一八

【図1】長野家系図

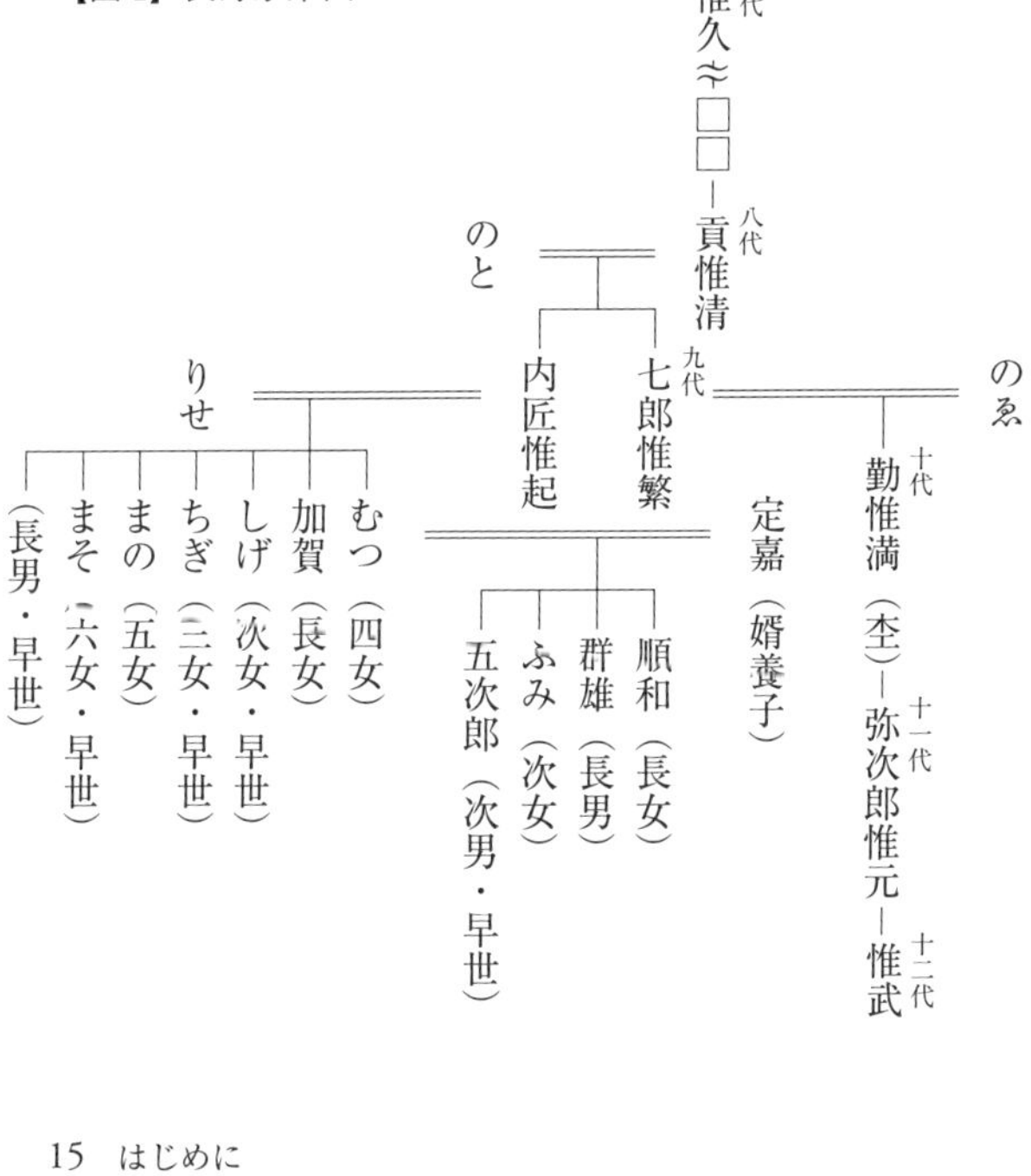

八七）、満八九歳でりせを追うようにこの世を去った。死の直前まで、『内匠日記』は書きつづけられた。

『内匠日記』は、その子孫である長野立春氏（熊本市在住）が所蔵されている（現在、南阿蘇村教育委員会に寄託）。『内匠日記』は、長野内匠が一五歳で元服した文化十年（一八一三）からはじまって、内匠が八九歳となる明治二十年（一八八七）に至る、実に七十五年間にわたる膨大な日記である。残念なことに、二一年分が失われており、現在残っているのは五四年分五三冊である（日記が失われているのは、次の二一年分である。文政元年・二年・三年・五年・六年・九年・十年・十一年、天保七年、弘化二年・三年・四年、嘉永元年・二年・三年・四年・六年、安政元年、文久元年・二年・三年）。残されている日記には、日付から天気、その日の出来事がほとんど欠けることなく毎日記入されている。内匠が長命であったこともあるが、七五年間というこれほど長期にわたる詳細な日記は、それほど見あたらないのではないか。しかも、幕末から明治維新の激動期をちょうどまたぐ日記であるから、その記録としての価値はさらに高い。もちろん、日記という文書の性格から、主観的な記述に注意を要するのは言うまでもない。

内匠は、多芸多能、しかも実に筆まめな人であった。日記の内容は、天気からはじまって、自分の家族や長野家の人々の動向、それに阿蘇家との関係、長野村や隣村での出来事、物価や災害など、実に様々な事象が記述されている。登場人物の数の多さは、予測を遙かに超えるものであるが、それは彼の交友関係の広さを物語っている。毎日の平穏な生活の様子から、様々な村の異変や事件など、とにかく詳細な記録である。しかしじっと座して、この膨大な情報が集まるわけではない。村人も内匠が、記録として『内匠日記』を書いていることを知っていて、しばしば情報をもたらした。彼が手習の師匠だったことも、情報集めの重要な要素であった。

『内匠日記』のなかでも、明治十年（一八七七）の西南戦争は、その詳細さと重要性において圧巻である。明治十年といえば、内匠すでに齢八〇歳。一大事件である西南戦争を記録した部分の日記を読むと、彼が実に積極的に動き回って情報を収集していることがわかる。それはちょうど、事件記者の情報集めを彷彿とさせるに足る。そして、実際自分の目で見た出来事を日記に書いているのである。八〇歳という年齢を考慮すると、そのバイタリティーは驚異的だといえよう。こうした内匠の個人的資質が、膨大な日記を残す最大の要因であった。

内匠個人の資質に加え、それほど地位や身分の高くない者たちが綴り残した日記が、江戸時代の後期から増えてくることに注意を払っておかなければならない。江戸時代後期には教育が地方まで普及するとともに、それにともなって在村知識人が形成されていく。そして、俳人・医者・僧侶・神職などが地域の文化の担い手となり、近代を迎える準備も進む。これが日記という形態の記録を増加させた要因である。

さらに貴重品であった和紙や筆などの生産が増加し、比較的手に入りやすくなったことも、日記が広範に残されるようになる要因と言えよう。内匠も手習いの礼などで、百田紙《ももた》（楮《こうぞ》に土粉または石粉を混入して漉いた和紙。福岡県筑後川流域が特産地であった）を進物として、しばしばもらっている。

＊

村落史の叙述について、公的文書（行政、貢租関係、村掟などの文書）が重視されるのは言うまでもない。しかし近年は、日記などの私的文書も重視されるようになってきた。日記などの史料に光をあてることで、村落の社会史や生活史が次第に明らかにされつつある。しかし、私的文書は書き手の感情や主観が色濃く反映されているため、扱いには注意を要する。一方で公的文書にありがちな「たてまえ」論などは、かえって除かれている場合が多いという（成松佐恵子『庄屋日記にみる江戸の世相と暮らし』）。『内匠日記』も大部分の記事は淡々と客観的に記述されているが、時に激しい感情が込められていることがある。この点、扱いが難しい。しかし、彼の感情や考えが表に出ていることで、かえって読み手を惹きつける場合もある。

言うまでもなく、幕末維新期は、わが国の歴史が近世から近代に移行する激動期であった。その激動の波は、この阿蘇の小さな山村にもおしよせた。開港、物価高騰、小倉戦争、幕府滅亡、王政復古、戊辰戦争、神仏分離、地租改正、阿蘇一揆、西南戦争――、激動の波は山村の人びとを次々にのみ込んだ。長野内匠と村びとたちは、この激動期をどのように生き、そして時代の変化をどのように受け入れたのか。『内匠日記』は、時代に翻弄されながらも、幕末から明治維新をたくましく生きた人びとを生き生きと現代によみがえらせてくれる。

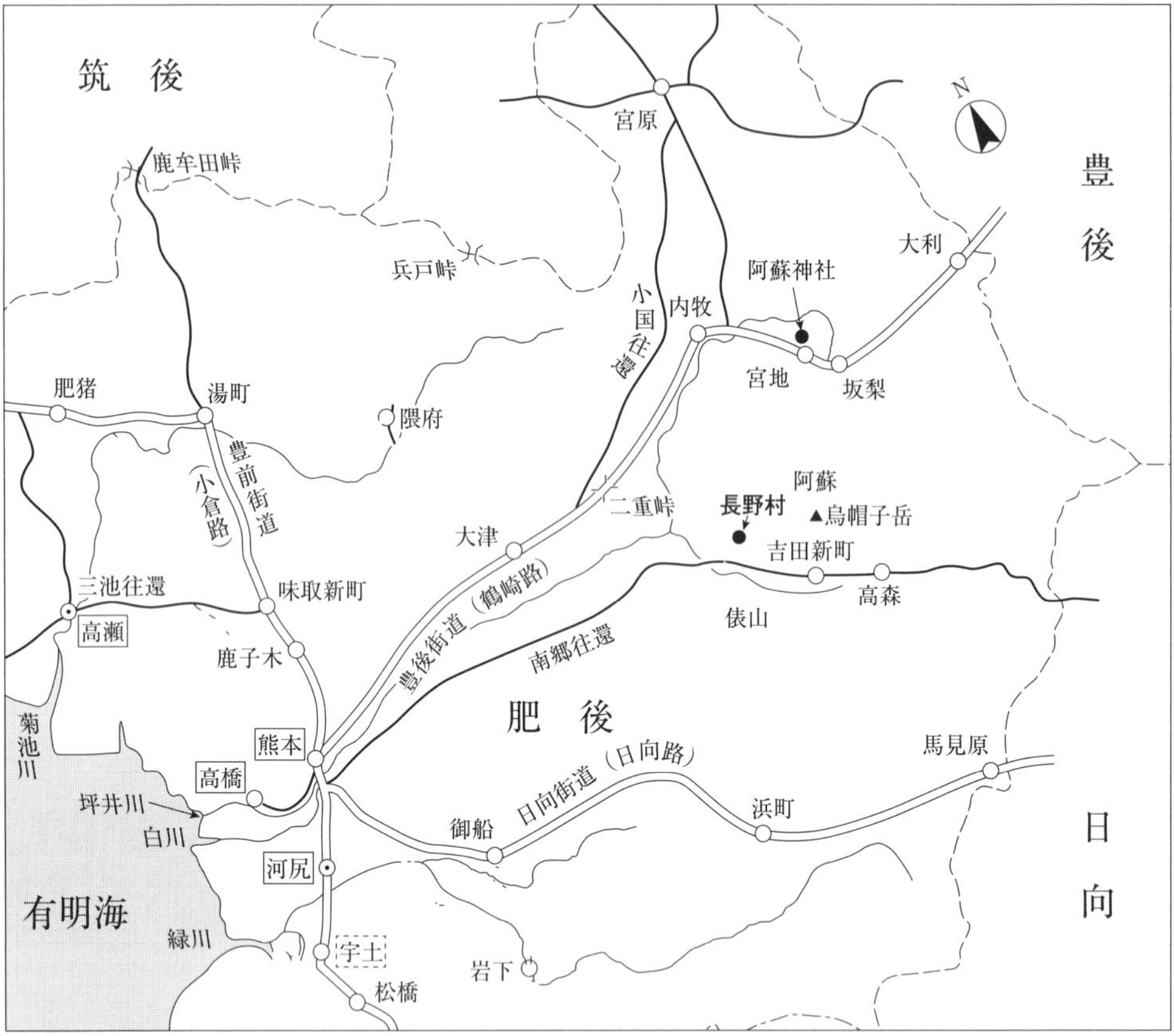

熊本県（肥後）と阿蘇神社、長野村の位置図『熊本県地名大辞典』（角川書店、昭和62年）所収「近世交通図」を改変、引用

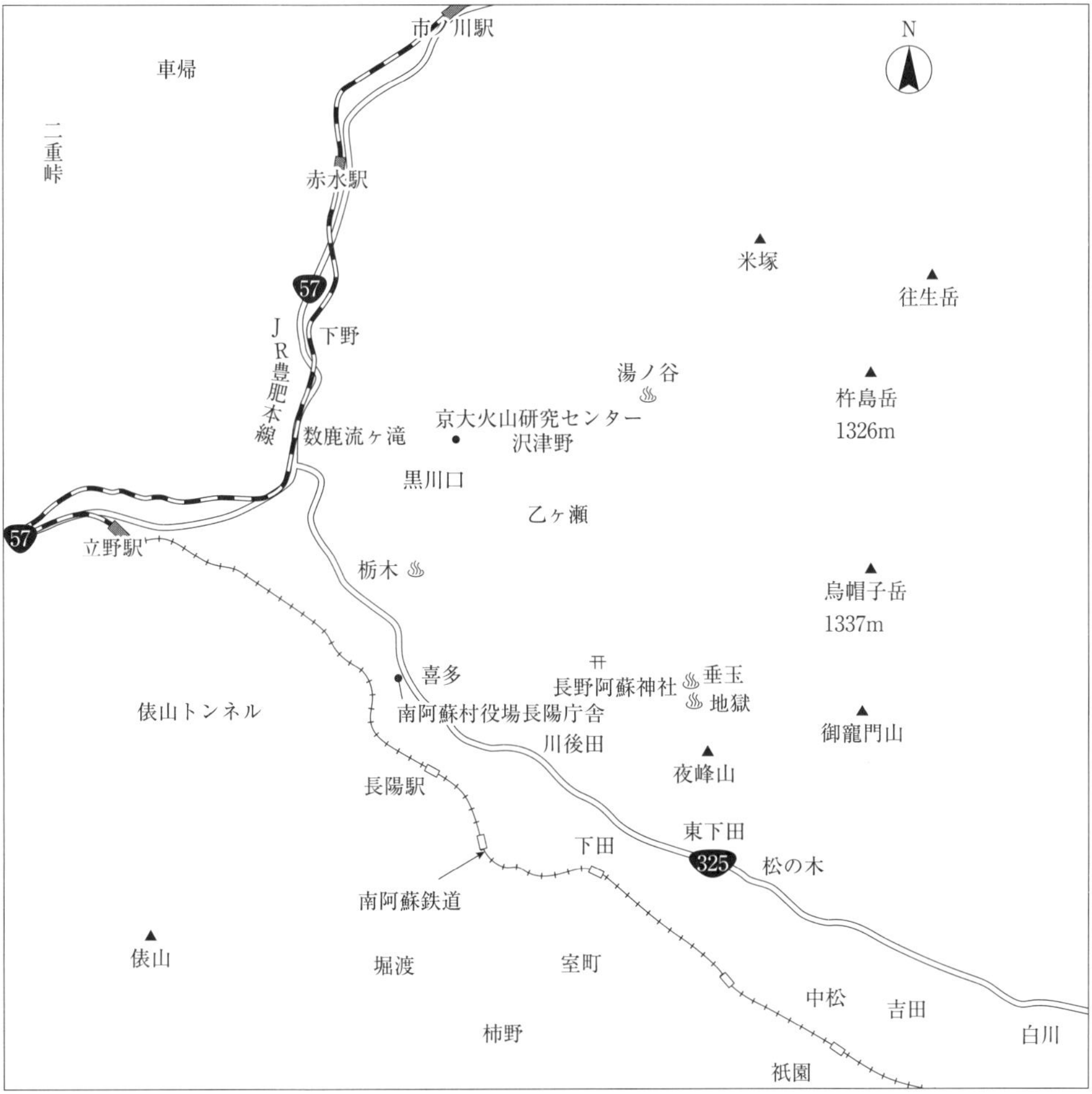

本書に関連する熊本県阿蘇の長野阿蘇神社および主要な地名の位置図

俵山から見た長野村（現・熊本県南阿蘇村）。後方の山は烏帽子岳

第一章　阿蘇大宮司家と長野村

これから、幕末から明治前期にかけての阿蘇長野村の歴史とそこに住んでいた人びとの物語を書いていこうと思う。その前提として阿蘇長野村の概要、それに物語の主人公たる長野内匠とその家について、まず述べなければならない。

時おり、筆者の郷里でもある長野村に帰ることがあるのだが、自宅から見る長野村の景色に、この二〇～三〇年、ほとんど変化はない。視野には緑深い南外輪山や烏帽子《えぼし》岳が眼前にせまってくる。もちろんそれは表面的なもので、村の暮らしぶりには大きな変化がみられる。特に戦後の高度経済成長は、それまでの「村の暮らしぶり」を根本的に変化させた。有り体に言えば、農村でありながら農業だけで暮らしていくことは、もう困難になりつつある。

その現状に立ってみれば、これから叙述する中世からの長野村の話は、少し遠く感じられるかも知れないが、しばし付き合っていただきたい。

長野村と長野家の来歴

長野村の位置

長野村、現在の阿蘇郡南阿蘇村長野は南郷谷の西方、阿蘇カルデラの西端に位置する。阿蘇五岳のひとつ烏帽子岳《えぼし》（一三三七メートル）から白川にむかって広がるスロープの中ほどにある。垂玉温泉をご存じの方には、「垂玉温泉の下」と言った方が分かりやすいかも知れない。垂玉を少し登れば、草千里にいたる。「長野」とは文字通り、阿蘇の五岳の西方の裾野の広大な原野をさすものと思われる。

明治三十二年（一八九九）、阿蘇を旅した夏目漱石の句に「行けば萩　行けば薄　原広し」というのがある。漱石は阿蘇山に登る途中で道に迷い、数時間にわたって薄と萩がおおう原野をさ迷い歩くハメになった。これは、その時の句である。阿蘇の薄の野を歩いた経験がある筆者には、この句の光景がよくみえる。ただ最後の「原広し」には、少し違和感を覚えた。阿蘇を詠む句であれば、「原広し」ではなく「野《の》や広し」とした方がよい、と思ったのだ。阿蘇では、草が生いしげる原野は「原《はら》」ではなく、やはり「野《の》」なのである。そんな「野」が、烏帽子岳から西方にスロープをなして広がっている。

さて、長野村からは北の烏帽子岳のほか、東よりには夜峰山《よみね》（九一三メートル）や御竈門山《おかまど》（一一五二メートル）が、南に目をやると南外輪山に北向山《きたむき》（七九二メートル）や俵山《たわらやま》（一〇九五メートル）が見える。西には、かつて阿蘇谷から大津方面へのルートであった二重峠《ふたえのとうげ》方面や菊池郡との境界である鞍岳《くらだけ》（一一一九メートル）が見える。またその少し左手には、立野火口瀬の外輪山の切れ目がよく見える。長野村から見える秋の夕日は、この立野火口瀬の方に沈んでゆく。

阿蘇に人が住むようになったのは、約二万年前の旧石器時代ころと言う。そして長野村とその周辺に人が住みはじめたのは、約一万年前の旧石器時代から縄文時代に移り変わる頃だとされる。

阿蘇地方の開発

阿蘇の開発は、阿蘇谷の方が先行したらしい。律令制の成立にともなって行われた条里の地割の遺構は、阿蘇谷の東部によくみられる。しかし南郷谷の方では、今のところこの時期の遺構は見つかっていない。

現在の阿蘇神社の祭神は十二神であるが、これらは

長野村から立野火口瀬を望む。中央の森が長野神社

俵山から長野村方面を望む

長野村から烏帽子岳を望む

それぞれ阿蘇各地の開発にかかわりのある神々とされる。そしてこれらの神々を祀《まつ》る者たちは、それぞれの神の子孫とされる、阿蘇各地域の代表者であった。この代表者たちが、それぞれの地域の開発領主と推定されている。十二神のうち、山都《やまと》町蘇陽の草部吉見《くさかべよしみ》神を祖とする下田氏が、南郷の開発を主導したとされる。ところで中世の長野村は、阿蘇大宮司家の直営の私領だったと考えられており、長野家も大宮司家の庶家と推定されている。阿蘇長野神社が、阿蘇本社の神々をそのまま勧請した社であることから、そのように考えられるのである。

大宮司家の私領とは言え、長野村には豊かな水田が広がっていたわけではない。近世になっても、長野村は水に乏しく、畑作中心の貧しい村であった。それは先にも述べたように、長野村の位置は阿蘇の中央火口丘から白川にいたるスロープの中ほどにあり、扇状地の扇央と同じように地下水は伏流し、大きな川もない。しかも火山灰を含む酸性土に覆われている。

阿蘇南郷の小領主

話を戻そう。南郷に小領主が土着するようになる、いや土着したであろうことが史料に登場するのは、南北朝期からである。南北朝期は、各地の土豪たちもそれぞれ南朝方と北朝方に分裂して争ったが、阿蘇家もまた例外ではなかった。最初に現れる土豪（小領主）が市下《いちしも》氏である。市下氏は、多々良《たたら》浜合戦（現福岡市）で大宮司惟成（南朝側）が討ち死にした時に、いち早く阿蘇一族のなかから坂梨孫熊丸を北朝方の大宮司として擁立し、阿蘇郡を支配したという。しかし五年後には、帰国した南朝方の阿蘇惟時に滅ぼされてしまう。市下と言う地名は、旧白水村両併《りょうへい》に市下村があることから、ここが市下氏の本拠地とする説もある。十四～十五世紀になると、阿蘇社関係の史料に高森氏、下田氏、久木野氏、長野氏などの名が見え、南郷にこれらの小領主が土着したことがうかがえる。明応七年（一四九八）の「野部侍番役次第写」（阿蘇家文書写）には、「長野次郎衛門尉」の名が見え、これが長野内匠の遠い先祖にあたるものと思われる。

中世の終焉

天正の戦乱

戦国時代の阿蘇は、九州戦国大名の雄、豊後大友氏の影響下に入る。大友氏は、阿蘇氏や菊池氏と姻戚関係を結び、両氏を通じて肥後

長徳寺廃寺（長野家の菩提寺）の中世石塔群

長野阿蘇神社

国北部の経営を展開しようとする。そして阿蘇氏は、大友氏の代理的立場となった。一方、肥後国南部には相良《さがら》氏がいたが、さらにその背後には強大な島津の勢力があった。天正六年（一五七八）、大友宗麟が日向国耳川（宮崎県）で島津氏に大敗すると間もなく、島津氏は九州を統一しようとして北上を開始する。

　島津氏の肥後攻略が本格化するのは、天正十二年（一五八四）からである。この年の十月初めまでには、阿蘇氏支配下の益城《ましき》・阿蘇を除いた肥後国のほぼ全域を支配下に入れた。翌年閏八月、島津氏と阿蘇氏の本格的な戦いがはじまった。阿蘇氏側には内部の乱れがあったが、阿蘇南郷の諸氏は、それぞれの館や城に拠って、徹底抗戦の構えを見せた。

長野城落城

　長野内匠は『内匠日記』のほかに、阿蘇南郷の地誌とも言うべき『南郷事蹟考』という著作も書き残している。この『南郷事蹟考』は、長野城落城の模様を次のように伝えている。天正十三年十一月中旬に薩摩勢が長野城に迫った。折しも長野城には、わずかな手勢しかいなかった。それは家老の渡邊主殿頭が、兵約三〇〇人を率いて、矢部の浜の館にいる阿蘇殿（惟光《これてる》）を守るために出兵していたからであった。長野城は薩摩の大軍に比べれば、「九牛が一毛」というありさまだった。十二月にはいると、薩摩勢による城攻めが本格化する。城主長野越前守惟久は、数日間、わずかの手勢でなんとか城を死守した。ところが河島某という長野家家臣が主君を裏切り、薩摩勢とともに城中に侵入し、火を放つなどして攻めたてた。家老田尻某以下必死に防戦したが、十二月十二日、遂に落城した。最後まで抵抗した惟久と数名の家臣も、長野村北畠《きたばた》でことごとく討ち死にして果てた。

長野惟久供養塔

中世阿蘇の終焉

　翌天正十四年正月、島津勢はさらに東へ進み阿蘇氏の野尻《のじり》館を攻撃し、二月一日には高森城を落城させた。ここに阿蘇氏の組織的な抵抗は終わりを告げ、肥後国は島津氏の支配するところとなった。薩摩の島津氏による阿蘇侵攻の時、阿蘇氏の当主はわずか三歳の阿蘇惟光であった。矢部浜の館にいた惟光は家臣団に守られ、近くの山中に逃れたと言う。こうして地域権力としての阿蘇氏と南郷の土着勢力の中世は終わった。

　九州平定後の天正十五年六月二十五日、惟光は秀吉から「神領」安堵《あんど》の朱印状を与えられた。しかしその身柄は、弟惟善とともに、佐々成政《さっさなりまさ》の熊本城に送られた。その後、肥後国衆《くにしゅう》一揆（後述）の責任を問われて成政は切腹、改易《かいえき》となった。そして、阿蘇惟光は加藤清正に、弟惟善は小西行長に預けられることになった。

阿蘇惟光切腹

　文禄元年（一五九二）六月、朝鮮出兵の最中に佐敷《さしき》城が薩摩の地頭梅北国兼《うめきたくにかね》に奪われるという事件が起こった。佐敷城代の加藤重次が朝鮮へ出陣して留守中の出来事であった。世に言う梅北の乱である。城はまもなく奪還されたが、事件の背景には島津義弘とその兄義久の確執があったとも言われている。ところが、この事件に関与したとして秀吉は、阿蘇惟光に切腹を命じたのである。このときわずか一二歳の惟光は、花岡山（熊本市）で切腹して果てる。秀吉は中世以来の肥後の名族を残しておけば、ふたたび国衆一揆のような事態に発展しかねないことを恐れたからと言われる。

　ところで長野村北方の吉岡山には、文禄三年に建てられた阿蘇大宮司惟光追善塔が建っている。惟光の死から三年目の三廻忌の追善供養に建てられたものである。塔には「豪淳」と「豪峻」というふたりの僧名が刻まれている。いずれも熊本の高僧である。吉岡山からは、長野村を一望できる。そしてここには、山の神が祀られている。吉岡山は、長野村の言わば「聖地」である。しかし、なぜ長野村の吉岡山に阿蘇惟光の追善供養塔が建てられたのかは、詳らかではない。

近世のはじまり

肥後国衆一揆

　天正十四年（一五八六）には、肥後国全土のみならず、九州の大半が島津氏の支配下に入った。島津義久は、最後に残った豊後国の大友氏攻略に動いた。大友氏は秀吉に助けを求め、ここに秀吉による九州平定の道がひらかれた。秀吉は、翌天正十五年三月、自ら一二万もの兵を率いて九州へ進軍をはじめた。九州へ到着した秀吉は、島津に与した国衆たちを平定し、また重要拠点に腹心を配置しながらゆっくりと南下した。五月八日、ついに島津義久は屈服し、ここに九州は秀吉によって平定された。

六月一日、秀吉は隈本《くまもと》城で肥後国衆（在地の武士たち）に対して、所領を安堵《あんど》した。しかし、国衆たちの領地は大幅に削減されたため、国衆の不満は募った。翌二日、秀吉は肥後国主として、九州平定で功のあった佐々成政を任命した。七月、成政は肥後国中の国衆に対し、田地の耕作面積、収穫量、耕作者を申告するよう命じた。検地に先立つ指出《さしだ》しの命令に、国衆たちは秀吉の朱印状による安堵を楯に抵抗した。肥後国内に一気に緊張が高まった。

八月七日、成政は抵抗した国衆の急先鋒であった菊池城主の隈部《くまべ》親永《ちかなが》を討った。続いて山鹿にいた子の親安を攻めた。「次は自分か」と言う不安にかられた肥後の国衆たちは、次々に立ち上がった。これを肥後国衆一揆という。一揆は肥後一国にとどまらず、筑前・筑後・肥前へも広がりを見せた。

折しも京都北野大茶会の席で肥後国衆一揆の報に接した秀吉は、十月二十一日、安国寺《あんこくじ》恵瓊《えけい》を大将として、九州の諸将に対し、国衆一揆鎮圧の指示を出した。動員された鎮圧軍は二万人。肥後国衆一揆は十二月になってやっと鎮められた。翌年二月、成政は秀吉への謝罪のため上京したが、尼崎（兵庫県）で幽閉され、閏五月十四日に切腹を命ぜられた。

肥後五四万石

肥後国衆一揆制圧後、秀吉は浅野長政以下九人の上使を派遣し、兵二万の軍事力をバックに太閤検地を強行した。国衆はすでに弾圧=解体されており、太閤検地に抵抗できる者は、もはやなかった。こうして「肥後五四万石」という石高が確定した。秀吉は、佐々成政のあとに加藤清正と小西行長を肥後国に配置した。国衆一揆の鎮圧と解体、そして太閤検地とによって、中世以来の肥後国の社会秩序は、一気に近世的なものへと改編されたのであった。

加藤清正と小西行長による肥後国分割統治は、長くは続かなかった。慶長五年（一六〇〇）、関ヶ原の戦いにおいて小西行長が西軍に与し敗北。行長はまもなく処刑されたため、小西領は清正に与えられることになった。さらに翌年、関ヶ原の戦いで九州にとどまり、黒田如水《じょすい》とともに九州の西軍を次々に破った功で、清正は天草郡と球磨郡を除く肥後一国と豊後国三郡の領地を家康から安堵された。

加藤清正と忠広、この二代の治世は四二年続く。しかし、じゅうぶん安定した支配体制を実現するまでには至らなかった。清正の死後、徐々に支配体制は整備されたようだが、忠広の治世もついに安定せず、寛永九年（一六三二）には改易となってしまう。加藤氏のあと、細川氏が肥後国に入封《にゅうぶ》することは周知のことである。

近世の阿蘇家と家来たち

神主又次郎

惟光の死後、阿蘇家はどうなったのか。秀吉の死後、加藤清正は阿蘇社と坊中《ぼうちゅう》の復興に力を尽くした。慶長六年（一六〇一）十月、清正は「神主又次郎《かんぬしまたじろう》（惟光の弟惟善）」に対し、三五八石余の所領を宛《あて》がった。ここで重要なのは、阿蘇の領主としてではなく、「神主」としての又次郎に所領を与えたことである。ここに阿蘇氏は近世の秩序の中に位置づけられ、阿蘇宮地（阿蘇市）の地に住み、阿蘇社の神々をまつる「神主」となったのである。阿蘇氏は中世において、地域権力として阿蘇社の祭礼には直接関与しなかった。ところが近世の阿蘇氏は、地域権力としての存在を否定され、かわって阿蘇社の祭祀を主宰する「神主」として存続することとなったのである。

寛永九年（一六三二）十二月、加藤氏改易のあと入封した細川氏は、加藤氏による阿蘇氏の処遇を引き継いだ。阿蘇山寺社領についても現状を安堵し、阿蘇神社の神事米の支給も加藤時代のそれを継承した。

こうして阿蘇氏は、伝統神事を継承し、主宰することとなった。毎月朔日《ついたち》には神楽が奉納された。また「田作御神事」（二月、阿蘇社の春祭）、「風まつり」（四月、七月、風を鎮める祭）、「御田植神事」（六月）、「霜宮の籠り」（七月から九月）などが主要な神事として行われた。

阿蘇家の家来

阿蘇大宮司家は阿蘇社の神主となったが、近世においても中世以来の家臣団＝「家来」を有した。大宮司の家来は「譜代家来」と「家来」からなる。宝暦二年（一七五二）の書き上げ（近世阿蘇家文書）によれば、譜代家来は坂梨佳那明・宮川長之進・坂梨治郎左衛門の三名である。譜代家来は大宮司家の家政・家事をとりしきる雑掌《ざっしょう》（種々の雑事を行う者）である。さらに阿蘇家には、譜代家来のほかに多くの家来たちがいた。江戸時代中期の宝暦二年（一七五二）には、五九名を数えた。長野内匠の長野家もこの家来のひとりである。多くの家来は、大宮司屋敷に隣接する宮地町と宮地村に集住している。南郷では長野村のほか、下色見《しもしきみ》村に家来がいた。

大宮司と家来の関係は、中世以来の主従関係を維持していた。大宮司の家来たちは、あくまで大宮司の家臣であり、村の「在人畜」（戸籍）には含まれない。つまり村の庄屋の支配から離れており、また藩の郡支配の外にあった。だから一般の百姓とは区別されていた。大宮司の家来たちは、苗字を有しており、帯刀も許されていた。しかし苗字帯刀は、藩から許されているのではない。大宮司家との伝統的な主従関係のもとでその「家来」となり、慣例として百姓一般＝「在人畜」から離れているのである。そう言う意味では非常に微妙な存在ではあるが、すぐれて中世的な関係が、ここでは「慣例として」許されていたと言えよう。大宮司家は家内に譜代家来を、地域に家来たちを抱えることで、昔日の体裁を保っていた。

近世の長野村

布田手永《ふたてなが》　熊本藩では、手永《てなが》と言われる独特の行政区画が設けられていた。手永は郡と村の中間的な行政区画である。十数か村ほどをひとつの手永にまとめて、そこに惣庄屋をおいて管轄させた。各村にはそれぞれ庄屋がいる。手永とは「手の届く範囲」という意味だといわれるが、熊本藩では地方行政の基本的な単位として機能していた。近世の長野村は、布田《ふた》手永に属していた。

布田手永は、布田村・小森村・鳥子村・宮山村（現在の阿蘇郡西原村）、岩坂村・錦野村・外牧《ほかまき》村（現在の菊池郡大津町）、上久木野村・久木野村・下久木野村（現在の阿蘇郡南阿蘇村、旧阿蘇郡久木野村）、松木《まつのき》村（現在の阿蘇郡南阿蘇村、旧阿蘇郡白水村）、東下田村・下田村・川後田《かわごだ》村・喜多村・長野村（現在の阿蘇郡南阿蘇村、旧阿蘇郡長陽村）の十六村からなっていた。天保十三年（一八四二）の人口は五七五〇人、高九〇七八石余、田五七九町二反、畑一四一三町四反であった。

このように布田手永の範囲は、南外輪山をはさんで広がっていた。外輪山にある俵山を境に、東側（旧久木野村・白水村・長陽村）を「谷在《たにざい》」、西側（西原村）を「山西」と呼んだ。「谷在」とは、文字通り南郷「谷」の「在＝村々」と言う意味である。谷在のうち、上久木野村・久木野村・下久木野村の三村を「三久木野」と呼び、松木村に東下田村・下田村・川後田村・喜多村・長野村の五村を加えた六村を「日向《ひむき》」と呼んだ。「日向」と言うのは、この六村が阿蘇中央火口丘の南向斜面にあるからだと思われる。明治になると白川の南側の久木野村側を「大字河陰」とし、北側の松ノ木と長野を除いた地域を「大字河陽」として、「河陰」を「カワミナミ」、「河陽」を「カワキタ」と呼ぶようになった。白川の北、または南という地域区分である。ただし地元では、河陰を「カイン」、河陽を「カワヨウ」と呼ぶことが一般的であった。

近世の長野村

【表1】は、江戸時代中期、宝暦七年（一七五七）の南郷布田手永の「手鑑《てかがみ》」である。「手鑑」とは、もともと手に取ってみる折帖のことであるが、要するに当時の村々の基本データを記載した帳簿である。宝暦と言えば、元年に吉宗が死去し九代将軍の家重があとを嗣いだ頃である。熊本藩では、細川重賢《しげかた》による宝暦の改革が行われ、財政改革や時習館の創設が行われた時期である。宝暦改革では、財源を確保するために「地引合《じびきあわせ》」も行われ隠田畑が摘発されたというが、こうしたことから宝暦の「手鑑」が作成され今日に残されたのであろう。この「手鑑」から、江戸時代中期の長野村の様子をさぐってみよう。

「手鑑」によれば、長野村の竈《かまど》数は六九。竈数とは文字通り竈の数であるが、現在の「世帯数」にあたる。人口は男性一二九人、女性一二八人で、合計二五七人。一世帯あたりの人数は、三・七人である。決して多くない。村高は五二四・六石で、すべてが「給《きゅう》地《ち》」となっている。「御給地」とは、細川家から家来たちに与えられた田畑のことである。つまり長野村は、細川家の家臣たちの領地であった。長野村にかかわる給人は八人とある。しかし、このような「御給地」だったのは長野村だけではない。布田手永のほかの諸村もこの状況は同じであった。「野開《のびらき》」とは、加藤清正・忠広二代にわたって開かれた田畑のことで、これが二六八町四反八畝あった。また「新野開」と言うのは、細川氏が入ってきてからの開拓地のことで、これが三町二反四畝二四歩あった。加藤氏二代のときの開拓地の面積が、断然大きい。江戸時代の初めに、

【表1】 南郷布田手永万覚付御手鑑（宝暦7年5月）（『長陽村史』374頁）

項目	村名	喜多	下野	長野	川後田	下田	東下田	布田手永計
	単位＼庄屋	久兵衛	久兵衛	和右衛門	久兵衛	次平	次平	布田手永
高	（石）	333.9	0	524.6	583.5	548.3	670.7	9,078.082
御給知	（石）	333.9		524.6	583.5	548.3	670.7	8,176.8
竈数	（竈）	65	13	69	72	78	68	1,523
男	（人）	126	45	129	127	136	148	3,223
女	（人）	134	36	128	131	152	132	3,101
牛	（疋）	30	9	48	51	57	48	1,062
馬	（疋）	43	21	42	49	76	44	1,300
野開	（反）	209.3		336.5	146.9	198.1	166	2,684.8
運上銀	（匁）	552.6		888.4	387.8	523	438.2	8,122.7
新野開	（反）		32.48					32.48
運上銀	（匁）		71.46					71.46
藪床開	（反）			3.27				20.61
運上銀	（匁）			7.2				83.49
請藪	（反）	7.66		58.73	29.71	14.95	17.38	539.55
代米	（石）	0.952		5.303	3.179	1.879	2.346	102.6772
新請藪	（反）	9.23					2.1	33.53
代米	（石）	1.036					0.282	3.37326
茶	（石）	0.22		0.215	0.178	0.217	0.098	1.809
代銀	（匁）	12.19		11.91	9.86	12.2	5.43	100.22
鶉網札	（枚）			1				2
運上銀	（匁）			3				6
鍛冶炭札	（枚）					1		3
運上銀	（匁）					10		30
猪鹿鉄炮札	（枚）					1		8
運上銀	（匁）					3		24
鳥鉄炮札	（枚）	5		6	2	7	3	55
運上銀	（匁）	7.5		9	3	10.5	4.5	82.5
地侍	（人）			3				7
村庄屋	（人）	1		1	1	1	1	
小頭	（人）	1			1	1		6
御山ノ口	（人）	1		1		1	1	14
湯亭	（人）				1			1
同横目役	（人）				1			1
酒屋	（人）			1			1	2
揚酒屋	（人）	1						3
橋	（カ所）	1				1		3
堤	（カ所）		1					2
真宗寺（住	（カ所）						1	3
社数（社人	（カ所）						1	3
寺社数（住	（カ所）	4		7	7	2	5	78
御給人	（人）	1	2	8	2	1	5	18
馬口労	（人）			1				5
商札	（人）			3	1		1	12

開拓に適した土地は一気に田畑に変えられた。江戸時代前期は、「大開拓の時代」であった。「運上銀《うんじょうぎん》」というのが、銀に換算した税金の額である。

江戸時代の平均的な村は、村高四〇〇～五〇〇石、耕地面積五〇町、人口四〇〇人くらいだと言われる（渡辺尚志『百姓たちの江戸時代』）。この平均的な村と長野村を比較するならば、「村高はほぼ平均に近く、人口はやや小さい」というほどの村の規模と言えようか。

【表1】の下の方になると、「〇〇札」という項目が多くなる。「鶉網札《うずらあみ》」とは、網で鶉を獲ることを許可された許可証＝鑑札を持っている人の人数である。これにも運上《うんじょう》（税金）が課せられている。そのほか、「焼炭」「鍛冶炭」「鉄砲」に鑑札が交付されている。農民たちはけっして農業だけで暮らしていたのではないことがよくわかる。が一方で、あらゆる生業に鑑札が交付され、運上（税金）が掛けられていることも知られる。なかでも鉄砲札は、南郷布田手永であわせて六三枚も交付されている。内訳は猪鹿鉄砲札が八枚で、鳥鉄砲札が五五枚であった。「六三枚も」の「も」とは、刀狩りで武器が没収されたはずだからそんな印象なのだが、実は江戸時代の農村にたくさんの鉄砲があったことは、以前から指摘されている（塚本学『生類をめぐる政治』）。狩猟もさることながら、作物を荒らす害獣や害鳥を追い払うのに鉄砲は必需品だったのである。つまり百姓たちが所持した鉄砲の多くは、「農具としての鉄砲」なのである。害獣を追い払うのに、長野村でも鉄砲を持ち出していることは、『内匠日記』も出てくる。

長野村に「地侍《じざむらい》三人」とある。秀吉による兵農分離で、武士は城下にすむことが原則だった。だから村に住んでいる役人は、各郡の役人などに限られる。にもかかわらず、長野村に地侍が三人いる。この三人は、阿蘇家の家来である長野家から分かれた三家である。「手鑑」には、「長野村、一、地侍三人　引高四十五石　長野角平　長野忠右衛門　長野形右衛門　但一人十五石宛」とある。一五石は、田の面積に換算すれば一町（約一ヘクタール）あまりになろうか。

村の行政をつかさどるのは、「村庄屋」である。原則一村ひとり。「小頭《こがしら》」はその補佐役。下野村は喜多の枝村で庄屋は置かれていない。「御山ノ口《やまのくち》」は、手永ごとに置かれた御山支配役の下で村の山林を管理する仕事をする。こちらも、おおよそ各村に一人。田畑同様、山林も藩主の所有地であった。牛馬の飼料となる秣《まぐさ》や、燃料としての薪の採取は許されていたが、材木は厳重に管理されていた。川後田の「湯亭」というのは、枥木温泉の管理人のこと。「同横目役」というのは、温泉場の「見張り役」であろうか。「揚酒場《あげさかば》」は酒の販売人をさすから、「酒屋」は酒造業者のこと。長野村の酒屋一人は、これも長野家である。長野家は栢木谷《かやのきだに》という、長野村の北西のはずれで酒造業も営んでいた。栢木谷は湯ノ谷温泉の隣接地で、湯ノ谷温泉開湯（明和五年）とともに特別に許可されたものである。これについても、またのちに詳しく述べることにする。

「馬口労《ばくろう》」は、「馬喰」また「博労」とも書く。牛馬の仲買のことである。農業に牛馬は欠かせなかったし、阿蘇では牛を原野に放牧していたから、馬口労もまた重要な仕事だった。「商札」はどのような商いかは不明だが、店舗を構えた店ではなく行商だろう。貨幣ならびに商品経済が浸透したとは言え、長野村は専門店が店を構えるようなところではない。店舗のならぶ商店街はいわゆる在町にあって、南郷では吉田新町（旧白水村、熊本から一〇里）や高森町（熊本から一一里）がそれにあたる。

第二章

さまざまな身分を持つ男・長野内匠

長野家は阿蘇家の家来で中世の小さな開発領主、そして戦国時代までは武士である。しかし、阿蘇家の没落とともに長野家も武士としての「身分」を失う。そして江戸時代は年貢を負担しているから、そう言う意味では百姓であり、被支配層に属する。しかし手習の師匠をはじめ、商人、金融業者、職人、はたまた霊能者としても振る舞う。実に多彩で複雑な存在と言わざるを得ない。こうしてみると、長野家と長野内匠は、近世の身分制（士農工商）では、簡単にくくることが難しい。

武士としての長野内匠

兄七郎のお勤め

長野本家は、兄七郎が跡目を継いでいた。内匠が若い時分に、阿蘇の殿様に仕えていたのは七郎であった。さて実際に、七郎はどのようなお勤めをしていたのだろうか。『内匠日記』の文化十四年（一八一七）は、七郎のお勤めが比較的頻繁に出てくる。さきにも述べたようにひと月に一度ほど、定期的に宮地の御殿へ通って行く「定期的なお勤め」があった。もうひとつ、御役間（阿蘇家の重臣）から急に飛脚が来て、呼び出されて行う「臨時のお勤め」があったようだ。この年の正月二十五日、七郎は年頭の挨拶をするため宮地の御館に向かった。そして翌日帰宅。この直後の二十七日には、「殿様、熊本御出御供被仰付候ニ付、七郎様宮地ニ御出御供ニ而熊本之様ニ御出」とある。阿蘇の殿様が熊本まで御出になる。用向きは具体的には分からない。しかし正月だから、おそらくは藩主のもとに、年頭の挨拶に行ったのではないだろうか。いったん七郎は宮地に趣き、そこから殿様の御供として熊本まで行っている。御供とは言え、家来としてはハレの舞台であったろう。宮地から熊本まで約五〇キロ、おそらく二泊三日の行程だったと思われる。翌月の十七日にも、七郎は御供で熊本まで行っている。

乳御用立

この年の十二月には七郎の妻おのへ（のゑ）が、「つぐ丸様」に「乳御用立」をしたという記事がある。「つぐ丸」とは、この前年に生まれた、のちの阿蘇惟敦と思われる。生母の産後の肥立ちが良くなかったものか、詳しいことは分からない。十二月二日晴天、七郎とおのへは、まだ薄暗い早天に宮地に向かった。おのへは、しばらく宮地に逗留することになるものと思われた。それなりの荷物も携えることになった。そのため近所の仁五郎が、荷物を背負っておのへの御供をした。内匠は三人を見送った。ところが中二日おいて六日、七郎とおのへは早々と宮地から帰ってきた。「おのへさま、乳御用立不申ニ付」とだけ『内匠日記』にある。結局、おのへの「乳御用立」はなかったようだ。理由は書いていない。ほかに「乳御用立」する女性が近くにいたのかもしれない。おのへの荷物は、一日おいて阿蘇家の使いが七郎宅まで届けにきた。

祭礼の御供

阿蘇神社の祭礼の御供も、大事なお役目であった。文政四年（一八二一）の記事を見てみよう。ちなみに前年の文政三年、長野内匠は阿蘇家から「別家被仰付」て、晴れて阿蘇家に仕えることになった。

六月二十三日、内匠は兄七郎とともに、「御田祭《おんだ》」のため「出勤」した。御田祭では、神幸行列が行われ、「殿様」（大宮司）も国造《こくぞう》神社（手野宮）に「御社参」する。兄弟はその御供を勤めたのだ。翌日二十四日の『内匠日記』には、「手野宮御社参御供先陣御左相勤申候」とある。手野宮が国造神社のことである。国造神社は阿蘇神社から北へ五キロほどの所にある、肥後国でも最も古い神社のひとつである。これだけの記事なのだが、二三歳の若き内匠の誇らしげな様子が目に浮かぶ。

御田祭では、白衣を着て神饌を運ぶ宇奈利《うなり》の行列が有名である。宇奈利をつとめるのは、年配の女性たちである。その姿は、白衣を着て白頭巾をかぶり、白足袋という白装束。頭巾は目だけを残して頭をすっぽりと覆う。ちょうどイスラム世界の女性たちが黒い布で顔を覆っている如くである。頭上には神饌（神に捧げる食物）を入れる櫃を捧げ持つ。宇奈利の人数は十四人。阿蘇十二神と火の神・水の神をあわせて十四の神々の食事を運ぶのである。十四人の女性たちは、田植えが終わって間もなく、青々とした水田の間を初夏の風をうけながら歩いてゆく。

江戸時代中頃の神幸行列は、この宇奈利を含め、総勢二〇〇人ほどであったらしい。行列の先頭は、長柄二一本。そのあとに鉄砲（三〇挺）・小乙女（二人）・宇奈利（一四人）・田男（一面）・田女（一面）・牛（一頭）・獅子（二頭）・太鼓（一箇）・笛（二管）・田楽（小太鼓三、調拍子一、子四人）・榊（一本）・猿田彦面（一面）・小矛（二本）・金幣（四本）・白幣（二一本）・太刀（二振）・神輿（四座）・供僧（三人）・社家（二二人）・大宮司と続く。兄弟は長柄を持ったのだろうか、それとも一番うしろにいる大宮司の前後を歩いたのか。

この神幸の二日後の二十六日、今度は本社阿蘇神社でも神幸行列が行われる。この時も「御本社御社参御供先陣御右相勤申候」とあって、今度は先陣右を勤めたことがわかる。

この年の八月、阿蘇神社で行われた放生会《ほうじょうえ》（放生会は本来仏教儀式であるため、明治維新後は、神仏分離令によって田実《たのみ》神事と改められた）では、殿様の行列の「後陣左」に従った。この時は「下屋敷馬場」において流鏑馬《やぶさめ》が催されたが、殿様の「弓持」を仰せつかり、これを勤めた。また、門前の住人たちが拵えた人形を「若殿様」（ツグ丸様）が見物に出られるときにも、その御供を勤めた。三日間の祭礼から帰宅した日の『内匠日記』には、「両三日御用首尾能相勤」としたためている。「首尾よく勤めることができた」という言葉に、御供をつとめるときの緊張とそれから解放された安堵感が感じられる。

「殿様の御成」と接待

阿蘇の殿様は、折に触れ、阿蘇の各地をまわっている。垂玉などの温泉にもやってくるから、視察と言うより小旅行と言うべきか。殿様が阿蘇郡内の各所を巡るとき、家来の居宅は休憩所や宿泊所ともなる。受け入れる側は、阻喪があってはならじと、とても気を遣う。

　安政四年（一八五七）五月、内匠が五九歳のとき、殿様の御成があった。この時期の阿蘇の殿様は、阿蘇惟治である。それは、突然のことであった。五月十六日、久しぶりに参殿した内匠に殿様は、「おまえの先祖の城跡を見てみたいものだ」と言った。断ることは出来ないし、光栄ではある。がしかし、準備がいる。内匠は翌日、さっそく帰宅して準備にかかった。十八日の日記には、「爰元ニハ御成之御旅館等之用意、専ニ致候。内蔵之允母子、掃じに加勢致」とある。殿様は、二十日に内匠宅にやって来て一晩泊まるという。内蔵之允は長野家一門で近い親戚筋である。そのほかの親戚・縁者も大勢やって来て、受け入れ準備を手伝ってくれた。長野家一門総出のお迎えである。そしていよいよ二十日を迎える。天気は「雨少降」とある。内匠は近所の伊三郎を供に、湯ノ谷越までお迎えに出た。しかしいつまで待っても、殿様はお出ましにならない。内匠と伊三郎は、宮地の御館まで行ってみることにした。実はどこで行き違ったか、「今日は雨なので行かない」旨の文をもった飛脚が、内匠宅には遣わされていたのだった。御館に着いてから内匠は、このことを聞かされた。内匠はこの日は帰宅せず、翌日殿様とともに宮地を出ることにした。

　二十一日、雨はすっかりあがって晴天となった。殿様は「正六ツ」と言うから、現在の午前六時頃には駕籠で出発した。宮地から内牧方面へ向かうので、背に朝日を受けての出発だったろう。殿様は、大殿様の惟治公と若殿様の惟敦公のふたりである。御供は近習三人、御用人一人、御徒四人、足軽二人ほか、下々まであわせて全部で二三人だった。内牧付近から南に向かい、米塚の脇を通り、近くの猿返あたりで昼食。このとき時刻は午後二時頃。湯ノ谷（温泉）はすぐそこだ。ここでは湯ノ谷の湯亭長野熊太郎が出迎え、殿様方をいろいろともてなした。

その後一行は、湯ノ谷越を経て長野村に向かう。道沿いのどこそこで、長野村の住人や隣村の縁の者たちが、殿様一行を出迎えた。時刻は明らかではないが、内匠宅に到着したのは夕方頃であったろう。

殿様は早速、御茶を一服。その後、殿様方は内匠宅から東へ数百メートル先の田尻彦右衛門宅に向かった。彦右衛門の田尻家もかつては長野家と主従関係にあった一門の者である。長野村の村役人の家であり、彦右衛門は村の名士である。一行は彦右衛門の案内で、長野村がよく見える小高い丘にあがった。現在は垂玉温泉に登る道の脇である。ここからは、長野阿蘇神社と長野村がすぐ眼下に見渡すことが出来る。殿様は「御牀机」（折りたたみできる腰掛け）に掛けて、長野村をしばらく眺めていた。長野神社とその周辺が長野城の旧跡地であるから、彦右衛門がその旨、殿様に案内したことであろう。内匠宅も神社の脇にみえる。もっと西には二重の峠や立野の火口瀬も遠望できる。この日は晴れていたから、立野火口瀬から熊本の方に落ちゆく夕日も、紅く美しく見えたかもしれない。

殿様がちょっと不在の間、内匠宅では殿様一行が持参した幕を屋敷に張りめぐらせた。殿様のいらっしゃる「御座所」と分かるように、幕を張るのである。いちばん高級な「ちりめん御幕」は殿様の「御居間」（座敷）の縁側に、「常之御幕」は「ろじの塀」に、「紅葉と鹿の絵の御幕」は「手水所」（便所）に張られた。食事のことは、日記にはなにも出てこないが、殿様は「御料理人山田勘助」を伴っていた。夜は久木野村の作弥と今朝八が、御座所の周辺の夜廻りを行った。内匠宅には、「長野姓共」が次々に殿様の御機嫌伺いにやってきた。「殿様御成」は、長野家一門の実に晴れがましい出来事だったのだ。

殿様の御成は、一泊だけだった。それでも内匠にとっては栄誉であった。翌日、殿様一行は「ひる四ツ上刻」（午前十時頃か）に内匠宅を出発。「すがるの瀧」を見て、「下野御狩場古跡」に向かった。ここの案内は地元乙ヶ瀬村の長右衛門が行ったが、これは内匠があらかじめ依頼しておいたものだった。その後一行は赤水の吉松社で昼食をとり、現在のJR阿蘇駅付近を通って館にもどった。内匠も御館まで殿様一行につき従った。この夜、内匠は殿様からお酒と膳を頂戴し、御館に宿泊を許された。

翌二十二日、内匠は殿様のそばに呼ばれ久しく話をした。この時、「下野之御狩御秘書御日記拝見被仰付候」とあるから、「秘書」である「下野狩図」（阿蘇家所蔵）をみながら、昨日実地見分した下野の狩場の話で盛り上がったであろう。内匠は暇乞いをして、この日帰宅したが、翌日からは「御成」でお世話になった人びとへお礼にまわった。これは殿様の意向でもあったようだ。殿様の「御成」は、この約一〇年後の明治二年（一八六九）にもあった。この時の御成は、約一週間におよぶもので、一行は南郷各所を巡回したが、宿泊は垂玉温泉で湯治をかねたものであった。

御用しらべ方

内匠は殿様の命で、阿蘇家所蔵の史料や宝物の調査や記録を行っている。内匠はこれを「御用しらべ方」と言っている。万延元年（一八六〇）七月朔日の日記には、両殿様から、「御書物等拝見被仰付候、古文書御家御系図其外御家之事蹟有之候、御書写置候様」と言う仕事を仰せつかった。つまり、阿蘇家所蔵の古文書や阿蘇家の系図、また阿蘇家の事蹟を記した書物を書写しておけ、と言うことである。写しを作るため、内匠はこれらの書物や古文書などを拝借して帰っている。慶応元年（一八六五）六月には、御館にて「下野御狩御絵図」や「螢丸御剣」そのほかの阿蘇家の家宝を拝見した。そして殿様の許可を得て、「下野御狩御絵図」を模写したという。また数日後には、「下野狩場古蹟図」の作成と『肥後国志』の清書を命じられている。殿様の内匠への信頼は絶大だったし、重要な史料の写しもこうして残された（長野内匠の子孫である長野立春氏所蔵文書中にも、こうした写しの一部が残されている）。

長野内匠の名を後世に伝えた、彼の最大の功績は、おそらく『南郷事蹟考』を著したことである。この『南郷事蹟考』も、実は阿蘇大宮司の命によって作成された。『南郷事蹟考』の内容と作成過程については、また項を改めて述べたい。

農民としての長野内匠

農民として生きる

長野内匠の「主たる生業は？」と尋ねられれば、やはり農業と答えるほかない。彼は寺子屋の師匠でもあるが、これは基本的に無報酬である。内匠の若い頃は酒屋株ももっていて、その権利を貸しての収入もあったが、それほど大きなものではなかったろう。一年間を通じていそしむ生業は、やはり農業であった。そして年貢も、ほかの農民と同じように大津の御蔵に納入していた。田畑を耕し、牛馬も飼育していた。残念ながら、経営面積や年貢高などは詳しく分からない。さきにあげた「地侍三人」という長野家の高はそれぞれ一五石、田の面積にして一町歩あまりであった。おそらくは内匠の所有する田畑も同程度ではなかったかと推測される。

長野家は、基本的に家族労働で手作りを行う農家であった。農具や家畜などの農業資材はかなり豊富にみえ、おそらくは長野村の中層以上の農家であったと思われる。もともと長野村自体が、畑がちで零細な農家が多い村であった。「三反百姓」とは、阿蘇郡のどこでも見られた零細農家をさす言葉であるから、長野村で中層と言ってもたかが知れている。長野家は中層ないしは上層の部類と言えるが、決して他の百姓から隔絶している存在ではない。したがって長野家の農業の様子や日常生活は、長野村の他の人びとのそれとさほど変わらなかったと思われる。

農家としての一年

年間の農作業については、かなり詳しく『内匠日記』に書きとめられている。『内匠日記』にみえる農業に関する記述を総合して、農業の一年を月別に追ってみたい。

《一月》・むしろ打ち・縄ない（前年の稲の収穫後から翌年の正月頃に行う農閑期の仕事）

・猫伏作（猫伏は「ネコブク」と読む。莚より分厚いもので籾などを乾燥させるときこのネコブクに広げ天日に干していた。一辺一間＝二メートル弱ほどの正方形。稲藁を編んで作るのだが、丈夫なものは一旦稲藁で縄を作り、その縄を編み上げる）

・薄切（長野村の北側で湯ノ谷にも近いところに「裏野」という牧野がある。ここは入会地《いりあいち》で、村の共同管理・共同利用が行われたていた。この「すききり」は牛馬の飼料となる茅などの草を刈る作業。元治元年の薄切では、村人が総出で作業し、一世帯あたり「五駄」ずつ切ることにしていた。二月に行われている年もある）

《二月》・牛蒡蒔（ゴボウの種蒔きは二月下旬頃に行っている）

・野焼（先に出た「裏野」の野焼きは、概ね二月に行われていた。野焼きは、毎年牧野を焼くことで、木が成長して森林になることを防ぐために行われる。言い方を変えれば、草原の維持である）

《三月》・いも植（畑にいもを植える。里芋やこの地方で

は「唐芋《からいも》」とよばれたさつまいもなど）
・大豆植（大豆もだいたい三月から四月に植えている。「蒔く」ではなく「植える」とあるから、苗を植えるのか）

野焼

・苗代（「苗代致」という表現で出てくる。いよいよ稲作の準備である。苗代ができると「苗代祝」として、餅や焼き米を村人間でやり取りする。苗代は稲作の最初の作業で、祝いは豊作を祈ってのことである。年によっては苗代が四月にずれ込んでいることもある）

《四月》・なたね収納（菜種の収穫。菜種は前年の秋、稲刈り後に田に種を蒔く。菜種の収穫が終わると代掻きをして田植えする）
・野稲作（野稲、すなわち陸稲である。畑で稲作をする。奇異に感じるかも知れないが、少し前まで糯米を陸稲として育てていた）
・麻植（当時、村で自給が可能な繊維は、麻だけだったようである。四月に種蒔きをして八月頃には刈り取っていたようだ）
・麦刈（麦秋とは四～五月。黄金色になった麦刈りをして、田植えの準備がはじまる。言うまでもなく、二毛作である）
・用水（三月から四月の田植え前に用水の具合を確認しなくてはならない。小さな用水路を井手というが、井手をさらえたり修繕したりする。また堤（溜池）をさらえたりもしなければならなかっ

た）

《五月》・代かき（五月にはいると代かきがはじまる。代かきはまず、田を鍬や鋤で耕す。その後田に水を張った状態で田土と水を攪拌して混ぜ合わせ、田植えをしやすくする作業。牛や馬に「まが（馬鍬）」という耕作具を引かせて行った）

・畔ぬり（代かきと同時にやることが多い。田の畔に田土を塗って、田の水の漏れを防ぐ。鍬で土をすくい塗ってゆく。すべて手作業）

・田植（言わずと知れた作業。まっすぐに植える正条植は、のちに普及する方法だから、適当な間隔で植えていたのだろう。明治二年と三年の田植えには、田植えに加勢した人びとの名前が書かれているが、いずれも一〇名を超えている。田植えが無事に済むと加勢してくれた人びとへお礼に行く）

・田植あがり（隣近所の田植えが済むと「田植あがり」と言って休みを必ずとる。無事に田植えが終わったお祝いである。田植あがりの休みは、共に田植えをした「組中」で一斉にとる）

《六月》・粟作（内匠の家では、毎年必ず粟を植えて収穫している。『内匠日記』に出てくる頻度から言って、粟は米に次ぐ重要な食物であったようだ）

・あぜ豆植（田の畔に大豆や小豆を植える。今はあまり見られなくなったが、高度経済成長期くらいまで見られた。わずかな土地も利用する）

・水番（水番の記事も出てくる。村人が交代で昼夜を問わず水の管理をする。長野村は水に乏しいところであったから、水番は大事な仕事だった。夏から収穫前まで続く）

《七月》・草取（夏場の最も過酷な労働が、田や畑の草取である。『内匠日記』にも頻繁に出てくる。草取は何度となく行われる。「稗取」ということばも出てくる。田の稗は、除かないと収量が減ってしまうから農家の大敵だ。粟畑の草取りもしなければならなかった）

・蕎麦植（このころ蕎麦も植えている。とにかくいろいろな作物を、畑を使い分けながら栽培していることがわかる。『内匠日記』には、「下畑」「中畑」「上畑」とあり、畑を区分し使い分けていることがわかる）

《八月》・干草刈（牛馬の飼料として草を刈る。また飼料としてだけではなく、牛馬の厩（馬屋）に敷いて、糞尿とまぜ厩肥をつくる。刈り取った草は円形に積み重ねてしばらく乾燥させる。これを「こづみ」と言った。草刈り場は、「湯谷之上」「裏野」と出てくるが、おそらく同じ場所を指していると思われる。明治元年には、「裏野あさ畑ヶ於而干草切」とある。裏野には麻畑も営まれていたようである）

・大豆ひき（三月頃に植えた大豆の収穫）

《九月》・稲刈（九月中旬頃から十月にかけて稲刈りが行われる。田植えとならんで大がかりな農作業。稲を刈ると掛け干しをする。当時の掛け干しがどのようなものか分からないが、筆者の記憶にある掛け干しは田に竹を組んで、稲束をふたつに分け稲穂を下にして掛けていた）

《十月》・稲こぎ（ある程度稲が乾燥すると脱穀する。これを「稲こぎ」という。掛け干しした田で、千歯扱を使って脱穀する）

・麦植（収穫が終わった田を起こして、今度は麦を植える。麦は冬を越して来年の田植え前に収穫する。十一月に植えることも多い）

《十一月》・籾ずり（籾摺りである。籾摺りも縁者や近所のものが加勢にくるし、内匠の家からも他家の籾摺りに手伝いに行く。籾摺りが済んだら「籾摺祝之品」をやり取りする）

・萱切（干し草を刈る裏野で萱を切る。時には「村中寄合」で萱を切る。牛馬の飼料ばかりでなく、家屋の屋根の葺き替えにも利用するのであろう）

《十二月》・縄ない・俵作（稲藁で縄をない、また俵を作る）

・肥《こえ》だし（厩にしいた藁と牛馬の糞で堆肥を作る。その堆肥をこの時期に田や畑に出す）

もやい

共同労働のことをこの地方では「もやい」という。ほかの地方では「結」と言うところもある。田植えや稲刈りは、適期を逃すと収量をへらすことになる。だから、親類縁者、その他の村人の手を借りて一気にやってしまわねばならない。お互いに労働力を融通し合うこと、これも広い意味で「もやい」である。この労働力の貸し借りはまた、「手間替」「手間代」などとも言う。借りた労働力は、返さねばならない。これを「手間返」という。「もやい」や「手間替」は、「寄合組合」とか「組中」という範囲で行われていた。内匠の場合は陣内組に属していたい。ここから考えると組の大きさは、おそらくは近隣一〇戸足らずの規模ではなかったかと思われる。こうして村人たちはお互い助け合って農業を営んでた。

農作業と休み

村人たちの休日は、祭、節句のほか、農作業にからんだ休みがある。それは田植えのあとと、粟植えが終わったあとに休みをとっている。稲刈りのあとや籾摺りのあとも見てみたが、休みではないようだ。理由はよくわからない。また、水不足のときは雨乞いの願を立てる。雨が降って願いが成就して願を解くときには休みとなっている。風や火山灰を鎮める祭や願掛・願解を行ったときも、同様である。なお、村全体の「休み日」についてては、別項でまた触れることにする。

養蚕と麻

「かいご」という語は、嘉永五年（一八五二）にみえる。「くわのは」は、安政五年（一八五八）にはじめてみえる。養蚕に必要な「くわの葉」は、明治七年（一八七四）の『内匠日記』に、そして明治十三年にも「桑の葉」の語が出てくる。『内匠日記』からは、養蚕は細々と行われていた程度で、それほど盛んだったようには見えない。この地方では幕末頃に養蚕がはじまり、明治になってから急速に普及していくと考えられる。実際、信州などから技術者を招いて養蚕を広めていくのは明治の中頃からであり、桑が方々に植えられるのは、明治の後半からである。

一方、麻については「裏野」に麻畑があったことがみえるし、そのほかにも麻畑は点々とあったようだ。文化十年（一八一三）には、四月に麻を植え、八月に収穫している。ついでに言えば、麻については、「苧」と言う語もみられる。栽培している形跡もみられない。長野家では綿はお金で購入している。栽培している形跡もみられない。

牛と馬

内匠の家では牛馬も飼っていた。飼うだけでなく、村の農民や知人に馬を「預置」いて、その代金である「馬代」を得ている。「馬代」を払わない農家には、再三催促に行ったりしている。また、文化十三年（一八一六）には、「松山ノ勘次ニ預置候馬引来田かく」（十月十六日）と、村内の松山の勘次が、内匠から預かっている馬を牽いてやってきて田を耕している。これも「馬代」にあたるのであろう。

また内匠は、時には牛馬を売ったりもしている。牛馬を繁殖させ、貸与したり売ったりしていることから、内匠は畜養家でもあったのである。

年貢納入と五人組

内匠は年貢を納めていたから、そう言う意味では紛れもなく農民でもあった。年貢は、その年の十一月から十二月にかけて「大津御蔵」に収める。年貢米は長野村から黒川村（現東海大学農学部付近）を通り、数鹿流ヶ滝の少し上流にあった黒川にかかる石橋をわたる。その後は立野を通過し、白川沿いの瀬田（現大津町）へ降りて大津まで行く。もちろんこの運送費も自弁である。しかし『内匠日記』を読むと、「年貢米代銭」や「年貢銭」で収めていることも多い。長野村は、すでに述べたように畑作地が水田より多かったため、代銭で納めることも多かった。代銭の場合は、庄屋に納めることになる。内匠が納めた額は、天保二年（一八三一）に二〇匁でいちばん少なく、嘉永五年（一八五二）は五二匁であった。物価高による通貨価値の下落から、納入する代銭額は増額していったのだろう。

年貢負担の単位は個々の農民だが、「年貢皆済」の責任は五人組、そして村が負った。そして村で責任を果たせない場合、最終的には手永がそれを負うことになる。天保十二年（一八四一）は、内匠と同じ組のひとりである「前之千吉」（内匠宅の前に住んでいる千吉）が年貢を負担できなかった。その理由は詳しく分からないが、この年の天候不順による不作が原因と思われる。同年十月二十九日、「前之千吉、年貢ニ支候間、彼方より雇ニ付、手前ト文兵へ、鍛冶の茂八方ニ米借りニ行」とある。千吉が年貢を納められないというので、文兵衛を同道して鍛冶の茂八のところへ米を借りに行った。しかし茂八は貸してくれなかった。これは不調に終わる。その一〇日ほど後、内匠はやはり文兵衛をともなない、今度は熊吉の所へ行って米を貸してくれるよう頼んだ。今度は米一俵を借り受けることができた。こうして何とか年貢を調えることができた。『内匠日記』には、「陣内組」という言葉が出てくる。内匠と近隣の村びとたち数世帯のグループとそのエリアをさすようだ。これが五人組を指すか否かははっきりしない。五人組は必ず五人とは限らないが、年貢負担の様子をみると、内匠と千吉それに文兵衛は、おそらく五人組を構成しているものと思われる。

手習師匠としての長野内匠

手習所（寺子屋）　寺子屋は、言わずと知れた江戸時代の庶民の学校である。一般に寺子屋と呼ばれるが、「手習所」や「手習塾」と言う所も多い。『内匠日記』では、「手習所」とある。寺子屋の起源は戦国時代にさかのぼるとされるが、爆発的に増えたのは、江戸時代後期の天保年間である。なぜ寺子屋が急増したかと言えば、単に教育熱が高まったと言うより、読み書きそろばんが必須となる時代が到来したからと言われる。江戸時代後期には、百姓の土地相続は分割されず単独相続が一般的となる。そうすると相続者以外の兄弟や子女は奉公などに出る必要に迫られる。読み書きそろばんは、商家などへの奉公に必要な条件となった。

寺子屋の師匠は、僧侶や神主、武士や浪人などであった。教える内容はいわゆる「読み、書き、算盤」が多かった。『内匠日記』をみるかぎり、内匠も主に読み書き（習字）を教えている。寺子屋には男の子が多かったと言うが、内匠のところでは女の子もいた。多くの場合、寺子屋では「授業料」を徴収しなかった。内匠ももらっていない。だから寺子屋の師匠は、あくまで副業でありボランティアであった。しかし都市部では、時期が下るにつれ、大人数を抱える職業的経営に移行する寺子屋もみられるという。

幕末から維新期にかけて、長野村を含む旧長陽村（現南阿蘇村の一部）には、六つの寺子屋があった【表2】。これらの寺子屋の中で、門弟（生徒）数において内匠のそれがもっとも多く男子一二〇名となっている。しかし一二〇名という門弟を同時に抱えていたとは考えにくい。安政五年（一八五八）の正月に年頭の挨拶にきた門弟の数は二五人。従って、最も多いときで三〇名弱ではなかったかと思われる。かといって内匠の寺子屋に通った門弟の延べ人数としては、逆に少なすぎる。長陽村史編纂室の推計によれば、内匠の門弟の延べ人数は約七〇〇人と言う。また【表2】では、女の子の門弟がいないことになっているが、内匠は女の子も入門を許している。さらに寺子屋は文政元年（一八一八）に開かれた事になっているが、これは内匠の父親惟清の代からはじまったことを示している。

内匠の手習所

長野内匠は文化十年（一八一三）、一五歳となって元服した年から手習の師匠をはじめている。数えの一五歳と言えば、現在で言えば中学を出たくらいの年格好である。しかし元服によって、父親の手になる手習も卒業したのであろう。手習師匠をはじめたとき、内匠の自宅は栢ノ木という所にあった。栢ノ木で長野家は酒造業を試みたらしい。しかしこれはうまくいかなかった。現在この栢ノ木には、南阿蘇村が運営する温泉施設「ウイナス」がある。が、集落はない。手習をはじめた頃の弟子はわずか五人ほどであった。栢ノ木の手習所は三年間つづけた。この手習所が三年間で終わったのは、文化十三

【表 2】幕末から維新期の寺子屋

番号	学科	所在地	開設期間	生徒数 男子	生徒数 女子	教師数	師匠名	師匠の身分
1	習字	河陽村	天保 10〜万延元	40	2	1	不明	不明
2	習字	長野村	文政元〜慶応 3	120	−	1	長野内匠	平民
3	習字	河陽村	嘉永元〜明治 5	80	−	1	荒巻忠蔵	士族
4	習字	河陽村	弘化元〜明治 3	35	−	1	今村源次	士族
5	習字	河陽村	安政元〜明治元	20	−	1	荒巻熊太	平民
6	習字	下野村	安政元〜明治	20	−	1	村上伊賀彦	平民

『肥後讀史総覧』より作成

年、内匠とその家族が現在の長野神社横の旧屋敷にもどったことによる。長野村に戻ってからも、手習は細々とつづけた。

白川村の学問所

天保元年（一八三〇）、内匠三二歳のとき母親が死去。内匠の母親は、白川村（旧白水村）の祇園社の神官、田尻長門の娘であった。母親の死去後、内匠と兄の七郎は長野村と白川村を頻繁に行き来するようになった。そして翌年に「白川書斎」という語が、『内匠日記』にはじめて登場する。「白川書斎」と言うのは、どうやら兄七郎が設けた手習所をさしているようだ。同年の十一月には「長野より白川書斎ニ帰る」というような表現があることから、ここをひとつの拠点にしていたようだ。

翌年正月十七日には、「白川村田上太郎助、田上哲左衛門世話ニ而、手前を手習師範ニやとい候」とあり、白川村に招かれて手習師範となったことがわかる。二十四日には、「白川ニ今日より行。学問所ハ白川村久八方座敷ニ当分致し致候事」とあり、白川村に手習所（学問所）を正式に移した。

白川の学問所は門弟が順調にふえていった。はじめの学問所が手狭になったなったからであろう。天保四年正月には、「学問所出来候ニ付、学問所は田上宇八郎屋敷内北東之方ニ出来候。五間ニ二間半、家座敷ニは床あり。手習親共打寄大いわい致」とあり、新しい学問所の建物ができた。門弟の親たちが建設してくれたのだ。広さは五間（一〇メートル弱）に二間半（五メートル弱）と言うから、単純に計算すれば一五坪という小さなものだ。それでもはじめのそれよりずいぶん立派になったに違いない。完成には親たちもあつまって「大いわい」をした。

しかし内匠は、職業的な手習の師匠ではなかった。それで長野村と白川村を行き来しながら、農業も行っていた。また、家族も同様にこの二ヶ所を行き来した。ところで兄の七郎はどうなったのかと言えば、色見村（現高森町）に新たに学問所を開いたようだ。天保五年から、「色見書斎」という語が見えはじめる。こうして七郎と内匠は、それぞれの場所で学問所を経営しながら、地域の教育を担っていた。

手習所の一年

手習所の一年は、正月からその年の暮れまでである。ただ、途中で入門する場合もある。しかし一年のはじまりは、とりあえず正月である。入門に先立って、年末から年始にかけて、親が師匠に手習入門の打診をする。受け入れが決まれば、正月のある日に、親が子を連れて師匠宅を訪ね入門する。子を連れてくるのは父親の場合もあるが、内匠の手習所では、母親や祖母のケースが多い。入門する日は、正月の十日前後が多いが、日が決められているわけでもない。入門について、『内匠日記』では通常「入門」と書いているが、「入学」とか「寺入」と書いている場合もある。

二月から三月の農閑期には、手習に来る日数が多い。文化十一年（一八一四）は、門弟が少なかった事もあるが、二月にはほぼ一日おきに子どもが訪ねてきている。五月から六月の苗代から田植えの頃になると、手習所は休みになることが多かった。当時の農業は、子どもたちの労働力も欠くことが出来なかったからである。そして師匠である内匠自身も農業を営んでいたから、手習どころではなかった。

七月七日の七夕の節句には、子どもたちの学習成果の披露が行われた。「七夕書」などとあるから、習字を書いて披露したものであろう（天保三年）。この時は、親も参加しているから、学習発表会と保護者懇談会を兼ねたような行事であった。つまりPTAである。親は煮染めなどの進物を携え、親子そして師匠を交え、楽しい一日を過ごしたことだろう。

九月から十月にかけても稲刈りや籾摺りなどが忙し

く、手習所は休業状態となる。十二月になると手習所はふたたび繁盛する。ほぼ毎日のように子どもが訪ねてきた（文化十一年）。

年末は一年の締めくくりである。終業式にあたるのが「文庫引」である。けじめをつけるため、門弟たちは親に連れられてやってきて、一年間の習作と習字の道具を自宅に持ち帰った。親たちは進物を携え、懇ろに師匠に挨拶をして引き取る。

みき、四書を読む

個人授業のようなケースもある。

文久四年（一八六四）五月のこと、鍛治（鍛治は地名）の藤助の娘みきが、内匠を訪ねてきた。「四書買候而持来見せ候」（九日）。四書を買ったので、それを内匠に見せに来たのである。うれしさで、内匠宅へ向かうみきの足取りは軽かったに違いない。同日の『内匠日記』に「下久木野ニ来居候書物屋来」とある。「書物屋」すなわち行商の本屋が内匠のところにやって来た。この書物屋、まったく素性などは分からない。もしかするとみきは、この行商人から四書を購入したのかも知れない。

この時、みきは四書の素読をしたいと内匠に申し出たのだろう。内匠も面倒をみてやろうと快く引きうけた。三日後の十二日、「鍛治之藤助娘みき、四書読ミ今日より始る」とある。みきの四書の素読がはじまった。みきが読むに従い、内匠が「おみき、そこは○○と読みなさい」と、指導を入れる。そんな光景が目に浮かぶ。

四書とは言うまでもなく、「礼記」中の「大学」「中庸」の二編と「論語」「孟子」を含めた総称である。五経とともに儒学のもっとも基本的な経書である。江戸時代、四書五経は全国の藩校で教科書として使われ、藩校ではその暗誦教育が行われた。四書五経は、武士の必須の教養であった。しかし江戸時代後期になると、四書五経の教育は、武士だけでなく庶民の間にまで広まったと言う。

みきの話にもどろう。みきは、長野村という阿蘇の片田舎の女の子である。男の子ならまだしも、田舎の女の子が四書を自ら購入し、素読をはじめたと言うことは驚きである。四書をみきに買ってくれたのは、みきの父親である藤助であろう。と言うことは藤助が、「これからは女も学問が必要だ」と思っていたと考えて良かろう。みき自身の勉学に対する欲求も大きかったと思われる。とにかく幕末頃には農民たちの教育熱も、ここまで達していたのである。

師匠への進物

さて、手習の「授業料」はいかほどであったのだろうか。実は、決められた手習の代価、つまり授業料や月謝にあたるものはなかった。江戸などの大都市では、幕末になると、しだいに職業的経営も多くなるようだが、内匠の手習所は基本的に無料であった。しかし折に触れて門弟の親たちは、師匠宅を訪ね挨拶をして進物を贈った。まず毎月朔日と十五日に、師匠宅を訪ねて礼を述べるのがしきたりであった。節句には進物を持って挨拶に来た。あとは年末の文庫引きの時である。進物は人により時により違っていた。いちばん多いのは米や野菜であるが、そのほか手習所では必需品であった紙も多い。百田紙がしばしば進物として師匠に贈られている。また、畳や薪と言った住まいに必要なものもある。師匠宅の屋根の葺き替えが近くなると、門弟たちは一駄ずつ「萱」を進呈したが、これは師匠からの依頼もあっただろう。少ないがお金の場合ももちろんある。それは「樽代」として差し出された。こうして門弟たちの進物が、師匠の生活を支えていたことも確かである。

村の初等教育

内匠の手習所では、読み書きと習字がおもな「課目」だったようだ。「習字ニ来」とか「手本を頼みニ来」という記事がみえる。七夕に習字を書いて親に披露したことは、すでに述べた。

江戸時代の寺子屋の教科書はと言えば、『庭訓往来』が有名だが、『内匠日記』にも天保五年に「先祖作之允殿、御手跡ノ庭訓往来、七郎様色見より白川書斎持来而拝領ニ相成り」（十月十二日）とある。内匠の先祖が筆写した『庭訓往来』を兄七郎が白川書斎へ持ってきてくれたものを拝領した、と言う。おそらく、白川書斎で教科書のひとつとして使われたに違いない。『庭訓往来』は往来物＝手紙の形式の文章で、往信返信二五通からなる。日常的な多くの言葉と文章が学べるように工夫されている。ちなみに「庭訓」とは、孔子が庭を走る息子を呼び止めて礼を学ぶよう諭した故事から、父から子への家庭教育を意味する。

余談だが、『庭訓往来』は全国の多くの地方で使われていた。当時のしゃべり言葉＝方言は、ひとつひとつの単語も発音もかなり地域的差異があって、おそらく会話が成立しないことも想定される。しかし書き言葉、つまり文語は『庭訓往来』などを通じて標準化されていたのである。

文政四年（一八二一）二月十五日には「五郎吉、右同様。商売往来一巻かり持行」とある。五郎吉とは内匠の隣家で親戚の望月五郎吉で、手習の師匠もしていた。そして『商売往来』もやはり、手紙形式で商売人に必要な言葉や文章を学ぶために作られた初等教科書である。以上のことから内匠の手習所でも、いわゆる往来物が教科書として使われていたことがわかる。

長野内匠墓（筆塚）

　先にも述べたように、内匠だけでなく兄の七郎も手習の師匠であった。また七郎の次男杢、隣家の望月七蔵、五郎吉も栃木に出かけての手習師匠を断続的に続けている。と言うことは、内匠の周辺をみただけでも、さきの【表2】よりずっとたくさんの手習所があって、もっと多くの師匠たちがいたことになる。このようにして、幕末の「村の初等教育」行われたいたのである。

手習所の終焉

　明治四年（一八七一）に文部省が新設され、翌年には学制が公布された。学制の前文になっていた「被仰出書」には、「邑ニ不学ノ戸ナク、家ニ不学ノ人ナカラシメン事ヲ期ス」とあり、学制は国民皆学をめざすものであった。しかし、すぐに村々に小学校が建設されたのではなかった。それは、小学校建設の費用が住民負担であったからである。

　内匠自身が高齢でもあったためと、この学制公布の影響も手伝ってか、明治七年になると手習の「入門」「文庫引き」の記事がほとんど出なくなる。門弟がいなくなったためであろうか。ところがそれから十年、明治十六年の『内匠日記』には、ふたたび手習入門の記事がみえる。明治十六年といえば、内匠八五歳である。何と内匠翁、なお健在であった。

ところで、手習の師匠の学恩に報いるため、門弟たちによって建てられた墓碑や追悼碑を「筆塚」とか「筆子塚」と言う。「筆子」がすなわち門弟である。江戸時代後期には、これを建てるのが寺子屋での一種の慣習となっていた。望月七蔵、五郎吉父子の筆塚は、栃木の門弟たちによって建てられた。内匠のそれは、明治八年の秋から翌年の春にかけて、内匠の屋敷近くの墓所に建てられた。建てたのは白川学問所（白川書斎）以来の門弟たちであった。石材選びから石の運搬、寄付金集めに銘文の彫り込みと、一切を門弟たちが行った。八〇歳にちかい内匠翁も、この様子を静かに見守っていたことだろう。

村には小学校が建設され、手習所（寺子屋）は終焉の時を迎えた。門弟たちによって、内匠の生前に建てられた墓碑＝筆塚は、近世と近代を画する記念碑にもみえてくる。

在村知識人としての長野内匠

内匠の蔵書

日本の近世社会は、「書物知の時代」と言われる。書物に知が蓄積され、書物が知を広範に伝える重要な役割を果たした。しかし「本屋」とよばれる出版元や貸本屋は、大都市や比較的大きな地方都市（城下町など）にあるだけで、長野村のような田舎には、もちろん存在しない。長野内匠は、その貸本屋の役割もになっていたことがわかる。

『内匠日記』には、七〇から八〇種類の書籍名が出てくる。多くの場合、内匠が知人に書物を貸したときに、その記録として記載されている。まれに内匠が借りたり、阿蘇の御館で拝見、拝借したものもある。『内匠日記』にみえる書名を拾っていくと、内匠の学問の傾向がみえてくると思われる。ただ、書名が略記されたり仮名で書かれたりして、書名としてはっきり分からないものもあるので、比較的よく知られたものを取りあげてみたい。

まず古代の歴史書である『古事記』『日本書紀』がある。いわゆる「古典」だが、これは説明は不要だろう。古代の史料としては『延喜格式』がある。これは三代格式のひとつで延喜七年（九〇七）に完成したもの。格は律令の追加や補足、式は律令の施行細則である。三代格式のうちほぼ完全な形で残っているものは『延喜格式』だけで、古代史の研究にはなくてはならないものである。また『延喜式』には、日本古来の神社のうち格式の高い神社を記載した「延喜式神名帳」が含まれており、阿蘇家の家来としては必要な書物であろう。同じ『延喜式』に含まれる、「神祇式」という語もみられる。ただ、『延喜格式』は全部で五〇巻におよぶので、すべて揃ってるのかどうかは分からない。

つぎに『和漢朗詠集』。これは藤原公任《きんとう》撰の朗詠に適した漢詩と和歌を集めたもの。十一世紀はじめに成立。長野本家にも和歌を書いた短冊が多く残されていることから、教養として和歌や漢詩にも親しんでいたのであろう。

つづいて北畠親房の『職原抄』。これは官職制度の由来や、任官のための家格や慣例について書かれたものである。また一条兼良の『公事根源』もある。これは朝廷の年中行事についてその起源を述べた、いわゆる有職故実の書物である。

中世に成立したものとしてはもうひとつ、『太平記』がある。これは南北朝の内乱について記した軍記物語であるが、江戸時代には講釈師によって普及したので、史料と言うよりは読みものと言った方が良い。

成立時期についてはよくわからないが、戦国時代の戦いを記録した軍記物も多い。この類の物では、『菊池軍記』『豊薩軍記』『響原合戦』などの書名がみられる。『豊薩軍記』は薩摩の島津氏と豊後の大友氏の戦いを、『響原合戦』は天正九年（一五八一）に、島津氏の圧力で出陣した相良氏と阿蘇氏の響ヶ原での戦いを記したものであろう。ただし、現物をみたことはないことを断っておく。また珍しいものでは『厭蝕太平楽記』がある。これは真田一族の視点から描いた戦国軍記である。

近世にはいると、慶長一四年（一六〇九）の薩摩軍の琉球侵攻を記した『琉球軍記』や熊本藩の島原の乱の記録である『寛永平塞録』などの書名がみられる。『寛永平塞録』は軍記物というより、記録であり史料と言うべきであろう。

浄瑠璃や歌舞伎で演じられた作品の読みものも多い。『鎌倉三代記』『義経千本桜』『慶安太平記』は浄瑠璃や歌舞伎の演目であり、『太閤眞顕記』は講談で語られたものらしい。文化十四年（一八一七）には、隣の「五郎吉、浄瑠里本かり二来」（二月六日）とある。このころには阿蘇の片田舎でも、娯楽としての浄瑠璃はかなり普及していた。後述するが、地芝居としての浄瑠璃の一座が農閑期にはたびたび長野村を訪れた。内匠はじめ村人たちも、浄瑠璃に「はまった」に違いない。

『和漢三才図会』は正徳二年（一七一二）に出版された絵入りの百科事典である。編集者は大坂の医師寺島良安だが、一〇五巻八一冊におよぶ膨大なものである。購入するにはかなりのお金が必要だっただろう。すべて揃っていたのかどうかは、これも分からない。

『肥後国志』は地誌と言えるが、この書物に欠けていた阿蘇南郷の歴史や産物を書いた『南郷事蹟考』を著したのは内匠自身である。また『京都名所案内』や『東海道名所図絵』は、今で言えば旅行パンフレットにあたる。江戸時代にはこの手の絵入りの地図も大いに普及した。

『日本政記』は天保三年（一八三二）に成立した漢文の歴史書。著者は頼山陽。また万延元年（一八六〇）に著された『恐惶神論』は、幕末の政情や国防を論じたもの。著者は不明という。

忘れてはならないものに『論語』がある。説明は不要だろう。また『西遊記』もある。神道や仏教に関する蔵書もかなりあるが、煩雑になるのでこれは省略したい。

蔵書にみる内匠の学問

さて、内匠の蔵書は、以上のように実に多彩である。これから内匠の学問の傾向を読み取るのは、なかなか難しい。蔵書のジャンルをあげれば、歴史・地誌・有職故実・和歌・漢文・小説・神道・仏教・儒学・国学ということになろう。このうち特に歴史・地理、そして神道や有職故実に造詣が深かったように思われる。そして内匠の学問のすべては、阿蘇家の歴史や伝統に連なるものと言っても良かろう（唯一違うのは娯楽である浄瑠璃の本くらいなもの）。彼の学問は、阿蘇家にとって有用でなければならなかったし、阿蘇家も「そのような学問」を身につけた内匠を重用したのである。

『南郷事蹟考』の成立

学者としての内匠を象徴するのが『南郷事蹟考』である。

この書物には、これまでにも何度か触れてきた。『南郷事蹟考』は『肥後国志』になぜか記載のなかった阿蘇南郷のふたつの手永、すなわち布田手永と高森手永についての歴史や地誌をまとめたものである。長野内匠の名が、わずかに巷間に知られているのは、『南郷事蹟考』を著したからにほかならない。ここでは、その成立過程を追ってみたい。

『南郷事蹟考』の序文の冒頭に、「明和中、森本氏ノ書キアツメラレタル「肥後志略」中ニ遺漏セル南郷ノ故事旧跡ヲ愚臣ニ書キアツメテ奉ルベキ旨、過セシ年、我君ヨリ仰蒙リヌ」とある。「我君」とは、阿蘇の殿様（大宮司）である。『南郷事蹟考』は、阿蘇の殿様からの命でまとめられたものであることがわかる。

序文末に付された年号は、「慶応二丙寅年秋七月」となっている。序文には「三年ノ星霜ヲ積ンデ」完成したとあるから、単純に計算すれば文久三年（一八六三）に作成を命じられたことになる。しかしこの年の『内匠日記』が失われているので、これを確認することができない。また慶応二年（一八六六）七月の『内匠日記』にも、『南郷事蹟考』が完成したとする記事は全くない。しかし『内匠日記』によれば、慶応四年（一八六八）の六月四日に「一昨年之頃、蒙仰候南郷古今事蹟考、両三日跡迄ようよう出来致し候間、今日御前江差上候処、殊之外御歓被遊候。然而、御前ニ而御酒頂戴仕しばらく四方山之事御噺被為有候」とある。一昨年前に作成を命ぜられた「南郷古今事蹟考」が慶応四年にようやくでき上がったので、殿様に献上したところ、たいへんお慶びになったと言うのである。

では実際、いつ『南郷事蹟考』作成を命じられたのか。『内匠日記』では慶応二年十月はじめ、阿蘇豊三郎（惟敦、八七代大宮司）が約一〇日間にわたって南郷を漫遊し古蹟を訪ねている。内匠はこの時も案内役を務めている。おそらくこの時に豊三郎から、『南郷事蹟考』作成の話（命令）が出たのではないか。と言うのは、翌年から内匠は「御用しらべ」と称して、南郷各地をあるき古蹟を調査している。これが『南郷事蹟考』作成のための現地調査だったと思われる。そうすると『南郷事蹟考』は慶応二年に作成を命じられ、慶応四年に完成したとみるべきであろう。こう考えると「一昨年之頃」に命じられたと言うことにも合致する。序文中にある「三年ノ星霜」とは慶応二年から慶応四年までの「足かけ三年」と言うことになろう。

綿密な現地調査

序文には「猶親シク其処ニ行テ、野人田夫ニ至ルマデ普ク古老ヲ尋ルニ」とある。実際に内匠は何度か現地調査を行っている。慶応三年四月には旧白水村に出かけ、古城跡を調査したり古文書を見たりしている。同年九月と十月には、高森手永の調査に出かけている。十月六日の『内匠日記』には、「自身、高森手永江御用ニ而調方ニ出ル。但シ肥後志追考」とある。はっきりと「肥後志追考」作成のため「御用」にて調査をしたと述べている。綿密な現地調査と古文書などの史料調査を行って『南郷事蹟考』が著されたことがわかる。もちろん古老からの伝聞も記載されているから、すべてを信用するわけにはいかない。しかし少なくとも阿蘇南郷の歴史や地誌を知るには不可欠な書物である。

在村知識人　内匠は手習の師匠として「村の初等教育」を担う教育者であった。また内匠の蔵書は近隣の人びとへの貸し出しを通じて、いろいろな学問を伝える役目を持っていた。現代で言えば、図書館であり文化センターの役割を担っていたと言える。さらに『南郷事蹟考』は、村々に蓄積された文化財や歴史、そして村人の知恵をも後世に残すことに貢献したと言えるであろう。こう考えると、幕末の在村知識人の存在が、村にとっていかに重要だったかがわかる。

職人としての長野内匠

長野内匠はまた、職人でもあった。絵を描き書を書き、そして神具や仏具の修理から彩色、葬儀の時には道具作りをやる。多くの場合、村人の依頼で引きうけて仕事をする。何でもやるのではなく、神事や仏事などに関係する仕事が多いようである。長野神社には神主がいなかったがから、おそらく長野家がその仕事をある程度代行するような役目を持っていたのだろう。それはやはり、長野家が阿蘇家に仕える家柄であることと無関係ではない。

神社・仏像の彩色　まず神社の彩色の仕事がある。一例をあげると、天保二年（一八三一）には、「白川村濱尾天神社、妙見社彩色致」（十一月一日）とある。どこをどのように彩色したかは分からないが、おそらく鳥居や社の柱などに朱を塗ったのだろう。または神社の彫刻に彩色したものか。これは前月の中頃、白川村濱尾牛右衛門の依頼による。濱尾は村を代表しての依頼であったろうから、白川村（旧白水村）の庄屋だったのかもしれない。

天保五年（一八三四）には、神社ではなく神輿の彩色も行っている。この時も白川村からの依頼であった。白川社の神輿の彩色は、六月三日からはじめて十八日に終了している。もちろん、長野村でも神社の彩色を行っているし、周辺の村々からの依頼もあった。

仏像の彩色の依頼もあった。天保九年（一八三八）には、長野村に隣接する袴野村から「観世音彩色」の依頼があった。この時は、前もって「彩色買物代」を袴野村の野口某が持参している。おそらくは絵の具、金箔、膠などを購入するための代金であろう。袴野村には現在も千手観音堂があって大切に守られているのだが、内匠が彩色したのはおそらくここの仏様であろう。この千手観音は現在も金色に輝いているが、その都度彩色をしながら、現在に伝えられているのであろう。

彩色だけではない。彫刻も手がけている。天保六年（一八三五）、村内の権現様の祭のとき、若者が祭の案内に来た。しかし案内だけではなかったらしい。『内匠日記』には続けて「右、神像彫直ス」（十一月十日）とある。若者たちに頼まれて、傷んだ神像を修復したものと思われる。また明治五年（一八七二）には、「乙ヶ瀬村弁助使来。佛之御手を造呉候様相頼」（七月四日）とあることから、失われた仏像の「御手」を彫って補ったようだ。内匠は、仏師のような仕事までやっていた。

絵の具の調達

彩色に必要な絵の具は、どこで入手していたのか。阿蘇郡内には七つの在町があった。七つというのは、高森町、内牧町、宮地町、坂梨町、馬見原町、吉田新町、宮原町である。在町とは、「在」つまり村にある町場のことで、その多くは街道の要地に立地した宿駅であった。内匠のいる長野村からいちばん近いところは、吉田新町（旧白水村）である。宝暦年間の吉田新町の戸数は二六戸という。沿道に商店が並んでいた。内匠の家からは、約二里（八キロ）ほど。内匠の家では、布を染めてもらうために吉田新町の紺屋を利用したりする記事がしばしばみえる。次に近いのは高森町であるが、買い物は高森よりも大津に行くことの方が多かったようだ。ここは年貢米を御蔵に納めに行くところでもあった。大津町も街道の宿場町であり、宿や商家がならんでいた。このどちらの町でも手に入らないものは、熊本まで出なければならなかった。安政三年（一八五六）には、彩色に使う絵の具を買うために、むすめのおむつを熊本まで遣わしている。行きに大津で一泊、帰りにも大津で一泊。二泊三日の行程だった（八月二十日～二十二日）。明治八年の『内匠日記』には、金箔の記事も出てくるのだが（十一月十八日）、このような高価と言うか、特殊な物もおそらく熊本で調達していたと考えられる。

神具の作成・補修

神社の神具の作成や補修も行っている。天保四年（一八三三）六月、さきにも出た白川村の庄屋から白川社の「長柄鐺」の作成を依頼されている（六月六日）。これは祭などで使われる神具だとおもわれる。長柄鐺が仕上がったのはおよそ二週間後であった（六月二二日）。下田村の庄屋から依頼されて、「西之宮」の祭道具を作ったりもした（安政二年六月十一日）。

絵を描く

また内匠は、絵も描いた。阿蘇の殿様の命で下野の「御狩場絵図」の写しを作成したことはすでに述べた。『内匠日記』には、「絵馬を描いて欲しい」（天保十五年二月十五日）とか、絵を頼まれて「唐絵三枚」を渡した（明治八年十二月十日）などとある。

明治五年には、戸長坂田常次郎の依頼で黒川の眼鏡橋の絵図を作成した話がでてくる。黒川の眼鏡橋は江戸後期に建設された肥後の石橋の中でも最も古く、石工仁平が築造したことで知られるものである。石工仁平といえば不明な点もあるが、加藤清正が熊本城を築城するとき、近江から連れてきた石工集団の子孫ともいわれる。いずれにしても、肥後の石工の中で、最初に活躍した石工集団のリーダーである。黒川の眼鏡橋や門前川橋（御船町）など、アーチ式大型石橋を造った熊本で最も古い石橋技術者である。

さて、なぜその「黒川めかねはし」の絵図を内匠が描くことになったのか。この石橋は天明年間（一七八一～一七八九年）に建設されたという。それから約一〇〇年がたって、少々老朽化したためか、欄干の取り替え工事をしようと、その工事費を戸長が熊本県に申請した。すると県の方からは、絵図面を添えて再度申請するよう達しがあった。そこで戸長坂田常次郎から内匠に対し、取り替える欄干を含めた石橋の絵図を描いてくれ、と依頼があったのである（五月二十三日、ちなみに石橋の長さは「十五間巾二間」とある）。その後『内匠日記』には、眼鏡橋の絵図を描いたという記事はみあたらない。だから実際に絵図が作成されて県に提出されたかどうかは不明である。しかし内匠の絵描きとしての技量も、戸長からの依頼があるほど認められていたことは確かである。

ちなみに、石工仁平によって架けられた黒川の眼鏡橋は、残念なことに昭和二十八年（一九五三）の大洪水で流失してしまい、石材の一部が残るのみである。

表具もする

絵を描けば表具もする。明治三年には「六枚屏風出来」とだけある（八月十九日）。「六枚」とは「六曲」ということか。屏風を自作したのだろうか。

明治六年には、「上畑のおた寿掛物、鬼子母神のゑ、表具頼置候を取りニ来」（六月十七日）とある。内匠宅の近所、上畑のおたずが、鬼子母神の絵を表具してくれるよう頼んであった物を、完成したのでとりにきた。これは鬼子母神の絵であるから、掛け軸の類であろう。鬼子母神はもともと仏教を守るインドの女神である。のち安産、子育ての神として祀られ、盗難除けの神でもあった。痛んでいた絵を表具し直したのか、あらたに表具をして軸にしたのか、それは分からない。

表具師の仕事に近いものに、燈籠の作成もたびたび依頼されている。「寅八来、とうろう頼ニ」（文政八年七月四日）、「万吉、燈籠張頼ニ来」（同年七月七日）、「大石ノ忠右衛門来、燈籠頼置候ニ付取ニ来」（嘉永五年七月十三日）などなど。祭の燈籠も多数依頼されて作ったこともある。

由緒書・系図の作成

内匠は、由緒書や系図の作成依頼もたくさん受けている。由緒書は現在に至るまでの寺社や個人の家の来歴、歴史を記したものである。家の場合は、系図とセットになっていることが多い。内匠に依頼された由緒書も、個人の家の場合と寺社の場合とがある。面白いことに、由緒書や系図が内匠に依頼された年代は、ほとんど明治になってからである。由緒書や系図は自らの出自を明らかにしたり、家や血筋の権威づけを行うために作成される。由緒書や系図が流行するのは、時代の転換期でそれまでの秩序や価値観が崩れる時である。例えば室町末期から戦国時代にも、ひとつの流行があった。幕末から維新期も大きな転換期である。そのことを人びとが実感し、家の存続にも不安を覚えたことが由緒書作成に向かわせたのではないか。

由緒書依頼の例をいくつかあげる。明治八年三月、内匠は甥（兄七郎の子）の杢《もく》が主催していた手習所「堀渡《ほりわたり》書斎」に行った。その目的は堀渡と岸野（いずれも旧久木野村）の住人たちの「先祖由来」を聞かせ、「堀渡り岸野之者共之先祖由緒書等相渡」（三月二四日）すためであった。その際、堀渡の順八については、彼の先祖墓にも行き「石塔之銘」を確認する丁寧さであった。

明治十三年（一八八〇）年、長野神社の宮総代になった内匠宅の前隣に住む順太は、長野村の北方の山にある吉岡神社と山王宮の「根源之訳」を習いに来た（十二月朔日）。「根源之訳」とは、つまり神社の由緒である。

甲斐有雄がくる

おもしろところでは、甲斐有雄もまた内匠宅を訪ねている。甲斐有雄は、文政十二年（一八二九）、阿蘇郡菅尾尾下村（現高森町野尻）に生まれた。農業のかたわら、腕の良い石工でもあった。当時の野尻は肥後・豊後・日向の三国の接点に近く、交通の要衝で人の行き来がさかんであった。このため道に迷うものも多かった。甲斐はその腕を生かして道しるべを各地に建てはじめた。そしてそれは彼のライフワークとなった。また、西南戦争の記録を残したことでも知られている。

さて、甲斐有雄が明治十三年（一八八〇）十一月に内匠を訪ねている。内匠は「甲斐有雄は道筋に道印石立候者也」と書いている。そして甲斐が訪ねてきた理由を「諸家之家筋之事習ニ来候」（十一月十九日）としている。甲斐が「諸家之家筋」を何のために調べているのかは分からないが、「諸家」というのは阿蘇氏とその周辺の家来たちをさすのではないかと思われる。こうした歴史的な情報の蓄積があってはじめて、由緒書や系図の作成が可能になると考えられるのである。

霊能者・宗教者としての長野内匠

「占い」と「勘え《かんが》」

文化年間の『内匠日記』には、「占い」や「勘え」に関する記事が多数出てくる。「勘え」は「かんがえ」と仮名で書いている所もある。驚いたことに、昭和の前期まで、「勘え屋」とよぶ一種の占い師が阿蘇の村々にはいたらしい。これは筆者の母親に聞いたことである。ちなみに筆者の母親は、長野村のとなり、久木野村の出である。

「占い」と「勘え」は、『内匠日記』を読む限り区別はない。要するに「勘え」も占いである。文化年間にこれが集中している理由は、占いをやっていたのが内匠の父親（長野惟清）だからである。惟清は占いができる「霊能者」として認められていたのであろうか。ほかに考えられるのは、長野家が阿蘇家に仕える家柄であることから、神職に近い存在だと周囲から考えられていたのではないだろうか。占いの多くは、「消えたもの」「失われたもの」の所在を村人が尋ねに来て、それに答える類のものであった。

多くの依頼人

文化十年（一八一三）の三月前後のわずかひと月あまりだけでも、六回も占い依頼が惟清のもとに寄せられている。「栃木十助走物占に来る」（三月二八日）。「走物」は「はしりもの」と読む。村からの逃亡者である。逃亡の理由は様々あるが、貧困などのため村で生活が成り立たなくなった者が他村や他領に「走る」ことが多い。十助はこの「走物」の縁者か、または栃木村の村役人格の者で、「走物」を捜索していたのであろう。

「辻の松太下女きた、ウセ物占に来る」（三月一日）。「ウセ物」とは「失せ物」であろう。つまり消えたもの、失くしたものだが、これが人であるか物であるかは分からない。いずれにしても、なくなったものの所在を占ってもらうのである。

「水溜の茂七、馬占に来る」（三月二一日）。「水溜」は長野村の北西に隣接する乙ヶ瀬村の地名である。「馬占」とは、文字通りいなくなった馬の所在を占うものであろう。この翌々日には、「山田傳蔵妻、牛占に来る」（三月二三日）と、今度は牛の所在を占ってもらう。四月になって「鍛治の利左衛門、馬占に来る」（四月三日）と、また馬がいなくなっている（「鍛治」も長野村内の小字名）。

女房を占うものもある。「月田の和次郎、妻占いに来る」（四月二日）。単純に考えれば、逃げた女房の所在を尋ねていると思われるが、ひょっとしたら、病気になった妻の状況を知りたかったのかも知れない。そう考えるのは、「田尻之文左衛門、自身痛候を勘へ頼ニ来」（文化十四年四月十日）と、体の痛みの原因を占ってもらうケースもあったからである。

全体的には、人や牛馬がいなくなったからと言って占いに来る者が多い。そのほかにも盗人に入られた、斧がなくなった、鍋がなくなった、木綿がなくなった、銭がなくなった、とまあ次々に行方を占いに来る。

占いの報酬

さがし物が出てきたのか、お礼に来る者もあった。長野村に出稼ぎにきていた「鶴崎之木挽」が銭を失ったと占いにやって来た。鶴崎とは現在の大分市鶴崎で、同じ熊本藩のためか、たびたび木挽ほかの職人が長野村に出稼ぎにやってきている。翌日、この木挽は礼にと「素麺一包」を持参した。銭が見つからなければ札には来ないだろうから、きっと銭が出てきたに違いない。惟清が、占うという行為そのもので銭をもらっている様子はない。しかしこのように、「成功報酬」として金品を受け取ることはしばしばあったろう。

母様もマジナイ

驚いたことに、霊能力があるのは惟清だけではなかった。惟清の妻、すなわち内匠の母親の能登（のと）も占いならぬ「マジナイ」をやっている。文化十年（一八一三）七月、「母様、大石に御出。武平のどに物かかりたるヲマジナイに御出」（十八日）と言う記事がみえる。大石の武平がのどに何かを引っかけてしまった。なかなかとれなかったのであろう。うわさ話を聞いたか、武平から頼まれたのか、能登は喉につかえた物をとってやるためにマジナイ（呪い）をしたと言う。

しかし、能登のマジナイはすぐはすぐには効かなかったらしい。なぜなら翌日、おといと言う近所の女が、武平ののどの薬にと、内匠宅に鳳仙花をもらいに来ているからだ。武平はしばらく苦しんだようだ。

祟りを鎮める

内匠も祟り鎮めを依頼されている。それはもう、内匠の最晩年の話である。明治十九年（一八八六）三月、田尻の彦右衛門が内匠のもとにやってきた。田尻の彦右衛門も長野家の親戚筋である。彦右衛門は、「先祖の田尻兵部之允と言うものがわが家に祟っている。なぜ祟るのかがわからない。墓は下久木野にあるが、墓に祟りを鎮める札を立てたい。その文言を書いてください」と懇願した。内匠は「旧記」をしらべ、田尻兵部之允という人物がいかなる人物で、なぜ彦右衛門家に祟るのかを勘えたようだ。そして札に祟り鎮めの「銘字」を書いてやった。彦右衛門はすぐにこの札をもって下久木野まで行き、墓にたてたのだった（三月十二日）。

その後、はたして祟りはしずまったのか？『内匠日記』には、「その後」は出てこない。しかし彦右衛門はこの年の八月、長寿の祝いで妻と内匠を訪ねている。祟りはしばらくして、鎮まったようだ。

虫札と病気除の御守

内匠のところへ、御札や御守を村人がもらいに来る記事もたびたび出てくる。御札については、その多くが「虫札」である。江戸時代の農業にとって、虫は大敵だった。特にウンカや蝗《いなご》が大量発生すると、米が収穫できなくなり飢饉を招くことになった。農民はこの虫の被害を防ぐため、虫追いをしたり虫札を田畑にたてたりした。虫札は寺社で「虫除け」の祈祷やお祓いをした御札である。享保の飢饉の時には、幕府も伊勢神宮や宇佐八幡宮、比叡山などに蝗害駆除の祈祷を行わせている。その効果のほどは、今日のわれわれからみれば疑わしいが、江戸時代の人びとは神仏の加護にすがるしか術がなかった。

『内匠日記』には、文政八年（一八二五）「おさの、虫札を頼書ニ来」（四月二十日）、明治六年（一八七三）「栃木村卯八方より虫札貰ニ来」（五月十日）、「下田村田ばたおちゑ虫除札貰ニ来」（七月二十七日）などとある。おさのは近所の女性であるが、栃木村の卯八と下田村のおちゑは村内のものではない。隣村ではあるが、わざわざ札をもらいにきているということは、効力が信じられていたためであろう。ところでなぜ、周囲の人に配布できる虫札を内匠が持っているのか。これは御札だから、どこかの神社でお祓いなどして「効力」を吹き込んでいるはずだが、それは分からない。

そこでヒントになるのが病気除けの御守りである。万延元年（一八六〇）九月、栃木村に疫病が入り込んだ。そのとき内匠宅を訪ねてきた栃木村の面々は、「阿蘇神社の病気除けの御守りが欲しい」と懇願した。内匠は、「請合候而御本社之やく病除之御守をかし候」と、阿蘇神社の「やく病除之御守」を貸したことを記している。また御守だけでなく、「殿様之御筆之天満宮」（九月十三日）も貸している。これも御札の類だと思われるのだが、いずれにしても阿蘇神社の御守や御札が病気除けに効力があると信じられていたのである。したがって、さきの虫札も阿蘇神社の御札ではないかと推測される。だから、阿蘇大宮司に仕える内匠のもとへ、御札をもらいにくるのだと思われる。このように考えると、長野家と内匠の「霊能力」は、阿蘇神社の神威に淵源があるものと考えられる。そしてこのような「特異な能力」を有するもののおかげで、村の災厄は遠ざけられ秩序が回復する、そう村人は考えていた。

祈祷の作法

こんなこともあった。明治四年（一八七一）三月、下田村西野宮の神主「宮川豊前守」が内匠のところへやってきて次のように言った。「近いうちに阿蘇神社で下野御狩祭がおこなわれる。先例にしたがって下野の狩場でお祓いをするよう命ぜられた。しかし、その祈祷のやり方が全く分からない。何とか教えて欲しい」と。下野御狩祭は途絶えて久しい神事だった。だから宮川豊前も祈祷の方法を知らないのである。ところが内匠は、「祓之次第しゆく文等、委細ニ教へ」た、と言う（三月六日）。「しゆく文」とは祝詞《のりと》と思われるが、要するに内匠が祈祷の方法と祝詞を宮川豊前に伝授したのである。二日後には今度は、祇園社の社人田尻阿直《あちき》記が、同じ件で内匠を尋ねてきた。内匠は前回同様、「神前向之事、習ニ来泊る二付、くわしく教へ候」（三月八日）と記している。今回は泊りがけのレクチャーとなった。

それにしても、西野宮や祇園社の「社人」も知らない祈祷の作法を内匠が伝授するのだから驚きである。おそらく下野の狩りに関する古記録が、長野家には綿々と伝えられてきたのであろう。それはまた、長野家が下野の狩りとその神事に、深く関わってきた家柄だと言うことを示すものでもあろう。そして長野家は、「神学者」として振る舞っていたとも言えよう。

民俗的な知

先に長野内匠の蔵書について論じたところで、「書物知」について触れた。いわば書物に蓄積された「科学的な認識」が、近世社会には社会の隅々まで広範に伝えられていった。一方でここで述べたように、「勘え」「占い」「マジナイ」「祟り鎮め」といった、科学とは隔てられたいわば「民俗の知」も「書物知」と同様に伝統的な民衆世界では、なくてはならない役割を演じていたのである。

商人・金融業者としての長野内匠

酒屋を営む

宝暦七年（一七五七）の『南郷布田手永万覚付手鑑帳』に「一、酒屋　二人、栢木　東下田」とある。この「栢木」の酒屋が長野家である。酒屋とは造酒家のことであるが、酒を造るには「酒本手」という藩の営業鑑札が必要であった。だから長野家はこの「酒本手」を持っていたわけだが、その入手の経緯、いつから造酒をしていたのかなど詳しいことは分からない。

栢ノ木はさきにも出た水溜村の一角である。長野村の北隣である。ここで長野家は酒を造っていたわけである。しかし内匠が『内匠日記』を書きはじめた文化十年には、すでに酒造りはしていない。文化十二年に栢ノ木の屋敷を引き払って長野村に戻ってくるのも、酒造りをやめたからであろう。長野家は幕末に、酒造家という産業ブルジョアとしての発展を志向したが、その芽は伸びることはなかった。

それでは「酒本手」がその後どうなったかというと、『内匠日記』に「七郎様、内ノ牧孫兵衛方ニ酒本手運上銀取ニ御出」（文化十年十一月十四日）とある。つまり「酒本手」（営業権）は阿蘇「内ノ牧」の「孫兵衛」に渡して、その「運上」（ここでは利権料）を受け取っているのである。この「孫兵衛」は別のところで、「阿そ内之牧町長野屋孫兵衛倅何某、菊見ニ来」（安政六年十月十日）とみえる。ここから、屋号が「長野屋」だったことがわかる。「長野屋」とは、少々安直な屋号にも思えるが、分かりやすい。

兄の七郎は定期的に内牧に出向いて、「運上」を受け取っていた。内匠も文化十三年にはじめて内牧に行っている（八月六日）。このときも運上の取り立てだった。さらに文化十三年には、「庄やニ酒場運上、銀廿五匁拂」（十一月月十七日）とある。このことから、孫兵衛から受け取った運上はさらに営業税として庄屋に納入していたことがわかる。もちろん、長野家が何がしかのマージン（利ざや）をとっていたのは間違いない。

ところで、米価を基準とした江戸時代の貨幣の価値は、金一両＝五万五〇〇〇円、銀一匁＝六六〇円、銭一文＝九円くらいと言われるから、さきの運上「銀廿五匁」は一万六五〇〇円ほどになる。

しかし、この「酒本手運上」受け取りの記事は、文化十四年を最後に出てこなくなる。

『内匠日記』は文化十四年の翌年、文政元年（一八一八）から文政三年（一八二〇）の三年分が欠けているが、この間に「酒本手」を売却した可能性が高い。実際、文化十四年には「杉尾之角太、阿そ赤水之者、宮崎弥内ト申者也、道々ニ而来。酒本手買度由申」という記事があり、近所の角太の口添えで赤水（旧阿蘇町）の宮崎弥内が「酒本手」を買い取りたいという申し出をしている。ただしこの時は、売却していない。

金を貸す

高利貸と言えば少々語弊があるが、長野家は確かに金貸しをやっていた。ただ大金を貸していたとは思えない。困った村人になにがしかの小金を融通していた、と言った方が良い。「村の少額金融業者」と言うところだろう。例えば、文化十四年に「おさの、香奠ニ包む銭壱匁かりニ来持行」（十一月六日）とある。おさのは近所の女性。香奠として包むお金一匁を借りたのである。こうして村びとがお金に困ったとき、長野家を訪ねるのである。

貸した金の利子は、収穫期から年の暮にかけてに米などで受け取っていたようである。これを『内匠日記』では「利米」などと言っている。文化十年、「喜多村藤吉方より銭之利米壱俵遣筈之処、粟壱俵付来」とある（十二月晦日）。金を借りた喜多村の藤吉は、借りた銭の利子として米一俵を支払うはずだったのに、粟一俵を持ってきたと言うのである。粟より米の方が高価であったであったから、藤吉は利子を値切ったことになる。いっぽう長野家の方は、「しょうがない」で済ましたのだろう。

と言うのは、実際に借りた銭を値切った例がほかにもあるからだ。文化十年のことだが、次のような記事がみえる。「宮川出雲先年借り居候銭元銭拂ニ小園之武平道々ニ而酒一升持て来。此事武平口入ニ而ねぎり候ニ付武平来、元銭六百目を四百目ニ而父様御取被成候由」。つまり、下田村西野宮の宮川出雲が銭六〇〇目を借りてそれを返済に来たのだが、四〇〇目に値切ったと言うのである。その際宮川出雲は、酒一升を下げ小園の武平を伴ってやってきた。小園の武平は、長野家と同じ組内の、いわば隣人である。武平は宮川出雲に借金を値切る「口入」を頼まれた。内匠の父惟清は、しぶしぶ？四〇〇目を受け取った。この寛容さから考えると、長野家を単なる高利貸とは言いにくいのではないか。

藤吉の話にもどろう。米を粟に替えて利子を払った三ヶ月後には、「川後田村勝右衛門寛政年中ニ借り居候銭元拂ニ来。此元銭弐百目之由」（文化十一年三月十六日）とある。川後田村の勝右衛門が「寛政年中」に借りた「元銭」を全額返済に来たのである。銭二〇〇目と言えば、けっこうな金額になる。それにしても「寛政年中」と言えば十八世紀末頃だから、文化十一年（一八一四）からすると、すでに二〇年ほど前のことになる。前年には、「川後田村勝右衛門、利米一俵付ケ来」（閏十一月七日）とあるから、銭二〇〇目の「利米」が米一俵と言うことになろうか。

土地を担保に金を貸している記事も見える。「川後田村茂八、爰元江質地ニ遣置候田、請方仕度由申来」（文化十四年十二月二十日）。川後田村の茂八は、お金を借りたときに田を質にしていた。田の面積などは不明。借りた金を返すめどがついたのか、茂八が田を請け出したいと言ってきた。金貸しを通じて土地を集積し、地主になる可能性も長野家にはあったが、そうはならなかった。

ところで、明治期になるが金利も出てくる。「ば、の倉次郎妻おつね、銭払ニ来、元弐百目、利拾弐匁請取」（明治七年一二月一六日）。借りたお金の額が銭二〇〇目で金利が一二匁、単純に計算すれば金利六％である。

牛馬を売る

長野家は、牛馬も売っている。しかし牛馬を売るために、特に繁殖させていたようにはみえない。要するに繁殖と仔牛馬の販売を目的とした畜養家ではない。農作業や移動に必要な牛馬を飼っていたのである。それでも、これもまた周囲の農家に比べれば、多くの牛馬を持っていた。それで牛馬を貸して欲しい、売って欲しい、としばしば求められたのである。

　文化十三年（一八一六）一二月、「せんぞくノ善十方ニ預置候牛、八十目ニうる。手付銭五匁取、但岡札之赤」（二十三日）。「せんぞくの善十」に預けていた牛を銀八十目で売った。そしてその手付け金として「岡札之赤」で五匁受け取ったと言う。長野家では、求めに応じ牛馬を農家に預けることもあった。その見返りに付け届けを受け取ったり、農作業を手伝ってもらったりしていた。この場合は、しばらく預けていた牛をその預かり主に売った例である。手付け金は「岡札」、つまり岡藩の藩札で受け取っている。阿蘇地方は、熊本藩の藩札と岡藩のそれぞれが流通していたことがわかる。明治四年（一八七一）にも牛を売っているが、この時は「壱貫五百目」（八月十一日）である。もう明治四年だから、物価もずいぶん高騰していたし、牛の性別や年齢によっても価格は異なる。それにしても、ずいぶん売り値が違う。

　馬も売っている。明治三年五月に「喜多村儀平、下積村何某、爰元馬を買度由申来、前々より此比ニ居候馬壱貫八百目ニうり渡し、明後日ニ代銭は不残受取筈之相談相済、皆々定嘉家事世話致候事。五六ヶ年之間ニ牛三疋馬三疋売払候事」（十五日）とある。喜多村の儀平が、馬を買いたいという下積村の者を伴ってやってきた。儀平は例のごとく、「口入」役であろう。売値は「壱貫八百目」。先の明治四年の牛の価格と比較しても、さほど違わない。馬がわずかに高い。すべては養子の定嘉が段取りした。ここ五〜六年で、牛三頭に馬三頭を売ったという。たて続けに牛馬を売った理由は不明だが、長野内匠家は売るだけの牛馬の余剰を抱えていたのである。

ものを売る

　長野村には、常設の店舗はなかった。だから必要なものは、お互いに融通し合うしかない。長野家は村内では比較的裕福な家であったから、食糧や道具類も近隣の百姓家にくらべ豊富にあった。そのため、長野家には近隣の人びとがいろいろなものを買いに来た。長野家も村人の求めに応じてものを販売した。

食に関するものから拾ってみよう。ただし、いくらで売ったのかはほとんど書いていない。『内匠日記』には、調味料を買いに来る記事がけっこうみられる。味噌については、文政四年（一八二一）と文政八年（一八二五）に二度出てくるが、いずれも買いに来たのは四月である。四月は新しく仕込んだ味噌が、食べ頃になる頃なのか。ただ味噌については、おそらく多くの農家で自給していたはずである。だから記事はそう多くはない。次に醤油。しかし醤油そのものより、「醤油がら」を買いに来る記事がいくつかみられる。「醤油がら」とは、醤油を搾ったあとの搾りかすであろうか。と言うことは、長野家では醤油を醸造していたと考えられる。先に述べたように長野家はもともと造り酒屋であったから、醤油を醸造する技術はあったはずである。だから「醤油がら」を売っていたと推測される。しかし醤油の「がら」とは言え、調味料の少なかった時代である。立派な調味料として料理に使われたに違いない。塩に関しては、『内匠日記』をみるかぎり、一度も「売った」という記事をみない。ほとんど「借りて持ち行く」となっている。何故だろうか。味噌や醤油は、長野家自家製であった。しかし塩は長野家でも作るわけにはいかず、内匠も塩を買ったりもらったりしている。ここが味噌・醤油と塩の違いなのかもしれない。

『内匠日記』には、近所のものが鶏卵をしばしば買いに来ている記事がみえる。卵は「玉子」と書いている。今でこそ鶏卵は安価な食品としていつでも手にはいるが、この時分は貴重なタンパク源であった。家族に病人が出たりすると、滋養強壮のため卵を食べさせた。

そのほか、柿や梅を売るという記事もみえる。文化十四年（一八一七）八月、「枯木之両七、曲松之武平道々ニ而柿買ニ来」（二十六日）とある。枯木は、現在の菊陽町東部の集落である。「両七」は、けっこう遠くから買いに来ているわけだが、めずらしい品種だったのではないだろうか。というのは、このあと述べるように内匠は園芸家でもあり、草木のめずらしい品種を持っていたからである。また、文化十一年（一八一四）には「陣内屋敷柿あやしニ行」（十月七日）とある。「あやす」とは、この地方の方言で「（果実などを）もいで収穫する」ことである。これはまだ、栢ノ木にいた時分の記事である。栢ノ木から長野村の「陣内屋敷」に柿の収穫にいったのである。内匠の陣内屋敷には柿の木がたくさんあったらしい。

材木を売る

江戸時代、森林とその木々は、幕府や藩によって厳重に管理されていた。また村の共有地である入会地の木も、勝手に伐ることはもちろん許されなかった。だから江戸のような大都市はともかく、地方では流通する材木の量は限られていた。

『内匠日記』にはしばしば、長野家が木を売る記事がみられる。「前之石垣之上ニ有之候大杉剪、笹倉之用助買候。此木七郎様うられ由也」（文化十四年三月九日）。「前之石垣之上」とは屋敷内の一角をさしていると思われる。そこにそびえていた「大杉」を、兄七郎が「笹倉」の用助に売ったという。値段は分からない。笹倉とは旧波野村の笹倉であろう。用助は「笹蔵之用助、木挽共三人連来木切仕事仕廻迄逗留致」（同年三月三日）ともあり、どうやら木挽頭のようである。用助を含め四人で「木切仕事」にきて仕事が終わるまで逗留している。木挽については「中畑山田尻下山ニ於而杉木五本四拾五匁ニ鶴崎木挽ニうる」（同年七月十一日）ともあり、豊後鶴崎からも仕事に来ている。木挽たちは、村々を移動しながら仕事をする。そして現地で木材を購入し、その場で木を加工したり水車などを作ったりして手間賃を稼ぐ。このような出稼ぎがかなり広範に行われていたことは、また本書の後半で詳しく論じたい。話をもどそう。「中畑山田尻下山」は長野家から北西に数百メートルのところにある。長野家の屋敷地ではない。屋敷地ではないが、わずかな山林を長野家は所有していたものか。杉の木五本を四五匁で売った。一本あたり九匁である。

売った木材のなかで最も頻繁に出てくるのは、杉の木である。その次に多いのが「槻木」である。「つきのき」と読むのだろうか。槻はにれ科の落葉広葉樹で欅《けやき》の一種。堅くて弾力性に富むため弓を作る材料となる。厳密に言えば槻と欅は別の木だが、内匠はどうも欅を「槻木」と書いているようである。と言うのは、『内匠日記』には「欅」という字は一度も出てこないからである。弓は刀とならんで、武士を象徴する武器である。したがって、武家にはなくてはならない木である。また、欅は木名が美しいので家具材としても重宝される。

安政五年（一八五八）四月、「杉尾之圓助つかのの新次、隈府右田より爰元槻木所望致度由、遣イニ来」（十七日）、「かちの藤助給人右田より槻木所望ニ、廿四五日比ニ参り候段申遣」（十九日）とある。隈府《わいふ》（現菊池市）の右田とは、長野村の給人のひとりである。言い換えると領主（大名）から長野村を与えられている熊本藩士である。杉尾の圓助、塚野の新次、鍛冶の藤助はみな、右田の給地の百姓である。給人の右田が、内匠宅の槻木が欲しいと百姓を通じて知らせてきたのである。右田は、弓か家具の材料として所望したに違いない。内匠は、給人たちにとっても一目置く存在だったであろう。

「貸し道具屋」としての長野内匠

農具を貸す

「貸し道具屋」とは、おそらくはじめて耳にされたことだろう。長野家は、豊富に道具を所有していて、近隣の村人に貸し与えた。貧農の多い長野村では、農具なども融通し合う必要があった。「貸道具」は基本的には商売ではないから、「屋」をつけるのには少々抵抗があるが、苦肉のネーミングと思ってご容赦いただきたい。

まず鍬の類が多くみえる。言うまでもなく、耕作具である。単に「鍬」と出てくることが多いが、そのほかに「唐鍬」「間鍬」などの種類が出てくる。唐鍬は平鍬の一種で平鍬より幅が狭く、柄の方がすぼまっているものである。深く耕すのに適する。「間鍬」は「馬鍬」のことで、「農民としての長野内匠」の項で触れた、代かきに使う農具である。この地方では、「まが」と言った。鍬以外の耕作具では鋤がある。鋤も田畑を耕す農具である。人が引いたり、牛馬に引かせて土を掘り返した。鍬や鋤は四月から五月に借りているケースが多い。言うまでもなく田植えの準備に必要な農具である。

鎌を借りる記事もたびたびみえる。ほとんど九月から十月である。言うまでもなく、稲刈りである。収穫の適期をのがすと、米の収量も減少する。稲刈りは適期に一気に済ませなくてはならない。鎌はたくさん必要なのである。

次に千歯扱。『内匠日記』ではかなで「せんば」とか「せん羽」「千羽」などと表記されている。言うまでもなく脱穀具である。これも農家には必需品であるから、周辺の農民が持っていないはずはない。おそらく一気に脱穀を済ませるために、数台の千歯扱を準備したのだろう。

臼もみえる。臼は現在では餅つきの道具と思われがちだが、もともとは籾摺りや精米に使う道具である。文化十三年（一八一六）に「おさの、からうすノ石うす借ニ来共、不借サ」（九月二十二日）とある。唐臼は籾摺りがより効率的に出来る道具である。しかしこの時は、唐臼も石臼もおさのに貸しておらず断っている。内匠宅でも翌日にでも、籾摺りをする予定だったのだろう。

生活用具を貸す

生活用具も多岐にわたるが、衣食住に分けてみてみたい。

衣料に関するものでは、まず裃がある。言うまでもなく武家の礼服である。「大石弁吉、御役所ニ礼ニ罷出候由申、上下かりニ来持行」（文化十四年八月七日）。「上下」が裃である。弁吉も士分に列せられているものであろうか？また「御役所」とは手永会所のことだろうか？弁吉が出頭する理由も分からない。ただ、長野家は武士の礼装である裃を持っていたことが分かる。

おさのは、『内匠日記』の初期によく登場する近所の女性である。長野家を頼りにして、しばしばものを借りにやって来た。文化十三年、「おさの来、着物借りニ来」（十二月十日）、「おさの、昨日借り行着物返シニ来」（十一日）とある。また翌年にも、「おさの、羽織かり持行」（十二月三日）と。何のために、誰のために着物や羽織を借りて行くのか分からない。何かあらたまった席に出向くのであろう。長野家は、村の貸衣装店的な役割も果たしていた。

食については、米や麦などの穀類を借りに来ることは頻繁にあった。普通は少量を借りてすぐに返す、つまり近所同士のつきあい程度のものが多い。しかし、不作の年に半年とか一年とかの期間、米を借りて返すこともあった。これは年貢の不足分を借りていたのかもしれない。こんな時は借りた米になにがしかの上乗せをして返していた。「鍛治之尉平、去年借り候米、元利共ニ拂ニ来」（文化十年閏十一月十六日）。鍛治の尉平は、去年借りた米を「元利共」に払いに来た。食にまつわる道具の貸借も多い。関係記事も多いので、文化十三（一八一六）、十四年にかぎって拾ってみる。「おさの、茶碗器借りニ来」（十三年十月二十六日）、「小園のおとい、せいろうかりにきたる」（十四年一月十六日）、「晩ニおとい、盃とさらかり持行」（六月十八日）、「おとい、重箱と袋をかり持行。ばん一おいゑ、袋重箱返ニ来」（十四年十月十四日）。茶碗、蒸籠、盃、皿、椀、重箱と袋など、器や調理用具を借りに来ていることがわかる。これらはおそらく、普段使いの道具ではなく、やはり祝い事などのあらたまったところで使う品々と推測される。また、煮炊きに必要な薪を借りたりもらいに来たりする記事も多い。

住に関連するものとしては、まず普請や家の補修材のための材木や板をもらいに来るケースが多い。安政四年（一八五七）、「原口之□□普請致と申、財木貰ニ来。田尻之山ニ而杉木壱本呉候」（六月十八日）、「原口之半兵衛、門之柱ニ致木貰ニ来。中畑ニ而檜木二本呉候」（七月十二日）とある。六月十八日は、名前の部分が欠けて読めないが、同じ時期なので「原口之半兵衛」であろう。要するに半兵衛が家を建てるので材木をもらいに来た。はじめは杉の木を一本、二度目には桧を二本呉れてやったという。この時半兵衛は、代金は払っていないようである。当時、普通の百姓の住居は、掘っ立て小屋同然の粗末なものであった。半兵衛は方々で材木を少しずつもらい集めつつ、普請の準備をしたのであろう。このほかにも「居宅普請」のためとして材木をもらいに来る記事は、いくつもみられる。しかしそこでも、やはり代金のやりとりはなかった様にみえる。後述するが、洪水や台風で住居を失ったものが出ると、村びとは総出で復旧作業を手伝う。住居に関しては、材木などの無償提供が慣行だったのではないだろうか。また、内匠宅へは、普請や補修に必要な大工道具を借りにくる記事も多い。例えば、斧《おの》、鉈《なた》、鋸《のこ》、鑿《きり》、鏝《こて》、砥石《といし》などである。しかしこれは、品目をあげるだけにとどめておきたい。

薬を貸す

内匠宅には、村びとが薬を求めてやってくることもあった。文化十三年（一八一六）十月、「七蔵、達助病ニ付振薬一ふく持行」（二十三日）、「千吉母、千吉病ニ付振薬貰ニ来」（二十六日）とある。病気になったからと、「振薬」をもらいに来たのである。「センブリ」という煎じ薬がある。「千回振り出しても苦い」というところからこの名が付いた民間薬である。つまり、振り出すとは煎じ出すの意である。したがって「振薬」というのは、煎じ薬のことであろう。同じ年には、原口の善七が「薬鍋」を借りている（四月十四日）。「薬鍋」は、薬を煎じる鍋である。センブリやドクダミ、ゲンノショウコなどは、身近にあって代表的な煎じ薬である。

漢方薬名が具体的に出てくる記事もある。「杉尾之武兵衛倅直八、病候と申し薬貰ニ来。但シさいかくを御遣被成候」（文化十四年十一月六日）。「さいかく」は、動物の犀の角である。解熱、強心、利尿などの作用があるとされ、珍重された漢方薬である。とくに粉末にして使用すると、麻疹の解熱剤として効果があるとされる。しかしこれが本物の「サイカク」なら、中国などからの輸入品ということになる。となれば、かなりの高価な薬であったはずである。

薬を与えて、代金をもらっている記事もないではない。しかし先にあげた材木同様、ほとんどの場合は代金をもらっている様子はない。これもやはり、病という緊急事態に対処するために、助け合いとしてほとんど無償で提供したのであろう。長野家また、村の薬屋の役目も果たしていたのである。

村の開拓当時から村政にかかわったような家は、その後も医学や薬の知識を兼ね備えている場合が多いという。そのことが村の運営を円滑にさせ、その家の村の中での安定にとっても必要だったのである。

半鐘を貸す

おもしろいものの一つに、半鐘がある。

半鐘は小型の鐘であるが、もともとは仏具である。そのため半鐘を借りに来るのは、多くの場合お寺さんであった。その中でも光雲寺がいちばん多い。明治十三年（一八八〇）、「東下田光雲寺より半鐘かりニ来、使三八外ニ一人、右者明日説教アリ、其後ニ仏事有之ニ入用之由也」（三月六日）とある。光雲寺は説教があることを周囲に知らせるため、それに続く仏事で使うので半鐘を借りに来たのである。が、なぜ内匠は半鐘を持っていたのだろう。また光雲寺はなぜ必需品の半鐘を持っていないのか？

半鐘には、次のような使いみちもあった。「前之順太、頃日軽業芝居之節、借り候半鐘返シニ来」（明治十一年十二月十日）。「前野順太」は、芝居興行を知らせるために半鐘を借りに来たと言う。半鐘を打ち鳴らして、「軽業芝居」が始まることを村びとに知らせたのであろう。

半鐘はのち、村むらの消防組の詰所に常備されるようになる。半鐘の打ち方は記号化され、消防組員の集合や火災現場の遠近などを知らせる道具となった。

磁石を貸す

面白いもののふたつめ磁石がある。しかもかなり頻繁に出てくる。「つじの栄太郎、じしやくかりて持行」（明治八年二月四日）という具合である。方位を知るための磁石は、江戸時代にもすでにあったことから、「じしやく」は方位磁石と考えるのが順当ではないだろうか。

当時、大まかな方位は生活の中で経験的に分かっていたはずである。現代のわれわれよりずっと方位には敏感でもあり、磁石がなくても方位はじゅうぶん把握できたはずである。だから、何のためにそんなに正確な方位を知る必要があったのだろうか、と考えてしまう。おそらく家を建てるときなど、磁石を用いて正確に家の向きを決めていたのではないかと思われる。

磁石の記事は明治八年（一八七五）にはじめにあらわれる。そしてこの年から明治十年頃までに集中しており、明治十六年が最後である。時はまさに文明開化期である。きっと、「新しもの好き」の内匠が明治八年頃磁石を購入したものにちがいない。

園芸家としての長野内匠

園芸ブーム到来

江戸時代の日本は、世界的に見ても園芸が非常に発達した国であった。日本の園芸は、もともとは中国の影響を受けている。中国ではすでに唐の時代に、牡丹がもてはやされるようになり、栽培や育種がすすんだという。日本に尊ばれる花の多くは、中国で観賞植物化したものが多い。日本でも鎌倉時代に盆栽が、室町時代には立花がひろまり、植物とその花を観賞する文化が定着していった。

それにしても江戸時代は、ことのほか園芸が流行る。それは歴代の将軍がたいへんな花好きだったことの影響が大きい。家光の愛好した盆栽が今も大切に管理され、テレビに登場しては驚くこともある。将軍の花好きは各地の大名たちにも広がった。そして参勤交代はじめ、交通や流通の発達で、各地の植物が全国規模で行き交うことになる。さらに、植物や動物を対象にその分類や効能を研究する本草学の発展も、園芸の発展をあとおしした。

江戸時代も後期にはいると、江戸を中心として身分や性別を超えた園芸ブームが到来する。下町の庶民も鉢植えを買って育てることが大いに流行ったのである。そして園芸種を専門に売買する花屋があらわれ、特定の品種を集め育てる「愛好家グループ」も現れた。品種改良がさかんになり、品評会も各地で開催された。新種や珍種は高値で取引されたのである。

熊本の園芸

江戸以外でも、熊本、伊勢、久留米、名古屋などで、地域独特の園芸文化が花開いた。特に熊本では、藩政時代から「肥後六花」とよばれる肥後芍薬・肥後菊・肥後椿・肥後菖蒲・肥後朝顔・肥後山茶花の栽培が、藩士をはじめ民衆の間にも広がった。この肥後熊本の園芸は、名君とうたわれた八代藩主細川重賢が蕃滋園を創設（宝暦六年）して、藩内外の薬草を栽培したのがはじまりと言われる。そして熊本の園芸は単なる娯楽としての域を超え、武士の精神修養の手段として発展し、一種独特の園芸文化を生み出すにいたる。

花見物と植物の種類

内匠のところには、花の季節になると多くの見物客が訪れた。花の季節といっても、内匠は驚くほど多くの花を栽培していたから、四季を問わず人が花をめあてに訪ねてきた。見物めあてだけではない。花の種や苗、苗木や接ぎ木の枝をもらいにもやってきた。

『内匠日記』にみえる花や植物の種類を拾ってみよう。読者はその多さに驚かれるに違いない。なるべく『内匠日記』の表記に従いながら、まずは樹木からあげてみよう（順不同、（　）内は筆者が現在の表記などを付加したもの）。

梨・桜・山桜・ツツジ・桃・雪柳・連京（連翹）・五葉松・紅葉・柿・梅・紅梅・くちなし・椿・まん両（万両）・ぼたん・萩・槙・黒竹・四方竹

桜と山桜、梅と紅梅、黒竹と四方竹を別々にカウントしているが、園芸種としての樹木だけで二〇種類である。次に草花。

菊・岩れんげ（多肉植物）・ひめゆり・かきつばた・夏菊・けし・福寿草・菖蒲・百合・石竹・つわぶき・岩松（岩ひば）・鉄仙・水仙・芙蓉・千鳥蘭・芍薬・えびね・長春（薔薇）・西洋菊・夕化粧（オシロイ花）・けまん（ケマンソウ）・七重草（九輪草）・草藤・仙翁（センノウ）・立浪（タツナミソウ）・蓮・岩ぼたん（多肉植物）

こちらも菊や蘭などに重複はあるが、樹木よりさらに種類が多く、三〇種類近くに及ぶ。これがさらに細かい品種に分かれているのだから、内匠の屋敷にあった植物の種類は極めて多種だったと考えられる。ただし、これらは『内匠日記』の植物名を拾っただけであるから、常時これらの樹木や植物が屋敷内にあったものではないことは断っておく。

草花をみると、菊や芍薬それに菖蒲など、肥後六花に含まれる、いわば「本筋」もあるが、えびねやセンノウなど山野草も多い。また、岩ぼたんなど普通は目にしない珍しいものも含まれている。

本山の花屋

それでは内匠は、このような多種の、しかもめずらしい植物をどこで入手していたのだろうか。ひとつは熊本城下の「本山の花屋」で購入していることが『内匠日記』に出てくる。文政四年（一八二一）四月に、内匠は熊本城下を訪れた。この時の主な目的は、薬を買いに行くことだった。しかし薬を手に入れたあと、見物目的で川尻まで足をのばし大慈寺に参詣した。さらに本山へ行き、「国司御隠居宅」を外から見たあと、「同所花屋」に立ち寄る。ここで「五葉松、ふちべに紅葉、岩れんげ、ひめゆり」を買った（二日）。おそらく、「国司御隠居宅」の見物は花屋を訪れるついでだったに違いない。

「本山の花屋」の詳細については知らない。しかし、園芸ブームにのって、熊本城下に盆栽や草花の専門店がいくつかあったことが推測される。また「本山の花屋」は、内匠宅を直接訪れてもいる。天保十一年（一八四〇）五月、「熊本本山花屋来、草木花持来。爰元ニ遣、此方よりも花多く呉候也」（八日）とある。花屋は常設の店舗で営業するだけでなく、草花を持って行商も行っていた。注目するのは、「此方よりも花多く呉候」という点である。この時はおそらく草花を内匠と交換したと思われるのだが、花屋も著名な園芸家を訪ねあるいて、新品種や珍しい花を入手していたのである。このような商人の存在が、園芸家同士を結びつける役割を果たすとともに、園芸ブームをさらに加速させたに違いない。

原竹の花屋

『内匠日記』には、花屋がもうひとつ出てくる。「原竹の花屋」である。「原竹の花屋」が初めて出てくるのは、天保十三年（一八四二）である。「熊本近在原竹の花屋種々の花持来」（四月六日）とある。熊本近在の原竹とは春竹のことであることは間違いない。春竹（現熊本市）は江戸時代から花卉栽培が盛んで、「史料にも春竹の花屋と見え、明治以降の庭木・盆栽の庭園業に引き継がれた」（『角川日本地名大辞典　43　熊本県』）。江戸時代から春竹の花屋は有名だった。この時花屋は、いろいろな花を持ってきた。内匠もいくつか買い求めたことであろう。

安政四年（一八五七）には、「原竹花屋治助、栃木湯ニ来由申、花貰ニ来」（閏五月二十六日）とある。花屋の名前は治助、栃木温泉に逗留しながら、花の行商をしていたのであろう。この時は内匠のもとへ花をもらいに寄っている。

草木の入手は、知人を通じて行われることもある。安政三年（一八五六）十一月、栃木温泉の「湯亭」高月忠次郎が、錦野村（現大津町）の今村瀬左衛門からもらった梅の苗木を倅の亀彦にもたせてよこした。梅は「鶯宿」と「八ツふさ」というふたつの品種だった。おそらく今村は園芸を通じて内匠と面識があり、梅の苗木を高月に託して送ってきたものと思われる。今村自身が内匠のような園芸家だったかどうかは不明だが、いずれにしても園芸を通じてかなり広範な人びとが結びついていることがわかる。

接ぎ木の技術

内匠宅に集まったいろいろな草花や樹木は、内匠宅を訪ねた人たちの手に渡り広がっていった。屋敷を訪ねて来た人から花や木を所望されると、内匠は惜しげもなく与えているようにみえる。花種や苗もすぐ呉れている。そしてもうひとつ、接ぎ木という方法でも樹木が内匠の屋敷から外に広がっている。

「文左衛門来、柿木並ニ桜をツグ」（文政八年二月十四日）、「大石之田左衛門を雇て梨子の木つぐ」（安政三年二月二十二日）、「田尻之彦右衛門紅梅つぎニ来」（安政六年二月八日）、「久木野なわす浅尾源内鶯宿梅継ニ来」（明治九年三月四日）、「東下田中瀬隠居、柿ノ木つぎニ来、四五本つぐ、紅梅二本つぐ」（明治十六年二月十六日）。

接ぎ木は台木に欲しい品種の枝（穂）を接ぐ。「継ぎにくる」という表現が多いので、台木を持参して内匠宅の珍しい品種を接いで持ち帰るのだろう。接ぎ木の時期は、二月から三月はじめの頃である。

花見物に訪れた人びと

内匠の屋敷には、実に多くの人びとが花見物または「花貰い」に訪れている。特に多いのは春の梅や桜の時期である。梅や桜は、いろいろな種類が庭に植えられていた。また春は、花の苗をもらいに来る人も多い。秋は菊を見物にくる人が圧倒的に多い。内匠の屋敷には池（泉水）もあり、また花壇も設えられていた。秋には花壇にいろいろな種類の菊が咲き誇っていたようだ。慶応二年に阿蘇の殿様が内匠の屋敷に立ち寄られたことはすでに述べたが、それもちょうど十月のはじめだった。まさに菊の季節である。殿様も菊を愛でられたことだろう。

内匠の屋敷を訪れる人のうち、当然のことだが、長野村と現在の南阿蘇村に含まれる地域の人々が最も多い。この近隣の来訪者のうち、下田村の光雲寺（長野家も光雲寺の檀家）はじめ、お寺の僧侶がよく訪ねているることが目につく。本尊ほかの供花として、花をもらいに来るのであろう。

村内と近隣の者を除いて、比較的遠隔地から来訪した人をいくつか紹介してみたい。嘉永二年（一八四九）四月、熊本城下から大勢見物客が来た。「熊本大木何某殿、垂玉湯ニ来居候。爰元ニ見へ候上下廿人斗。泉水其外花見物之由」（五日）とある。垂玉温泉に湯治にきた「熊本大木何某殿」一行二〇人ばかりがやってきた。「大木何某殿」と敬称をつけるからには、熊本城下の藩士であろう。供まわりを含めて二〇人なのであろうが、大身の御武家さんだろう。阿蘇の桜の開花は、熊本城下に比べるとかなり遅い。旧暦の三月から四月（現在で言えば四月半ばから五月の連休頃）が、阿蘇の桜の季節であった。

内匠の屋敷を訪ねる人びとの中では、垂玉温泉に来た湯治客がやってくるケースが多い。垂玉温泉の湯治客たちは、逗留中、阿蘇山まで足をのばしたり、近隣の名所・旧跡を訪ねたであろう。垂玉への登り口にあたる内匠の屋敷は、格好の「観光スポット」のひとつであり、休憩所でもあったと思われる。

明治八年十月、意外な来訪者があった。「検地役人、菊之花見物ニ来」（二日）、「検地役人、菊花見物ニ来、八九人なり」（十一月一日）とある。「検地役人」とは、地租改正の丈量ために、県から派遣された役人である。十一月一日には、一〇人近くが菊見物にやって来た。役人たちも忙しい地租改正作業の合間の、目の保養になったであろう。それにしても「検地役人」という表現はおもしろい。地租改正と言いながら、それを受け入れる農民にとっては、以前の検地と何ら変わるところはなかった。

明治十年（一八七七）三月十五日には、「官軍兵両人、爰元へ桜之花貰ニ来、持行候。あさぎ桜、塩釜桜」と、西南戦争の最中、官軍の兵士がふたりやってきて桜の花をもらって帰った。三月十五日は旧暦で、新暦では四月の末ころである。もうこの頃には薩摩軍はすでに人吉に撤退していた。官軍は薩摩軍を追いつめるため、続々と宮崎県や大分県方面へ移動していた。阿蘇の南郷も、多くの官軍兵士が通過中であった。ふたりの兵士は、移動途中の休暇だったのだろうか。官軍の兵士と言っても、西南戦争時分は、農民がはじめて銃を持ってまだ間もない頃であった。官軍兵士には、関東や東北などの遠隔地から投入された者たちも多い。ふたりの兵士の脳裏に、故郷の桜が浮かんだかもしれない。

加賀のぞみにて

天保十一（一八四〇）年四月、内匠は長女加賀をともなって熊本城下を訪れた。目的は本妙寺への「願解き」のための参詣であった。本妙寺と言えば、熊本城から北西の方にある日蓮宗の名刹である。加藤清正が父の冥福を祈るため大坂で創建した同寺を、熊本に入封するにともなって移したものである。

「願解き」に来たのだから、これ以前に「願掛け」をしているはずである。本妙寺に何の「願掛け」をしたのかは分からない。ただ、この二年前に加賀は大きな病気を患っているから、その時に病気平癒の願掛けをしたのかも知れない。そう考えるのには少し理由がある。かつて本妙寺の参道には多くのハンセン病者がたむろし、参拝者に喜捨を求めた。ハンセン病者が本妙寺にあつまったのは、参拝者が多いと言う理由だけではなかった。本妙寺は早くから、病気平癒に御利益がある寺であると信じられてきたからであった。

四月七日、内匠と加賀は、予定通り本妙寺に参詣した。そしてこの日は、城下米屋町の「わたや銀松方ニ止宿」した。翌日は加賀を連れて、「熊本諸所見物」をした。そして例の「本山之花屋」を訪ねている。その後の様子を内匠は、八日の『内匠日記』に次のように書いている。「加賀のぞみにて、かきつばた本山之花屋ニ而買。白ニ青の吹掛。帰りてせんすいニ加賀自身ニ植。ことし加賀十三歳也」（加賀の希望でかきつばたを本山の花屋で買った。花の色は白地に青の吹きかけである。帰宅するとさっそく、加賀自身の手で泉水に植え付けした。加賀は今年一三歳になった）。飾り気のない簡潔な文章である。しかし、内匠の娘をみつめる暖かいまなざしと、娘への深い愛情が感じられる記事である。このとき父親の内匠は、四二歳であった。

花と人脈

『内匠日記』にみる園芸に関する記事は、もっとも多い部類に属する。そして花や木を通じて、実に多くの人びとのつながりがあることがわかる。これまで俳句をはじめとする生活文化が、広範な人びとを結びつけてきたことはつとに論じられてきた。しかし、園芸については語られることが少なかったように思う。

熊本城下ではすでに「花屋」という園芸の専門店があり、また「花屋」は行商を通じても人びとを結びつけた。中核都市の花屋は、人びとを繋げる「ハブ」の役割をしていると言える。そして内匠のような地方農村の「園芸家」が、花屋で商品を手に入れ、それぞれの地域で広げていく。園芸家の家には周辺農村の多くの人びとが訪れ、花をもらい、苗をもらい、接ぎ木をさせてもらう。こうして園芸種の草木を通じて、広範な人脈が形成されていくのである。

長野家の特異な存在形態

特異な存在

「武士」からはじめて最後は「園芸家」としての長野家と長野内匠の存在の有り

様をみてきた。それは実に複雑で特異な存在と言わねばならない。士・農・工・商、それに身分外の身分（被差別民）だけでは、なかなか説明が難しい人びとが、日本の近世にはあまた存在した。日本近世史の分野では、そのことがしだいに明らかにされつつある。「阿蘇家の家来」というのが、長野家の身分の説明としてはいちばん分かり易いであろう。しかしそれは、近世身分制の中では中世的な要素を残した特異な存在なのである。

「阿蘇家の家来」と言うことで苗字を名乗り、刀をもって武芸に励み、穢踏みも免除される。いっぽうで、長野家は村の有力者でありながら、庄屋などの村役人はいっさい勤めない。この点では長野家は、農民一般と画される「士分」として遇されている。しかし農業を営み、年貢を納入すると言う点から見れば「武士」ではなく、被支配身分であることは紛れもない事実である。

むらの潤滑油

しかし、あいまいではあるがその多彩な長野家の存在が、村びとの潤滑油的な役割を果たしていたことが、これまでの記述でおわかり頂けたのではないだろうか。近世の村には、少なからず「万屋」が存在したという。万屋とは、多様な商品を少しずつ商うものである。長野家はその万屋に加え、さらに手習（教育）や薬の提供（医療）などの役割をも担っていた。その長野家が広範な人びとを結びつける役割を果たし、知識や学問を村に広め、村びとの生活に必要なものを提供してきた。長野家の存在は、長野村の中において必要欠くべからざる存在だったと言えよう。

村の秩序は、もちろん村役人たる庄屋を中心に維持されていた。災害や犯罪への対処、公役と言われる村の小さな公共事業などは、庄屋が音頭を取って進められる。これはいわば、村の公共部門と言って良かろう。しかし、近世の村がカバーできる公共部門は限られていた。現代において、この公共部門に入る教育や医療は、近世の村社会おいては含まれていない。近世後期になると、村で手習の師匠を招いたりして教育も公共部門のひとつに加えられるようになる。しかし長野内匠のような人物が、手習の師匠をしたり薬品の提供をしたりして、村の教育や医療を支えていた。

しかし、幕末から明治維新、言い換えれば近世から近代へと時代が変化する中で、長野家と長野内匠の身分や地位も、大きく変化してゆく。幕末には造り酒屋として新たな事業に挑戦しながら、成功しなかった。

明治維新後は身分制の解体の中で、阿蘇家との主従関係も次第に疎遠になって行く。そして「阿蘇家の家来」という身分と地位も、間もなく消えていく。明治以降、長野家は基本的には農家として存続していく。また、村に学校が建設され、長野家と内匠という個人が担っていた村の教育は、公的部門に置き換わる。こうして、手習所の師匠が必要でなくなっていくことに象徴されるように、これまで村で必要とされた長野家の存在意義は、次第に薄れていくのである。

第三章　村のくらしと文化——豊かな人間模様

『内匠日記』に登場する人物の数は膨大である。そしてこれらの人の衣食住をはじめとする日常の生活と、災害や事件、疫病など非日常の場面が、『内匠日記』には克明に記録されている。人びとの暮らしは決して豊かとは言えないが、さまざまな困難に対しては、近隣や村人の結びつきで対処しているようにみえる。さらに村の外から入ってくる多くの商人や職人たちが、村にはない物や情報をもたらす。その様な人びとを通じて、村は外の世界とつながっていた。時代が下ると浄瑠璃や歌舞伎など、都市文化ももたらされ、それは村びとのこの上ない娯楽となった。内匠の筆は、そのような村の様子を生き生きと描いている。

阿蘇地方のくらし

村の生活

長野村の話にはいる前に、江戸から明治にかけての阿蘇地方の人びとのくらしぶりに少し触れておきたい。江戸時代の阿蘇南郷の農民たちの暮らしぶりについては、本田秀行氏の『阿蘇南郷谷史覚書』（自費出版、昭和五九年）が詳しく述べている。本書は、地元の史料や本田氏自身の経験にもとづいて実証的に論じており、筆者も学ぶところが多かった。また、『熊本県阿蘇郡是』（明治三十七年）にも明治期の阿蘇の村々の生活が、簡潔な文章で書かれている。「時代は江戸から明治に移っても、阿蘇の片田舎の人びとの暮らしぶりには、さほど大きな変化はない」と言うのが筆者の感覚である。ここでは本田氏の研究や『郡是』などに依拠しながら、阿蘇地方、とりわけ南郷谷の人びとの生活（衣・食・住）をながめてみたい。

苧麻《ちょま》と木綿

まずは衣・食・住の衣からはじめよう。

村びとが利用してきた繊維のうち、最も古くから利用されてきたのが苧麻である。苧麻《ちょま》はカラムシとも言い、東アジアから南アジアまで広く分布し、古くから繊維をとるため栽培されてきた。日本に自生する苧麻も、もとは栽培されていたものが野生化したとも言われている。苧麻の茎の皮を剥いで繊維を取り出す作業には、いくつもの工程があり、それぞれ重労働である。さらに糸を紡ぎ布にするまでには、膨大な労力と時間を要する。

次に木綿。木綿はもともと熱帯アジア原産の繊維植物である。木綿は十五世紀に朝鮮や中国から輸入されるようになり、国内では十六世紀初めに三河地方で綿花の栽培がはじまったと言われる。戦国時代には衣料のほか、火縄銃の縄の材料として使用され、急速に普及した。江戸時代には幕府や藩が特に重視した「四木三草」のひとつに数えられ、各地で栽培されるようになった。そして尾張、三河、伊勢、河内などが特産地となった。綿花の栽培には温暖な気候と金肥とよばれる干鰯《ほしか》などの有機肥料が大量に必要だったため、生産量は増えてもけっして安価なものではなかった。絹と比較して、木綿は「粗末で安い百姓の衣料」というイメージがあるが、けっしてそうではない。

阿蘇地方ではどこの家でも、大麻や苧麻の繊維を精製して糸を紡ぎ、布を織り衣類をつくった。また江戸時代は古着が主流であり、古着を買っては破れるとふせ布をあてたりつぎ合わせて、何年も着た。江戸時代には、木綿の使用が広がり、農民の衣料も麻から木綿への転換がすすんだ。木綿は麻にくらべ、肌ざわりや保温性・吸湿性など、衣料としてはるかに優れていた。しかし実際には、比較的高価なため貧農の手にはなかなか届かなかった。のちに『内匠日記』に基づいて詳しく述べるが、この地域では幕末にいたっても、農民の普段着の繊維は苧麻と木綿がなかば混在していた。

粗末な食生活

阿蘇南郷の農民たちの多くが零細経営で、いわゆる「三反百姓」が多かった。この程度の田畑の面積で、五〜七人ほどの家族を養うことは、それ自体容易ではなかった。主食が麦である地方も多いが、畑地の多いこの地方ではトウキビ（トウモロコシ）をよく食べた。もちろん、米はなかなか口にすることができなかった。収穫したトウキビの皮をはいで家の軒から壁に掛け乾燥させ、冬の保存食とした。この地域の農家の軒にずらりとトウキビがつり下げられた光景は、阿蘇の冬の風物詩であった。凶作の年にはこのトウキビさえ食い尽くし、春になって野菜を切り込んで増量した「菜飯」で飢えをしのいだ。江戸時代の飢餓は、春になって蕨などが芽を出す前の春先が、最も深刻だった。

『内匠日記』には、長野家の普段の食事そのものについては、あまり記述がない。ただ、近所の人びととの食べ物の貸し借りややり取りについての記述はしばしばみえる。また、何か祝い事のあるときなどに、人々が持ち寄る食べ物が記録されている。これは要するに、「ハレの日」の食事である。そこにみえる食べ物とは、にしめ・だんご・みかん・米・赤飯・芋・まめ・酒などであるが、それぞれについてはまたのちに詳しく述べたい。

掘立の住居

百姓の住居は、ほとんど掘立式であった。つまり、家の柱を直接地中に埋めて建てた住居である。材木は、縄やかずらで結んだ。屋根はもちろん萱葺きであって、瓦葺きではない。壁にも藁や萱を用いており、板壁の農家は少なかった。掘立の住居には、基本的に床がない。床は一部高床もあったが、通常は土間に竹や丸太をならべ筵や「猫ぶく（猫伏）」（藁で織った分厚いむしろ）を敷いていた。しかも居住面積も微々たるものだった。享保十二年（一七二七）、野尻手永新町の住家記録によると、三九戸のうち二〇坪以上が四戸、一〇〜二〇坪が二一戸、一〇坪以下が九戸、仮小屋が五戸であった。

屋根を葺くために、村には萱場があって共同で利用する。屋根を葺き替えるときのために、何年もかけて萱を集めておく必要がある。材料を少しずつ集めておくと言う点では、柱や梁に用いる材木も同じである。また、屋敷内や周囲にも杉や桧を植栽して、長年もかけて育てる。阿蘇の多くの家々は、いわゆる屋敷林に囲まれていた。家を建てるときは村中で協力するが、掘立の住居のため、わりあい短時間で完成するのである。

『熊本県阿蘇郡是』

以上のような近世の生活ぶりは、実は明治期になってもそれほど変わらなかった。明治三十七年（一九〇四）にまとめられた『熊本県阿蘇郡是』（一の宮町教育委員会所蔵）という史料がある。これは当時の阿蘇郡の政治や経済、文化や生活やについての詳細な記録である。「記録」と言ったが、本来は、日露戦争前後の疲弊した農村を立て直す（地方改良運動）ために、現状を把握するために作成されたものである。参考までに、当時（明治後期）の阿蘇郡の衣・食・住を述べたくだりを紹介しておこう。

> 本郡民ノ衣食住ハ、町村ニ依リ差異アリト雖、其ノ度極メテ抵《ママ》シ。中流以下ニアリテハ、概シテ綿布ヲ纏ヒ、富家ノ外絹布ヲ用ユルモノ稀ナリ。食料トシテハ、富家並市街地ハ米飯ニ些少ノ雑穀ヲ混シ、其他ノ一般ハ玉蜀黍、粟、麦等ノ雑穀ニ幾分ノ米ヲ交ヘテ喫ス。又副食物トシテハ、自家製ノ味噌汁ヲ喫シ、漬物及蔬菜類ヲ用ヒ、生魚鳥獣ノ肉類ノ如キハ、富家或ハ市街商工業者ニ非サレバ食スルモノ稀ナリ。又家屋ノ構造ハ、富家及市街地ハ竹瓦土瓦葺等アルモ、其他ハ冱寒ノ土地ニテ防寒ニ傾意シ、萱葺ノ家屋多シ

すなわち、衣服は綿布で絹は用いない。食べ物は粟や麦などの雑穀に少しの米をいれ、おかずは自家製のみそ汁と漬け物、それに野菜である。生魚や肉を食べるのは、富家か市街地の商工業者くらいで、農民たちが食べることはほとんどない。家屋は寒さを考慮してほとんどが萱葺であった、と言うのである。これが明治後期の阿蘇の村々のすがたである。江戸時代のそれも、推して知るべしである。

長野村の行政とくらし

布田手永の惣庄屋

先にも述べたように、長野村は布田手永に属する。手永には惣庄屋がいて、それぞれの村には庄屋がいる。

手永の惣庄屋は、はじめ世襲制であった。しかし宝暦の改革以後は惣庄屋の地方官僚化が進み、もともとの村から切り離され、各地を「転勤」しながら職務を勤めた。一例を挙げると、明治十年（一九七七）の阿蘇一揆の攻撃対象になる十一大区（旧布田手永）の区長野田敬之允（慶之允とも）は、文政五年（一八二二）阿蘇南郷久木野村の郷士の家に生まれた。野田は天保十年（一八三九）、一八歳の若さで下益城郡河江手永松橋尻新地築きの御用を仰せつけられて以来、各地の地方役人を歴任した。万延元年（一八六〇）には豊後国野津原手永（現大分市）の惣庄屋に任命され、その後元治元年（一八六四）には布田手永、慶応二年（一八六六）には内牧手永、明治三年（一八七〇）には豊後国高田手永（現大分市）と異動している。なんと、阿蘇と豊後国を行ったり来たりしているのである。かなり遠隔地間の転勤である。そして西南戦争がおこった明治十年当時は、第十一大区の区長を勤めていたのである。こうしてみると、近世の村役人が近代の地方官僚へと連続していることもうかがえる。

布田手永の手永会所は、現在の阿蘇郡西原村の布田村にあった。惣庄屋、郡代手附横目、山支配役を「手永三役」と言うが、これは郡代の直属であった。阿蘇・南郷の郡代は、内牧（阿蘇市）にあってこの地域を統べた。手永の各惣庄屋のもとには、手代以下、二〇名近くの会所役人がいて手永の行政を支えた。

村の庄屋

村には庄屋がいる。しかし庄屋は、一村にかならず一名いたわけではない。ひとりの庄屋が、数か村の庄屋を兼帯することも多かったのである。『内匠日記』からもそのことがうかがえる。庄屋は年貢納入に責任を持つことはもちろん、村の治安維持、村民同士のトラブルの仲裁、村の祭祀など、村の政治・経済・生活・民俗すべてにかかわった。『内匠日記』の一部が欠けているため、長野村のすべての庄屋を追うことはできないが、何名かの庄屋をみてみたいと思う。

いちばん最初に、『内匠日記』に出てくる庄屋は、文化十年（一八一三）の「原口庄屋弥三太」（十一月八日）である。原口は長野村の小字名であるから、弥三太は長野村の庄屋である。庄屋としての弥三太の名が、最後に出てくるのは文政七年（一八二四）である。従って、弥三太は十年以上にわたって庄屋を勤めていたことになる。その後、隣村下田村の「順太」と言う名が、庄屋として出てくる（天保二年）。おそらく順太は、下田村と長野村の庄屋を兼帯していたとみられる。天保十一年（一八四〇）四月には、「去月廿五日大石之弥左衛門、當村庄屋ニ成候ニ付歓ニ行」（二日）、「先月廿五日大石弥左衛門、當村庄屋ニ成候歓ニ村中より樽して壱匁出シ候」（三日）とある。久しぶりに長野村から庄屋が出たのであろうか、村中で樽代一匁ずつを出して祝っている。安政二年（一八五五）には「當村庄屋順太」（二月二十六日）とみえ、ふたたび下田村の順太が庄屋に就任したと見える。おそらく下田村と長野村の庄屋は兼帯されており、二つの村から交互に近いかたちで庄屋を出していたのではないだろうか。もちろん庄屋にはそれなりの行政能力が要求されたから、有能なものを手永や郡のレベルで選任していたものと思われる。

　万延元年（一八六〇）年十一月には、「今日ばばの前之庄太郎、会所ニ呼出され、庄屋ニ成」（十一日）とある。「ばばの前の庄太郎」については、この五年前の安政二年（一八五五）暮れに、「ば、ノ前庄太郎、先月廿九日、御郡筒ニ相成候ニ付、おむつを連歓ニ行。樽代一封、にしめ一重持行」（十二月九日）とみえる。庄太郎が「御郡筒《おこおりづつ》」になったので、内匠も祝儀として樽代とにしめを贈ったと言う。「御郡筒」とは、わかりやすく言えば、村々に配置された熊本藩の鉄砲隊である。百姓の中で「兄弟多きもの」に鉄砲を所持させ、耕作地五石を年貢免除して在地鉄砲隊として編成したものである。「兄弟多きもの」としたのは、田畑を相続できない者たちを農村にとどめて、農村の人口減少を抑えるねらいもあったものと思われる。熊本藩では、他国に接する芦北《あしきた》・阿蘇両郡に特に多く郡筒を配置している。郡筒はけっして身分が高いとは言えないが、「士分」である。庄太郎は「在村武士」になったのである。しかし、ただで武士になれるわけではない。藩への寸志（献金）を繰り返すことで、「士分」を手にすることができる。従って、庄太郎にはそれなりの蓄えがあったはずである。この庄太郎ような身分の者たちが、庄屋などの村役人になっているのである。また、長野村の前庄屋は「原口の弥三太」であったが、今回は「ばばの前の庄太郎」である。従って、世襲ではないことがわかる。庄屋役も古くは世襲であったが、江戸時代の後半になると世襲でなくなる。庄屋にすぐれた行政能力が求められたこと、庄屋の官僚化がすすんだことが、世襲庄屋を消滅させて行った。

元治二年（一八六五）十月には、「内蔵之允来而申様、惣庄屋野田慶之允より庄や庄太郎を以、當村他支配之者之席を尋ニ遣候ニ付何段と申由、庄や手本迄申越相談す」（二十八日）とある。内蔵之允が来て言うには、惣庄屋の野田慶之允が庄太郎に、長野村ほかの「支配之者」の「席」、すなわち地位や身分を教えてくれ、と言う。そこで庄太郎はそれに答えた。「庄や手本迄申越相談す」とは、野田が「庄屋心得」を示して村の運営について庄太郎と相談した、と言うことだろう。

先にも述べたように、野田はこの前年に布田手永の惣庄屋に就任している。そこで野田が各村の庄屋を会所に呼び出して、村政運営を相談したのであろう。または「申越」という表現から、野田が村々を視察して廻り、庄太郎らの庄屋たちと語らったのかもしれない。いずれにしても、惣庄屋と庄屋が綿密に連携して村政を担っている様子を窺わせる。

ちなみに、庄太郎（明治七年死去）の息子は市太郎である。第四章で詳しく述べるが、市太郎は明治十年の阿蘇一揆のとき、一揆勢の制裁を受ける事になる。野田慶之允も同様に、一揆勢から逃れ、一揆が沈静化するまで熊本県内各地を転々とした。阿蘇一揆では、このような村役人層を形成する富裕者たちが攻撃の対象となったのである。

村の頭百姓

『内匠日記』には、庄屋以上に頭百姓の記事が出てくる。頭百姓とは、庄屋、組頭とならんで村方三役のひとつで、ほかの地域では百姓代とも言う。文字通り百姓の頭＝代表で、百姓の利害を代表する存在であった。お上の命令を村人に伝達したり、寺社の札を配ったりするのも頭百姓の役目であった。おおよそ村高五〇石にひとりの割合であったという。

頭百姓のもっとも重要な任務は、庄屋と百姓をつなぐ役目であったと言える。庄屋からもたらされる藩のきまりや命令を百姓に伝えるのは頭百姓であった。当時、庄屋の自宅兼執務所を『内匠日記』では、「役宅」とか「役場」と表現している。頭百姓は、「役宅で寄合があるぞ」とか、「高極めがあるぞ」（嘉永五年閏二月三日）などと、いわゆる「触事」で村々をまわる。「高極め」とは、村高の決定であり、したがって実質的な年貢もそこで決まる。百姓の最大の関心事である。また凶作の時は、「頭百姓田ノ中ノ武七、公儀より籾壱斗御借シ被成候ト触来」（文化十三年十二月十八日）などという触れもある。この年は凶作だったので、藩から籾一斗を貸与するというのである。事件が起きると、庄屋宅で詮議が行われる。文化十四年（一八一七）には、裏野で付け火（放火）があった。「昨日うら野ニ何者か火付候ニ付、せんぎ致ニ付役宅ニ寄方有と申来」（二月五日）。村びとに召集をかけるのも頭百姓である。このような触事を専ら行う者に「走番」がある。走番もまた、祭礼の知らせや運上（税金）の催促などで村の中を文字通り走り回る。

頭百姓は、村の祭祀にも庄屋とともに深く関わった。日照りが続けば、「雨應祭下田ニ而鐘洗有りト頭百姓下畑ノ銀蔵触来」（文政七年八月五日）と、下田村白川鐘ヶ淵にて雨乞いの「鐘洗」をやるぞ、と知らせに来る。村の安全を願う「湯立祈祷之札」を配るのも、伊勢神宮の御札と暦を配るのも頭百姓である。長野神社の彩色の世話も、庄屋とともに行っている（安政二年十一月一七日）。

雑税の徴収も頭百姓の仕事である。いくつか例をあげると、「頭百姓大石ノ和吉、野開銀取ニ来」（文化十一年十二月朔日）、「田ノ中ノ頭百姓武七、公儀出銭取ニ来」（文化十三年六月二十四日）、などである。「野開銀」とは、在御家人など地士に許された開墾地に課する地租である。通常の年貢より低率であるが、通常銭で徴収していた。「公儀出銭」とは、何のための出銭か分からないが、会所官銭（のちの郷備金）などの雑税であろう。また、「杉尾渡瀬井手」など用水施設の整備や修繕にかかる費用なども徴収している（慶応三年四月二十日）。

頭百姓の「任期」は、どれくらいであったのか。天保十三年（一八四二）頃から頭百姓になった「長左衛門」の名前は、万延元年（一八六〇）までみえる。この長左衛門が同一人物であれば、一八年の長きにわたって頭百姓を務めていることになる。文化年間に頭百姓だった「武七」は、八年ほどであった。では、頭百姓はどのようにして選ばれるのか。地域や村によって異なるのであろうが、残念ながら『内匠日記』からは、みえてこない。しかし、百姓たちに信頼がある者の中から、庄屋が選任したものであろう。

山林と木の管理

江戸時代、幕府や各藩の山林は、厳格に管理されていた。その要になるのが、郡代直属の山支配役で、これは手永ごとに置かれた。村ごとに置かれていたのが、「山ノ口」である。山ノ口は郡の山支配役のもとで、村の植林や育林、野火や盗伐の監視を行った。

ひとくちに山林と言うが、大きな木になるとわずか一本でも、藩の管理下にあると言って良い。それを示す例を見てみる。内匠の屋敷内に、槻木《けやき》（欅）の大木があった。槻木は木目が美しく堅いので、家具や建具などの指物に使われる。また、神社仏閣などの用材としても古くから重宝された。

安政二年二月、内匠の屋敷内にあった槻木の大木を藩が徴発し、伐採することになった。「爰元、槻木切方ニ付、御郡横目、杣方、並御山支配役下村傳之助、下久木野山ノ口平兵衛、當村庄屋順太、見分ニ来候」（二十六日）とある。槻木の見分のため、御郡横目、杣《そま》方《かた》、御山支配役、山ノ口、それに庄屋の順太がやって来た。惣庄屋は来ていないが、手永の役人総出という感じである。木の大きさや質を見分したのだろう。その後六月になって、「上より剪取ニ相成」と言うことになった。さっそく「杣方役人」がやって来て、内匠宅に止宿した（六月二十二日）。翌日、「御郡横目後藤団助・杣方吉田専右衛門」のふたり、さらに下田村の山ノ口金七もやってきた。そして二十四日、「爰元屋敷内大槻木八人ニ而剪ニ昼五ツ比より打立」。槻木の伐採作業は、八人で作業をはじめた。二十五日、「杣八人ニ而今日八ツまでニ槻木きりたをし候、村中より見物人多くあり、会所役人共来」。ようやく昼を過ぎてから、槻木を切り倒すことができた。村中から見物人が大勢やって来た。二十六日、「今日より杣並木挽共三拾人程来。阿蘇内牧手永、つる崎、南郷谷中、杣は熊本より八人来」。杣や木挽が三〇人もやってきた。木挽は南郷谷じゅうから、また内牧手永からも、さらには豊後国鶴崎（熊本藩領）からもやってきた。杣は熊本からやってきた。この人夫たちは、現場で槻木の大木から、板を製造するためにやって来たのである。

ところでこの槻木、藩が買い上げるのではなく召し上げ、つまり徴発である。しかし、必要な部材を取った残りの「末木」を地主が貰うことが出来る。正確に言えば、以前は地主が手にしていたらしい。しかし「末木」は地主または村のいずれの所有か、ということで議論があったようである。内匠はこの件で、「柿野御山支配役下村傳之助」に交渉に行っている（六月二十七日）。

板が出来上がって、木挽などの人夫たちが内匠宅から引き取ったのは、二十日後の七月十六日のことであった。「末木」はどうなったのかというと、七月十七日に山支配役の下村傳之助、庄屋の順太、山ノ口の金七の三人がやってきた。そして、「槻木之末木不残爰元江引渡ス」（七月十七日）とあることから、「末木」は地主である内匠の手に、無事落掌した。内匠は「順太方ニ樽壱升持行、金七方ニ素麺掛め弐百目持行」（七月十九日）と、順太と金七のもとへそれぞれ礼に行った。このふたりのおかげで、「末木」は内匠のものになったのである。「末木」をめぐる地主と村との攻防をうかがわせる。

出来上がった板は、「山本郡（現山鹿市）より槻木附ニ大牛牽来」（七月十八日）と、牛に引かせて山本郡ほか各地に運搬された。この板の運搬にも、都合十日ほどを要している。木を切りはじめてから、運搬がすんで、すべてが終わるまでに約一ヵ月であった。その後、内匠の「末木」がどう使われたかは分からない。

公役　村びと総出の共同作業を「くやく」（公役）と言う。用水路の整備や道路整備などがしばしば行われた。

『内匠日記』中にいちばん多く見られる公役が、「道つくり」である。現在は、いわゆる公共事業として、自治体が業者に入札させて道路や橋の整備を行う。しかし筆者が子どもの時分は、まだ「公役」と称して小規模な「道つくり」などが行われていたことを思い出す。

文政七年（一八二四）の『内匠日記』に「道作り有ニ出ル、曲松ヨリ中畑迄作」（三月二十八日）とある。内匠もしっかり公役に出ている。村の南東の曲松から北西の中畑に通ずる道である。今からみれば、砂利も敷かない粗末な田舎道であろう。雨が降れば水溜まりが出来て歩くのにも難儀する。しかし道は、人や牛馬の往来にとって重要な「インフラ」である。村役人が村びとたちに呼びかけて、道路を整備した。

こんな公役もあった。天保十年（一八三九）のことである。「公儀より申付ニ而村中くね木きり有之」（三月二十日）とある。お上の命令で「くね木」きりがあったという。「くね木」とは何か。『広辞苑』で「くね」を引くと、「生垣」とある。従って「くね木」とはおそらく、道路の脇の木々を言うのであろう。または、曲がって道にせり出した竹や木の枝のことかも知れない。つまり「くね木きり」とは、道の脇の木々のうち、往来を妨げるように道に覆いかかるような木を伐る作業であろう。二十三日も「庄屋並頭百性《ママ》、小前を連村中くね木切ル」、二十四日も「村中、くね木切ル」、二十五日は「村中くね木切候へ共、爰元両家屋敷内ニ而は一本も切不申候、今日ノ木切方は馬場通り馬場之下也」とある。「くね木きり」は毎日毎日、一週間ほども続けて行われた。

凶作と救済

凶作や飢饉の時に、住民を救済しその不満を和らげ、さらに翌年へむけ再生産の準備をすることも、村役人たちの大事な「行政」の一環である。

慶応二（一八六六）は、凶作であった。『内匠日記』をみると、七月二十三日に「二百十日、寒き事九月頃の如し」とある。旧暦の七月二十三日は、新暦の九月一日である。新暦で九月になったばかりのころ、寒いと言うのだから、この年は異常に低温だったのだろう。『年表稿』にも「肥後旱魃」、また「夏雨繁秋虫入」とある。天候が不順だったことは、間違いない。

九月になって「當年凶作ニ付、田方損引下見、役宅より触あり」（十日）、「畑方損引下見致。但シ庄や庄太郎、村役人小前中不残出候事」（十一日）とある。十一日に「田方」「畑方」の「損引」の下見が行われた。「損引下見」とは、凶作で例年より収穫が少なかった分の実地調査であろう。庄屋などの村役人と「小前」、すなわち百姓たち双方の立ち会いのもので調査が行われた。しかしこれによって、直ちに年貢が軽減されたわけではない。年貢率は豊凶にかかわらず一定の定免制であったから、例年の年貢と同じ額の年貢を村全体、最終的には手永全体で負担しなければならなかった。

飢饉や凶作に対する熊本藩の備えも、かなり進んでいた。しかしそれは、藩が直接窮民を救済するという方法を採らない。のちにみるように、熊本藩では雑税などの余剰分を手永単位に「会所官銭」という形で貯蓄させており、それを使うのである。いわば「地域＝民間の余力」を蓄積して、それを救済資金として放出するのである。

明治三年四月には、「上よりひん者ニ籾をかし渡ス、又極ひんなる者ニ而米を呉る」（二十六日）とある。「上」（藩）から貧者に種籾を貸し与え、また極貧の者には米を給与したと言うのである。明治二年も天候不順が続き、大凶作であった。また開港以来の米価上昇が、ここにきてピークに達する。民衆の不満も大きくなる。阿蘇に隣接する岡藩では、この年大規模な百姓一揆が起こる。熊本藩内でも、一揆の風聞が絶えない。そんな情勢のもとで、熊本藩では実学党による藩政改革が行われる。従ってこの貧民救済の記事は、明治三年の民政改革の脈絡の中で見なければならない。

実学党による民政改革では、支出の削減をはじめ、多くの雑税の廃止によって、思い切った民力休養を実現した。熊本・大分両県に、「知事塔」とよばれる一種の記念碑が十基残されている。これは二代目の知藩事となった細川護久の名で行われた雑税の廃止に対して、領民が感謝の意を表するために建設されたものである。

「穢踏」（影踏）

江戸時代、キリシタンを探索するために聖画像を踏ませたが、この行為を「絵踏」または「影踏」と言い、聖画像を「御影（みえい）」、一般には「踏絵」と言った。絵踏は、寛永五年（一六二八）に長崎ではじまり、九州各地で制度的に実施された。『内匠日記』では、この絵踏を「穢踏」と表現している。「絵踏」がいつしか転じて「けがれを踏む」という意味の「穢踏」となったらしい。ただ一度だけ、「かげふミ」と仮名で書いている（文政十二年月十日）。

『内匠日記』の絵踏に関する記事を追っていくと、絵踏みが行われるのは二月の下旬から三月のはじめである。農作業が本格化する前に、ほぼ毎年行われていたようである。また場所は、光雲寺などの寺院のほか、庄屋宅、東下田仮会所などで実施されている。絵踏みには郡代が臨席するのが慣例で、「喜多村穢踏、當村大石弥左衛門方ニ而今日有之。訳は喜多ニは御郡代泊家無之由ニ而」（天保十年二月三十日）とある。隣村喜多村の絵踏が、長野村の庄屋宅で行われた。その理由は、喜多村には郡代の泊まる家がないからだという。

江戸時代も時期が下ると、本来のキリシタン探索の意味は薄れ、絵踏は年中行事化する。また各手永、村の人数調査の目的でも実施されたという。各手永の影踏人数の合計が、領内の総人口となるのである。年中行事化したことを物語る記事がある。「自身ニ定嘉、むつ、さかへを連穢踏市見物ニ東下田仮会所ニ行」（元治元年三月二日）。内匠は家族を連れて、東下田の仮会所に「穢踏市見物」に行ったという。ここには、キリシタン探索というような緊張感は全く感じられない。人が多く集まるので「穢踏市」と言ったものか。もしかすると人だかりをめあてに、露店が出たのかもしれない。

また内匠とその家族は、見物には行くが、自らは絵を踏んでいない。絵を踏むのは農民であり、武士は踏まない。従ってここでは、内匠は武士扱いである。在御家人など、村の武士たちも絵踏は免除されたが、その際には絵踏を免除される家族の人数を差し出す慣例になっていたようである。地士であった長野角平（のちに湯ノ谷の湯亭になる、長野家の分家）は「一前々年より私影踏差除人数、私、女房、倅、女房、孫一家ニ居申候。右之儀御改ニ付書付ニ而申上候　以上」（『長陽村史資料集第四集』）と言う書面を手永会所を通じて郡代に提出している。この書面は、絵踏をしない人数を申告している。ここから、絵踏が村の人数調査と言う目的で行われていたことがよくわかる。内匠とその家族もまた、同様の書面を差し出していたのであろう。

村の衣

苧麻《ちょま》の栽培

『内匠日記』には、麻と苧と両方出てくる。「麻」はまた「浅」という字をあてていることもある。これが別々の種類であるか否かは『内匠日記』の記述からは判然としない。ここでは、どれも苧麻という前提で話をすすめたい。

　苧麻の畑は、「下廻」と「湯之谷の上」の二ヵ所にあったことがわかる。このうち、「下廻」の場所は、その位置を特定できない。「下畑之平吉、下廻あさ畑ヶニ粟作りニ加勢ニ来」（文化十一年六月六日）。下畑の平吉がやってきて、「あさ畑」に粟を蒔くのを手伝った。苧麻を植えつける場所は、どこでも良いのではなく特定の畑があった。苧麻は道端にも雑草のように生え育つ。また、少々日当たりが悪くても良い。したがって麻畑は、畑にするには条件があまり良くない所であったと思われる。

　そのことは、もうひとつ別の麻畑である「湯之谷の上」の畑の位置からも言える。「湯ノ谷の上」の苧麻畑は明治になってから開かれた。明治元年（一八六八）、「前之源太郎雇候而湯谷之上へ野中畑ヶ開、麻蒔」（閏四月七日）とある。「湯之谷の上」は文字通り、湯ノ谷温泉の上の原野である。これまで何度か出来てきた、「裏野」に連続する場所である。ここは普段は原野で、要するに草むらであった。ここを源太郎を雇って明治元年に開いたのである。苧麻は強い植物なので、茅の類が繁茂するような場所でも良かったのであろう。

　苧麻の種蒔きは通常四月。刈り取りは八月から九月のようである。ただし、「畑ケノ浅《ママ》ヲ切」（文化十年八月十二日）という表現のほかに、「下ノおつを苧こぎニ来」（嘉永五年九月五日）という表現もある。「切」は刈り取ることで、「こぐ」は根ごと抜き取ることである。

苧麻を温泉で蒸す

苧麻を刈り取ったあとは、水に晒して茎の表皮を剥ぎとる。さらに水に晒して表皮をとる作業をする。そうすると、青苧という繊維になる。これをさらに乾燥させる。この作業の中で青苧を柔らかくするために、湯で煮立てる事もあるらしい。面白いのは、この地方では湯で煮るのではなく、温泉の蒸気を利用して蒸していることである。安政四年（一八五七）七月、「爰元より地獄ニ苧うむしニ行。おりせ・さかへ、地獄ニ入湯致」（二十八日）とある。地獄というのは、垂玉温泉のすぐ上にある地獄温泉である。内匠の家からは、現在の垂玉線の道路をたどって約四キロほどのところにある。現在は地獄温泉として旅館もある。江戸時代にはすでに湯治場であった。現在の温泉場の背後には、蒸気がもうもうと立ちあがる岩場がある。蒸気が噴き出す岩場には、熱と硫黄の影響で草木は生えていない。場所によっては熱湯がわき出しているところもある。「地獄」とはこのような景観から生まれた地名であろう。

　刈り取って皮を剥いだばかりの青苧を、内匠の妻のりせと養娘のさかへが、地獄まで担いで登る。長野村から地獄まで、標高差も二〇〇メートル近くある。ふたりは岩陰から噴き出す蒸気に、苧麻の皮を置いて蒸した。「蒸す」ことをこの地方では「うむす」という。温泉の蒸気を利用して、食物などを調理することも出

地獄

来る。大分県別府市の鉄輪《かんなわ》温泉などでは、「地獄蒸し」と言って、現在でも温泉の蒸気が調理に使われている。もしかすると地獄でも、だれもが使うことが出来るちょっとした「蒸し場」があったのかも知れない。

何時間蒸したのかは分からない。しかしふたりはこの日温泉に入り、湯治場に一泊して翌日帰宅しているから、かなり長時間にわたって蒸したものと思われる。苧麻を担いで山道を登るのはつらいだろうが、温泉に入り骨休めにもなったであろう。

苧麻を「つぐ」

苧麻の繊維が細く柔らかくなったら、さらに繊維を手でつなぎ合わせてよりをかけ、麻糸にしなければならない。繊維を手でつなぎ合わせる作業は、「苧績《う》み」という。この地方ではこれを「つぐ」と言う。「つなぐ」という意味であろう。慶応二年五月、「下畑ノ善作妻、苧つぎ加勢ニ来」(二十五日)、「下畑ノ善作妻、今日も苧つぎニ来」(二十七日)とある。一本一本の繊維をつなぎ合わせていく作業は、とても根気のいる仕事である。近所の女性も手伝いに来てくれた。五月にこの作業を行っているが、この時期は麻畑ではまだ苧麻が成育中である。だから、この苧麻は以前にとった苧麻を糸にしているのではないかと思われる。

綿を買いに行く

綿花はこの村では栽培されていない。したがって、綿は買いに行かねば手に入らない。綿は在町などには、専門業者(商店)が成立していたものと思われる。安政五年には、「むつ、枯木ノ藤兵衛道々ニ而大津ニわた買ニ行」(八月八日)と、大津まで綿を買い出しに行っている。

しかしこのころになると、長野村の周辺でも、綿をあつかう者がみられるようになる。例えば嘉永五年には、「おむつ、川後田ノ甚四郎方ニわた買ニ行」(十二月四日)とある。川後田村の「甚四郎」は、綿の専門業者ではなかろう。店舗を構えていたとも考えにくい。甚四郎は長野家と同じように、比較的裕福で小金があって、時おり在町に出ては綿を買い入れ、求めがあれば販売していたのではないだろうか。

綿引きと木綿織

実を取り除いた繰り綿は、紡車にかけて紡ぐ。『内匠日記』ではこの糸を紡ぐ作業を「綿引き」と書いている。綿引(挽)きは周辺の女性を雇ったりして、必ず共同作業で行っている。それだけ過酷な仕事であったのだろう。安政年間だけを拾ってみる。「大石ノおうさ隣ノおはる、わたひきニ来」(安政二年十一月二十一日)、「晩ニ下ノおひさ並庄三郎妻、わた引加勢ニ来」(安政三年九月十七日）、「峯ノ万吉後家雇てわた引く」（同年九月十九日）、「文兵衛妻とば、さき（馬場崎の）おやを雇て、むつ木綿引」（安政四年二月三日）、「近辺之者共雇候而わた引」（同年十一月五日）、「むつわたひく、おやさ・おとせ・おうさ」（安政五年正月二十九日）、「わた引ニ畠中之ば、（婆）来居候雇、十二日より十四日迄」（安政五年二月十二日）。糸を紡ぐ作業も延々と続く孤独な作業である。女性たちは世間話をしながら、労働のつらさを少しでも楽しみ変えようとしたのであろう。また綿引きの仕事は、稲刈りが済んで翌年の苗代がはじまるまでの農閑期に行われていたことがわかる。綿引きに関してもうひとつ「車祐助、木綿車作」（文化十一年八月六日）とある。「木綿車」は、撚りをかけた糸を巻き取るものであろう。「車祐助」という呼称から、木綿車をつくる職人もいたことが分かる。

綿糸が出来れば、次は機織りである。これもまた糸引き同様、周辺の女性を雇い入れて行っている。安政四年、「内蔵之允母木綿織ニ加勢ニ来」（正月二十七日）、「辻ノ金次ば、雇て木綿織」（正月二十八日）などとある。木綿織もまた農閑期の作業で女性の仕事であることは、綿引と同じである。

ただ機織り器械は、これも当時としては高価なものであった。従って、どの農家にも織機があったわけではない。周辺の女性たちは内匠家の木綿織に動員されるが、一方で織機を拝借して自分で機を織ることもあった。一例をあげよう。「ばゞの下傳助母おちよ、布織道具かりに来持行」（文政四年三月七日）。傳助の母おちよは、「布織道具」を借りて持ち帰った。おちよ宅にも女性たちが集まって、糸引きや機織りが行われたのだろう。

養蚕と絹糸とり

養蚕も細々と行われていたようである。嘉永五年（一八五二）五月の『内匠日記』に「川後田ニ豊後竹田より来居候者を雇て、かいごの糸取」（七日）とある。豊後竹田から来ている者が何者かは分からない。わざわざ雇っているのには、理由があるのかも知れない。と言うのは、竹田の岡藩は、九州の諸藩のなかでは比較的早くから養蚕に取り組んだと言われるからである。また安政五年（一八五八）四月には、「水溜村石切り惣八、手習子供両人伊太郎・長吉連祭参り序ニ立寄。くわのは袋一ツ持来」（十八日）とある。先にも述べたように、手習の子どもたちは折に触れ付け届けを持参するが、この時は「くわのは袋一ツ」であった。桑の葉が、蚕の餌であることは言うまでもなかろう。さらに明治九年閏五月には、「むつ、柿野ノ野田桂之允方ニかいごのたね貰ニ行」（二十七日）とある。柿野は旧久木野村で、「野田桂之允」は野田敬之允でこの村の名望家である。「かいごのたね」とは、蚕卵のことであろう。野田はこの頃、区長も務めた資産家でもあったから、早くから養蚕業に取り組んでいたと考えられる。

安政五年（一八五八）五月には、「庄太郎母、絹糸取頼ニ来」（二十三日）、「庄太郎母、昨日おりせを雇候ニ付、礼ニ来」（二十四日）とある。苧麻、木綿同様、生糸を取るのも女性の仕事であった。そして、ここでも労働力の交換である。「庄太郎の母」が絹糸とりにおりせを雇っているのである。

以上のように養蚕が行われていたことは確実であるが、その実態は自家消費のための生糸生産であったと思われる。この地方で養蚕が奨励されて、本格的な展開を見せるのは明治中期以降である。

紺屋《こうや》で染める

糸や布ができると、それを染めなければならない。染め物の専門業者が、紺屋である。長野村には紺屋はなかった。それで方々の紺屋に糸や布を持っていく記事が、『内匠日記』に頻繁にみえる。紺屋のある場所をあげてみると、「葉山」（文化十年）、「高森紺屋」（同年）、「下市紺屋」（文化十一年）、「新町紺屋」（文化十四年）、「西下田紺屋」（同年）、「阿蘇坊中」（天保十一年）、「ふけ田」（天保十五年）、「大津」（安政四年）、「平原紺屋」（元治二年）、「中村高橋素平方」（同年）、「なわす紺屋」（明治元年）、「室町紺屋」（明治六年）、「立野新所紺屋」（明治八年）、「久木野中原紺屋」（明治十二年）、「松木村紺屋」（明治十七年）などである。名称が『内匠日記』にみえる年代順に、そして重複しないように拾ってみた。葉山は現菊池市、大津と「ふけ田」は現大津町、高森は現高森町、阿蘇坊中は現阿蘇市である。あとは現在の南阿蘇村の範囲内に属する。長野家が糸や布を持ち込む紺屋は、かなり広範にそして多数にわたる。染めを依頼する紺屋が特定の店でなく、このように実に数多く存在するのは、染める布の種類や質の良し悪しで使い分けていたのかも知れない。

遠方の紺屋に行ったときは、紺屋で一泊することもあった。「むつ、吹田紺屋ニ大石ノ平右衛門娘みやと道々いたし染物ニ行。紺屋伴助方ニ滞り、明日八ツ過ニ帰ル」（安政三年十二月四日）」。吹田は現在の大津町の東方である。長野村からは片道約一五キロメートルほどである。一日で往復できない距離ではない。しかしこの日は天候が悪かった。『内匠日記』によればこの日の天候は、「曇時雨降山ニ雪ふる」である。内匠のむすめむつは、この時一九歳である。むつとみやの娘ふたりをみて、紺屋の伴助も「天気も悪うございます。そのうえ寒くなってきました。どうぞ無理をなさらずに」と、泊まることをすすめたのかもしれない。

村の食

米、穀類　先にも少し述べたように、米は確かに主食ではあったろうが、普段に食べられたわけではない。特に精米した白米のご飯をたべることは、ごく限られた日だけであったと思われる。ましてや凶作、飢饉の年は、飢えをしのぐのはたいへんだった。

米については、焼米がしばしば『内匠日記』に登場する。焼米は新米を籾のまま炒って、そのあと搗いて籾を取り去った保存食である。焼米はお湯や水を注げば、すぐに食べられるのでインスタント食品の草分けでもある。また、乾燥させているので軽く、携帯食としても重宝がられた。「爰元、やきこめつきあり。近辺女子共加勢ニ来」（慶応三年九月六日）と、焼米を作ることを「やきこめつき」と言っていたようだ。近所の女性たちも手伝いに来て、きっと賑やかだったに違いない。

焼米のほかに「おこし」にして食べたようだ。おこしは「粔」とか「興し」と書くが、『内匠日記』では「越し米」「起米」などと書いている。おこしは糯米や粟を蒸して乾燥し、さらに炒ったものに水飴や砂糖をまぶしてたべる。少し前までは、ごくポピュラーな「駄菓子」であった。「鍛冶之藤助娘おみき宮参りニ来立よる起米一包持来」（慶応二年四月十八日）。宮参りのついでに立ち寄った鍛冶のおみきが、おこしをひと包み持参した。ただ、おみきが持ってきたおこしが、甘かったかどうかわからない。なぜなら、『内匠日記』に砂糖のことがみえるのは、ほとんど明治以降だからである。おみきのくれたおこしは、塩味？　それとも醤油味？　いやいや味噌味だったかもしれない。

餅は『内匠日記』にも良く登場する。年末には家族総出で餅つきをする。近所と「寄合い」でつくこともあった（文化十三年十二月二十九日）。暮れの餅つきは、早いときは二十六日、遅いときで二十九日に餅をついている。もちろん、鏡餅も作った。「鍛冶之藤助妻、節句礼ニ来。蓬餅・樽代並米持」（元治二年三月五日）。桃の節句には、よもぎ餅を作った。今とかわらない。

米以外の穀類では、麦がある。当時から麦にはいろいろな種類があったが、『内匠日記』には「麦」以外には「小麦」が出てくるだけである。小麦は素麺やうどんなどにして食べる事が多かったのだろうが、『内匠日記』に出てくる頻度は素麺の方が多い。素麺は食べるだけでなく、進物として贈られることも多かった。「乙ケ瀬の百蔵方よりソウメン一包持ち来。乙松・宇太次も同じ」（文化十年七月十五日）。百蔵、乙松、宇太次の三人は、内匠が一番はじめに抱えた手習の門弟たちである。従って、この「ソウメン」は手習の謝礼と考えられる。素麺は今と同じく夏の食べ物だった。素麺に関する記事が出てくるのは、ほとんど七月～八月である。そのほかの雑穀の類としては、唐黍（トウキビ）に粟、それに大豆などが出てくる。

ところで、この時代の食を支える作物として、蕎麦を忘れてはならない。蕎麦は栽培しやすく、しかも短期間で生育するため、この地方ではなくてはならない作物であった。かつて九州山地の山間地で広く行われていた焼畑でも、蕎麦が主要な畑作物であった。あまり肥沃な畑でなくても、それなりの収穫が見込めるのである。安政四年（一八五七）四月、「晩ニ内蔵之允母・傳左衛門妻両人、大工振舞ニ蕎麦切り・にしめ・樽など持来」（朔日）とある。内匠の家では三月から馬屋（厩）の普請を行っていた。たくさんの村びとも普請手伝いをしてくれた。また藤助という大工を雇った。内蔵之允は長野家一門のものである。この日は大工振舞といって、大工の労をねぎらうために、蕎麦とにしめ、それに酒を持ってきた。このように祝い事などの進物に蕎麦を持参することも多かった。また、「五郎吉来、そばねりくう」（文化十三年十月二十五日）という記述もある。「そばねり」とは「そばがき」のことであろう。蕎麦粉に湯を注ぎかき混ぜて、粘りが出たところで醤油などの調味料をつけて食する。そばがきは、蕎麦のもっとも簡単な食べ方であった。

明治後期の『阿蘇郡長陽村是』（明治三十六年）にみる、一戸あたりの米の平均消費量は、四石三斗七升三合となっている。一戸あたりの家族数は平均五・三八人となっている。そうすると、ひとりあたりの米の年間消費量は、一石（一五〇キログラム）に満たない。明治後期と言えども、江戸時代のそれと大差はなかろう。不足する炭水化物は、雑穀や次の芋類で補っていた。

芋類で補う

芋類では、「唐芋《からいも》」がよく出てくる。唐芋はさつまいもである。さつまいもは南米原産で、スペイン・ポルトガル人の手で東南アジアにもたらされた。その後中国を経由して、十七世紀のはじめに日本にも伝えられた。中国から日本に入ってきたため、「唐芋」ともいうのだが、特に沖縄や九州で「からいも」と呼ぶことが多いようだ。さつまいもは鹿児島のシラス台地のようなやせ地でも栽培できるため、鹿児島の特産品となった。だから、火山灰土壌が広がる阿蘇の畑にも適していた。茎まで食べられるさつまいもは、米が不作の時などは、村びとの命を救う大事な作物でもあった。

唐芋のほかには、ジャガイモが一度だけ登場する。「鍛冶之林次郎方よりじやがたら芋送る、子供持来候」（明治七年十月五日）。内匠は「じやがたら芋」と書いている。ジャガイモは十六世紀末にオランダ人によって日本に伝えられたという。先の唐芋より、日本に伝わったのが少し早いらしい。ジャガイモという名称の由来には諸説あるが、オランダ船がジャカルタ港から持ってきたからだとも言う。ジャガイモもさつまいもと同じく、飢饉の時には多くの人の命を救った。

山芋もしばしば登場する。山芋は自然薯《じねんじょ》とも呼ばれ芋の部分は非常に長くなる。数年ものになると二メートルほどになる。だから山芋を掘るには専用の鍬が要る。この地方では、「突き鍬」という先の細いまっすぐな鍬である。地上の部分はつる性の茎で、葉はハート型をしている。阿蘇では、一歩雑木林に足を踏み入れればどこでも見つけられる。やはり食糧不足を補う、貴重な食べ物だった。「陣内ノ千吉山芋・粽持来。」こその、武作粽・山芋持来」（文化十一年五月五日）。文化十一、十二、十三年の端午の節句には、長野家に「節句礼」で訪れた人びとは、粽と山芋とをセットで持参している。なぜ節句に山芋なのか？　粽《ちまき》はもともと山芋をすり下ろして米の粉と砂糖を混ぜ、葦の葉に包んで蒸し上げて作る。また山芋は単独でも滋養強壮に良い食べ物だったので、節句のような祝いの日の進物だったものと思われる。

ところで、山芋の一般的な食べ方はとろろ汁であった。とろろ汁は山芋をすり鉢で摺って、みそ汁などで延ばしてご飯にかけて食べる。余談だが、歌川広重の「東海道五十三次」の「鞠子（舞子）の宿」に当時の「とろろ汁屋」が描かれおり、その店は現在も同じ場所で営業している。ちなみに、山芋の弦に着く小指の先くらいの栄養体をムカゴと言う。この地方では「イモカゴ」と言った。これはご飯に炊き込んで食べた。

ぶり・まんびき・鮍・鯉・鰻

阿蘇では魚を口にすることは、稀であった。ましてや刺身などの生魚が普通に手にはいるようになったのは、戦後の高度経済成長期あたりからである。冠婚葬祭の「尾頭付き」と言えば、今ではどこも鯛である。しかしこの地方では干物（丸干し）の鰯を塩抜きし、醤油と砂糖で煮たものが出た。この習慣は、今でも残っている。

『内匠日記』に海の魚のことが出てくるのは稀であるが、「熊本之肴売り来」（文化十一年九月十九日）というように、たまに熊本の魚売りが訪ねている。同じ文化十一年（一八一四）には、「晩ニ商人来四尺斗のぶり御買被成」（九月朔日）と、四尺の「ぶり」を買っている。かなりの大物である。塩漬けであろうか。しかし鰤が出てくるのは、これっきりである。もうひとつ、「かれきば、商人藤兵衛年始礼申候。手拭一筋、まんびき一ツ、ちくわ五本」（安政四年正月十四日）と、海の魚としては「まんびき」（万引）が出てくる。「まんびき」とは、シイラのこと。シイラは、魚へんに「暑」と書く比較的大型の魚である。字の通り、シイラは夏に旬を迎える。しかし傷みやすいため、さばいたらすぐに塩を振る。その上で塩や醤油であっさりと味付けする。秋を告げる藤崎八幡宮の例大祭には、なくてはならない熊本の郷土料理である。『内匠日記』の「まんびき」も、塩をしたシイラの切り身であろう。

あとはもう、川魚と干物しか出てこない。天保十五年（一八四四）五月、「下田源兵衛鮍魚七串持参致見舞」（十四日）とある。「鮍魚」は「はゑ」と呼んでいる。「ハヤ」のことであるが、この地方では「ハエ」という。南郷を流れる白川とその支流では、ごくありふれた魚である。「七串」とあるから、串に刺してすでに炙ったものだろう。ハヤのほか「アブラメ」と呼ばれる小魚も多い。文政二年四月には、「惣助並同人妻、手前強病候ニ付尋来見舞ニ干肴持来」（二十四日）とある。惣助が、内匠の病気見舞にと「干肴」を持ってきた。肴が何かは不明だが、要するにこの地方では干した魚を食べるのが一般的なのである。

安政四年十一月には、湯ノ谷温泉の長野熊太郎から鯉を四匹もらっている（六日）。もちろん食用の鯉である。鯉は流水にさらして「あらい」でも食べられるから、山間地で口に入る唯一の鮮魚と言って良かろう。鯉は煮ても良い。湯ノ谷温泉では、食用の鯉を池で飼っていたのだろう。と言うのは、湯ノ谷は湯治場であるため、鯉は客に供するためのものだったと思われる。のちに触れるが、湯ノ谷では雉子《きじ》も飼っている。鯉のほか、文政十三年七月には病気見舞の品として鮒も出てくる（二十五日）。

『内匠日記』をみる限り、一度だけ鰻のことが出てくる。「栃木村金右衛門、牛預ニ来。但シウナギ魚持来」（文化十年九月十一日）。栃木村の金右衛門が、牛を預けに来たときに鰻を持ってきた。筆者は以前、白川と黒川が合流する戸下《とした》あたりに鰻がいるという話を聞いた覚えがある。栃木村はその戸下のすぐ近くである。しかし鰻は、この地方では極めて珍しく貴重な魚であった。現在、鰻のもっとも普通の食べ方は蒲焼きである。しかしそれは江戸時代の中頃、江戸をはじめ関東ではじまったもので、この地方に蒲焼きという調理法が及んでいたとは思えない。さて、内匠はどのように料理をしたのであろうか。

そのまま食べるものではないが鰹節も出てくる。「湯谷長野熊馬暑気見舞ニ素麺一包鰹節等持来」（明治五年七月二日）。これもまた湯ノ谷からもらっている。「暑気見舞」の手みやげである。素麺とセットというのは、実に気の利いた贈り物である。鰹節はもう一ヵ所みえるのだが、それは明治十五年である。この山間地に鰹節などが普及していくのは、やはり近代になってからのことであろう。ちなみに、「昆ぶ」も慶応二年に一度だけ出てくる（九月二十八日）。

ところで先ほども紹介した『阿蘇郡長陽村是』にみる年間魚類消費量は、一戸平均一貫七五〇目（六・五六キログラム）である。江戸時代は肉をほとんど食べないかわりに、魚はたくさん食べていたようなイメージがあるが、そうではない。明治になっても、魚はこの程度しか食べていないのである。阿蘇の山間地ということもあろう。しかし幕末から明治期の民衆の食は、タンパク質は極めて少なく、ほとんど炭水化物によって補われていたと言える。

鶏・鳩・雉子

肉といえば、この頃は鶏肉である。卵を食べていたから、鶏はおおむねどこの家でも飼っていたであろう。そして鶏は、祝い事などがあると「つぶして」食べることもあった。筆者の幼少の時分は、まだそれぞれの家々で鶏をさばいて食べていた。文化十一年十一月、「川後田村達次、にわ鳥持来」（十三日）とある。前日から長野神社の秋祭りが行われていた。川後田村の達次は、祭を見に来たついでに、土産に「にわ鳥」を下げて長野家を訪れた。さっそく鳥汁が振る舞われたかどうかまでは、『内匠日記』に記述がない。しかし鶏肉を食べるのは、やはり特別な日だったのである。

鶏のほかには、鳩と雉子が『内匠日記』に出てくる。「大石ノ和吉、鳩一羽持礼ニ来」（文化十四年十一月月十日）。小鳥を捕まえる罠はいく種類もあった。小鳥が捕れると当然、毛をむしって食する。鳩は山鳩、キジバトとも言う。大石の和吉が一羽持ってきた。この日も祭である。手土産である。「隣より雇ニ依而川後田より下田迄雉子買ニ行」（文政四年十一月十一日）。この時は川後田村から下田村まで歩きまわり、雉子を売ってくれる家を探した。この日も祭である。「下田俊助来而さかへニ頼ミ湯谷ニきじ買ニ来。雉子一羽三十目ニ而買来」（明治三年十二月十一日）。今度は下田の俊助が湯ノ谷に雉子を買いに行くと言って、さかへを誘った。一羽三〇目で買ってきた。鯉同様、湯治客に供するための鶏や雉子を飼っていたのだろう。

野菜と果物

大根や牛蒡、それになす、キュウリなどよく知られた野菜も『内匠日記』にはたびたび出てくる。しかしここでは、阿蘇特有の野菜をいくつかあげてみよう。

阿蘇と言えばすぐに高菜が思い出される。阿蘇の高菜はピリリと辛いが、それは芥子菜に近い品種だからである。しかしひと口に阿蘇高菜と言っても、実は場所によって若干品種が異なるらしい。さて、江戸時代に高菜を栽培してのだろうかと思いながら、さがしてみた。すると、何度か出てきた。「利助、朝草切たかな蒔く」（文化十四年七月二十六日）。利助は長野家の「下人」、つまり奉公人である。牛馬の飼料である草を刈ったあと、たかなを蒔いたのである。第一章の「農民としての長野内匠」では触れることが出来なかったが、長野家でも確かに高菜を栽培している。ただ高菜は、現在は冬越しの作物である。秋に種を蒔いて、桜が咲く頃に収穫する。だから七月の種蒔きは、現在のそれと異なる。別なところでは、「小園之おいゑ来、たかなと干栗持来」（文化十一年四月七日）、「西下田林助、たか菜持来」（文化十二年三月十三日）と、四月と三月に手みやげで高菜を持ってきている。おいゑと林助が持ってきた高菜が新高菜なら、季節はちょうど現在と付合する。

ウドはいまでこそ畑で栽培されて市場に出回るが、もともとは山菜である。阿蘇では、田植えをする頃にウドが収穫できる。「和角、内匠三ツ尾ニウド取行」（文化十三年四月二十一日）。和角は祇園（旧白水村）の田尻長門（祇園社の神主）の子である。祇園は内匠の母の実家であり、和角は内匠と従兄の可能性がある。よく長野家に遊びに来たり、訪ねてきては農作業を手伝ったりしている。この時はふたりつれだってウドを取りにいった。「三ツ尾」と言う場所は特定できないが、烏帽子岳の尾根のひとつではないかと思われる。

阿蘇に蕨狩りに行かれた経験をお持ちの方も多いと思う。ちょうど五月の連休前くらいが、蕨の季節である。蕨も山菜であるが、根にはデンプンを蓄える。蕨餅はこのデンプンから作る。飢饉の時は、この蕨の根を掘って食べたと言う話は多い。天保三年四月十日、「下市村城ケ嶽江蕨取ニ行、見物致。所々古跡多し」とある。「下市村」はもとの白水村に含まれるところで、「城ケ嶽」は南外輪山の一角である。蕨狩りに行ったのだが、ついでに古跡見物もした。この日の天候は「晴天」。物見遊山がてらの蕨狩りだった。

そのほか野菜の類としては、ツワブキ、せり、タケノコ、水瓜（西瓜）、しいたけ、コンニャクイモなどがみえる。また果物では、柿、梨、桃、柚などの名称がみえる。

酒と焼酎　内匠は、酒はたしなむくらいだったようだ。自宅に訪ねてきた者に酒を振る舞う記事は時々みえる。しかし内匠自身が酒を呑むのは、阿蘇御殿に役目で出向いたとき、殿様に勧められた時に呑むくらいなものだった。むしろ酒呑みとその大騒ぎを嫌っている。嘉永五年（一八五二）閏二月、「今晩、隣之杢方ニ大人数ニ而酒を呑寄うたひ大にぎあい致候。此事、後年わすれ間敷候」（六日）、隣の杢《もく》宅に大人数で集まり、酒を呑んで「うたい大にぎあい」だった。杢は兄七郎の子、つまり内匠の甥である。それは良いが、「このことはずっと忘れないぞ」と怨みがましいことを書いている。相当ひどいどんちゃん騒ぎだったのだろう。そして隣の杢は少々酒癖が悪かったらしく、『内匠日記』の中ではその人物像はあまり良く書いていない。仲も悪かったらしい。

ところで、村では酒はどんな時に呑むのか。言うまでもなく、まずは冠婚葬祭の時である。特に祭の時は、各戸から御神酒代を徴収して酒を調達している。そして祭の時酒が振る舞われ、また御神酒が配られた。そのほか節句、出産、普請など、祝いの時にはやはり酒はつきものだった。

村びとたちは、酒はどこで入手したのか。もともと長野家が造り酒屋だったこと、内牧に「長野屋」なる酒屋（販売店）があったこと、しかし酒造業には失敗したことなどはすでに述べた。その後、長野村には酒を造るところも、売る店もなかった。文化十年（一八一三）四月、「七郎様、惣助を連れ熊本に買い物に御出。松山の両七を大津に酒取りに遣る」とある。その後も大津に酒を買いに行く記事が何度か出てくる。酒は大津まで買いに行かねばならなかった。また、「内ノ牧孫兵衛、米壱升並酒壱升持て来」（文化十二年正月二十六日）と、揚酒場（酒販）「長野屋」を切り盛りしている孫兵衛からも酒を入手している。

明治になると、「新町酒屋」が登場する（明治五年四月二十七日）。新町は旧白水村である。これは南郷有数の資産家のひとりであった、野田政道がはじめた酒屋と思われる。さらに明治十年になると「東下田酒場」というのがみえる（三月九日）。これも野田の出店であろう。東下田は旧長陽村である。こうして長野村の周辺にも酒屋がみられるようになった。

酒の値段はいかほどだったのか。慶応三年（一八六七）、『内匠日記』の冒頭に「粟八拾目、酒壱升拾弐匁、豆腐壱丁壱匁五分」とある。酒一升が一二匁、豆腐一丁が一匁五分と言う。慶応三年であるから、開港からほぼ一〇年がたっている。もうすでにかなり物価が上昇している頃である。酒一升は豆腐一丁の八倍の値段である。豆腐一丁約四〇〇グラム。現在、国産大豆のみの豆腐なら一丁二〇〇円くらいか。豆腐との価格で単純には比較できないが、酒が八倍として一升一六〇〇円ほどになる。

ところで酒は清酒なのかどぶろくなのか。『内匠日記』には、酒は「酒」としか書いていないのではっきり分からない。一度だけ「にごり酒」という記述がある（明治六年十月十六日）。これが明治六年のことである。明治になっても庶民の酒は、濁り酒が主流であったのではないか。

次に焼酎。『内匠日記』にみえる焼酎の記述は、四回である。「前之順太雇候而、焼酎せんじ候」（安政六年七月五日）、「立野祖父見舞餅並にしめ焼酎壱升、定嘉、むつ両人参り候事」（元治元年八月朔日）、「九蔵、焼酎製ス」（慶応元年年閏五月十四日）、「朝ニ袴野之野口市十来、隣ニ来序立寄ル。酎酒呑帰る」（同月十五日）。言うまでもなく、焼酎はもろみ状態の酒を蒸留して造る。「せんじ候」と「製ス」と言う表現が、「蒸留」のことをさすものと思われる。しがって、内匠自身も順太を雇って焼酎を造っていた。しかし先にも述べたように、内匠自身はいわゆる「酒のみ」ではない。だから自分が呑むために焼酎を造ったとは考えにくい。客人のもてなしのためか。

元治元年八月には、養子定嘉の実父の見舞に焼酎一升を贈っている。実は定嘉の父は、六月に「中尾祖父疵致候」（二十二日）とある。「疵」とは裂傷か何かをさすものだろう。とするとその見舞に焼酎を贈るのは不自然である。けが人に酒を飲ませれば、傷口がふさがらない。疵の消毒のために焼酎を贈ったと考えた方が良かろう。従って内匠は、消毒薬の代用としても焼酎を「せんじ」ていたと思われる。当時は農作業でのけがなども多かったに違いない。しかし、手元においそれと消毒薬が置いてある時代ではない。焼酎は消毒薬として造り置いておく必要もあった。

ところで熊本藩では酒造りと販売については、すでに述べたように許認可制であったから、その管理下にあった。しかし焼酎についてはどうなのか。酒と焼酎は区別されていたのか。それははっきり分からないのであるが、文政元年（一八一八）には、「在中にてから芋焼酎煎ること、以来共一統禁ず」（『熊本藩年表稿』、以下『年表稿』と略記）とある。一九世紀になると薩摩芋の生産が熊本藩にもひろがり、それにともなって芋焼酎の製法も伝わった。このころになると「在中」では、米だけでなく芋を原料とする焼酎生産が「ヤミ」で行われていたことをうかがわせる。

ついでに、熊本といえば、米焼酎が有名である。しかしそれは、主に球磨・人吉地方など熊本県南で造られた。球磨・人吉は、鹿児島の焼酎文化の影響下にあったのである。しかし熊本県北では、焼酎は少なく日本酒が中心であった。従って阿蘇もつい最近まで、九州南部のような焼酎文化の地域ではなく、日本酒文化圏であった。

砂糖と羊羹

菓子の類は、さきにあげたおこしと団子くらいなもので、ほとんど『内匠日記』に出てこない。それはやはり砂糖が貴重で手に入らなかったことと、そもそも菓子屋が長野村やその周辺にはほとんどなかったことなどが考えられる。

砂糖に関する記述は、明治期以降にちらほらと増えはじめる。しかし、江戸期のそれはごくわずかである。文化十二年（一八一五）正月、「袴野又平サトウ持て年始ニ来」（九日）とある。袴野之の又平が、どのように砂糖を入手したかなどの経緯は全く分からないが、正月の進物に砂糖を持ってきた。この記事のあとに再び砂糖に関する記述が見えるのは、何と半世紀ちかくもあとの安政六年（一八一五）である。「枯木馬場村藤兵衛来、黒さ糖一斤持来」（八月五日）。枯木馬場村（現菊陽町）の商人「藤兵衛」が「黒砂糖一斤」（約六〇〇グラム）を持ってきた。この「藤兵衛」のことは、行商人の項でまたのちほど触れることになる。

江戸時代はじめ、砂糖は「出島砂糖」と呼ばれ輸入品であった。しかし、出島での貿易で金銀の流出が問題なりはじめると、砂糖の国内生産が奨励された。薩摩藩による琉球や奄美での黒糖の生産もよく知られているが、量的にはそれほど大きいものではなかった。江戸時代の中ごろから各地で製糖業がはじまり、四国地方の和三盆《わさんぼん》はもっとも成功をおさめた国産砂糖である。幕末には「出島砂糖」は国産に取って代わられたというが、この安政六年でも庶民にとっては砂糖は貴重品で高価であった。

さて、『内匠日記』に菓子らしい和菓子が出てくるのは、一度だけである。その菓子は羊羹、元治元年（一八六四）のこと。「九日はり打鍛之助見舞ニ来、たはこ壱斤、ようかん一包持来」（四月九日）、「晩、はり打鍛之助来而泊ル、垂玉之様ニ明朝行」（同十日）とある。「はり打鍛之助」が、たばこ壱斤と「ようかん」を手みやげにやってきた。翌日、鍛之助は再びやってきて内匠宅に一泊し、明くる日の朝は垂玉の方へ去っていった。先に差し出してはいるが、煙草と羊羹は一宿一飯の御礼であろう。こうしたことから鍛之助は、旅をしながら「はり打」を生業としている「職人」と思われる。「針うち」については安政六年（一八五五）に「下関ノはり打来」（六月十日）とある。鍛之助がこの「下関ノはり打」かどうかは確定できないが、羊羹のような和菓子は、やはり旅人が遠方からもたらすものであった。だから、ふだん村びとが口にできる物ではなかった。

村の住

居宅の普請

内匠はその生涯で何度か、居宅の普請と増築に立ち会っている。そのうち最初の居宅普請が、文化十二年（一八一五）の「陣内屋敷」の普請である。陣内は長野神社の西隣の小字である。この年に一家で栢ノ木から戻ってきたが、引っ越す前にまず簡素な家を建てたようだ。栢ノ木近くの水溜から、大工を雇って建てた。「普請今月八日より今日迄ニ相仕廻、目出（度）事ニ候」（二月十七日）とある。八日から十七日まで、ちょうど一〇日間で普請が終わっている。この家は、本格的な居宅は翌年完成するまでの仮の住まい＝小屋だったと思われる。翌年の五月には、屋敷廻りの垣根もふくめ、新しい居宅が完成している。しかし、間取りや家の規模などは分からない。

文政三年（一八二〇）に「阿蘇家から別家」を仰せつけられ、数年後には最初の妻おとをと結婚したから、この頃には内匠の居宅も建設され、本家から別れたはずである。しかしこの時期の『内匠日記』が欠けており、内匠の新居に関する詳しいことは分からない。

天保十一年（一八四〇）には、座敷を増築したようである。「大石之傳作を雇、奥の間つぐ、座敷八畳敷、下田ノ文蔵世話ニ而普請仕」（八月二十六日）、「傳作来、家立る。近辺之者共加勢ニ来」（二十七日）、「屋根ふきニ近辺並村中より加勢ニ来」（二十八日）、「村中よりやねふきニかせいニ来」（二十九日）。居宅の「奥の間」に八畳の座敷を建て増しした。「大石之傳作」や「下田ノ文蔵」の肝煎で、近所の者たちが大勢集まって普請の手伝いをしてくれた。

元治二年の場合

元治二年（一八六五）には、大々的に居宅を建て替えている。この年は正月から材木の調達がはじまっている。「中畑山」「下ノ廻山」「田尻之下山」などで杉や檜、それに松の木を伐っている。場所はいずれも内匠宅の周辺で、彼の宅地や耕地の付属地と思われる。材木の伐採には、内匠の親類や村内の親しい者たちが手伝っている。伐った材木はその場にしばらく置いておく。二月になって木挽を雇い、伐採した所で柱や板に加工している。木挽は近くの栃木村や的石《まといし》村（現阿蘇市）などから来ている。二月の半ばになって、材木を普請場に運んだ。材木の調達には、約二ヶ月を要した。

材木の調達と平行して、屋根を葺くための「薄」（萱）を湯ノ谷の上の「裏野」で刈り取っている。萱の刈り取りは、萱がじゅうぶん渇いた冬場に行われる。この裏野での萱刈りは村の行事で、各世帯「四駄」ずつ刈り取った。萱は村で融通する慣行だったから、刈り取った萱のうち一部は内匠宅の普請に提供されたものと思われる。また萱は、日頃から屋根替えや修理のために蓄えておくものだった。蓄えておくのには、じゅうぶん乾燥させるという理由もある。

二月には、畳屋を雇って畳作りもやっている。

三月に入るとすぐ、これまで住んでいた住まいを壊し、仮の小屋を造った。しかし、座敷のひと間だけは壊さずに残すことにした。その理由は、安政四年（一八五七）の五月に阿蘇の殿様が御成になったときに使用した部屋だったからだ。内匠にとって、殿様の自宅への御成を如何に栄誉に思っていたかがわかる。座敷だけは残したが、居間の部材は所望した知人に売却した。六日には整地し柱石を置いた。二〇人以上の村びとたちが手伝ってくれた。この前後、日取りは判然としないが、祇園社の「田尻信濃」がやってきてお祓いをした。

三月十六日からは、いよいよ大工仕事となった。大工は立野村の大工を雇った。立野村から大工を雇ったのは、立野村から養子にやって来た定嘉であったらしい。多いときは、大工八人で仕事をした。大工だけでなく、木挽も常駐した。また、親しい村びとたちもかわるがわるやってきては加勢した。

四月五日、昼前に屋根ができて「棟上祝」となった。祝いに案内されたのは、大工のほか親類縁者、村びとなど約五〇人ほどであった。六日、屋根葺きが終わる。この時も村びとと二〇人以上が加勢した。七日、「普請成就」となった。大工や木挽たち、加勢に来た近所のもの、入り乱れて祝いの宴となった。祝いの宴は夜になって最高潮に達した。「晩ニ□大工共踊いたし、小園ノ庄三郎浄瑠理《ママ》かたり候而大ににぎあい」（四月七日）。大工たちは踊り出し、内匠の親戚筋にあたる「小園ノ庄三郎」は浄瑠璃語りをはじめた。祝いは大いに盛り上がった。祝いの盛り上がりを傍らで見ながら、内匠も「普請成就」を実感した。

翌日、大工たちは棟梁の五右衛門を残し、みな帰った。的石村から来ていた木挽の直右衛門は、「この次は、松木村で普請があるから」と言って、手間賃を受け取って次の仕事場に去っていった。内匠は棟梁の五右衛門に大工の手間賃として四八〇目を渡して、精算を済ませた。四八〇目は八両、一両を五万五千円とすると四四万円である。大工は八人だったのでひとり一両、五万五〇〇〇円となる。働いた期間は二〇日ほどであった。五万五〇〇〇円を二〇日で単純にわると、一日あたりの賃金は二七五〇円（三匁に相当）となる。十日には、祇園社の田尻信濃が、「新宅安全之祓」に来てくれた。田尻信濃は、「終日神前向勤行」をして暮になって引き取った。

十三日に床板を受ける根太を大工の武八が入れた。床もほぼ完成、これで家移りもできるようになった。一日おいて、十五日にいよいよ新宅に移った。一日おいたのは、この日が「良辰」の日で縁起が良かったからだった。この日、「寄合組中」、つまり陣内組中の者に祝いの案内をした。組中の面々は樽代として一匁を包み、妻たちはにしめ一重と米とを提げて内匠の新居に集まった。このあと二〜三ヵ月にわたり、親類縁者が祝いの品をもって「普請歓」のため内匠宅を訪ねて来た。

屋根葺き職人

　ところで、当時の阿蘇地方の家屋は萱葺がほとんどであった。それは、萱葺が防寒に適しているからでもあった。しかし萱葺き屋根は時間がたてば傷んでくるので、一〇年から二〇年くらいの間隔で定期的に屋根替えをする必要があった。また、屋根替えに必要な萱の量は膨大で、すぐに集められるものではない。従って、次の屋根替えまでに計画的に萱を確保しておかねばならなかった。当時の住環境を語る上で、屋根替えのことは欠かせない。そこで屋根替えについてみてみたい。まずは屋根葺き職人から。

　長野村ではもともと、村びとだけの手によって屋根替えは行われていたらしい。天保九年（一八三八）、内匠の家では屋根替えをしたが、次のように書いている。「東下田屋ねふき達之助来、やねふきニ打立。此方之家根ふき候事、当村ニ而始メ也。当時迄宮より外、人家ハ屋根葺ニふかせ候事見合なし」（閏四月二十七日）と。東下田の達之助が来て屋根葺きをはじめた。しかしこれまで、この村で神社以外の民家を屋根葺き職人に葺かせたことはなかった、と言うのである。このことから、長野村とその周辺で職業的な屋根葺き職人が現れたのは天保年間ころであったことがわかる。

　このときの屋根替えは、閏四月二十七日にはじまって、終わったのは七月十二日だった。この間、七〇日あまり。この年の暦の上での梅雨入りは閏四月二十一日であったから、不思議なことに梅雨の時期に屋根替えを行っていたことになる。『内匠日記』を見ると五月はかなりの日数にわたり雨が降っている。六月の後半になって晴天が増えている。しかも五月には田植えもあったはずである。どうしてこの時期を選んだのかは、わからない。

　ところで、達之助の賃金はいかほどであったのか。『内匠日記』に「日雇銭」は「一日ニ三匁宛」とある（五月十一日）。一日あたり三匁、現在のお金に換算すると二七五〇円。さきに計算した大工の賃金と、まったく同じである。これが当時の長野村とその周辺の賃金水準であると言って良いだろう。

　屋根葺き職人は東下田の達之助のほかに鳥子《とりこ》村の惣七の名前がみえる（三月二十二日）。安政五年（一八五八）に長野家の菩提寺である長徳寺の屋根替えをしたときのことである。この時は、さきの達之助とふたりで仕事をしている。鳥子村は現在の西原村である。俵山の向こう、熊本よりであるから、かなり遠距離から来ている。また、天保十四年（一八四三）に長野神社の屋根替えをしたときには「山西鳥子村之者共来」（三月二十二日）とある。鳥子村には屋根葺き集団があったようである。阿蘇外輪山の俵山から西にひろがる裾野には、現在も萱の生いしげる原野がひろがる。想像の域を出ないが、その豊富な萱が、屋根葺きを職業として成り立たせる要因になっていたのではないだろうか。

萱場の計画的利用

長野村の萱場は、湯ノ谷温泉の上にある、通称「裏野」にあった。裏野は現在でも「うらの」と呼ばれ、長野村域の農家の共同放牧場である。萱場はまた、牛馬の飼料を取る観点から言えば、秣場《まぐさば》でもある。江戸時代には萱を利用したり、牛馬の放牧したりしする村の共同管理の土地、すなわち入会地であった。先にも紹介した元治二年の普請のときに、萱場の利用について『内匠日記』に次のようにある。「湯谷之上ニ於而薄切、今日始る。一ト竈ニ而五駄宛切ル。今晩又相談仕直シ四駄ヅツ切筈ニ成ル」（正月二十日）。「薄」が、すなわち「萱」である。村で相談して一世帯あたり、「五駄」ずつ切ることにして「薄切」にかかった。「一駄」は、牛馬一頭が運べるだけの荷物の量を言う。重量に換算すると、三六貫〜四〇貫ほどになる（一貫は三・七五キログラム。四〇貫は一五〇キロ）。「五駄」は、牛馬五頭分の萱ということになる。しかし薄切をした夜、再び協議により「四駄」に減らすことにした。理由はよく分からない。みんなで萱場に行ってみたら、「資源確保上、五駄は切りすぎだ」ということになったのだろう。こう考えると、萱場は厳重に管理され、そして計画的に利用されていたことを示している。薄切りは、次の日も行われた。

すゝき講

慶応三年（一八六七）二月の『内匠日記』に、萱の確保について「すゝき講」という興味深い慣行が出てくる。頼母子《たのもし》講や無尽《むじん》講はよく知られている。これは一種の金融組合で、村びとが少額のお金を持ち寄って、集まったお金を必要な人に融通するしくみである。「すゝき講」は頼母子講のお金が薄（萱）にかわったものである。村びとが少しずつ薄を持ち寄って、屋根替えが近い村びとに融通し合うのである。「すゝき講座致、恒吉・武左衛門・岩熊・末八来」（二月二日）、「末八・多三郎・おゑ寿、薄講掛薄つけ来。武左衛門、右同様」（二月十一日）。「つけ来」という独特の表現は、「物を牛馬に背負わせて持って来る」という意味で使われている。講の場所は内匠宅だろうか。村びとが牛馬に薄を背負わせて集まってくる。しかしこの時、誰が薄を受け取ったかは『内匠日記』には書かれていない。

屋根を葺く作業は、ひと家族ではとても無理なことである。「すゝき講」にしても、村びとが萱を少しずつ出し合って屋根替えに備える。資材を出し合い、労力を出し合い、そして生活が成り立っているのである。

掘立家と田の字型

「ふつうの百姓」、言い換えれば小農の家屋は掘立屋が多かったことは、すでにこの章のはじめに触れた。内匠の近所の小園の桂助が文政八年（一八二五）に家を建てた。「小園桂助、家立柱穴掘ニ仕加勢也」（二月五日）とある。桂助の家建てに、内匠も柱穴掘りの手伝いに行った。柱穴を掘ったのだから、まさに「掘立柱」である。その二日後の七日には、上棟祝いの案内がやってきた。柱穴をほって柱を立て、葛《かずら》や縄で部材を固定し、屋根を上げる。上棟までわずか二日。テントに毛が生えたような住まいではなかったろうか。ついでに言っておくと、掘立屋には床がない。床はつくらず、土間というか、要するに地面に藁を敷く。この藁を敷いた空間が、生活の場である。

江戸時代に九州を旅して『西遊雑記』を著した古川古松軒《こしょうけん》は、阿蘇の農民の住居についてに次のように記している（天明三年）。「阿蘇郡に入りては、一国のうちながら風土大ひに替りて甚だあしき所にて、百姓家に戸をたてし家は稀にて、竹のくみ戸を図のごとくして土間住にて見るも哀れの体なり。草ぶきに竹のあみ戸にて、雅には見ゆれども壁もなく、かやをかきつけて、うちのていは上方筋の乞食ごやのごとし」。阿蘇のどこの様子かは分からないが、郡内であれば大差はなかろう。古松軒の目には、阿蘇の村々の家は、「上方筋の乞食ごや」のように映ったのである。

もちろん、この地方の農家がすべて掘立屋だったわけではない。阿蘇地方では、近世後期から「田の字型家屋」【図2】が多く建てられたようだ。この住居の間取りは、座敷・表・局・勝手と呼ばれる部屋が田の字型の屋内空間に配置される。さらに表と勝手の脇に土間があるのが基本型であった。部屋の面積は比較的小さく、長野村とその周辺では六畳か八畳が一般的であった。この家屋は、もちろん掘立柱ではない。
　田の字型の家屋は、近世中期から後期にかけて全国的に普及した。それは自立した小農の家屋と考えられている。また田の字型の家屋は、敷戸や障子をはずせば四つの部屋がひと続きの空間となり、大人数が集まることも可能となる。この大きな空間で冠婚葬祭や寄り合いが行われる。そこで田の字型家屋が、対等な百姓の家々で構成される近世的な村落共同体の成立とともに普及したのではないかと考える建築史家もいる。田の字型住居は高度成長期までは阿蘇地方でも多く見られたが、萱葺き屋根同様、その後姿を消していった。

居宅を売り払う

　内匠の居宅の話にもどろう。実は明治十一年に二月に、内匠は居宅を売り払っている。六日の『内匠日記』に「乍残念、しるし置。明治十一年寅ノ正月廿五日、定嘉大借用ニせまり、爰元居宅七間半いり三間半、座敷八畳、居間いり二間半、ながれ二間半、へや八畳奥八畳、台所三間いり三間半、うしろげや付とをし之ゑん、座敷より奥迄まハりのうらやねあり、右家黒川村大三郎二七貫八百目ニうり払候」。内匠の居宅は、かなり部屋数も多くこの地方の並みの百姓住まいではない。

　それにしても、冒頭の「残念ながらしるし置く」という言葉に、その無念さがみなぎる。居宅を売った理由は、定嘉の借金だと言う。しかしそれ以上のことは何も書いていない。触れたくない理由があったのだろ

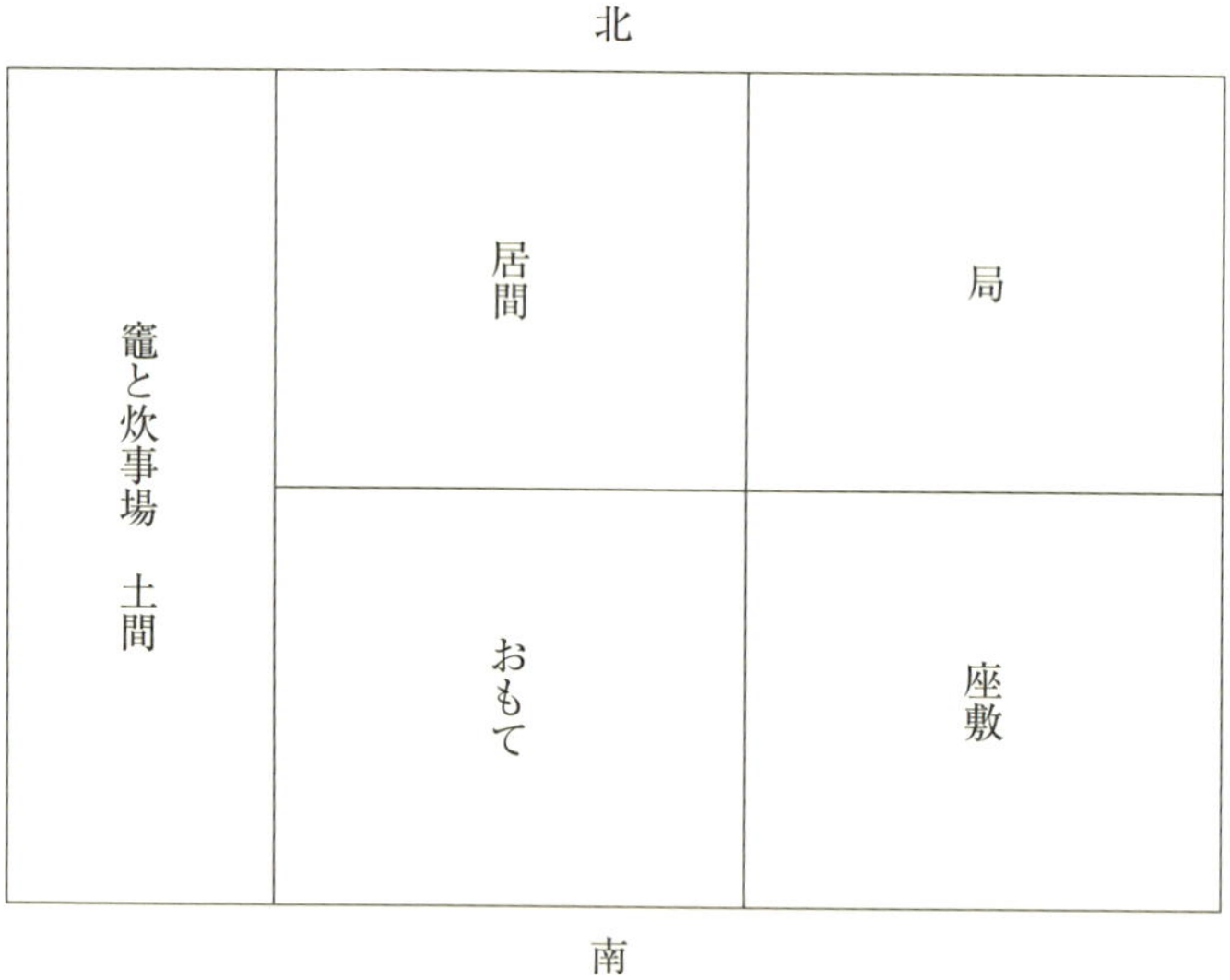

【図2】【田の字型の家屋】
＊長野本家の間取（平成二十二年解体）

う。何でも書き残す「記録魔」だった内匠が、敢えて詳しいことを書かなかったことを不憫に思う。そのあとは居宅の間取りなどを詳しく書いている。これから人に手放す自分の家の様子を、脳裏に刻み込もうとするが如くである。

内匠の隠居屋

明治十一年、居宅を処分した内匠は「隠居屋」を新築した。隠居屋を作るのは「馬場崎の岩熊」の勧めであった。岩熊は、定嘉の借金をめぐって内匠夫妻と娘夫婦の関係がうまくいっていてないことを心配していたのだろう。定嘉も小さな掘立家を建てたから、娘夫婦との事実上の別居であった。

新築工事がはじまったのは、九月の朔日。村内の大工ほか、近所のものが大勢やってきた。「月田大工虎作、普請材木見調べニ来」(三日)、「下の川虎作、柱等ニ手入ニ来」(六日)、「峯ノ三五郎、柱ノ貫穴ほき加勢ニ来」(七日)。最初の一週間は、柱や梁など材木の加工である。「穴をほぐ」とは、木に穴をあけると言う意味である。「居宅柱石置石つく」(十日)、次は柱石を固定する。内匠の隠居屋は、掘立柱ではなかった。「自身居宅柱建上道具、はり、けたあげ、棟上致」(十一日)、着工してほぼ一〇日で棟上げである。この間、一日も雨は降っていない。それで一気に棟上げにこぎ着けた。幸運である。十四日には、「月ノ田下ノ川、虎作加勢ニ来、やねかわらきせ候。ばば崎之岩熊も同様ニ加勢」と、屋根葺きが行われた。隠居屋の屋根は、萱葺ではなく瓦葺きであった。「新宅ニ移る、神前へ御神酒御饌等奉献致」(同日)。この日に板壁も仕上がったものか、内匠は早々と新居に移った。さっそく神棚に御神酒をあげた。この日から、「普請見舞」や「普請歓」と称して、村びとが代わる代わる祝いの品を持って訪ねてくる。祝いの品には、粟、にしめ、樽代(祝い金)、米、蕎麦切、茶、赤飯、手拭、樽(酒)、肴、豆腐、紙、おこしなど、実にいろんなものがあった。普請歓びの訪問は十二月頃まで続いた。

それにしても、普請を始めてから約二週間で新居に移っているのだから、隠居屋のつくりや大きさは自ずと知れようと言うものだ。粗末ではなかったにしても、質素な住まいだったと推測される。

村の祭と民俗

祭と村びと

江戸時代の民衆は、「あくせく働いて重い年貢を納め貧しい生活を強いられた」というイメージは、今でも根強く残っている。確かに楽しく楽に暮らしていたわけではないが、生活は必ずしも単調ではなかった。その単調な生活にメリハリをつけていたのが祭や年中行事などであった。

祭りは村びとにとって無類の楽しみであった。祭りなどのハレの日は、日常の単調な生活から、一時だけ解放され楽しむことができた。また、村落共同体の結びつきを確認し、いっそう強固にするためになくてはならないものであった。もちろん、村びとの数少ない休み日であり休息の時でもあった。また長野村の祭の中には、霾《よな》祭など阿蘇山信仰にまつわる独特のものもあった。

氏神の祭

氏神社すなわち長野神社の祭りは、現在、五月の夏祭りと十月末の秋祭りとがある。江戸時代には旧暦の四月と九月に「氏神祭」が行われていた。『南郷事蹟考』では、長野神社を「長野霊社」として次のように紹介している。「祭神阿蘇五宮并惟人命ノ御子惟英長野家大祖神ナリ　本丸城跡ニ鎮座祭四月十八日九月廿八日　村中ノ産神ナリ」。長野神社の祭神は長野家の祖神惟英で、長野村の「産神」と言う。

現在は春と秋の祭の時に神楽が奉納されるが、『内匠日記』には江戸時代には神楽がおこなわれたという記述はない。このことについては少々複雑なので、のちほど述べることにする。祭が近づくと、村役人が「御神酒代」を徴収にやってくる。少しずつお金を出し合って、祭を運営した。

『内匠日記』からわかるのは、秋祭りは夜に宮参りをしていることである。祭の日は、神社に幕が張られた。さらに「氏神夜宮祭之掛あん燈多く張」（文政四年九月二七日）と「掛あん燈」がたくさん掛けられていた。闇夜に神社が浮かび、近くの村びとが次々に参詣した。内匠宅には、夜、宮参りついでに知人が立ち寄る。手みやげや祝いの品をさげてやってきては、上がり込んでしばらく話し込む。祝いだから酒も少々振舞ったに違いない。現在も夏祭りは昼間に神輿の巡幸があり、秋祭りは神楽を舞って夜通し祝うのである。

村中の氏子は宮座《みやざ》の座元に集まって祭を祝った。江戸時代の村では、いわゆる土地を有する本百姓が宮座を構成する。宮座とは、氏神の祭を主催する組織である。宮座には座元があって、座元が祭を仕切る。座元は年ごとに順繰りにつとめた。おそらく神事のあと、宮座を構成する氏子たちが、座元にあつまって宴を催したものであろう。

ところが明治になって変化もみられた。明治二年（一八六九）の祭では、「氏神御祭礼当祭より村中氏子産子皆々座元へ打寄候事止ミ方ニ相成」（九月二十八日）とある。これまで祭では、氏神産子が座元に集まっていたのだが、この年からやめにしたと言う。理由はわからない。現在も長野村には宮座があるから、組織が崩れかけたのではないだろう。また明治十一年には、「氏神夜宮祭、至てさびしき事ニ候。但シ、社人一人も不来候事」（九月二十七日）とある。この年の祭は至って寂しいものだった。社人も来なかったというのだ。これは阿蘇一揆と西南戦争の翌年だから、その影響であることは間違いない。

氏神祭は、正月と四月にも催された。しかし『内匠日記』には、あまりくわしく書かれていない。やはり九月の祭が収穫と相俟って、いちばん賑やかな祭であった。氏神祭の日は、いうまでもなく村じゅう「惣休ミ」であった。

はじめは法者神楽

長野岩戸神楽は、豊後岩戸神楽とよばれる大分系の勇壮な神楽である。全部で三三の演目があるが、一六番目の「天皇七五三（てんのうしめ）」は一五メートルほどの青竹を一気にのぼり、この神楽の最大の見どころである。ところが、この長野岩戸神楽の起源は、実はよく分からない。地元では寛文年間（一六六一～一六七三）に長野惟久の孫長野九郎左衛門が諸国を巡って神楽を修得、長野村に伝えられたとされている。しかし、文献上の裏付けはない。幕末頃の『内匠日記』をみても、実は神楽に関する記事はほとんど出てこない。幕末の長野村では、現在のような神楽は行われていなかったと思われる。ところが、明治になって神楽に関する記事がみえるようになるのである。これはどういうことか？

はじめて神楽に関する記述がみえるのは、明治四年（一八七一）のことである。「氏神御祭社人遅参ニ而暮ニ及御神楽あり。大雨ニ而参詣人少し」（四月十八日）とある。夏の氏神祭に社人が遅れてきたので暮れになって神楽があった。しかし大雨だったので参詣人は少なかった。ここで言う「御神楽」は、現在の岩戸神楽ではないと筆者は考える。「御神楽」は、社人（神職）

旧白水村の祇園社

が来るのを舞って行われている。社人は神事のほかに、自身が舞って神楽を奉納したのではないだろうか。この「社人」は、旧白水村白川の祇園社の神主であろう。長野岩戸神楽の源流だとされる豊後の岩戸神楽も、幕末までは神職が舞う神楽であったと言う。近隣の神社の神職が集まって舞ったので、これを「法者神楽」と言う。江戸時代の氏神祭の「御神楽」もこの「法者神楽」であろう。

　翌明治五年の『内匠日記』には、「氏神夜宮祭神楽之儀、文化之比迄、馬場之追廻之釈迦堂之辺舞居候得共、近年は御鳥居より舞候処、當年より前々之通ニ馬場追廻より舞候事」（九月二十七日）とある。文化年間のはじめ迄（一八〇四年～）は、馬場の釈迦堂付近で神楽を舞っていたが、近年は神社の鳥居付近で舞うようになった。それが今年から再び、馬場の釈迦堂付近で舞うようになった、と言う。神楽を舞う場所の変更である。

　現在、長野神社の南鳥居前から南東の方向に、約一五〇メートルばかりの直線道路がある。この道路付近は今も「馬場」と言う。ここから、文化年間以前にも、確かに神楽が馬場で奉納されていたことが分かる。しかしこの神楽は、神職が舞う神楽であったと思われる。

岩戸神楽の起源

　明治七年にには、次のような記事が出てくる。「峯ノ三五郎並ニ原口之半兵衛両人共ニ十人長也、来而氏神へ神楽舞仕立候而神楽稽古致させ候筈ニ相談致し候間、万事相頼候由申来。かちの林次郎、右之事ニ付神前ニ而勤候祓を教へ呉候様申来候」(二月二十五日)。峯の三五郎と原口の半兵衛は、ともに「十人長」である。そのふたりが、氏神に奉納する神楽舞を仕立てたい。ついては神楽の稽古をしたいと、内匠のもとへ相談にやってきた。また鍛冶の林次郎もやってきて、神楽舞をはじめるにあたり、神前で行う「祓」の方法を教えてくれと言う。「峯」は長野村の北半分の「上長野」、「原口」は南半分の「下長野」の一角にある小字である。「十人長」が何か、いまひとつ判然としないが、それぞれが「上長野」「下長野」のリーダー的存在であることは疑いない。または、若者組の長をさしているのも知れない。同月二十七日には「原口之半兵衛神楽面作頼ニ付、丸のミ持来」とある。神楽の面の作成を内匠に依頼しているのである。ということは、これまで神楽の面もなかったと言うことになる。また「仕立てる」とは「工夫してこしらえる」ことであるから、素直に考えればこのころに「長野岩戸神楽」をつくりはじめたことになる。

翌月の三月になると、「村中相談致氏神へ神楽舞仕立候ニ付、ぎをん田尻山城を雇候而、今日より舞方始る」(三月朔日)とある。村中で相談して神楽をこしらえることになったので、祇園の神主田尻山城を指導者として雇い、神楽の稽古をはじめた。翌日も「祇園田尻阿支記、神楽教ニ三五郎方ニ来居候而咄ニ来、村中之若者共神楽習ニ氏神之拝殿ニ昼夜打寄候事」と、祇園の「田尻阿支記」は三五郎宅にとどまって神楽舞を教えた。「阿支記」とは田尻山城のことである。村中の若者が昼夜となく、神社の拝殿に集まって神楽の練習をした。神楽づくりを主導しているのが若者たちであることが分かる。昼夜とわず練習に励む熱気が伝わって来るようである。結局、田尻山城は六日になって引き取っているから、一週間にわたって神楽舞を指導したことになる(田尻山城は二月二十九日から三五郎宅に止宿している(三月六日))。

実は明治三年(一八七〇)、神祇院から「神職演舞禁止令」が出された。これは神々に仕える「神職」と、演舞を生業とする「芸能者」を明確に分離する措置であった。以後、神職による神楽は衰退し、変わって氏子たちが舞ういわゆる「里神楽」が各地でつくられる。全国の多くの里神楽は、近世の神職による神楽を継承したものである。

しかし長野村の神楽は、すぐには「こしらえ」られなかったようだ。明治十年以前は、祭で神楽が奉納されることはなかった。明治十一年、栃木温泉の湯亭が山西（現西原村）から神楽舞を呼び寄せ興業を行った。内匠はこれを家族と見物に行った（十一月十日）。ほかの村びとも「勉強のため」に見物に行ったに違いない。その二年後には、「村中より栃木ニ神楽舞、去年より願立置候ニ依而雇候而、氏神祭ニ神楽舞ハせ候」（明治十三年九月二十七日）とある。去年、栃木温泉で興業していた神楽舞に対し、村から「来年は九月の氏神祭で神楽を舞ってくれ」と頼んでおいた。それで今年は、氏神祭で神楽を舞ってもらった。これは単なる氏神への神楽の奉納と言うだけでなく、「神楽仕立」の参考にするために呼び寄せたと考えて良かろう。

同じ明治十三年には、「西の宮ニ豊後岡神楽舞十三人雇神楽を舞ワせ候ニ見物ニばば、さかゑ、寿満那、暮方より行候事」（九月十七日）とある。東下田村の西野宮で豊後岡神楽が上演された。内匠の家族が見物に行ったが、ほかの村びとも見に行ったに違いない。長野岩戸神楽は豊後系統の神楽と言われるから、この記述も注目される。

明治十六年になって、「明晩氏神ニ神楽を上げ候と申来」（九月二十六日）、「下田俊助妻おみず孫之おかすを連、神楽見物ニ来泊る」（同月二十七日）とある。この頃ようやく、氏神（長野神社）での神楽上演に見物人が集まるようになったと思われる。

岩戸神楽の成立

ここで『内匠日記』からみえる、長野岩戸神楽の起源と成立についてまとめてみよう。江戸時代も氏神祭で、たしかに「御神楽」が奉納されていた。しかしそれは、現在の「長野岩戸神楽」のようなものではなかった。『内匠日記』からは、近世の神楽は社人が舞って奉納するものであった。現在のような岩戸神楽が創られるきっかけは、明治になってからであった。神職による神楽舞が、政府によって禁止されたため、村の若者たちが集まって祇園の神主から神楽を受けついだ。その後山西から招いた神楽舞、また豊後岡神楽などを参考に、明治十年代後半に「長野岩戸神楽」が成立した。全国に残る里神楽は、近代に成立したものも多いという。長野村の神楽も、明治になって若者たちの手で創始され、その後発展したものではないだろうか。ただ先にも述べたように、長野岩戸神楽は豊後岩戸神楽の系統だという。このふたつの神楽の関係や、長野岩戸神楽の詳しい成立過程については、今後の課題と言えよう。

潤祭

『内匠日記』には、雨乞いのことを「潤祭」と書いている。「うるおいまつり」または「うるいまつり」と言うのだろう。降水の有無は、稲作の成否に直結するから、祭の中でも特に重要視された。潤祭は日取りは不定期である。だいたい六月から七月が多い。これは、田植え後の時期にあたる。『内匠日記』には、潤祭の記載がない年も結構あるから、順調に雨が得られた年は行わないのだろう。一方、何度も行われている年もある。

東下田の西野宮

『内匠日記』によれば、明治六年は三月に冬時のように寒い日があり、その後晴天が続き、四月から五月にかけてはほとんど雨が降っていない。この年は何度も潤祭を行っている。「村中潤祭致、休ミあり」（四月十四日）、「氏神へ村中惣休ニ而打寄雨乞祭致、少々作り物等もあり」（五月二十七日）、「潤祭あり、氏神江集り御神酒奉献、村中休ミあり」（閏六月十九日）。雨乞いは氏神、すなわち長野神社で行われていた。雨乞いは竜神に向かって祈願することが多いから、「作り物」というのは竜の作り物に違いない。社人が来ているようでもないから、氏子たちだけで行っていたのだろう。

六月になっても雨が降らない。そこで下田村の鐘ヶ淵でも雨乞いの神事が行われることになった。この地方では、西野宮の鐘を白川の鐘ヶ淵に持って行って洗うと、たちどころに雨が降るという伝説がある。「役宅より明日は下田村つるの瀬鐘が淵にて西之宮鐘洗雨乞ニ行候様触る」（六月朔日）、「雨乞ニ氏神江村中集り西之宮ニ行、それより下田之前うしかミ淵にて鐘洗雨乞」（二日）。庄屋から明日鐘ヶ淵で雨乞いを祈願すると知らせがあった。当日はまず、長野神社（氏神）に集まり、そして東下田の「西之宮」に向かった。「西之宮」で鐘を借り受け、下田村の「うしかミ淵」で鐘を洗って雨乞いをした。

「たちどころに雨が降るはず」であったが、この時は一向に雨が降らない。三日にも鐘ヶ淵で鐘を洗って雨乞い祈願をした。四日には「三五郎方」にあつまって、作り物を作った。五日には雨乞いのため、村びと全員が氏神に集まった。この時は、鳴り物をならし、音楽をかなで、周辺の宮めぐりをした。さらには、行列をつくり踊り舞いながら、練り歩いて西野宮へ行った。そして今回も鐘を「うしがミ」と「鐘ヶ淵」で洗って雨乞い祈願をした。六日にはまた氏神に全員集合。今度は栃木村の鮎返りの滝まで出かけ、鉦や太鼓を打ち鳴らして雨乞いをした。鮎返りの滝も鐘ヶ淵とならんで雨乞いを行う「聖地」なのである。

こうして、当時の村びとにとって、可能なかぎりの雨乞いの術はつくした。はたして雨は降ったのか。六日の「曇辰巳時」（午前九時頃）に雨が少し降った。村びとは歓喜した。しかしこの日はおしめり程度ですぐに雨は止んだ。ところが七日になると「夜前子時比より雨少々降終日不止」、そして八日には「雨少々時々降ひる比より強ふる」、九日も「雨少々降それより曇晩ニ強ふる」。七日から三日間、待望の雨が降り続いた。雨乞い祈願は、ついに成就したのである。

長野村は水に乏しいため「干田所《かんでんしょ》」が多く、農民はいつも水に苦労した。現代のわれわれからみれば、雨乞いで降雨を期待するのは非科学きわまりない。しかし江戸時代のこの村の農民にとって、水は文字通り死活問題だったのである。長野村では雨乞い祈願が、大正期まで行われていたという。ところで、潤祭（雨乞い）の日はむらびとすべてが休みになった。これを「村中休ミ」とか「惣休ミ」と書いている。村びとの休日については、またあとで触れてみたい。

霾祭《よな》

この地方独特の「祭」に「霾祭」がある。「霾」は、この地方では「よな」と言う。阿蘇山が吹き出す火山灰のことである。阿蘇山の火山活動が活発になると、山は噴煙を盛んに噴き上げる。そうすると、風向きによって火山灰が降ってくる。鹿児島の桜島ほど頻繁ではないが、阿蘇もしょっちゅう火山灰が降る。火山灰は酸性度が強いから、霾が降ると作物は弱る。また火山灰がついた野菜は、売り物にならないし、よっぽどしっかり洗わないと食べられない。現在でも火山灰が降ると稲の収穫も減り野菜も売れず、ひどい年は食べ物にも事欠き、農家は大きな打撃を蒙る。霾害の被害が大きかった年は、文化十二年（一八一五）、天保二年（一八三一）、安政三年（一八五六）から四年、明治五年（一八七二）～六年などである。

霾祭は例年、三月二十六日と八月二十六日に行われていることが多い。特に八月二十六日は、「山上宮例祭俗ニよな祭と云、村中惣休ミ」（明治十年八月二十六日）とあって、阿蘇山上宮で行われていた例祭が、俗に言う「霾祭」と言う。従って「霾祭」は、阿蘇地方全体で火山灰の降灰が無いように祈る祭であった。阿蘇山上には、近隣の村々から大勢が集まったことであろう。またこの両日以外にも祭が行われている年があるから、降灰がひどい年には臨時に霾祭が行われた年もあった。

霾祭では火山灰が降らないように願を掛ける。そして一週間ほどたったら「願解《がんほどき》」をする。願を掛けたら、かならず願を解かねばならないのである。願を解くときには、「願解おどり」が行われていることもある（安政四年九月四日）。そして霾祭の日は、潤祭同様、村は「惣休ミ」となった。

さきにも述べたように、明治五年から翌年に掛けて霾が大いに降り被害が大きかった。明治六年閏六月、「阿蘇山鳴動霾降而大あれ、初夏之比より静り居候処、又六月下旬比より霾降。大荒ニ付、村中申談。當村へはよな不降様祈願之籠一日二三人ヅツ日余り致候今日は定嘉、源太郎、下畑ノ仙太ニ而参り候事」（八日）とある。初夏には鎮まりつつあった阿蘇の火山活動であったが、また鳴動し霾が激しく降ってきた。村で相談し、「どうかうちの村だけには霾が降らないように」との祈願をすることになった。毎日交代で二～三人ずつ神社に泊まって祈願することにした。「當村へはよな不降様」との祈りは、村びとのエゴと言うよりは「切なる思い」と解した方がよかろう。

風鎮祭《ふうちんさい》　立春からかぞえて二一〇日目を「二百十日」という。この日は、現在では九月一日にあたるが、太陰太陽暦では一定しなかった。二百十日には風鎮祭をやる。二百十日頃に台風がやってくるからと言うが、稲の出穂の頃にあたり風をきらうからと言う説もある。いすれにしても風を鎮める祭である。

風鎮祭も氏神（長野神社）でやる。そして、村中で氏神に集まり参詣する。潤祭、霾祭同様、風鎮祭の日も「惣休ミ」である。明治十三年には「氏神へ風鎮祈祷を立、明日より村中七組ニ分り、通夜致」(七月十九日)とある。この日に風鎮めの祈祷をしたが、これは二百十日のちょうど一週間前にあたる。村を七組に分け、毎晩神社で「通夜」をした。通夜とは、神社に籠もって終夜風鎮めの祈願をすることである。そして一週間後の七月二十六日、「今日、二百十日也、休ミあり」となる。この日で願を解くのであろう。

風鎮祭は阿蘇のほかの地方でも、そして全国でも盛んに行われた。特に奈良県大和神社の風鎮祭や富山市のおわら風の盆などは全国的にも有名である。長野村では風鎮祭は、現在は廃れてしまったようだ。しかし高森町の風鎮祭は、現在も盛んに行われている。高森町の風鎮祭は、二五〇年以上の伝統があり別名「山引き」と呼ばれる。日用品や身のまわりのもので作る見たて細工の作り物を引いて市街地をねり歩くのである。

庚申《こうしん》講

庚申講は、「庚申祭」と「庚申待」も書いている。六〇日に一度やってくる庚申＝「かのえさる」の日には、人の体内にすんでいる三尸《さんし》という虫が、眠っているあいだに抜け出し、その人間の罪を天帝に告げると信じられていた。そこで庚申の日にはひと晩眠らずに過ごすというのが庚申祭の習俗である。ひと晩共に過ごす仲間集団が、つまり庚申講である。庚申信仰は平安時代に中国から伝わったという。そして庚申講は江戸時代にはいり、庶民の間にも爆発的にひろがった。

庚申祭の日は、講に参加するものがにしめや茶うけを持ち寄り、茶や酒を呑みながらひと晩過ごす。要するに会食しながら話をして、徹夜するのである。庚申祭はたしかに信仰には違いないが、しだいに庶民の楽しみともなった。

『内匠日記』には文政十三年(一八三〇)二月に庚申講の記事がはじめて出てくる。「惣助宅にて庚申祭。喜三次・万助・惣助・内匠・喜七郎。仁吉は不参」(朔日)。五人で庚申祭をしている。そして次の庚申の日、閏三月二日の『内匠日記』には、「万助宅ニ而庚申待致。内匠・喜三次・喜七郎・万助・虎次・甚之助。今度より始る祭ニ加ル」とある。六人で庚申待をしているのだが、「今度より始る祭」という部分が注目される。この度とは二月朔日の庚申祭をさすものだろう。つまり長野内匠とその周辺では、一八三〇年になって、庚申祭がはじまったと考えられるのである。

その後、庚申講は年に二回から多い年で六回行われている。はじめは五人ではじまったが、次第に人数も増えている。しかし増えていると言っても多いときで一〇人程度で、近しい者たちの集まりだった。

宮ごもり

長野神社では、現在も秋の彼岸に「宮ごもり」が行われている。宮ごもりは一般に彼岸ごもりとも言い、全国で見られる習俗である。彼岸中、神社に交代で籠もって（泊まって）、村の繁栄と安全を祈願するのである。彼岸はもともと仏教の行事であるから、彼岸中に氏神に祈願するのは奇異に思われるかも知れないが、そこは神仏習合である。近代以前は、神と仏は基本的にひとつのものであった。

『内匠日記』にも「宮籠」とか「彼岸通夜」の記事が出てくる。明治二年八月、「陣内組中氏神江彼岸籠宮籠、田尻ノのさ當年より除キ、今年世話方は杢、仙次郎ニ而候へ共、間違ニ而源太郎、定嘉世話。右出銅一人ニ付三匁宛出ス」とある。陣内組というのは、内匠宅を含む一〇戸ほどの長野神社近隣の地区である。今年から田尻に住む「のさ」は組から除くことになったが、その理由は分からない。宮籠りの世話人も当番で行っていたようだ。また「出銅一人ニ付三匁宛」と、ひとり三匁ずつ宮籠の負担金を集めている。

阿蘇山信仰

先に霾祭が、阿蘇山上で行われていたことを述べた。火山灰が降ると、村びとたちは阿蘇山に登り祈った。阿蘇山は時に災厄をもたらすが、その神威が村と人びとを護っているとも信じられた。

もともと阿蘇山は修験の山で、神と仏は一体のものとして信仰された。天正年間（一五七三〜一五九二年）に豊後大友氏と薩摩島津氏の抗争にまきこまれ、阿蘇山上にあった古坊中の堂塔も焼失し、しだいに衰退した。僧侶や山伏（修験者）たちも山をおり離散した。その後、慶長四年（一五九九）、肥後に入封した加藤清正によって阿蘇北側の山麓に寺坊が再興された。これを山上の古坊中に対して、麓坊中という。また阿蘇山上にも本堂や堂舎が建てられ、信仰は継続された。麓坊中は祈祷僧の集団「衆徒方」と阿蘇大峰修行を支配する「行者方」に分かれていた。この行者方の配下に山伏たちがいる。そして衆徒行者は「舎坊」に、山伏は「庵」にそれぞれ居住した。

江戸時代を通して、長野村の人びとはさかんに阿蘇山に参詣した。内匠とその家族もたびたび参詣している。「阿蘇山に母様御参詣、内匠も参詣」。これは文化十年（一八一三）二月二十二日の『内匠日記』である。

この年、内匠十五歳、元服して『内匠日記』を書きはじめた年である。この年内匠は、九月にも阿蘇山に参詣している。

　村びとが参詣に行く一方、阿蘇坊中の祈祷僧や修験者が、村にやってきて祈祷や神事を行った。安政五年（一八五八）二月、「坊中本了坊外ニ山伏二人、村中ノ祈祷ニ来」（二十日）、「今日より氏神之御殿ニ而祈祷始る」（二十一日）、「村祈祷、今晩、湯立あり。近村より大勢見物ニ来」（二十五日）とある。本了坊の祈祷僧が山伏二人をともない、祈祷のため村にやってきた。氏神（長野神社）の本殿で祈祷を行い、最後には「湯立」をした。湯立は「ゆだて」また「ゆだち」とも言う。これは神前の大きな釜に湯を沸かして、山伏が沸き立った湯に笹の枝葉を突っ込み、まだ熱い湯を自身と周囲の見物人に振りかける。一種の祓えの儀式である。もともとは神憑りとなった巫女《みこ》が行っていたが、しだいに修験道に取り入れられた。現在行われている湯立の多くは、修験者すなわち山伏によって行われている。湯立は修行を重ねた山伏だけができる荒行で、一種のデモンストレーション的要素もあったためか、近隣から多くの見物客が押し寄せた。

　祈祷と湯立が終わると、村びとから見舞が寄せられる。「山伏共ニ陣内連中より見舞いたす、但シ起し米重箱二段送る」（文久四年二月二日）。重箱に入れたおこしを山伏たちに贈った。ささやかなお礼である。そして、「組頭庄三郎、湯立祈祷之札持来」（同四日）。頭百姓が、お祓いをした札を村中に配る。こうして「村祈祷」がすべて終了した。

　山伏については、「峯入」の記事も『内匠日記』にみえる。峯入りはもともと「大峰入り」のことで、「大峰山」は奈良の吉野から紀州の熊野につづく山々を指す。修験者たちは、この大峰山に入って厳しい修行を積んで霊験を身につけた。その後、全国各地で山に入って行う荒行を峯入りと言うようになった。峯入りでは、山伏たちは何日も歩き続けて身体と精神を鍛える。

　阿蘇山もまた修験の山であった。万延元年（一八六〇）の九月に「峯いり」が行われた。その様子は次のようにある。「阿そ山峯いり之かけで有ニ参り候事。むつ、まの、さかへ、自身連ニ而行。山上は霧懸、風強吹、終日ひぐれのごとく有之。但シ山伏共十九人程、道にまよい、ひる過迄護摩堂ニ不来ニ付、山伏十人余ニ而ごまたき仕廻候て後、跡の山伏共来候事」（三日）。「かけで」と言うのは「駆け出」のことであろう。内匠は娘たちを連れて、峯入りの様子を阿蘇山上に見に行った。早朝、山伏たちが山々をめざして飛び出していく。しかし、この日はあいにくの悪天候だった。霧がかけ風が強く吹き、一日じゅう日暮れ時のように暗かった。昼頃に護摩堂で「ごまたき」、いわゆる加持祈祷が行なわれる予定だった。しかし、何人かの山伏が道に迷って護摩堂にあらわれなかった。仕方ないので到着した山伏一〇人ほどで護摩だきをした。その後、遅れていた山伏たちも合流した。山伏たちは、何日も山々を速足で掛けながら、加持祈祷を続けたのであろう。

伊勢参宮

江戸時代には、寺社参詣も盛んに行われるようになった。中でも伊勢神宮に参詣する「伊勢参り」は全国的な流行をみせた。それは五街道などの交通路の整備、生産力の向上による農民層の富裕化、幕府や藩の伊勢参りの黙認、御師の宣伝効果などによると言われている。伊勢参宮が爆発的に増える御蔭《おかげ》参りも、江戸時代を通じて数回起こり、中でも天保元年（一八三〇）の御蔭参りの参詣者は、なんと五〇〇万人に達したと言われる。

文化十一年（一八一四）、長野村からもはるばる伊勢へ旅立った者がいる。それは、鍛冶の尉平と月田の忠次である。「鍛冶之尉平月田ノ忠次参宮致候而返り候間樽いたし候間、御かたり被成候哉とかち之多吉申来。小園ノおいゑも右之通申来ニ付、樽ニかたる尉平方ニ而祝有ニ付、母様お供申参り候」（二月朔日）、「母様、月田之忠次方ニ参宮致帰り候歓ニ御出。尉平娘ゑよ参宮土産扇一對煙草入一ツ持来」（二日）、「鍛冶之尉平、伊勢並ニ京都大坂之咄致」（十八日）とある。ふたりが伊勢へ旅立ったのがいつかはわからない。しかし、往復三ヵ月近くはかかったに違いない。無事に村に帰ってくると、祝いがはじまる。「樽いたす」とは祝の酒宴を催すことであろう。ふたりは祝いの座で、旅の土産話を村びとに語る。ひと口に伊勢参りと言っても、多額の費用がかかる。そこで「代参」と言って、村びとがお金を出し合い参宮者を送り出すことも多かった。ふたりが「代参」かどうかは、はっきり分からない。しかし村びとはふたりの帰りを待ちわび、土産話に興味津々だったに違いない。内匠も母様の御供で尉平宅の祝い事に参加している。伊勢参りにはお土産がつきものだった。祝いの翌日、尉平の娘ゑよが扇一対と煙草入を土産として持ってきてくれた。その後もふたりは村の家々をまわり、土産話をして廻ったのだろう。十八日には、尉平が内匠の家を訪ねて伊勢や京、大坂の話をして帰った。

伊勢参りが盛んとなった背景に、御師の宣伝活動があった。年末年始には、長野村にも御師が御札や暦を持ってきた。元治二年（一八六五）正月の『内匠日記』に「當年之暦、今日来。但シ伊勢之太夫はいまだきたらす」（二十二日）とある。待ちに待った今年の暦がやっと届いた。暦は、農作業の準備になくてはならない。しかし、「伊勢之太夫」はまだやってこない。この「伊勢之太夫」が御師であると推測される。内匠は「伊勢之太夫」が持ってくる暦も待ちわびているのである。

村びとの休み

江戸時代の人びとには、いったいどれくらいの休日があったのだろうか。『内匠日記』には「休ミ」「惣休ミ」など、休日も記載されている。しかし、休みのすべてが記載されているわけでもない。そこで「休ミ」の語が出てくる記事から、休日の数を探ってみよう。

休みには、定期的な休日と臨時の休みがある。定期的な休みは、まず正月と盆と暮。正月も四日か五日には手習がはじまるから、正月は三が日が休みとみてよさそうだ。盆もせいぜい三日の休みだろう。次の定期的な休みは、村の祭りである。氏神祭は正月の初祭、四月の夏祭り、そして九月の秋祭りの三日。それに阿蘇山上宮の祭も休みである。宮ごもりも休みであろう。次に節句。節句は年に五回ある。すべて休みかどうか分からないが、五日と数えておこう。次に霾祭と潤祭、それに風鎮祭。願を掛けるときと願を解くときに休むから、二倍の六日としておく。

農作業に関するもので必ず休みになるのは、田植えあがりである。それに「粟作あがり」が休みとなったりしている。稲刈り後も休みとして、農作業に伴う休みは四～五日ほどか。

臨時の休みとしては、シイ追いで休みとなったりしている。シイ追いについては、のちに詳しく述べるが、牛馬に災厄をもたらす想像上の害獣がシイである。これが村に入ったと思われるときに、鳴り物を鳴らして追い払うのである。病気よけの願を掛けたりするときも休みで願解きも休みとなる。臨時の休みを年二日ほどとしておこう。

以上を総合すると、年間に三〇日ほどは休みがあったのではないだろうか。

村びとのライフサイクル

結婚

『内匠日記』には、婚礼の記事はたびたび出てくる。しかし、婚礼の様子まで詳しく述べられているものはあまりない。娘たちや隣家の御礼に関するものが少し詳しい程度である。ここでは、娘のまの（満濃）の婚礼についてみてみたい。

まのは内匠の五女、天保十二年（一八四一）年の生まれ。まのに縁談が持ち上がったのは明治元年（一八六八）の十一月で、この時まのは二七歳。十八～十九世紀の中央日本の平均初婚年齢は、男二五～二八歳、女一八～二四歳と言われる。従ってまのの場合、女性の平均初婚年齢をすでに過ぎている。実はまのは、二三歳（元治元年）の夏に中村（旧白水村）の高橋某と結婚している。この年の『内匠日記』が失われているため、詳しいことは分からない。ところが縁がなかったのか、まのは翌年に離婚している。だから、今回が二度目の結婚である。離婚していると言っても、江戸時代は現在と比べても離婚率が高かった。しかし「バツいち」が疵物というような感覚は希薄で（それは明治以降のもの）、再婚するのは普通のことだった。

十一月二十一日、月田の伊之吉が間に立って、まのを「野尻手永小村伊藤牛之助」の嫁にもらえないかと縁談話を持ちかけた。野尻は現在の山都町（旧阿蘇郡蘇陽町）、宮崎との県境にちかい。五日後の二十六日には、「仙次郎・伊之吉両人、満濃を貰ニ来候ニ付遣候様ニ相極候事」と、あっさりとまのを嫁にやることが決まった。再婚だからぜいたくは言えない。翌月七日には、伊藤方から、結納品と酒肴が届けられた。八日、野尻からまのを迎えに来た。やってきたのは、伊藤市五郎夫婦と牛之助本人。そのほかに「下人」三人と「人馬」が従っていた。さっそく祝座がはじまった。近所にも案内したので皆々参集して祝いを盛り上げた。参集した者たちは、手拭い・にしめ・米・紙などの品々、それに「岡札拾匁」「御銀所拾匁」「樽代弐匁五分」などの祝儀を持ち寄った。「岡札」は岡藩（豊後竹田）の「御銀所」は熊本藩の藩札である。面白いものでは、「おまのニ白粉代五匁」などというものもあった（十二月八日）。

祝座が終わり「午時前」（昼前）になって、まの一行は野尻に向かった。こちらからまのについて行ったのは、親族の定嘉（まのの義兄）とまののおば、それに仲人の伊之吉ら三人であった。まのは嫁入り装束で馬に乗ったに違いない。野尻の小村までの距離は、ざっと二〇キロほど。昼前に出ても小村に付いたのは夕方であったろう。小村につくとここでも祝座がはじまった。内匠はその詳しい話を、翌日帰宅した定嘉たちからきいた。

出産

『内匠日記』には、出産の記事も多くみられる。その多くは「安産歓」「平産歓」という表現で書かれている。しかし、死産や流産などのそれは全くない。何故だろうか？　現在のように医療がととのっていない当時、死産もかなり見られたはずである。もしかすると、死産や流産はとりたてて記録するほどのことの無い日常のことだったからかもしれない。ちなみに江戸時代後半の死産率は一〇～一五％と言われる。

出産に際しては、村びとたちは神仏の加護を求めた。「千吉ノ母、来而申。小園之おいそて、なし子産懸かり候ニ付、守護加ゑ被下様申来」（文化十一年三月十四日）。近所の千吉の母親がやってきて、小園のおいそが産気づいたので神仏の御加護を祈って下され、と内匠の父に依頼に来た。いきさつはわからないが、産まれてくる子は「父無し子」だった。千吉の母親は産まれてくる子を不憫に思ったのであろうか。ほかにも産着《うぶぎ》に安産と子の健やかな成長を祈る「書付」を頼みに来る者もあった（文化十四年十二月三日）。

内匠のむすめむつ（武津、定嘉の妻）は、二九歳のとき（慶応二年）初めての子を産んでいる。このときむつの体調が思わしくなかったようで、むつが産気づくと内匠は村医者の磯田元厚をよんだ（七月八日）。翌日、むつは無事女児を出産した。元厚は泊まり込んでむつの出産を見守った。二日後、女の子は「順和《じゅんな》」と命名された。むつの実家は内匠宅だから実家で出産したことになる。時がさかのぼるが、内匠の妻りせが出産するときには、下田村の実家に戻っている（天保六年正月十日）。この地域では、妻の実家で出産することが一般的だったようだ。

取り上げばば

ところで、長野村にももちろん産婆さん（助産師）がいた。むつの長男群雄《むらお》が産まれたとき（明治元年）は、「松山ノ彦左衛門後家おせよ」をよんだが、このおせよのことを内匠は「取り上げばば」（六月二十四日）と言っている。

江戸時代の伝統的な出産は座産で、これは上体を起こして座った状態、または四つんばいの状態で分娩するものである。それをトリアゲババが介助する。トリアゲババは、言うまでもなく、出産に何度も立ち会った経験豊かな老婆である。しかしかつては、子どもの霊魂をあの世からこの世に移す呪術的な霊能者が、産婆をつとめたと言う。老婆は神に近い存在と見なされていたなごりである。それにしても、経験豊かな産婆さんが、村びとの出産をささえていた。

三夜之祝と名づけ

産まれて最初の祝いが「三夜之祝」であった。「さかへ産候女子三夜ノ祝致、名を付候事。つねと申候」（明治五年正月十日）。さかへは舎家、つまり兄七郎の娘で内匠の養女となった。明治四年に色見村に嫁いでいた。そして実家に帰って女児を出産したのだった。そして、この「三夜之祝」の日に赤子に「つね」と名前が付けられた。地域によって生後何日で名前を付けるかは異なるのであろうが、一般には生後七日目の七夜に名づけすることが多かった。新生児の「人」への第一歩が名づけで、これによってはじめて一個の存在として認められることになると言う。しかし「つね」の例にみられるように、この地方では三夜に名前を付けていたようだ。そういえば、むつの娘順和も、生まれてから三日目に命名されている。

女の子の名前についてもうひとつ。内匠の家では、例えば「むつ」には「武津」とかまのには「満濃」などと女の子にも漢字を使って命名している。通常、百姓の娘たちには漢字の名はないから、ここらも長野家が武家に準ずることを表現する手だてだったと言える。

百日《もも》《か》と誕生日の祝

江戸時代の乳児死亡率は高かった。江戸時代後期、出生児の二○％近くが一歳未満（乳児）で死亡していたという。だから、赤子が順調に育つにつれ、祝いが重ねられる。「三夜之祝」の次は、「百日祝」である。むつの娘順和の百日祝には、近所や親戚の者がたくさん訪ねてきた。「順和百日祝致、近辺並立野中尾両家へ祝之物等送る」（慶応二年十月十九日）、「文兵衛妻、千吉妻、モ、カ祝ニにしめ、米等持来」（二十日）、「杉尾之伊左衛門母おりよ、爰元へ初秋之頃出生致歓ニ来、見舞之品々にしめ等持来」「大石ノ次郎彦妻右之歓ニ来、米、にしめ抔持来」「仙次郎妻、にしめ、米等持、も、日祝ニ来」（二十一日）。祝いの手みやげは、にしめや米だった。

百日祝の次は、誕生日の祝である。「群雄誕生日ニ付祝致候事」（明治二年六月二十四日）。群雄は明治元年の六月二十四日に生まれたから、この日満一歳を迎えた。群雄の誕生祝の記事はそれ以上何も書いていない。しかし、そのほかに散見される誕生祝の記事からは、祝いの品として餅を贈る慣わしであったらしい。こうして、群雄も最も心配される乳児の段階を乗りきった。

髪立て　文政四年（一八二一）十月に次のようにある。「五郎吉妻おちの、明日は息子恒喜神立祝致案内ニ来。千吉母、五郎吉方ニ明日かミ立祝見舞之拵ル相談ニ来咄ス」（六日）。「神立」「かミ立」と表現しているが、一般には「髪立て」またはた「髪置き」という。幼児がはじめて髪を伸ばす儀式で、庶民の場合、男女三歳の時に行う。多くは十一月の十五日に行うことが多いようだが、この時は十月七日に行っていることが分かる。頭の片隅に少しだけ残しておいた髪を切って丸坊主にして、その後髪を伸ばしはじめる。また、氏神に参拝すると言うが、この時の詳細はわからない。

紐解き　「紐解き」も一般に「帯解き」ということが多いようだ。これは数えの五歳になったときに、これまでつけていた付帯（紐）をやめ、はじめて帯を用いる儀式である。実際には帯だけでなく、着物も新調して子ども用の着物から正式な着物にかえる。

天保十二年（一八四一）十一月一五日、内匠の家では娘むつの紐解き祝いをした。「むつ、紐解祝致。川後田ノ新助夫婦、祝ニ案内申ニ付来。大石ノ圓次夫婦、祝ニ来」（十五日）。「田尻文左衛門妻・揁順妻両人、紐解祝ニ重之物持て来」（十七日）とある。内匠家では、祝いの宴が開かれたのであろう。近隣の知人も招いている。招かれた人も「重之物」などを手に提げて祝いに訪れた。紐解きの時は餅をついて祝う。また、氏神に宮参りをする。

成人（元服）　『内匠日記』をみると、村の若者たちが、村の祭りや芝居の興業、それに農作業などでも重要な役割をはたしていることを窺い知ることができる。おそらく長野村でも若者組があって、さかんに活動していたものと推測される。しかし、成人を祝う儀礼については『内匠日記』には詳しくは出てこない。内匠の娘たちについても、女性の成人式（通常一三歳）にあたる裳着などの儀礼について、記事は見あたらない。わずかに内匠自身の元服について、後年に書かれた「幼年覚書」があるのでこれを紹介する。

「幼年覚書」には、「（文化十年正月十日―筆者注）今年千壽王儀十五歳ニ相成候間、元服致シ長野内匠惟起と相改候、従父君為二元服祝代々相伝之脇指拝領仕候、母君より上着拝領仕候」とある。この「幼年覚書」は『内匠日記』のいちばんはじめ、「文化十年」の冒頭に置かれているのだが、嘉永七年（一八五四）、内匠五六歳のときに認められたものである。内匠は一五歳で元服し、幼名の千壽王から内匠惟起と名を改めた。このとき父の惟清からは長野家に代々伝えられた「脇指」を、母の能登からは上着を贈られたという。そして元服を機に『内匠日記』を書きはじめ、死の直前まで書き続ける。また、手習の師匠としての新しい生活も、この元服の年にはじまった。元服がライフサイクルの上で大きな転機になったことがわかる。しかしこの内匠の元服は、その形式上、庶民のそれではなく武家としての元服と言わねばならない。

　もうひとつ、内匠の孫である群雄の事例をみてみよう。江戸時代、男子は一般に数えの一五歳になると成人を迎え、正月などに通過儀礼を行う。群雄は明治元年生まれ。明治十五年正月十五日、群雄は長野家の「家譜」を内匠から授けられた。これが元服の儀礼にあたる。また当時、成人儀礼として寺社参詣や霊山霊峰登拝をすることが多かったという。この年の二月、群雄は父定嘉とともに霊峰英彦山に一〇日間ばかりの旅をしている。この英彦山参拝が、成人した群雄の行く末を願う旅であったことは間違いない。内匠自身も元服の時、阿蘇山に参詣している。

長寿の祝い

　天保九年（一八三五）正月に「白川村利兵衛、九〇歳祝ニ案内有之、利兵へ方祝ニ行」（二十七日）とある。また天保十四年（一八四三）正月にも、「前之武右衛門、當年九十歳ニ相成候ニ付、公儀より祝樽被下候ニ付、近隣を祝ニよび候ニ付、行候事、樽代持行」（二十一日）とある。長寿の祝いは米寿でも行うが、九〇歳でも祝っていたようである。

　九〇歳で盛大な祝いをするのには理由があった。実は、熊本藩が九〇歳以上に達したものを届け出させていたのである。例えば宝暦十三年（一七六三）一月には、「組中支配は勿論、家来にいたるまで、年九十歳以上に達した者があれば、男女を問わず奉行所へ届け出よ」（『年表稿』）とある。なぜ藩はこのような指令を出したのだろうか。熊本藩同様、近世後期には養老米の支給を実施した藩も多かった。しかしそれは、藩みずからが敬老の模範を示し、その精神を民衆に広めるイデオロギー政策としての性格が強かったと言う。

　いずれにしても当時の社会では、九〇歳に達するのは珍しかったであろうから、村をあげて祝った。天保十四年の武右衛門のときは、「公儀」（熊本藩）から祝いの樽も届いている。祝いに招かれた内匠も、樽代を持参して長寿を祝った。

その内匠もまた、長寿の祝いを受けている。内匠は明治二十年に八九歳で死去した。従ってその前年が八八歳、つまり米寿であった。一連の祝いの様子をあげておこう。

惟起長寿之祝致、一切むつ世話也。亀太方順蔵・弥次郎ニ祝之案内致（八月八日）。大石之馬喜太、頃日手前八十八歳ニ樽肴並こわいひを送る（十一日）。大石ノ太郎妻庄八妻道々ニ而手前長寿祝ノ見舞ニ来（十四日）。ばばの前ノおもき、手前八十八歳祝ニ見舞ニ来、にしめ米（十六日）。久木野室町長野一誠、手前八十八歳長寿歓ニ来、樽代一封、但シ四拾目（十七日）。松山啝妻歓ニ来、米抔其外種々持来候。むつ、長野一誠方礼ニ行（十八日、後略）。

米寿の祝いは、むすめのむつが世話をした。はじめ家族とごく近しい人だけで祝いをしたようだ。しかし「内匠翁米寿」のうわさは、どんどん広がっていった。近隣の者たちが、米や煮染め、おこわや素麺、それに樽代としてのご祝儀などを次々に持ち寄った。この地域の名望家で地主、代議士もつとめた久木野村室町に住む長野一誠もやってきた。長野一誠は明治二十五（一八九二）の第二回衆議院議員選挙で第三区に国権党から出馬、当選している。名士だけに樽代も銀「四拾目」と羽振りがよかった。翌日、むつは長野一誠のもとへ、返礼に行った。それにしても明治の中頃になっても、阿蘇ではまだ銀が流通していたようだ。結局米寿の祝いは八月八日から十一月二日まで三ヵ月ほども続いた。

十七世紀初めの平均寿命は三〇歳そこそこ、十八世紀には三〇代半ばに、そして十九世紀には三十代後半へと延びた。それでも現代のそれと比較すると、驚くほど短い。これは乳幼児の死亡率の高さによる。だが、無事成人すれば五〇歳を超えることはじゅうぶん可能だった。

葬儀

葬儀に関する記事はたいへん多い。近隣の組内での葬儀には、内匠自身が雇われて葬式道具を調達したりしている。村内で行われた葬儀は、細大漏らさず書き留めていると言って良かろう。祝いや歓びの記事より、葬式のそれがはるかに多いという印象を受ける。中でも内匠自身の家族をおくる記事は、結婚や出産など慶事より多くの紙面が割かれている。

幸か不幸か、内匠は長寿であったがために多くの家族を生前に失っている。娘たちについて言えば、内匠は六女をもうけたが、そのうち三人の死を見届けている。三女ちぎ、六女まそは、まだ幼児だった。二女のしげ（茂）は、彼女が二〇歳を過ぎてから亡くしている。

しげが生まれたのは、天保元年（一八三〇）十二月。しげは長女の加賀とともに、内匠が寺社参詣や芝居などにもよく伴った娘だった。しげが重い病に冒されたのは、嘉永五年（一八五二）の正月。もしかすると前年末にすでに発病していた可能性もあるが、嘉永四年の『内匠日記』は欠けていて分からない。病名は何も書いておらず不明。

「おしげ痛強シ」（二月四日）。二月にはいると容態はいっそう悪化した。近所の人々が入れ替わり立ち替わり見舞いに訪れた。見舞いに来た村びとは、病人に精をつけさせるため、菓子や飴、甘酒などを持ってきた。十日頃には、村医者の礒田玄侑も、ほぼ常駐するようになった。おしげの病の原因を見極めるために、親戚を筑後に遣って占ってもらうことにした。八方手は尽くした。が、しかし……。

「病人強有之ニ付礒田玄侑をよぶ。近辺皆々打集候。おしげ儀療治不相叶、午時過ニ相果候。晩方迄ニ村中皆々悔ニ来候。おしげ、手前を伏居候そばへ呼び、萬事頼と申、其ま、いきたへ申候」（二月十六日）。十六日の昼過ぎ、家族や村びとの願いも叶わず、おしげはついに帰らぬ人となった。臨終の時、おしげは内匠を病床へ呼びよせ「万事あとのことをお願いします」とだけ言い残し、そのまま息を引き取った。おしげ、このとき数えの二三歳。嫁入り前の娘を失った内匠は、五四歳であった。

翌日十七日にしげの葬儀がいとなまれた。光雲寺からふたりの僧侶が来て、葬式を勤めた。たくさんの村びとや親類縁者が参列した。夕方近くには、滞りなく葬儀は終了した。しげの法名は「春照院釋尼妙照信女」、「上之段松山之中」の墓に葬った。「荼毘に付す」という火葬にまつわる表現は、ほかの家族の葬儀でもみられない。日本で火葬が行われるようになって以後も、近世までの主流は土葬であった。しげも棺に納められ、そのまま埋葬されたのであろう。余談だが、筆者は幼少のころ祖母の葬儀に遭ったが、土葬だったことをよく覚えている。昭和四十年頃のことである。

葬儀の翌日は、葬儀に力を尽くしてくれた村びとへの礼参りのため、村内を隈無くまわった。その後も悔やみで内匠宅を訪れる人があとを絶たなかった。しげの病気の原因を探ろうと、筑後へ占いに出た者が帰ってきたと聞いて、お礼に行ったりもした。

忌み日と逮夜

二十二日が初七日。親類や近所の者たちが、「茶うけ」などをもって「仏参り」やってきた。二十八日がふた七日、翌月閏二月六日が三七日、十三日が四七日、二十日が五七日、二十七日が六七日と、七日ごとに日を重ねて法要をいとなむ。また、それぞれの「七日」の前日は「たいや（逮夜）参り」といって、近所の者たちが仏参りにやってくる。現在は七日ごとの忌み日だけに法要をすることが一般的だが、この当時は逮夜にも法要が行われていた。

三月五日、四十九日がやってきた。僧侶を招いて読経が行われる。親戚や近所のものたちが「仏参り」にやってきた。ここでようやく忌明けとなる。その後四月二十六日に「春照院百ヶ日、今日ニ相當り候」と、しげの百か日の法要が行われた。百か日は「卒哭忌《そっこくき》」とも言われ、泣くこと（哭）をやめる（卒）日である。家族の死にひと区切りをつける重要な日であった。これ以後、「春照院」の年忌法要がいとなまれていくことになる。

村びとと病

疫病の恐怖

自然災害、そして戦争とならんで村びとを死の恐怖におとしめるのが病気である。とりわけ、疫病といわれる感染症は村びとを恐れさせた。疫病には古くから人びとを苦しめ続けてきた天然痘や麻疹などの「伝統的な疫病」と、幕末維新期に外から入ってきたコレラなどの「新しい疫病」があった。どちらもひとたび流行してしまうと、有効な対処法のなかった当時は、手の施しようのない事態に立ちいたる。このようなとき、人びとは神仏の加護にすがるしかなかった。

文久二年（一八六二）には、熊本藩領で麻疹（はしか）が大流行している。この時は、犬まで麻疹のような症状で死んでいった。罹患者は人口の半数近くに及び、病死者も一万人を超えたと推定されている。この年は農繁期に麻疹が流行したため、、行政機能はおろか、社会の基盤たる農業生産も大きな打撃を受けた（吉村豊雄『幕末武家の時代相（下）』）。当時の日本において、疫病の社会的影響の大きさをしめす出来事であった。

いっぽうで、例えば天然痘に関して言えば、種痘などの近代的な療法が確立していくのも、幕末維新期であった。『内匠日記』には、そのような近世から近代への移行期ならではの、病気に対する人びとの対処の変化が見て取れて興味深い。

忘れられた疫病

一九八〇年（昭和五十五）、WHO（世界保健機関）は、天然痘が世界から根絶されたことを宣言した。天然痘という疫病は、今や人々の記憶から、すでに忘れ去られようとしている。しかし江戸時代にあっては、天然痘は最も恐れられた病のひとつであり、何年おきかに流行をくり返しては、多数の人々の命を奪った。

この病気はおもに小児がかかるのだが、その死亡率は極めて高い。天然痘ウイルスに感染すると、まず四十度前後の高い熱がでて、三〜四日後にはいったん熱が下がる。その後、今度は発疹が顔や手のひら、足のうらを中心にでて、発疹はさらにうみをもった吹き出物（膿疱）のようになる。ウイルスが目に及べば、失明することもある。その後再び発熱し、最悪の場合、呼吸困難などに陥り死にいたる。心臓や脳に合併症をおこすこともある。回復期になると、吹き出物はかさぶたとなる。かさぶたが落ちることには、治癒するのだが、この吹き出物は皮膚にそのあとをのこすことが多い。その致死率は、四〇％に及ぶとも言われている。

天然痘にかかった内匠

何を隠そう、内匠自身も「四才の三月」に天然痘に罹っている。その経験は強烈な記憶となって残った。彼はその時のことを回想して、日記に次のように書いている。

惟起四才の三月疱瘡いたし候処、至極手強くこれあり。両親格別御世話に相成り候て、御恩に罷成候様子、能く覚え居り申し候。其の内茶の味悪しきこと、眼のはれつぶれ候事、鶴松と申す者、桃の花取り来たり候を畳のへりに立て候事、御座（莫蓙のこと—筆者注）に疱瘡のとら落ちて、はじかゆき事共覚え居り申し候」（『内匠日記』文化十年冒頭「幼年覚書」）

四歳とは数えの四歳だから、満三歳である。この年齢の記憶がかなりはっきりしているのは、それほど強烈な記憶だったからだろう。要するに内匠はこのとき、「死ぬかもしれない」経験をしたのである。

天然痘のことを当時は疱瘡と言った。内匠の症状は重く、両親は格別の看病をした。全身に発疹が出て眼は腫れつぶれた。お茶をのんでも味がない。内匠は朦朧とする意識の中で、鶴松という者が病床の畳のへりに桃の花を飾ってくれたことを覚えていた。内匠はその鮮やかな春の花の色を鮮明に記憶した。病状が落ち着いてくると、かたく盛り上がった「とら」（瘡蓋《かさぶた》のことと思われる）がとれ、強いかゆみにさいなまれながらも、ようやく回復に向かったのであった。

天然痘大流行

天然痘が流行しても、当時は有効な治療方法がなかった。したがって、人々は神仏にすがるしかなかった。予防や平癒祈願として、「ほうそうマジナイ」や「疱瘡安全ノ祓」をする（文政十三年三月）くらいが関の山である。だから、いったん流行すると手がつけられなかった。この恐ろしい天然痘が、天保十三年（一八四二）九月末から年末までの約三ヶ月間、長野村で大流行し猛威をふるった。少々長くなるが、『内匠日記』で時間を追いながらその状況をみてみよう。

九月二十九日　田尻の禎順妻おれし、娘を疱瘡にて相病み、手強くこれある段申して、塩釜宮御供え貰いに来。

十月　四日　田尻の禎順坊娘死。但し疱瘡。

この年の『内匠日記』に、はじめて天然痘に関する記述が現れるのが、右の記事である。内匠宅からも二〇〇メートルほどしかない田尻の禎順の娘が「疱瘡」にかかった。母親のおれしが内匠のもとへ、「塩釜宮御供え」をもらいに来た。「塩釜宮」とは宮城県の鹽竈神社をさすのであろう。古来、鹽竈の神は疫病除けに御利益があると信じられていたのであるが、この鹽竈神社の御供えをなぜ内匠が持っているのかは分からない。鹽竈神社は全国に分布しており、八代市にもあるから、近隣の鹽竈神社のものを入手していたのかもしれない。

同　十二日　田尻の文左衛門倅光治、疱瘡致すに付見舞に行く。大石忠右衛門息子八蔵、疱瘡致し候段、紙面を遣わす。むつ疱瘡病む。

感染は次々に広がる。田尻の文左衛門のせがれ光治、大石の忠右衛門のむすこ八蔵、そしてついに内匠の四女むつも疱瘡にかかった。内匠はさっそく村医者の礒田玄郁を呼んだ。しかし当時としては、医者であっても天然痘には手の施しようはなかった。しかし玄郁は、その後も頻繁に内匠宅を訪ねてむつの様子を看ている。

同　廿二日　むつ疱瘡湯かけに玄郁来。
同　廿三日　ばんに傳左衛門夫婦、ちぎをつれ、むつ疱瘡致す歓に来。だんごにしめ二重持ち来る。

二十二日、玄郁がむつの「湯かけ」にやってきた。疱瘡にかかると発熱とともに発疹があらわれる。一週間から一〇日ほど病に耐えると、発疹ができたところに瘡蓋ができてやがて落ちる。そうすると「湯掛」の儀式がある。「湯掛」とは「ささ湯」のことで、瘡蓋がまだじゅうぶん落ちない段階で、米の泔汁《とぎしる》に酒を加えて沸騰させ、患部に塗れば落痂が促進されると信じられた。「湯掛」は、江戸時代ひろく行われた。のちにこれは、痘瘡仕上げの祝事となり、痘瘡に不可欠の風習としてひろまっていった。要するに湯掛は、治癒に向かうときに行われるのである。むつの病気は峠を越えた。

湯掛をしたことを知ると親戚や村びとたちが続々と進物（米・団子・煮染めなど）をもって「歓び」にやってくる。むつの姉のちぎ（内匠の三女で大石の傳左衛門の養女）と養父母がだんごやにしめをもって祝いにやってきた。天然痘に罹って「歓び」や「祝い」とは、また奇妙に思えるが、疱瘡は一度罹って治ってしまえば二度と罹らないということを、村人は経験的に知っていたのだ。

同　廿八日　まの相痛み見に玄郁を呼び見せ候。田尻の禎順ほうそう致し候歓に来。
同　廿九日　まの痛み見に玄郁来、疱瘡にてこれある由申し候。加勢村藤岡又左衛門倅英寿、むつ疱瘡致し候歓に来、但しみかん並びに米持ち来峯の清八妻、疱瘡致し候歓に来。但し茶うけ持ち来。

むつの病が峠を越えたと思いきや、今度は五女のまのが発症した。玄郁の見たてでは、やはり疱瘡であった。この間も、知人や近所の者たちが「疱瘡致し候歓」に訪ねてくる。それにしても、天然痘流行という絶望的な状況を「歓び」や「祝い」に換えるのは、先人の知恵と言うべきか。しかし村での流行は一向に衰えをみせず、罹患した子どもたちが次々に死んでいく。

ところで、天然痘流行に対する江戸時代の人々の対処の仕方は、地域により違いが見られたようである。肥前大村（長崎県）や天草では、人棄て同然の「きびしい隔離」が行われていたという。これは疱瘡を邪鬼の仕業と恐れ、患者を穢れたものと忌み嫌う思想によるものであるという。また「きびしい隔離」は、疫病に対しなす術を持たなかった当時の人びとの最大限の対処法だったと考えられなくもない。いっぽう長野村では、疱瘡を忌み嫌うどころか、患者がでると人の行き来が却って頻繁になるのである。その結果、流行をいっそうひろめることになったのかもしれない。しかしここでは病人を排除するのではなく、村びとみんなで病人を受け入れ見守っているように思えてくる。

十一月　五日　下田の茂兵へ病人尋ねに来。近辺の者共、病人尋ねに来。千吉の娘死に候へ共、手前に疱瘡致し候に付、彼方へは参らず。まの疱瘡極々手強くこれあり候へ共、神仏の御陰にて次第に平癒致し候事。

近くの千吉の娘は息を引き取った。まのの症状も重篤だったが、「神仏の御陰にて」次第に快復に向かった。内匠は村医者の玄郁を呼んで診せてはいるが、やはり神仏のご加護にすがるしかない心情を正直に述べている。

同　十日　まの疱瘡に玄郁湯掛に来。玄郁、祝儀として樽一封呉れ候。

同　十二日　玄郁方へおりせ、子供皆々疱瘡にせわに相成り候礼に行く。

発症から十日あまり、まのの容態も峠を越え、湯掛にこぎ着けた。玄郁は病気平癒の祝いに樽代を一封くれた。翌々日、内匠の夫人りせは、玄郁宅を訪ね「お世話になりました」と丁寧に礼を言った。例によって近所の者たちが、だんごやみかんをもって歓びにやってくる。そしてそれは何日も続いた。疱瘡が治ることを「安痘」などという表現も使っていておもしろい。

十二月　二日　大石に参り候ちぎ、疱そうに病み付く由、申し来。

五日　晩にちぎほうそう尋ねに行く、おりせは泊まる。

今度は三女のちぎである。天然痘の感染力は、まことに恐ろしい。ちぎは大石の傳左衛門の養女となっていた。内匠夫婦はちぎの見舞いに行ったが、母親のおりせは心配のあまり、看病のため傳左衛門宅に泊まりこんだ。

同　十一日　馬場ノ利七娘しず、死。ほうそうにて。葬礼に案内あり。塚野ノ熊吉妻、爰元子供ほうそう致歓びに来。

米一升、にしめ一重持ち来。

同　十二日　おりせ、ちぎほうそう尋ねに行く。

同　十八日　大石傳左衛門方より、ちぎ疱瘡湯掛祝致し候ニ案内これあり。大石ノ太郎次男幾太郎ほうそうにて死に候段、庄八申し来。

同　廿二日　大石ノ弥左衛門娘えみ、死に候ニ付き葬礼に加勢に行く。

同　廿三日　晩方、大石弥左衛門娘死に候段彼方より申し来。弥左衛門娘両一日置いて疱瘡にて死に候。

同　廿四日　大石ノ弥左衛門娘やす、疱瘡にて死に候葬礼ニ案内これあり候ニ付き行く。

結局ちぎも、何とか峠を越え平癒に向かった。しかしその前後、わずか数日のうちに「馬場ノ利七娘しず」「大石ノ太郎次男幾太郎」「大石ノ弥左衛門娘えみ」「大石ノ弥左衛門娘やす」が次々に死んでいった。村中あちらこちらで、子どもたちの葬式が行われた。

結局、内匠の三人の娘は罹患したものの、幸いにもみな助かった。しかしこのときの流行では、内匠の周囲だけでも、子ども六人の命が失われた。おそらく村全体ではもっと多くの死者が出たものと思われる。特に、大石の弥左衛門のところでは、ふたりの娘が連日息を引き取った。弥左衛門とその家族の悲しみは、いかばかりであったろう。

植えほうそう（種痘）

天然痘が大流行した天保十三年から一五年後、安政四年（一八五七）の『内匠日記』には「植えほうそう」、すなわち種痘に関する記事がみられる。「手前世話致し候て、田尻の彦右衛門妻に、栃木辺に天草より日雇取に来居り候女を遣わし候」（九月二十九日）、「田尻の彦右衛門妻、植ほうそう内々致し候と、北村山田英寿より申し越し候ニ付、手前より左様の儀は致さず段、返答致す」（十一月二十二日）、「田尻の彦右衛門夫婦、夜前、英寿一件、手前より申し済まし候ニ付礼ニ来」（同月二十三日）。

内匠が、近くの田尻の彦右衛門に、天草から日雇いで働きに来ていた女を世話してめとらせた。ところがしばらくして北村（喜多村）に住む村医者山田英寿が、わざわざ内匠宅にやってきて、「彦右衛門の妻は、密かに「植えほうそう」（種痘）をしているのではないか？」とたずねた。内匠は、「種痘などしているはずがない」と、きっぱり否定した。翌日の夕方、彦右衛門夫婦が内匠のところへやってきて、種痘の件を内密にしてくれた事の礼を述べた。

山田英寿が、どのような意図で種痘の事を探りにきたかは分からない。あとで述べるが、英寿はのちに喜多村で種痘を村びとに施している。したがってこのとき英寿は、医学的な見地から種痘に興味を持っていたと考えられる。しかし、内匠がなんとか内密にしようとしたところから、当時はまだ種痘が「忌み、はばかられる行為」とみられていたことが伝わってくる。

イギリスのエドワード＝ジェンナーが、牛痘が天然痘のワクチンとして有効であることを発見したのは、一七九六年（寛政八年）である。当初は疑いの目でみられていたが、種痘法が受け入れられるようになるにつれて、天然痘の罹患率は劇的に低下した。日本では、安永七年（一七七八）に中国の医学書『医宗金鑑』が刊行されてから人痘法が行われたが、牛痘種法の伝播によってすたれた。牛痘種法は、嘉永二年（一八四九）オランダ船が長崎にもたらした痘漿により、オランダの医師モーニッケが三歳児に接種したのがはじまり。その後、佐賀藩主鍋島直正がこれを支持し、藩内で実施。以後しだいに全国に普及した。安政五年（一八五八）、幕府によって江戸神田お玉が池に種痘所が設立された。

先の『内匠日記』の記事は、安政四年（一八五七）のものであるから、彦右衛門の妻が天草またはその近辺、例えば長崎で種痘を接種していたとしてもおかしくはない。ジェンナーが牛痘法をはじめた当初、疑いの目でみられたように、彦右衛門の妻にも疑いの眼差しが向けられたのであろう。と言うより、内匠自身が種痘についてまだ充分な理解と信頼を持っていなかったと言うべきだろう。だから、山田英寿に隠したのだ。

ところがちょうど十年後の、慶応三年（一八六七）の『内匠日記』には、「四月廿五日　むつ、すまなニ疱瘡植えニ喜多村山田英寿頼みに連れ行く」とある。内匠の四女むつが、その娘すまな（内匠の孫娘）をさきの山田英寿のところへ連れていき、種痘をほどこしたという。内匠自身幼くして疱瘡を病み、娘たちも重い疱瘡に罹った。ところが、内匠の孫娘は種痘をうけ、おそらく重い疱瘡に苦しむことはなかったであろう。種痘がタブー視されていた安政四年から、わずか一〇年。種痘は、この阿蘇でもすでに「公認」されている。時あたかも幕末の動乱期、近代へむけて世の中も速く大きく動いていることを実感させる。

「ゴロリ」（コレラ）の恐怖

気になる記事がある。文化十四年（一八一七）十一月晦日、「晩、阿蘇三太夫後藤咄ニ来。不思議之痛はやり候、それを除には、年のばんと元日の祝をまね候へはのぞかると申候。其痛の名はゴろりと云と申」。阿蘇から後藤某がやってきて話すには、「ちかごろ不思議な痛（病気）が流行っている。その病気はゴロリという。この病を除けるには、大晦日と正月の祝いの儀式をまねると良い」と言うのである。「ゴろリ」（コロリ）と言えば、コレラを連想させる。しかし、コレラが日本に上陸したのは文政五年（一八二二）であるから、この記事はそれより五年も早い。だから「コレラ」とは考えにくい。実は江戸時代、原因不明の病気になって急死することを民衆は「コロリ」と言っていたらしい。従って、この「ゴろリ」もコレラではないであろう。この「ゴろり」と言う言葉にも、はやり病に対する民衆の恐怖心が、何となく伝わってくる記事である。

万延元年（一八六〇）には、栃木村に「やく病」が入り込んだ。「栃木村十助、宇八、浅次並びに圓助伜、ほかに一人。都合五人来たりて申し候は、栃木の村中に都合九竃、やく病いり候」（九月十三日）。栃木村の五人がやってき言うには、「村の九世帯にやく病が入りました。阿蘇神社の疫病除けのお守りがほしいので、阿蘇へ行ってこのことをお願いしてほしい」という。そこで内匠は、「阿蘇本社のやく病除の御守」と「当殿様の御筆の天満宮」を与えた。「当殿様」とは、阿蘇の当代の殿様と言う意味だろう。阿蘇惟治がこの次期の当主である。その「天満宮」と書いた真筆の御札を十助には与えたのであろう。阿蘇の神々とその子孫の阿蘇家には、疫病を除ける霊力があったのである。

どのような「やく病」かは詳しく記されてはいないが、前々年の安政五年から安政六年にかけてコレラは大流行しており、その余波が少し遅れて阿蘇の田舎にも及んだ可能性はある。安政五年六月、長崎で発生したコレラは九州各地に蔓延。その後、大阪・京都を経て七月には江戸に達した。江戸では、九月までに二万八〇〇〇人が死亡したという。『年表稿』の同年七月の項にも「コレラ流行、死者一、五五八人」とある。コレラは、もともとガンジス川流域の風土病で、感染すれば嘔吐・下痢を繰り返し、最悪の場合、数日で死に至る。大津の日吉神社の神主の日記である『寿賀廼《すがの》舎日記《や》』にも、熊本をはじめ各地で「霍乱症の痛み病」（コレラ）が流行したことが記録されている。魚介類に毒気が激しく、これを食べるとたちまち霍乱（発熱や下痢、嘔吐）をおこすという噂は、全国的にも広まっており、漁師や魚屋は各地で失業同然となった。人びとはコレラ除け、コレラ神送りの祈祷や神楽を繰り返し行った。

時代はぐっと下って明治十一年、次のような記事が見える。「（聞書）湯谷之熊之允妻おさか、疫病ニ而病居候而、今日死候由、村中より湯谷ニ行者なし」（八月五日）、「廿五日ニ湯谷之熊之允娘すな、疫病ニ而死候と風聞。廿七日ニ同人娘さゑ、阿そ狩尾縁付居、同じ病ニ而死候との風聞」（八月二十七日）。内匠と親戚で湯ノ谷温泉の湯亭長野熊之允は、もう何度か登場している。聞き書きだが、「熊之允の妻おさかが、疫病に冒され死んでしまった。疫病のうわさがひろがって、今は村から湯ノ谷温泉に行く者はいない。二十五日には娘のすな、二十七日にも阿蘇の狩尾に嫁いでいた娘のおさかが、同じ病気で死んだ」と言う。これもコレラかどうか確信はない。しかし「明治十一年」と言う年に注目したい。実は翌十二年にコレラは大流行し、全国で一〇万人以上の死者を出した。

ところがこの大流行の遠因に、明治十年の西南戦争があると言われている。西南戦争では政府軍の兵士の間にもコレラが、かなり蔓延している。しかも戦争が終わり、兵士が帰郷して全国に散らばり、コレラ菌が全国各地に運ばれた。それが十二年の大流行につながったのである。しかも湯ノ谷は温泉地。いろんなところから人びとがやってくる。温泉地は疫病の発信源にもなる。大分県の別府温泉も、翌年の大流行の発信源のひとつだった。さらに言うなら、八月という時期である。コレラの大流行は夏場に起きる。『内匠日記』は旧暦であるが、旧暦の八月もまだ暑い時期である。以上のことから、湯ノ谷温泉の疫病はコレラではないかと推測する。

そして翌年の『内匠日記』には、「氏神江惣病流行致ニ付、村中當廿四日より廻しニ一七日通夜致。今日は、陣内組ニ宛、前夜より通夜致候事」（六月二十六日）、「氏神ニ通夜、今日迄成就、村中惣休ミ」（同二十八日）、とある。「惣病流行」とは、「どこそこで病気が漫延している」と言う意味だろうか。とにかくよその村々で疫病が流行しているというので、長野村では交代で氏神に籠もって通夜をした。病気よけの祈願が通じたものか、その後の『内匠日記』に長野村での疫病の話はあまり出てこない。ところが同年の七月二日に、「昨朔日、萩尾之磯田元厚、ゴロリと云流行病ニ而死候と風聞」とある。内匠とも親しい、いわばかかりつけの医者である萩尾の磯田元厚が「ゴロリ」にかかって死んだと言うのである。「風聞」であるが、明らかに村医者が「明治十二年のコレラ」で死んでいる。村医者元厚は、コレラ患者の治療を行っていて、自らも感染して死亡したのであろう。萩尾は隣村川後田村である。疫病はすぐそこまで来ていた。しかし、長野村の住人が「ゴロリ」で死んだという記事はその後もない。長野村はコレラの惨禍から、辛うじて免れたのか?

占いと祈祷

病気になったらどうするか。今では病院へ行って治療し、薬をのんで療養する。それは、今では当たり前のことであるが、当時はそうはいかない。村にも医者はいた。しかし当時の人びとの病への対処は、現代同様の医療行為だけではない。

病になると、その原因をまず探る。それは今でも同じだが、当時は「占い」「勘え」と言う方法で行った。内匠の次女おしげの葬儀の事は先に書いた。そのしげの病気がいよいよ重篤となったとき、家族は病気の原因を「勘へ」(占い)で探ろうとした。「下田ノ俊助妻、おしげ病尋ニ来。筑後ニ勘へニ行呉様ニ申候。晩ニ下田ノ俊助、筑後ニ勘へニ参り呉様ニ付、おりせ下田ニ頼ニ行」(嘉永五年二月十二日)。内匠の妻おりせの実家が下田俊介の家である。俊介はおりせの兄弟と思われる。その俊介が、筑後に病気の原因を突き止めるために「勘へ」に言ってくれるという。おりせもすがるように頼んだ。筑後は福岡県南部である。筑後国のどこなのか、それ以上のことは分からない。もちろん、歩いていくのだから大仕事である。いずれにしても、この阿蘇地方にまで名の知れた占い師が筑後国のどこかにいたことは確かである。結局、しげはまもなく息を引き取って、この「勘へ」の結果は生かされることはなかった。

病気平癒祈願の祈祷もさかんに行われた。一例のみをあげる。隣村白川村の祇園社は、内匠の母親の出た家であることはすでに述べた。氏神の長野神社には、神主がいなかったため、長野村での神事や祈祷はこの祇園社に仕える田尻家が勤めた。内匠とその家族にとっては、田尻家はきわめて縁の深い家柄であったため、祇園社への参詣も頻繁に行っている。

明治八年(一八七五)、娘のむつが病で臥せったときにも祇園社の田尻山城に祈祷を依頼している。「祇園田尻山城をむつ病ニ付よび、今日より祈祷致」（六月十七日）、「祈祷、今日迄ニ相済候」（同十九日）、「祇園田尻山城あじき（あちき）と云、早天ニ引取」（同二十一日）。むつが病気になったのは八日。すぐに礒田玄厚を呼んだが、その後も病状は芳しくなく、十三日になるといっそう悪化した。そして十七日になって、祇園社の田尻山城を呼んで祈祷を依頼した。田尻山城は、三日間にわたって病気平癒の祈祷をした。病人の様子をみるためか、その後も二日間逗留してのち、引き取った。山城が去って二日後の二十一日、西野宮の祭りには家族とともにむつの姿もあった。祈祷の効果は「じゅうぶん」だった。

心の病と祈祷

占いと祈祷をみてきたが、心の病への対処にこそ、祈祷は不可欠だった。と言うより、それしかなかったと言うべきか。安政六年（一八五九）九月、長野村田尻の彦右衛門の妻が突然、不可解な言動をはじめた。彦右衛門の妻と言えば、「植えほうそう」のところで出てきた、天草から働きにやってきて彦右衛門の女房になった女である。「田尻ノ彦右衛門妻、気違ひニなり、今日いたむ」（九月五日）、「水溜村儀七、田尻ノ彦右衛門妻、気違ニ相成候ニ付、祈祷致度、村中相談いたし呉候様申来」（十日）、「田尻ノ彦右衛門方ニ祈祷ニ宮川豊前来、咄致」（十二日）。田尻の彦右衛門の妻が、「気違い」になった（「気違い」という語は今では、「不適正な用語」であるが、しかし史料であるから、あえてそのまま使用する）。水溜村の儀七が、「（病気の治しの）祈祷をしたいので、村中で相談してもらいたい」と、内匠のところに相談に来た。

水溜村は、長野村から北に二キロメートルほど離れている。田尻は長野村内である。なぜ水溜村の儀七が、わざわざ相談に来たのか分からない。彦右衛門と儀七は、遠戚関係なのかもしれない。それはともかく、さっそく村びとの相談が行われたようだ。二日後の十二日に、宮川豊前が彦右衛門宅におもむき、祈祷を行った。宮川豊前は、西野宮の神主と思われる。宮川豊前と内匠やほかの村びとは、祈祷の後も善後策を話し合った。心配顔で、ひそひそと話をする村びとたちの様子が目に浮かぶ。

彦右衛門の妻はその後どうなったのか。『内匠日記』に具体的な記述はないが、同年十一月の記事に「田尻ノ彦右衛門妻来」（五日）、「彦右衛門妻、見舞ニ来」（二十四日）などとある。見舞いとは内匠の病気見舞いであるから、幸いなことに彼女は、通常の生活をおくることができるようになったようである。ここでも祈祷は功を奏したらしい。

湯治（温泉療法）　近くに温泉がいくつもある長野村の住人は、湯治場として温泉を利用した。言うまでもなく湯治とは、温泉に滞在または通いながら病を治す行為である。日本では湯治はかなり古くから行われていた。医療がじゅうぶんに発達していなかった時代、温泉の効能に期待して入浴したり温泉の湯を飲んだりして病気からの回復を試みた。また修験者が、山での荒行のあと温泉で体を癒したことも、温泉の療法としての利用を広げた一因であったろう。垂玉温泉も地獄温泉も、もともと修験者の湯治場として開かれた温泉地であった。

天保十年（一八三九）、内匠は春さきから「せんき」（疝気）に悩まされていた。この年、内匠は数えの四十一歳。厄年前で、そろそろ体にも変調が出はじめたものか。疝気とは、下腹部や足腰がひきつって痛む病気である。原因はともかく、疼痛がつづく病の総称かつ俗称である。秋になると、内匠の左足の痛みはいっそうひどくなり、ついに歩行も困難になってきた。「手前儀、入湯ニ罷越候。久兵衛・芳之助二人供ニ召連候、下田ノ茂兵衛宅迄泊り候」（十月八日）、「手前儀、当春以来左之足せんきすじニ而相痛少も歩行難相成候ニ付入湯致候」（同十日）。内匠が湯治に行ったのは垂玉温泉である。歩けないからふたりの供をしたがえ、馬に乗って垂玉温泉まで行った。このころ内匠は、「白川書斎」で手習の師匠をしていた時期である。それもあってか、温泉に長居はしていない。しかしその後も何度も、湯治のため垂玉に通った。十一月になっても、病気見舞いの記事がみえる（十一月二十日）。内匠の疝気は、半年以上におよぶ長患いであった。しかし、湯治を続けることで、少しずつ痛みも和らいでいったようだ。

村医者と薬　長野村の村域内には村医者はいなかった。いや正確に言うと、玄郁（のちに磯田姓を名のる）と言う村医者が、十数年長野村の原口で開業していた。しかし玄侑は、しばらくして隣の川後田村に移転したから、その後は医者はいなかった。これは明治以降になっても同様であった。しかしこれを、今で言う「無医村」と同様には扱えない。長野村に村医者はいなくても、周辺の村には複数の医者がいた。

江戸時代だけに限って、『内匠日記』から長野村周辺の村医者を拾ってみる。「中原高木理清」（文化十一年二月十五日)、「吉田村之医者吉田仙庵」(同年四月二十二日)、「下久木野ノ東英順」(文化十三年十二月六日)、「阿そ狩尾村田中春眠」(同年十二月十八日)、「阿蘇坊中之医者吉田仙庵」(文化十四年八月十九日)、「喜多村醫者山田柳意」(同年十一月十四日)、「原口ノ玄侑」(文政十三年三月二十三日)、「高森町秋山長順」(天保四年六月二十一日)、「嘉瀬医者山田寿英」(嘉永五年八月二十八日)、「久木野の山田の甲斐圭斎」(安政六年三月二十六日)。このうち中原・下久木野は旧久木野村、吉田村が旧白水村、喜多村・嘉瀬・萩之尾が旧長陽村で、これらはいずれも現在の南阿蘇村に属する。そのほかに高森町と旧阿蘇町に含まれる狩尾村・阿蘇坊中にも村医者がいたことがわかる。時間に幅があってこれらの村医者が同時に存在したわけではないが、比較的近いところに村医者はいたと言える。

このうち、内匠の居所からもっとも近い位置にいたのが、さきの玄郁である。玄郁(玄侑、元侑と言う表記もあり)がはじめて『内匠日記』に登場するのは、文政十三年(一八三〇)三月である。「西野宮ヨリ玄侑原口ニ来、普請致居住致ニ付、祝ニ案内申」(文政十三年三月二十二日)。玄郁は、東下田村の「西野宮」から長野村の原口にやってきた。家を建てて住むというので、内匠も祝いに行った。なぜ西野宮からやってきたのか、またそれ以前はどのような経歴があるのかなどは分からない。原口は内匠宅から、約五〇〇メートルほどのところ。これまで医者のいなかった長野村の人びとは、歓迎したに違いない。

天保二年(一八三一)六月十五日に「玄郁、此時分在医ニ而候間名字なし」とある。「在医」とは「町医」に対する言葉、つまり村医者の事をさすと思われる。単なる村医者だから、苗字がないと言うのだろう。江戸時代に医師の免許制度はない。したがって医者になりたければ誰でもなれ、開業することができた。しかし開業しても腕が良くて周囲に信頼されなければ、患者は来ず廃業となる。医者として生活が成り立つか否かは、その医者の腕次第なのである。また江戸時代は、医者に対しては出自や身分を問わないという慣例が認められていた。江戸時代の中頃から医者の数は増える。しかしそれに伴って医者の質の低下もおこったという。

天保十五年(一八四四)五月十四日、「川後田坂ノ玄侑、熊本礒田何某と申医者の養子ニ相成候段、来而申候」とある。「川後田坂」とあるから、この時点で玄郁は長野村から隣村の川後田村に移転している。おそらく川後田村の萩尾であろう。と言っても、内匠の居所から一キロ半ほどのところである。そして玄郁は、熊本の礒田某の養子になって「礒田」という苗字を名乗るようになった。養子となって苗字を名乗るのことは、やはり医者としての権威付けだったのだろう。礒田家はその後、数代にわたってこの村で医家を維持している。玄郁の子は元厚と言い、やはり『内匠日記』に頻繁に登場する。子どもの頃は、内匠の手習所の門弟でもあった。次の磯田藤堂は明治の世になってから、大津に出て学問を重ね（明治七年八月十九日）、やはり医家礒田家を継いだ。

さて、礒田玄郁はどのような医療を行っていたのか。『内匠日記』からはあまりみえてこない。だが次のような記事がある。「自身並おり勢、玄侑方ニ灸事致」（安政三年四月十四日）。夫婦そろって玄郁のところへ行き、灸による「治療」を行っている。言うまでもなく灸は、ツボに温熱刺激を与えて生理状態を変化させ、病を治そうという漢方医学の方法である。したがって玄郁は漢方医だったと思われる。加賀が病気になったときは、「お加賀病ニ付下田より迎来、原口ノ玄郁ニ見せ候処、ほうそうニ而候と申ニ付薬取」（文政十三年四月十日）と、病気を「ほうそう」とみたてて薬を処方している。漢方となれば、薬も重要である。『内匠日記』には、たびたび玄郁やそのほかの村医者のところに薬を取りに行く記事が出てくる。村びとたちは、薬を村医者たちからも手に入れていた。薬代の支払いは、年末に医者が代金を回収に来たとき、または年頭の挨拶に医者を訪ねたときなどに行われた。

このように薬は、近隣の村医者から手にすることが多かった。しかし、まれに熊本まで薬を求めに出かけることもあった。また、近江の売薬商人や対馬の薬売りが村を訪れた際に入手することもあった。行商人については、のちほど詳しく述べたい。

牛馬の疫病としい追い

人間と同じように、動物にももちろん病はある。江戸時代、牛馬は農家にとって欠かすことの出来ない家畜であった。田畑を耕す、糞尿を肥料とする、年貢ほか物を運ぶ。農業、そして生活全般に牛馬が必要であった。牛馬の有無は、農作物の収穫量の多寡、また農業の効率において決定的な条件であったと言える。だから、農民たちも牛馬を人同様に大事にした。長野神社の鳥居の少し先には、「人馬山」と呼ばれる地蔵室が今も建っている。そして毎年、今も祭が行われている。この「人馬山」こそが、牛馬の守り神である。藩もまた、人と同じように牛馬の把握につとめた。数年おきに作成された「人畜改帳」は、人と牛馬を同等に把握しようとしている。

さて、さきに天然痘について述べてきたが、牛馬の疫病もあった。文政四年（一八二一）の『内匠日記』をみてみよう。

五月　十一日　晩、月田の忠治娘、氏神の拝殿の柱を焼き折る。

六月　十五日　大石方ニしいと獣のしわざ成とて家々の牛馬、多く死する。

同　十六日　陣内中にはけだいなし。馬場方、辻、大石、松山、杉尾、少々牛馬死する。月田、原口にも牛馬死する。

同　廿一日　村中申し談じ、しい追いと云う事を、今晩より始むる。鐘・太鼓をたたき、又、鉄炮を家ごとの庭にて一トはなしずつ打ち、時のこえ、右村中より一両人宛。しい追いに出申さざる者には、銭を掛け申す筈に候。是は去月上旬の頃、月田の忠治娘ちせ、田の水掛けに来り拝殿に眠り候て、拝殿の柱を焼き折り候御祟め也と、祇園の社人共勘へ申し候由に候。

家々の牛馬が死にはじめるひと月前の五月十一日、月田の忠治の娘が氏神（長野神社）の拝殿の柱を焼いてしまうという「事件」があった。娘は夜中に田の水掛けに来ていて、拝殿の傍らでついうとうと眠り込み、持っていた灯りとりの火が柱に燃え移ったのであった。これが騒動の序曲になろうとは、当の娘、おちせも思いもよらなかった。

この事件から約ひと月後の六月半ば、大石あたりで牛馬が次々に死んでいくと言う、恐ろしい事が起こった。村びとたちは、「これはしいの仕業だ！」と言って騒ぎはじめた。内匠の陣内組中では、まだ被害はなかったが、村内各所で被害が拡大し、牛馬が次々と死んでいった。たいへんな事態をうけ、村びとは相談して、二十一日から「しい追い」をすることになった。

ところで「しい」とは何か？　これがなんと、「怪獣」なのである。『広辞苑（第六版）』には、「怪獣の名。形は鼬に似、夜よく人家に入って馬・牛を害する。筑紫および周防国にいたという」とある。筑紫国（福岡県）や周防（山口県）にいた、と言うのがリアルで面白い。「しい」は漢字で「眚」と書く。「せい」とも読む。この「しい」という、まさに疫病神を招き入れたのが、氏神の祟りだと言うことになった。そして、氏神の祟りは、拝殿の柱を焼いた「おちせ」の所為になった。祇園の社人もそう「勘え」た。ちょっとした小火がこの大騒ぎとなって、とんだ災難なのは忠治の娘ちせである。しかし村びとは、「何とかしいを追い払わねば」と必死である。

さて「しい追い」は、鐘や太鼓などの「鳴りもの」をうち鳴らし、轟音で追い払おうとするものである。さらに鉄砲を各家々ごとにその庭で撃ち放した。空砲であろうが、普段は耳にすることの少ない鉄砲の音が、村の空に轟いた。村のすべての世帯から必ずひとりかふたり、「しい追い」に出るようにとの動員令がかかった。「惣夫役」とか「総公役」と言われる、村では一揆や大災害の時と同じ「最高の動員令」である。動員に応じない世帯からは、課徴金を取るという規制をかけて強制力を強めた。

しかし、しいもさるもの。これくらいではまだ退散しない。さらに「しい追い」はつづく。

同　廿二日　今日も村中大勢シイ追致す。弓十張、紙簱十本斗、槍、鉄炮十挺斗、手前共もおかしき事に候へ共、見物がてらに毎日参り候事。

同　廿三日　祇園社人田尻長門、西宮社人宮川出雲、同人息子の伯耆、氏神に於いて悪風除祈祷致す。

同　廿五日　今日もシイ追これある由、一日両度追い候。

同　廿七日　村方シイ追、今日迄、七日七夜追い候て追い払い、悪風除祈祷は今日迄三日三夜村中惣休みにて祭り致し候事。

「しい追い」の得物《えもの》（持ち物）が前回と違っている。前回は鳴りものだったが、今回は「弓」「槍」「鉄炮」と、これはまさしく武器である。このうち、鉄砲については鹿や猪を追うための「農具」として、全国の農村で利用されていたことはすでに述べた。実際に熊本藩も、「大津手永平川村にて猪による諸作損多く猪追鉄砲、願の通許さる」（『年表稿』）と、猪追いの鉄砲を許可している。ただ、これらの武器の中に「刀」がないことには注意する必要がある。秀吉の刀狩りの目的は、武器一般の没収ではなく、「刀」の没収にこそ重点があったと言われるからである。それにしても、なぜ村にこんなにいく種類もの武器があったのだろうか。村には地士がいたからそれを拝借したのだろうか。また「紙旛」も持っていたが、これには「しい退散」など村びとの願いや要求を大書しているのであろう。そうすると「しい追い」の様子は、百姓一揆の出で立ちにも見えなくもない。しかし、近世の百姓一揆の得物は武器ではなく「鎌」などの農具がほとんどだったといわれるから、百姓一揆とも様相が異なる。とにかく、武器の持つ「力」でしいを追い払おうとする意図は伝わるが、内匠が、「手前共もおかしき事に候」と言うとおり、何とも奇妙な光景としか言いようがない。

結局、「しい追い」は七日間続いた。またこれと平行して、氏神では「悪風除祈祷」も行われた。「悪風」とは、もちろん「しい」のことである。こちらの主役は、「祇園社人田尻長門、西宮社人宮川出雲、同人息子の伯耆」など近隣の神社の神主たちである。この祈祷も近くの神主を総動員して、三日三晩続けられた。

同　廿八日　宮川出雲、田尻長門、今朝引き取り候由にて暇乞に来候。村中一竈より一人宛、阿蘇山に悪風除祈祷解に参る。

同　廿九日　大石の柳助来り。諸事咄致す。牛馬多く死に候。柳助方に四・五疋、忠助方に二疋、忠五方は残らず、忠助方に三疋、和吉方に三疋。

一連の騒動のしめは、村のすべての世帯から参加する「悪風除祈祷」の願解きである。「悪風除」の願をかけたら、成就しようがしまいが解かねばならない。これは神々との約束である。各戸からひとりずつ出て阿蘇山に登り、願解きの参詣をした。こうして牛馬の疫病としい追い騒動は、一応の終息をみた。

ところで、この「しい追い」は、『年表稿』にも何度かみえる。安永二年（一七七三）六月には、「横手、銭塘、池田手永村々にしいと云う動物出で、牛馬の急死するもの多し、鉄砲六挺を貸し与え打払わしむ」。また安永九年（一七八〇）九月にも「本庄、田迎、横手、銭塘、鯰、杉島、廻江七手永の村々にしい（いたちに類似）による牛馬の被害多し、藤本左五左衛門に命じ、鉄砲にて排除す」とある。しいは、熊本方面にもたびたび出没していたのだ。ところで、長野村のしい追いとくらべてみると、共通していることは、必ず鉄砲で追い払っていることである。鉄砲の音は、しい追いに効果があったのだろう。いや、あると信じられていたのだろう。鉄砲は、しい追いに欠かせない道具であった。熊本藩では惣庄屋、庄屋にはかならず鉄砲を所持させている。また、「郡筒」という鉄砲隊も村々に配置していたから、そのような鉄砲が「しい追い」にも使用されたものと思われる。

さて牛馬の疫病については、宝暦以降でも、宝暦二（一七五二）、文化十二（一八一五）、文政四（一八一二）、文政十（一八二七）、天保二（一八三一）に「牛馬が多く死んだ」という記録がある（『年表稿』）。そしてこの文政四年には、わずか二週間ほどの間に牛馬がバタバタと斃れた。すさまじい感染力である。おそらく炭疽《たんそ》菌による感染症、つまり炭疽病と推測される。炭疽菌と言えば、二〇〇一年の「九・一一同時多発テロ」の直後、アメリカの大手テレビ局や出版社、上院議員に郵便で送りつけられて全米を震撼させた、あの炭疽菌である。炭疽菌は、世界じゅうに広く分布し、牛やウマ、ヒツジなどの草食性の家畜に炭疽という感染症を引きおこす。「炭疽」とよばれるのは、感染して死んだ家畜の死体が黒ずむためである。牛馬からヒトに感染する可能性もあることから、炭疽菌事件の時も恐れられたのである。

現代人からみれば、牛馬の疫病が「しい」などという怪獣の仕業ではないことは誰でも知っている。だから村びとたちのヒステリックな対応は、現代人の目には奇異でばかげているように映る。しかしそれが、近世の人たちの生きた「伝統的民衆世界」なのである。この一週間の「しい追い」や「祈祷」は、実際には牛馬を救うためには何の効果ももたらさなかったろう。しかし、このような「祭り」や「祈祷」によって村びと相互の連帯が維持、確認されていたことにも注意を払わなければならない。村びとたちにとって「しい追い」は、牛馬を守り、村の秩序を維持するための伝統的な行為でもあった。

村びとと自然災害

湯の谷大変

洪水や台風など、数ある自然災害の中で、長野村の自然災害を特徴づけるものは、やはり火山災害である。阿蘇の火山活動にともなう火山灰の被害については、すでに述べた。ここでは、火山の噴火による直接的被害をふたつ紹介する。そのひとつが、文化十三年（一八一六）六月に起きた「湯の谷大変」（この項では、災害の名称からすべて「湯の谷」と表記する）である。

湯の谷（『内匠日記』では「湯之谷」または「湯ノ谷」、「湯谷」などと表記）は長野村の北方、標高八〇〇メートルの地点にある。現在も湯の谷を通って草千里に向かう登山道がある。古くから温泉地として知られ、少し前まで阿蘇観光ホテルがここで営業をしていたことは、多くの人もご存じではないだろうか。文化十三年当時は、湯小屋が一二軒ほどある湯治場であった。この湯治場を管理していた「湯亭」は、長野家の傍系である長野角太（熊之允）であった。熊之允はすでに、何度か登場している。長野熊之允と長野内匠とは縁戚にあたる。

さて、文化十三年六月十一日の『内匠日記』に突然、「晩湯谷ニ石降火出ル」という記事がみえる。湯の谷で石が降り、火が出たと言う。実は、湯の谷にある火口が噴火したのである。もちろんこの光景を内匠自身が目撃したのではない。十三日に「陣内の五郎吉来、湯谷ニ石降候咄仕」とあることから、同じ組内の五郎吉からの伝聞である。正確に言うと、噴火は十二日未明（午前二時頃）起きている。夜が明けて、湯の谷の状況を見て来た五郎吉が、翌日、内匠のもとにやってきて詳しい話をしたのであろう。

五郎吉から聞いた話では、「湯谷ニ石降火出煙ノ中ニ黄色ノ鬼神顕大石ヲナゲ候ニ付、湯谷湯てい長の熊之允家ニアタリミヂンニナル。倅恵八ヲ大石ニ而打害ス。今より後谷より煙ヲビタヾ敷出ル。どろ四尺程湯谷中ニ降」（十二日）と言うものであった。温泉場の後方で突然、ものすごい爆音とともに石が降り火柱が噴きあがった。驚いてそこをよく見ると、噴火した煙の中に「黄色ノ鬼神」があらわれ、大きな石を投げつけた。その石が湯亭の長野熊之允の家に命中し、家は木っ端微塵に壊れてしまった。運悪く息子の恵八が、鬼神の投げた石にあたり死んでしまった。これ以降、温泉場の後ろの谷からはおびただしい煙と泥が出て、吹き出た泥は四尺（一二〇センチあまり）にもなって湯の谷の温泉場あたりを埋め尽くした。噴煙の中にあらわれた「黄色ノ鬼神」という記述は、内匠も含め、当時の村びとの自然の猛威に対する畏怖の念をよく表現しているように思われる。

ところで、「湯の谷大変」と題した熊本藩への災害報告書の合冊がある（南阿蘇村教育委員会所蔵）。「写し」のようであるが、誰かが何らかの目的で書き写したものが、今日に伝えられた。これには付図もあり詳細でかつ信憑性も高い。これらの史料から推察される噴火のシナリオは次のようなものであった。

六月十二日午前二時頃、温泉の色が変色し、上昇したマグマの熱によって温泉水が高温状態となり、さらにマグマが温泉水に触れて水蒸気爆発がおこった。その後徐々に火山活動のピークを迎え、土砂と大量の噴石を噴出。噴石の飛んだ範囲は、最大で半径一〇〇メートルに達した。その後数時間して、地中のガスがスムーズに外部へに抜けるようになると、水蒸気とともに少量の土砂を噴出した。火口には一時火炎現象がみられ、火口付近の木も高熱で焼けた。温泉場のほとんどの建物が、全壊ないしは半壊状態であった。鳴動が二日ほど続いたが、火山活動はそのまま終息した。死者は一名（恵八、熊之允の息子）。そのほか数人のけが人があったが、いずれも命に別状はなかった。

実は、有史以来、阿蘇山において中岳以外の火山からの噴火の記録はない。従って「湯の谷大変」は、中岳以外の火山の唯一の噴火記録なのである。「湯の谷大変」の「大変」というネーミングは、寛政四年（一七九二）の「島原大変肥後迷惑」に由来するものと思われる。「島原大変肥後迷惑」は、寛政四年四月一日、雲仙でおこった火山性地震によって島原の眉山《まゆやま》が崩壊し、崩れた山体の一部が海に達し大津波を起こした。津波は島原半島の対岸の肥後領に達し、甚大な被害を出した。この災害の犠牲者は一万五〇〇〇人を超えたとも言われ、わが国の火山災害史上最大の惨事であった。この出来事は、「湯の谷大変」より二四年前の出来事であった。湯の谷大変も大きな火山災害であったために、島原大変の記憶が呼び覚まされたものであろう。

ちなみに、この火山災害の唯一の犠牲者である恵八は、『内匠日記』にあるように即死であったらしい。しかし、報告書「湯の谷大変」では、ひと月ほどたって病気で亡くなったことになっている。恵八はまだ少年で、子がなかった。そこで、恵八をしばらく生きていることにし、湯の谷長野家の跡継ぎの養子縁組の手続きをしていたらしい。それで報告書「湯の谷大変」では、一月後の死亡となったのである。

中岳噴火・大惨事

気象庁の「阿蘇山　火山活動の記録」に明治五年（一八七二）十二月三十日に阿蘇山が噴火し、「硫黄採掘者が数名死亡」とある。この出来事は、『内匠日記』にも詳しく書かれている。『内匠日記』では日付は、旧暦で十一月朔日である。「申ノ時、阿蘇山大あれニ而大石小石砂熱湯を吹上、山中は暗の如く、硫黄取日雇ニ行候者共大疵即死」。申の刻だから午後四時頃、阿蘇山中岳が噴火し、一帯は闇のように暗くなった。火口で硫黄の採取をしていた者が即死したり、重傷を負ったりした。予兆もない突然の噴火で、逃げる間もなかったものと推測される。長野村でも爆発音が聞こえ、北東の方をみると烏帽子岳のむこうに巨大な黒煙の柱が見えたに違いない。

阿蘇や久住では、江戸時代から硫黄の採取が行われていた。硫黄は黒色火薬の原料となるため、熊本藩も買い上げていた。また、皮膚病などにも効能があるとされ、いまでも阿蘇山土産として粉末が売られている。阿蘇山周辺の村々からは、日用稼ぎに硫黄採取に出る者も多かった。また前年の明治四年六月には、外国人がやってきて中岳で硫黄を採取している（第四章）。このことも、この地域で硫黄採取がさかんに行われていたことに関係しているのかも知れない。長野村から阿蘇中岳までは、直線距離で二里（八キロメートル）ほどである。村から通いながら、硫黄採取の仕事をしていた。

『内匠日記』によれば、長野村原口の多三郎のせがれ藤蔵、それに下関村（下積村、旧白水村）の者ひとりが即死。けが人は長野村の者のほか、永草村（旧阿蘇町）の者、熊本から来た者など多数にのぼった。また行方不明の者も多かった。

長野村や近隣の村々からは、大勢の村びとが、けが人や行方不明者の救出に向かった。しかし、噴火が起きたのは夕方で、まもなく日没となり、当日の救出活動は難航した。長野村下ノ宇曽の宇兵衛のせがれ圓太は、はじめ生死不明であった。ところが翌日三日になって、倒れているところを発見され、内匠の養子定嘉らが担いで村に連れ帰った。しかし圓太はけががひどく、「半死半生之様子」であった。いっぽう、常左衛門（宇兵衛の弟）の息子、伊熊と元八のふたりは、まだ行方不明のままであった。そこで定嘉は、大石の直人らと連れだって、阿蘇中岳へ再び捜索に向かった。しかし、行方不明のふたりはついに見つからなかった。

四日、伊熊と元八のふたりの遺体はとうとう見つからないまま、葬儀がいとなまれることになった。『内匠日記』には、「俗ニ云から葬礼致候事」とある。遺体（遺骨）のない葬儀を「から葬礼」と言う。内匠も葬式道具を作って葬儀を手伝ったが、「から葬礼」は、内匠もはじめての経験であった。

台風の被害

「前之順太」は、文字通り内匠の家の前に居を構える百姓である。文兵衛の子で、幼少の頃は内匠の手習の門弟であった。正月はもちろん、毎月朔日と十五日には内匠宅へ挨拶に来るし、内匠と同じ庚申講にも加わっている。うわさ話をもっては、内匠宅に来て話をして帰る。田植えや稲刈りなどの農作業でも、お互いに助け合う間柄であった。おそらく、『内匠日記』の中に出てくる人物の中でも、内匠ともっとも親しい村びとのひとりであった。その順太の家が明治七年の台風で倒壊する。

七月十日、夕方ころから風雨が激しくなった。時間がたつにつれ風雨は強まり、しだいに暴風雨となった。「この風は、尋常ではない」、内匠もそう思うくらいだった。「子之下刻」というから、零時過ぎ、真夜中である。順太の居宅がついに強風に耐えきれず倒壊する。当時、順太の家族は順太夫婦、それに母親と子ども三人の六人家族であった。このうち順太の妻さな（三一歳）、息子の郡太郎（一五歳）、娘みつ（二歳）の三人が崩れた家の下敷きとなって圧死した。

一夜明けると、村内の台風の被害は甚大であった。「村中家大方損ぜさるは稀也、諸作損ス」（七月十日）。村では、何軒もの家屋が全壊または半壊状態で、被害のない家はほとんどなかった。田も畑も、作物はのきなみ倒れて、不作となるのは決定的いう状況。「今年の作は諦めざるを得ない」、台風被害を目の当たりにして、村びとたちは暗澹たる思いだったに違いない。内匠宅はと言えば、かろうじて大きな被害をまぬがれることができた。

順太宅にはさっそく、「熊本役人」ふたりが、村医者儀田元厚をともなって検死にやってきた。その早さから、「熊本役人」はたまたま近くにいたものと思われる。もしかすると、地租改正事業で出張していた役人かもしれない。その後、役人たちは村内を巡視し被害状況を確かめ、夕方には大津の方へ向かった。内匠の周囲だけでも、源太郎方の居宅と馬屋、小園の弁喜方馬屋、下畑のおその方の家、喜作方の馬屋が倒壊した（同日）。生き残った順太ら三人の家族は、住む家を失った。この日は、近くの上畑の銀太方に泊めてもらうことになった。

翌十一日、亡くなった三人の葬儀がいとなまれた。もちろん家は倒れたままで、何も片付いてはいなかった。だから、葬儀らしい葬儀はできない。お経を上げて三人をおくるのが精一杯だった。近くの村びと、そして内匠の家族もみんな葬儀に参列した。三人の墓は、屋敷内の一角に穴を掘って造った。「順太方之屋敷内ニ墓を作候事、此三人はじめ也」（十一日）。この村では、屋敷内に墓を造ることはない。異例だが応急の処置としてしかたなかった。

順太の家族は馬屋を整理して、そこでしばらく雨露をしのぐことになった。十七日になって、村も少し落ち着いたのだろう。順太と源太郎の居宅の「再建」が、村の「公役」としてはじまった。「公役」だから、村びと総出である。十八、十九日も「村方夫役」で、家造りに村びとが従事した。「但シほりたて也」（十八日）。掘っ立て柱の「仮設住宅」である。「前之順太方居宅出来致、屋ねふき、かべゆか迄夫役ニ而いたし、一切普請成就いたす」（二十日）。二十日には、早々に新しい居宅が建った。建てはじめてから、わずか四日間。その素早さに驚かされるが、建った家が、いかにささやかなものだったかも想像できよう。わずか四日で家がたったのは、近世以来の慣行である「村方公役」が生きているからである。道路や灌漑施設など村共有のインフラの整備や、今回のような災害からの復興のときに「村方公役」が発動される。そしてすべての村びとが、労働力を出し合って助け合うのである。二十一日、順太ら三人の家族は、馬屋から「新宅」に移った。

寒さの被害

阿蘇特有の自然災害に、霜や雪など「寒さの被害」がある。天保九年（一八三八）八月、「十九日晩、大霜降。畑作損ズ」「朝大霜降晴天、諸作損ス」（二十日）とある。霜害には、早霜の害と遅霜の害がある。これは早霜の害である。稲刈りは通常、九月中旬頃からはじまるから、まだ稲刈り前だろう。この年の旧暦八月二十日をグレゴリオ暦（新暦）に換算すると、十月八日になる。現在の十月のはじめと言えば、むしろまだ台風シーズンと言って良く、暑さが残るころである。だからこれはかなり早い、記録的な早霜と言えるであろう。田畑の作物に大きな被害が出た。

早霜の害もあれば、遅い雪の害もある。天保十二年の三月十六日、「次第ニ晴ル朝雪降　阿蘇山ニ雪降積ル諸草枯ル」とある。阿蘇山に雪が降って積もり、芽吹いた草が枯れたと言う。これもグレゴリオ暦（新暦）に換算すると五月六日である。今の感覚で言えば、五月の連休ころに雪が降っていることになる。いくら阿蘇でも五月に雪が降ることは、普通は考えられない。しかし、これは事実である。驚きだとしか、言いようがない。『内匠日記』を見ていくと、とくに天保年間に霜や雪による被害の記録が多いように思われる。江戸時代は、地球規模で寒冷な時期だったと言われ、「小氷期」とも言われる。江戸時代後半の寛政期から天保期もかなり寒冷で、飢饉の原因のひとつだっとも言われる。飢饉が多くなれば、百姓一揆も多くなる。地球規模の気温の低下が、江戸時代後期から幕末にかけて、百姓一揆が頻発する「自然的要因」のひとつでもあった。

阿蘇の農民にとって、この寒さとの戦いは「宿命」だったと言える。阿蘇に暮らす限り、この寒さからは逃れられない。だから村役人たちも先頭に立って、この寒さの克服に取り組んだ。天保十年（一八三九）の冬、阿蘇から北陸へ寒冷地農業の視察団が派遣された。このとき四人が派遣されたが、南郷からも布田手永久木野村の山ノ口又兵衛が加わっている。派遣費用には、阿蘇・南郷の「御用銭」（手永の公金＝会所官銭）があてられ、熊本藩も派遣に便宜をはかった。一行は十二月三日に出発し、大坂を経由して二月十日に富山に着いている。富山では、種籾を水に浸す「籾漬込み」の時期、苗代根付けの方法、水の管理法、施肥の時期や方法など、多くの「寒冷地農業技術」を学んだ。また寒冷地に適応した種籾六種をもらい受けたが、又兵衛はこの種籾と農業技術書をもってすぐに富山を発ち、三月十日に阿蘇に帰着した。持ち帰った種籾はさっそく試験をかねて試作された（吉村豊雄『幕藩制下の村と在町』）。

『内匠日記』にはこんな記述もある。明治六年（一八七三）八月のこと、「夜前、川後田松木辺之牛馬地獄之上ニゆるし置候処、こごへ死候由、都二拾余疋ニ而有之候との風聞」（十二日）とある。八月十一の夜前、川後田村や松木村（旧白水村）の農民が地獄温泉の上の放牧地に牛馬を放していたところ、何と一夜にしてあわせて二十頭あまりの牛馬が凍死したというのである。『内匠日記』は明治になっても旧暦を使っているから、八月十一日をグレゴリオ暦に換算すると十月二日にあたる。地獄温泉あたりだから、標高は八〇〇メートルほどで、確かに朝夕は夏でも涼しい。それにしても十月はじめに牛馬が凍死することはなかなか考えがたい。だから自然に精通している阿蘇の農民たちも、牛馬を放牧していたのであろう。彼らの想定を超える寒気が入ってきたとしか考えられない。確かに十二日の天候は「曇、寒むき事霜月比之如シ」、翌十三日も「晴天、甚だ寒ムシ」と書いている。この時期としては、異常な寒さだったようだ。

阿蘇市役犬原《やくいんばる》（旧阿蘇町）の霜神社で毎年行われる

「火焚き神事」は、こうした寒さに対する、阿蘇の農民たちの願いを具現化した神事である。霜神社ではお盆が過ぎた頃から一三歳未満の少女が神社に籠もり、六〇日間にわたって絶やさず火を焚きつづける。つまりこの神事では、盆過ぎから「寒さ対策」がはじまるのである。火を焚いて、御神体をあたためて、霜の害がおこらないように願をかけるのである。今年（二〇一二年）もお盆明けの八月十九日に神事が行われ、火焚きがはじまった。阿蘇では、残暑の厳しい時分から火焚きがはじまるのである。

村の『事件簿』

事件は人間模様　長野村のような、小さな村でも実にさまざまな出来事や事件があった。小さな口論から殺人事件、博打に駆け落ち、土地争いに盗人、犬神憑きに乱心、火事に怪奇現象。もう、あげればきりがない。それぞれの事件には、またさまざまな人物が関与している。そしてそこには村びとの人間関係や心情をも垣間見えるのである。事件を見ることは、長野村の人間模様、人間ドラマを見ることでもある。せまい小さな村でも、人間関係はいろいろとややこしい。さらに事件への対処の仕方に、当時の治安維持のしくみや村社会の秩序を維持する知恵などを見ることも出来る。

駆け落ち（欠落）　はじめは駆け落ちの話から。達助は、陣内の望月五郎吉の弟であった。望月家は、長野家の分かれで縁戚関係にあたり、家も内匠家の西側、目と鼻のさきにあった。だから五郎吉も達助も内匠の家に頻繁に出入りし、いつも農作業を手伝った。その五郎吉がやってきて言うには、「達助も良い歳になったから、原口の弥三太の婿にやることに決めました」（文政四年（一八二一）二月二十二日）と。達助も兄が望月家を継いでいる以上、いずれはどこかに養子（婿）として出なければならなかった。四日後、今度は弥三太が内匠のところにやってきて、「達助を養子としてもらうことになりました。つきましては万端よろしくお願いします」と言う（二月二十六日）。双方の親兄弟とも、この話に何ら異存はなく、とんとん拍子に話が進み準備は整ったかにみえた。ところが、である。「五郎吉方之達助、月田ノ喜三次娘おたそを連出ぽん致候と申。五郎吉方大騒動上へを下タへとかへし候、おかしき事ニ候」（三月二日）。

祝儀を目前に、なんと達助が、婚約相手とは別の、月ノ田の喜三次の娘おたそを連れ、駆け落ち（出奔）してしまった。ふたりはかねてから、恋仲であったのだろう。達助は望まぬ縁組を前に、おたそを連れ出すという強硬手段にでた。当時、駆け落ちをすると双方の親や家族の援助を受けられなくなるため、経済的に生活が苦しくなることが多かった。また、逃げたさきに安住の地があるとは限らない。だから、よっぽどの覚悟がないと駆け落ちはできなかった。

いっぽう、驚いたのは五郎吉である。弥三太に対しては、面目丸つぶれであった。そのことを内匠に伝えに来た五郎吉は、上を下への大騒ぎで、その様子を見て内匠は思わず笑ってしまった。しかし笑ってばかりはいられない。さっそく五郎吉の母がやってきて、「内匠さん、何とか達助を探し出して下さい。お願いします。内匠さん、ねえ、お願いしますよ」と懇願する。そこで内匠は、近所の栄蔵と捎助と三人連れで達助の「走候跡」を追うことになった（三月四日）。当時、他領へ逃走したり出奔したりすることを「走る」と行った。しかし達助は、いったいどの方角に走ったのか？　やみくもにさがしに出ることも出来ない。とりあえず大津方面への出口である二重の峠、その周辺の赤水、車帰《くるまがえり》、古城、内牧（いずれも阿蘇市）など方々を尋ね歩いたが一向に分からない。暮れになって、いったん帰ることにした。翌日、今度はおたその父喜三次がやってきて、「こんなことになろうとは、とんだことをしでかしてしまいました」としきりに悔やむ（五日）。しかしふたりの行方は一向に分からない。

一〇日ばかりして、五郎吉がやってきた。どうやら、達助とおたその居場所が分かったらしい（十五日）。「黒川村の順助のところに転がり込んでいる」と言う。それでふたりを連れ戻しにも行ったらしい。しかし、ふたりはなかなか動かなかった。それはそうだ、覚悟の上の駆け落ちである。五郎助のいろいろな工作で、ふたりがやっと連れ戻されるまで、さらに二週間を要した。「達助を連ニ黒川ニ行、連帰る。月田之喜三次方よりもおたそを連ニ廣助行候事」（二十九日）。二十九日なって、ふたりはそれぞれの家に連れ戻された。駆け落ちは、成就しなかった。

それでも達助は諦めきれなかった。「達助、苗代ニ加勢ニ来、身之上を咄かなしむ」（四月八日）、「達助来、自分自身之上を咄悔む」（四月十一日）、「ばんに達助来、身之上をくやむ」（十月晦日）。達助は、内匠のもとにやってきては身の上を悲しんだ。農作業をしても、仕事が手につかない。いつまでも、達助は悔やむばかりだった。

このあと、達助とおたその名前が『内匠日記』に出てくるのは四年後の文政八年（一八二五）正月であった。それは、文政五年・六年・七年の『内匠日記』が欠けているためであるが、文政八年の正月に「達助並おたそ年始之礼ニ来」（正月元日）とある。達助とおたそがふたり連れだって、内匠の家に年始のあいさつに来ているのである。なんと文政五〜七年の間に、ふたりはめでたく結婚していたのである。達助は、月ノ田の喜三次宅に養子として迎えられた。達助とおたそのゆるぎない愛情に、五郎吉も喜三次もついに折れたのであろう。

達助とおたそはその後半世紀、約五〇年間つれそった。明治六年（一八七三）六月、「月田ノ達助妻おたそ、未時頃ニ病死致候由。達助、伊之吉親子共ニ、先月廿二日ニ死候。當月廿二日ニはおたそ死候」（二十二日）とある。達助と息子の伊之吉がなくなってちょうどひと月後、おたそはふたりを追うように病気で亡くなったのである。

江戸時代は、親の決めた結婚をする。確かに、それが一般的であった。しかしここでは、好きあった男女が駆け落ちし、その後めでたく添い遂げた。そして約五〇年にわたって仲睦まじくくらした。そして、同じ年にふたりは他界した。何か小説のような話だが、達助もおたそも、きっと誠実な人だったのだろう。なぜか、そんなふうに思えてきた。

奇火あらわる

「今市より大石辺之間ニ奇火毎晩出。行人事ニ見る。人之申事ニハ角右衛門心火と申」（天保元年十一月二十日）。天保元年（一八三〇）十一月、長野村の南の端今市から、村の北東大石あたりまで、毎晩あやしい火が現れる。この間を歩く人ごとにこれを目撃した。村びとは、「角右衛門の心火に違いない」とうわさした。大石の角右衛門の家は長野家の一門で、角右衛門もこれまで、内匠宅に酒を贈ったり、菊の花をもらいに来たりと、親しくつきあってきた。

ここで話は十五年ほど前の文化十三年（一八一六）にさかのぼる。「夜明前より大石ノ角右衛門、気違ニ成来、大咄候」（九月二十五日）。大石の角右衛門が、まだ夜の明けぬ暗がりに突然やってきて、「大咄」をする。角右衛門は、「気違」になったに相違ない。「大咄」とは、「大声で話をする」という事か。その後も角右衛門は、村内の家々に姿を現しては、大声で訳のわからぬ話をする。「大石ノ乱心角右衛門来咄」（九月二十九日）、「大石ノ乱心角右衛門来咄」（十月三日）。内匠宅にも何度もやってきた。ここでは「乱心角右衛門」と言っている。

ところがこれ以降、角右衛門に関する記事はパッタリとなくなる。いったいどうしたのか。そして一五年後、冒頭の「奇火」の話で、再び角右衛門の名前がみえるのである。実は「奇火」が現れる三ヶ月ほど前、角右衛門は死去している。「昨日、大石忠右衛門隠宅ニ居候角右衛門死候而、原口ノ弥三太宅へ持越葬礼致候ニ葬礼加勢二行」（八月晦日）。忠右衛門は、角右衛門の兄弟である。『内匠日記』には、角右衛門が忠右衛門より八年前に登場するから、角右衛門のほうが兄ではないかと推測される。ここで角右衛門は、忠右衛門の「隠宅」にいたことがわかる。「隠宅」とは「隠居屋」の意味もあるが、『広辞苑』には「世間からはなれてひっそりと住む家」とある。これも推測ではあるが、精神に異常をきたした角右衛門は、忠右衛門宅に設けられた「隠宅」で、文字通りひっそりと人目を忍んで暮らしていたのではないか。悪く言えば、座敷牢同然の「隠宅」で、「飼い殺し」の生活をしていたのかもしれない。精神に異常をきたした者の不遇な扱われ方。精神疾患を瘋癲《ふうてん》ともいう。瘋癲者は、近代になっても警察の監視下におかれ、自宅の座敷牢か市町村がつくった「監置室」に収容された。精神科の病院で治療を受ける者は、少なかった。まして江戸時代は、座敷牢に「飼い殺し」にされることも多かったのである。

村びとたちも、角右衛門を気の毒に思っていた。それが「奇火」を「角右衛門心火」と思わせた。「心火」とは、要するに人魂《ひとだま》である。村びとは、不遇のうちに死んでいった角右衛門の霊魂が、成仏せずに村をさまよっていると考えたのである。

犬神憑き

内匠宅の前に住んでいる千吉（仙吉とも）は、陣内の組内の小百姓である。文化十年（一八一三）、『内匠日記』の最初からの「登場人物」である。この年、内匠一五歳の時から、手習所をはじめるが、千吉は最初の門弟である。年齢も内匠とは一〇歳前後の違いしかなかったと思われる。内匠とはごく親しく、もっとも頻繁に『内匠日記』に出てくる村びとのひとりである。貧農であったらしく、たびたび年貢負担に支障をきたした。そしてそのつど、内匠ほかの世話になっている。また、米を盗んで拷問に遭い殺された九蔵（後述）の父親である。

その千吉が、天保九年（一八三八）二月にに犬神にとり憑かれた。「千吉ニ犬神付候而様々之事をくるう。犬神は畑ヶ田より大石ノ弥左衛門方ニ来居候而、千吉、弥左衛門方ニ□持行候ニ付キ候と自身申候」（二月二十一日）。「様々之事をくるう」とは、いろいろと不可解な言動をとる、と言うことだろう。千吉自身の話によれば、犬神は東下田村畑ヶ田から長野村大石の弥左衛門宅へ来ていたが、千吉が弥左衛門宅を訪ねたときに千吉に取り憑いたという。

犬神は、狐憑きなどとともに、西日本に広く分布する犬霊の憑き物である。動物霊が人に取り憑くという信仰は全国にある。しかし狐や狸の憑きものは東日本に多く、犬神は西日本に多い。一般に犬神は、取り憑かれた人間に精神的、肉体的異常をもたらすので忌み遠ざけられるものである。また大分県など東九州には、ひとつの村に犬神を憑けたり落としたりする、いわゆる「憑物筋の家」があったりする。これは、一種の祈祷師である。しかし、長野村にはそのような祈祷師はいなかった。だから祈祷師が、仙吉に犬神を憑けたのではない。この場合、犬神自身が村内をうろついていて、最後に千吉に取り憑いたのである。

三月になって「千吉方ニ疫病入候ニ付、組中相談致氏神江疫病除願立ル」（九日）と、組内で相談し、氏神に「疫病除」の願をたてた。さらに「千吉雇ニ付、坊中本了坊へ行。右は頃日千吉ニ犬神付キ候処、近所ノ組中より出銅致くれ祈祷いたし呉様ニ付、手前雇テ本了坊へ礼ニ遣候」（十日）。組中でお金を出し合って、阿蘇坊中の本了坊に犬神落としの祈祷をしてもらっている。しかし、この犬神もずいぶんしつこかったとみえ、翌四月も「祇園ノ社司田尻長門雇て氏神ニ而疫病除ケ祈願有之」（八日）と、今度は祇園の神主にも登場を仰ぎ、「疫病除」の祈願をした。その後も『内匠日記』に、千吉の犬神が落ちたという記述はない。しかし千吉の犬神憑きの記事はみえなくなり、千吉も普通の生活に戻っている。そのうち犬神は、またどこか別の村へ行ってしまったのだろう。

犬神憑きなどによる異常な行動は、今は精神疾患と同一視されることが多い。しかし、さきの角右衛門の件とあわせて考えると、「乱心」と「憑きもの」は同じものではなかったように思われる。日本において「乱心」と「憑きもの」をいずれも「精神病」としてひとくくりにするようになるのは、近代になってからだと言う。江戸時代の人びとは、「乱心」と「憑きもの」を区別していたのである。

穢された氏神

長野神社、『内匠日記』で言う「氏神」は、長野村と一定の区域を守る鎮守であり、村びとが共同で祀る神である。災いが起これば、村びとはこぞって氏神に集まり、災いが鎮まるよう祈願した。氏神は、村でいちばん神聖な場所であり、穢されることは許されない。氏神は、常に清浄でなければならない。氏神が穢されると、ただちに村の安寧を壊しかねない重大な事態が起こりかねないと考えられた。先に見た「牛馬の疫病」でも、その発端は拝殿の柱を焼いたことであった。

安政五年（一八五八）十月、天満宮の御神体に異変が起こった。開国後、世の中はあわただしくなっていた。「天満宮御神体何者共不相知穢候ニ付、夕方、杢・仙次郎申談ニ来。右ノ様子内々聞候処、田尻ノのさ、原口ノ鉄左衛門をのろい候而、天満宮ニ釘をうち候也」（十月四日）。天満宮は、長野神社の社殿の背後にあった。明治のはじめに合祀されたため、今は天満宮の社殿はない。その御神体を穢した者がいる、というのだ。隣の杢と近くの仙次郎が、どうしたものかと内匠のもとに相談にやってきた。両人の話によれば、田尻の「おのさ」という娘が、原口の鉄左衛門を呪うために天満宮に釘を打ちつけたらしい。釘を打ちつけたと言うのは、もしかしたら藁人形に釘を打ったのかも知れない。男女の恋のもつれであろうか。しかし放っておけば、境内全体に穢れが及びかねない。これは大変なことだ、急がねばならない。さっそく翌日、内匠は祇園の社人田尻壱岐に来てくれるよう依頼した（五日）。しかし田尻壱岐は、どうした訳か「穢気」があるという。怪我でもして血が流れたりしたのだろうか。ともかく壱岐は、倅の田尻信濃を代わりに寄越してくれた。さっそく信濃は、清め祓いの祈祷を行い、天満宮の穢れを取り除いた（六日）。

明治十五年（一八八二）のことだが、こんなこともあった。「氏神拝殿ニ而物貰乞食男一人死、村中より寄致、明日晩より死骸取除、清祓あり。村中皆々打集る」（八月二十九日）。氏神の拝殿で、どこの者とも知れぬ「物貰乞食男」がひとり死んでいた。男は行き場所もなく、食べ物もなく、いわゆる行き果てである。さまざまな穢れのうちでも、いわゆる「死穢」は最も忌避されるべきものである。村びとが集まって、男の死骸はすみやかに取り除かれた。しかしこのことで、氏神の社殿は穢れてしまった。そこでここでも、急いで「清祓」が行われた。この間、警察官が来たり、その立ち会いのもとで検死が行われたりした様子はない。男の遺骸は、無縁仏としてどこかに「処理」されたのであろ。こうした行き果てても、この時代には決して珍し事ではなかっただろう。村落共同体を離れた「物貰乞食男」などが、生きていくのは難しい時代だった。乞食の死を哀れむ村びともいたであろう。しかし、素性も知れぬ乞食ひとりの死よりも、穢れを祓い、氏神が清浄に保たれることのほうが、村にとっては重要なことであった。

殺人事件　長野村のようなのどかな田舎でも、長い間には殺人など血なまぐさい事件もおこる。天保九年（一八三八）正月、長野村の北にある沢津野村でのこと。竹次と源七という男ふたりが、鶴という女を殺害した。事実はこれっきりである。子細は全く不明。下手人（犯人）を捕縛するために、内牧からさっそく阿蘇南郷郡代配下の役人がやってきた。「右之者共此方ニ来、飯たく」（八日）とあるから、役人たちは内匠宅に来たということだろう。内匠は、炊き出しをして協力した。役人たちは、まず現場に急行。この時、犯人を追跡している最中であったのだろうか。役人は、「宮川泉州」以下九人。内匠宅だけでなく、役人たちは村内各所をまわって、立ち回り先などの情報を集めたのだろう。軽微な犯罪ならば、村役人たちの段階で始末をつけて事件は村内で落着することが多い。しかし、殺人などの凶悪な事件については、郡方から役人が派遣される。内匠のところへ役人が来たのは、彼が地域の名士でいろんな情報を入手している可能性があると考えたからではないか。しかしこの事件、このあとどうなったのか？『内匠日記』には、「つゞき」は何もない。

こんな事件もあった。ただし、伝聞である。天保十三年（一八四二）九月のこと。久木野村観音寺の久木野定という者が、隈之庄村（旧下益城郡城南町）からやってきた「乱心者」に殺害された。「乱心」は、さきに述べたように、精神に異常をきたした者をさす。これも先ほど同様、子細は全く不明。ところが殺された定の息子が、父親が殺害されたことを知ると、鉄砲をもって事件現場に急行した。息子は、その「乱心者」をまず鉄砲で撃ち殺した。その上、「其きず口を刀にいぐり置候由、おかしき事ニ候」（九月十一日）。隣村久木野村での出来事ではあるが、事実なら何とも凄惨な事件である。父親を殺された恨みから、撃ち殺した敵の鉄砲傷に、さらに刀を突き立てて傷口をえぐった、と言うのである。すさまじい状況とはうらはらに、内匠は「おかしき事ニ候」と最後に冷静に書いている。もしかすると、話が誇張されて芝居じみていると、内匠は感じていたのかもしれない。

米を盗み取る

右の殺人事件は、少々話が芝居じみているように筆者自身も思う。しかしこれから紹介する米泥棒の一件は、内匠の近しい人びとの間で起こった、しかも貧しさゆえにおこった悲しい事件である。

「前之仙吉（千吉）」は貧しい農民で、年貢納入にもたびたび支障を来したこと、内匠の手習所のはじめての門弟のひとりであったことなどは、すでに述べた。そして、千吉の息子九蔵もまた内匠の元門弟であった。その九蔵が貧しさゆえか、とんでもないことをしでかした。九蔵はこのとき、内匠の手習所にいた時期から推定すると、二〇歳前ではなかったかと推定される。

事件は、慶応二年（一八六六）十一月二十七日に起こった。九蔵が、原口の儀八郎のうちの米を盗んだというのである。十一月の末から十二月のはじめと言えば、これは年貢納めの時期である。もしかすると九蔵は、年貢納入が困難で、追いつめられた末の犯行だったのかも知れない。それは、決められた年貢を納めないと周囲に迷惑を掛けるし、また家族のことを慮っての行為だったのではないか。

収穫した米については、農民たちも盗まれないように警戒を怠らない。その場で盗みは露見したのだろう、九蔵はとらえられた。年貢納入のこの時期、どこの農民も神経質になっている。そして、「源内倅次左衛門、大石庄八、馬喜太、右四人ニ而搦候而強問致。暮方夜五ツ過迄手強綱責致候ニ付、生気絶々ニ相成候を庄や庄太郎方連帰る」。九蔵は、源内ほか四人に捕らえられ、夜まで綱責めの拷問を受けた。よほどはげしかったものと見える。午後八時頃になって、九蔵はぐったりとして息絶え絶えとなった。それに驚いたのは源内たちである。これはどうしたものかと、とりあえず庄屋の庄太郎宅まで九蔵を連れて行った。

しかし、翌日明け六ツ（午前六時頃）、とうとう九蔵は息を引き取った。庄屋の庄太郎はしばらく思案した。たいへんなことになった。「九蔵が米を盗んだとはいえ、殺すことは許されない。とはいえ、これをお上に申し出れば、九蔵を死なせた四人は詮議の上、それ相応の処罰を受ける。これは村にとっても大きな損失である。いっぽう四人が断罪されれば、九蔵の家族は「盗人の家」として日陰者の暮らしをしていかねばならないだろう。なんとか穏便に済ませられないか」。

庄太郎は、千吉と千吉の家族とも親しい内匠にも、事の経過を詳しく話した。そして、善後策を相談したにちがいない。

結局、「庄や庄太郎、双方取鎮メ、上達ニ相成不申候様ニ相済」（二十八日）。庄太郎は双方を納得させ、お上には報告せず、村内で内々に済ますことにした。

九蔵の葬儀は二十九日に行われた。「源内・次左衛門・庄八・馬喜太も九蔵葬式ニ香奠米等持来候」（二十九日）。葬儀には、九蔵を拷問で死なせた四人も香典米をもって参列した。これには詫びの意味も込められているだろう。九蔵の葬儀には、村の人びとも大勢集まった。村びとも、事件の一部始終を知っていただろう。

ところで、子どもを殺された千吉は、どんな思いで庄屋の仲裁策を受け入れたであろうか。そのことを考えると不憫ではある。しかし庄屋である庄太郎の裁定は、彼の独断ではなく「村の総意」と言っても良いのではないか。江戸時代の村には警察官も裁判官もいない。凶悪、悪質な事件の場合、藩の治安機構が機能し事件を解決する。しかし、村の中で起きた多くの事件は、村の中で解決される。そうして江戸時代の村の治安は維持されていたのである。これは中世村落共同体の自検断（地下検断）の伝統を引き継いでいると言えないだろうか。自検断とは、村の統治権と警察・裁判権は村みずからが行使する権限である。これは村の治安や秩序の維持という観点から見れば、社会正義のようにもみえる。しかし村が処罰を断行することは、観点をかえれば「村社会の暴力」（藤木久志『中世民衆の世界』）でもある。江戸時代になって、村の検断権は、しだいに幕府や藩に包摂されていく。だからこのような事件の場合、本来、「お上」に届け出て裁定を受けなければならないはずである。しかしお上の裁定がもたらす結果が、かならずしも村の利益になるとは限らない。九蔵の事件は、残酷な話ではあるが、こうして江戸時代の村の秩序は保たれたのである。一週間後、内匠は九蔵の初七日に参った。

博打・火つけ

『内匠日記』には、博打に関する記述もけっこう多い。賭博は、博打また博《ばく》奕《えき》とも言い、もちろん御法度である。江戸幕府の明暦元年（一六五五）の禁令にも、「かるた博奕諸勝負堅御法度」（『御触書寛保集成』博奕之部）とある。『御触書天保集成』によれば、天明八（一七八八）から文化十三年（一八一六）の約三〇年間にみえる博奕禁止令は二〇回にも及んだという。江戸時代の賭博には、かるたと賽《さい》が多く使用された。また、博徒は大別して「都市博徒」と「農村博徒」に分けられる。江戸時代には、農村でも賭博が盛んに行われた。百姓たちの賭博は、お金を賭けることは少なく、ぼろ布、股引、手ぬぐい、茶碗、合羽などが賭けられたという。熊本藩でも、もちろん博打は御法度である。村によっては自ら規約を決めて、禁止しているところもあった。杉島手永著町村では賭博をした場合、宿主・発起人は五〇匁、参加者三〇匁、五人組一〇匁と規定している。

さて、賭博に関して安政二年（一八五五）の『内匠日記』には次のような記事が出てくる。「実英坊主、ばくちうち、にげ候と咄致」（正月二十三日）、「ばくゑき致候ニ付、辻之仁吉御穿鑿所ニよびだしニ相成候事。前の文兵衛来咄」（四月十日）、「五郎吉娘、畑ヶ田ニ行居候おつお来而、東下田之者共三十人斗、ばくゑき致、御穿鑿所へよびだしニなり、昨日より今日迄ニ参り候と咄致候」（四月十一日）。まず正月、「実英坊主」という僧が、博打を打ち、追っ手から逃れた。四月、辻の仁吉も、博打の容疑で「御穿鑿所」に呼び出された。さらに五郎吉の娘おつおが話すには、博打をしたかどで東下田村の者が三〇人ばかり「御穿鑿《せんさく》所」に呼び出された、と言う。どうやらこの年、博打の一斉検挙が行われたらしい。

「御穿鑿所」は、熊本にある犯罪人の取り調べ所である。穿鑿所は、長官である穿鑿頭のほか、穿鑿役十人、拷問方十三人、目付三人など、総勢約百名をかかえる役所であった。当時の取調では、自白が最も重要視されたから、とくにかく拷問をしてでも自白させた。穿鑿所には、今で言えば拘置所にあたる牢屋も併設され、刑の執行も部分出来に行われていたという（吉村、前掲書下巻）。

そしてこ十月になって、「杉尾之武八倅、光雲寺へ同宿ニ参り居而、去冬ばくゑき致、其末寺ニ火をつけ候ニ付、入籠居候而、當月六日ちうばつニあい候由聞へ候ニ付、武八方くやミニ行」（十二日）とある。

推測を交えて経緯を述べるなら、次のようになる。安政元年の冬、下田村の光雲寺の末寺で博打が行われた。事前に情報がもれたのか、現場に役人がやってきた。博徒たちは、現行犯逮捕を逃れようとして、寺に火をつけて逃げた。そこで翌年正月から、御郡方による博徒の一斉検挙がはじまる。おそらく逃走した「実英坊主」とは、この寺の関係者であろう。当時は、寺院が博打場になることが多かった。そして長野村辻の仁吉や東下田の者たちが大勢、博打の容疑者として熊本の「御穿鑿所」に呼び出されて取り調べをうけた。そして杉尾の武八の息子も捕らえられ、火付けの犯人として、熊本へ送られ「入籠」のうえ、六月六日に「ちうばつ」されたと言う。「ちうばつ」とは「誅伐」のことで、熊本藩では死刑一般をさす語である。火付けの罪によって、武八の息子は死刑に処せられたと言うのである。武八の倅は、博打に加え火付けの罪も問われ、極刑となったのであろう。

　武八もまた、内匠とごく親しい隣人のひとりである。武八の倅には直太という者がいた。「武八倅」とは、この直太かも知れない。直太ならば、かつて内匠の手習所の門弟であった。内匠は、武八宅に悔やみに行った。「遊びが過ぎたとは言え、こんな事になろうとは」と、武八のみならず内匠も思ったことであろう。

　翌年正月、武八の倅の百ヶ日に法要がいとなまれた。もちろん内匠も仏参りに行ったが、「頃日、実英坊主百ヶ日来候ニ付、佛前ニ参る」（正月二十四日）とある。何とあの逃げた「実英坊主」も仏前に参っているではないか。事件の現場となった、「光雲寺末寺」の坊主に違いない。誅伐にあった武八の倅のことを思うと、内匠は、何ともやりきれない思いがしたことだろう。

野方ろん（論）

　江戸時代の農民にとって、草山は農業経営に欠くことの出来ない資源の供給地であった。草山はの草は、田の刈敷（田植え前に草を踏み込んで肥料とする）として、牛馬の飼料として、厩肥（厩で草や藁と糞尿を混ぜでつくる肥料）の材料として、萱葺き屋根の材料として利用された。また阿蘇地方では、草山自体が牛馬の放牧地でもあった。余談だが、牛馬の放牧地としての「牧」の制度は、古代以来の伝統であった。内牧《うちのまき》や外牧《ほかまき》の「牧」は、まさにこの放牧地のことである。

　江戸時代の農村では、田の面積の一〇倍ほどの草山が必要だったとも言われる。江戸時代の草山（山林や原野）は、基本的には村びとが共同で利用する入会地であった。また近隣の村同士で共同利用を行う入会慣行などもあり、いくつかの村が接するような草山では、その用益権をめぐる争論が起きやすかった。また草山の境界などを巡る争いもたびたび発生した。山林や原野をめぐる争いを一般に「山論」という。明治四年の事件は「山論」ならぬ、草切り場をめぐる「野方論」であった。

　発端は明治四年七月五日、近隣の「川後田・下田・

東下田・松木之者共」が長野村側の草きり場に草を刈りに来ていたことからはじまる。長野村の誰かが、境を越えて草を刈っている連中を発見した。当然、長野村の農民たちは、これを阻止しようとした。「村中不残乙ヶせ之者共迄皆々可参様申来」と、長野村だけでなく乙ヶ瀬村にまで、ひとり残らず集まるようとの触れを出した。そこで長野・乙ヶ瀬村両村と川後田・下田・東下田・松之木村四村の百姓たちが、にらみ合うことになった。その後、双方で話し合ったが、お互いの主張は平行線のままだった。

ひと月後の八月二日、「裏野草剪場ニ付、下田と頃日より申ぶん有之候処、今日役宅ニ内牧出張所役人菅、尉八来候ニ下田申分不相立、長野村之野ニ以来入込候事不相成候段、内ノ牧出張所役人菅、尉八より申渡候事」とある。「裏野」の草きり場をめぐって、下田村と争論が続いているが、この件に関して阿蘇内牧の出張所からふたりの役人（菅順蔵と西嶋尉八）がやってきた。そして、「下田村の言い分は成り立たない、以後、長野村の草きり場には入ってはならない」との裁定が申し渡された。『内匠日記』にはすぐあとに、少々誇らしげに「長野村勝利ニ而候」（八月二日）とある。このように入会地をめぐる争論で、当事者である農民たちの話し合いで解決できない場合、藩（この時点ですでに廃藩置県が断行されているので県と言うべきか）の役人が裁定を下して解決することも多かった。

ところがこの事件はさらに、ほかへ飛び火した。同じ八月二日に、今度は黒川・沢津野両村の草きり場に川後田村の農民が入り込み、両者の間で乱闘になり多数のけが人が出たというのだ。おまけに黒川村の応援に立野・新所からも二〇〇人ばかりが棍棒をもってかけつけ騒ぎはいっそう大きくなった。しかしこの後者の乱闘事件について、『内匠日記』はその後何も書いていない。理由は分からない。こちらは長野村が当事者ではなかったからだろうか。いずれにしても野方（草きり場）は、日頃はは平穏のうちに暮らしている村々の百姓たちを争いに駆り立てる場でもあった。言い換えれば、草山は農民たちにとって、それほど重要な資源供給地だったのである。

行き果て

行き果て（行き倒れ）の話は、二度目である。「松山地蔵堂ニ人死候。村中より番致。是は豊後より當村より川後田ニかけ参居候幸吉と申者也」（嘉永五年八月二九日）。松山と言うから、長野村の南東のはずれで川後田村との村境付近。ここに小さな地蔵堂があった。誰が見つけたか分からないが、地蔵堂のなかに人が死んでいる。男だ。遺体を検めると、この男には見覚えがあった。少し前に豊後国からやってきた「流れ者」で、名を幸吉といった。出稼ぎに来ていた者のようだ。幸吉はしばらく長野村にいたが、その後川後田村へ向かった。幸吉に関する消息は、そこまでだ。川後田村でも、大した仕事にはありつけなかったのだろう。食うや食わずの日を過ごした挙げ句、たどりついたのはこの地蔵堂だった。仏にすがろうとしたのか。しかし幸吉は、ここで息絶えた。村人たちは、総出で遺体を運び葬った。もうひとつ、明治十五年（一八八二）年、氏神（長野神社）に「物貰乞食」が死んでいて、氏神の「清祓」をしたことは、すでに述べた。

こうした行き果て者は、現代で言えばホームレスである。ひとりは地蔵堂で、もうひとりは神社で死んでいた。二件とも八月のことだった。夏がようやく過ぎる頃だが、体力が衰えていたものだろうか。はたまた病に冒されていたのか。行き果ては村びとにとっては招かざるものであろう。しかし、共同体から放り出されたりしたものの過酷な現実を目の当たりにして、村びとたちも手厚く葬った、と思いたい。

山犬が牛馬を喰う

江戸時代も後期になると、犬や猫を愛玩するペットブームが起こる。浮世絵には愛玩用の犬や猫がたくさん描かれている。しかしそれまでは、犬や猫は「実用的」な動物として飼われていた。狩猟に欠かせない猟犬は、その代表だろう。猫も鼠を捕る「能力」を買われて、屋内で飼った。また「よそ者」に良く吠える番犬が、個人ではなく村や町で飼われていたことも知られている。いわば「公用の犬」である。

内匠はと言えば、猫を飼っていたようだ。「水溜権八方より猫貰いに来る」（文化十年六月十二日）。水溜村の権八が猫をもらいに来た。また、「むつ、川後田村用八方より猫貰持来」（安政二年五月二十一日）。娘のむつが、川後田村の用八から猫をもらってきた。このように、村ではお互いに猫をあげたりもらったりしてる様子がわかる。それではこの猫たちは何のために飼われていたのか。こんな記事がある。「おいゐ来、鼡を持て猫ニクレル」（文化十三年十二月十六日）。近所のおいゐがやってきて、内匠宅の飼い猫に鼠をくれたと言う。猫によって違いもあるようだが、確かに猫は鼠を捕って食べる。おいゐがくれた鼠も、おいゐのうちの猫が捕ったものだろう。要するに猫は、愛玩というより鼠の駆除のために飼われていたのである。

さて、前置きが長くなった。ここでは犬の話である。ただし、犬は犬でも「山犬」の話である。『内匠日記』には、内匠や村びとの誰かが犬を飼っているというような記述はない。ところが安政三年（一八五六）五月、村に「山犬」があらわれる。「うらのニ山犬出、牛馬を喰ふ。甚之助方馬の子をくい殺す」（二十三日）。長野村の草きり場であり、放牧地でもある「うらの」に山犬があらわれ、何と放牧していた牛馬を喰い殺したと言うのである。甚之助の子馬も喰い殺された。犬が牛馬を食い殺す。これも、ただごとではない。

山犬の被害に村びとは、どのように対処したのか。安政五年（一八五八）八月、「山神江當正月、山犬あぶれ候節願籠候願解ニ村中残りなく参拝致候様、走番損助触来、御神酒代三分取行」（十三日）とある。安政五年は正月頃から山犬が裏野にあらわれ暴れていた。そこで村びとは吉岡山にある山の神に、山犬を鎮める願をかけた。山の神の霊験は、すぐに効果があった。しばらくして、山犬もどこかへ去っていったようだ。八月になって、願を解くからみな山の神に参拝するようにと走り番の損助が村中に触れ回った。内匠は御神酒代として三分渡した。

山犬に関する記述は、『内匠日記』にも、この二度しかない。牛馬が喰われるなどの被害は、右の安政三年のときだけである。だから山犬が、裏野周辺にいつもいて悪さをしているのではない。山犬は何年かに一度、どこからか回遊してくるのである。だから山犬は飼い犬が野生化した、単なる野良犬ではないようだ。また被害が出ても、村びとは「山犬狩り」などせず、山の神に山犬を鎮める祈願をしているだけである。そこには村びとたちの山犬に対する畏敬の念があらわれているような気がする。こうしたことから、この「山犬」とは、ニホンオオカミであろうと推測する。

ニホンオオカミは本州・四国から九州地方にひろく生息していた。長野村近くにあらわれてもおかしくはない。そしてニホンオオカミは「ヤマイヌ」または単に「オオカミ」と呼ばれていた。あまり大きな群れをつくらず、二〜三頭から一〇頭くらいで行動する。普段は山の中にいるが、時として人里近くにあらわれ、村の犬や馬を襲うことがあった。とくに馬の生産が盛んな盛岡地方では、オオカミに襲われる馬の被害が多かったと言われる。地域によっては、農業に害をもたらす害獣を喰い殺すため神聖視され、信仰の対象にもなった。ちなみに、ニホンオオカミという呼称は、明治以降のものである。

ヨーロッパでは、童話「赤ずきんちゃん」に代表されるように、オオカミは人間に危害を加える動物である。ヨーロッパのオオカミは、体が大きい。しかしニホンオオカミは、農作物に被害を与える猪や鹿を追い払うために、信仰の対象となった。ニホンオオカミは、体も小さい。ニホンオオカミは、山の神の化身とされ、埼玉県秩父の三峯神社では「御眷属《けんぞく》」（神の使い）として崇められている。そう言えば、さきの山犬騒ぎでも、それを鎮めるために村びとが祈ったのは、吉岡にある山の神であった。

いっぽう、明治七年には、山犬ならぬ野犬が暴れる被害が起きている。「此近日、犬あぶれ、田畑之作を損し候ニ付、村中申談ジ村中惣人数ニ而犬かり致、九疋程害シ候由」（六月二十七日）。群れた犬が田畑を荒らしまわり、農作物に被害が出た。そこで村びとと惣出で犬狩りをして、都合九匹の犬を殺した。

ここで、先の「山犬」とこの「犬」について、明らかな違いを見いだすことができる。ひとつは、「山犬」は草千里下の裏野で馬を襲っているが、「犬」は里の田畑で暴れまわっている。山犬の被害は牛馬で、野犬の被害は農作物である。ふたつめに、村びとの対処の仕方が違う。村びとは「山犬」に対しては、大きな被害にもかかわらず、犬狩りはせずに山の神に祈った。しかし里の野犬は、村びとの「犬狩り」にあい、九匹もの犬があえなく仕留められた。「山犬」と「犬」は、あきらかに村びとの扱いが異なる。村びとたちは、山犬に対しては、山の神の化身として丁重な扱いをしているように感じる。以上のことから、『内匠日記』の「山犬」は、ニホンオオカミと思われるのである。すでに絶滅して久しいニホンオオカミの記録が、江戸時代の九州において文献に残されていると言うのも、珍しいことではないだろうか。

不思議の星

「南方ニ不思議の星出ル、是始而見ユル、毎晩出ル也」。これは『内匠日記』文政八年（一八二五）八月二六日の記事である。「不思議の星」が毎晩出た、とある。いったいどんな星か。この年、ボンズ・ビニル・ダンロップ彗星と言う彗星が現れたことが分かっている。内匠はこの時、おそらくまだ彗星というものを知らなかった。だから、初めて彗星を見て、「不思議の星」と表現したのだ。しかし、これ以降現れた彗星については、内匠はその都度記録している。内匠が自然現象にも強い関心をもっていたことが分かるが、このような記録が、いっそう文献としての『内匠日記』の価値を引き上げていると言える。

天保六年（一八三五）年には、「當月中頃より西方ニ彗星出ル」（八月晦日）とある。ここではっきり「彗星」と書いている。この時の彗星は、あの有名なハレー彗星である。このころ内匠は、白川書斎で手習の師匠をやっていた。だから、それこそ白川の川べりあたりまで出て、西の空の彗星を眺めたのであろう。この月の中頃にハレー彗星は現れたと言うから、もう半月ほども西の空にみえている。この年のハレー彗星は、ヨーロッパではじめて近代的な観測が行われた。

天保十四年（一八四三）二月に「晩ニ西南之方ニ白キ雲気長サ廿間斗と見へ三時ばかり立」（七日）とある。西南の方に白い雲がみえる。普通の雲ではない、とにかく細長い雲だ。一週間ばかりあとになると、「晩、西南方ニ奇雲又出る」（十三日）とある。ここでは、「奇雲」と表現している。実はこの「あやしい雲」の正体は、グレート・マーチ彗星と言う彗星の、尾の部分だったのである。先端の核の部分が、俵山付近の外輪山に隠れ、尾っぽの部分だけが山のうしろから細長く天に昇るように見えたのであろう。だから内匠は、彗星ではなく「奇しい雲」と思ったのである。この彗星は日本各地で記録が残っており、やはり「あやしげな雲」として書き残されているものが多い。尾の見かけの長さは六十五度だったと言うから、それは視界の空の三分の一ほどにものびていた。驚いた内匠は、毎日のように「奇雲」の様子を書いている。「奇雲」は二〇日ばかり見えたが、二月の終わり頃には消えてなくなった。

安政五年（一八五八）八月にも、「今晩初而、亥之方ニ異なる星出る。此星次第ニ南之方之様ニより出る」（十七日）とある。この「異なる星」の正体もまた彗星であった。ドナチ（ドナーティ）彗星という。この彗星は、朝は北東にあらわれた。夕方は、北西よりの空にあらわれ、長い尾を天に引きながら次第に南方に移動した。ドナチ彗星も尾が長い華麗な彗星だったと言う。大津（大津町）の日吉神社の神主であった坂本経治の『寿賀廼舎《すがのや》日記』にも、この彗星のことが書いてある。「八月上旬の頃より彗星顕れ候。朝七つ頃北東の方、夕方五つ半頃までは、西の方に相見え申し候。色々悪しき風説之れ有り候。アメリカ船も浦賀に多く参り候由に後座候」。古来、日本や中国では彗星を「妖星」と称して、不吉なことが起こる前兆と考えた。「そう言えば思いあたる」と、この彗星を見た当時の人びとは思ったに違いない。この年はコレラが流行し、おまけに浦賀には黒船がやってきた。そして黒船の圧力に屈し、日米修好通商条約が結ばれた。コレラと黒船と彗星、いろいろな「悪しき風聞」が飛び交う。いよいよ世の中は騒々しくなってきた。幕末の日本人の目には、ドナチ彗星は決して華麗には写らなかっただろう。

村を訪れる人びと

①商人

さまざまな行商人　村には実にたくさんの人がやってくる。行商人、職人、芸人、そして得体の知れないものまで。その中でいちばん多いのは、やはり行商人である。江戸時代は都市の発達にともない、消費需要をみたすためのいろいろな商品生産とそれを販売する商売が成立する。そして店を構え商品を販売するのとあわせ、行商人も増加していった。ただし通常は、振売（天秤棒を担いだ行商人）であっても商人札（許可証）が必要であったから、自由に行商が出来たわけではない。また諸藩では、農村への行商にはいろいろな制限を加えた。しかし現実には、さまざまな行商人が村々を訪れた。

行商人たちは天秤棒をかつぎあるいは背負子を背負い、都市と農村のあいだを行き来した。もともと自給自足でほとんどのものをまかなえる農村でも、貨幣経済の浸透は防ぎがたく、村びとも近くの在町《ざいまち》や行商人から商品を購入するようになる。こうして行商人は、都市で生産される商品を農村にもたらしたが、同時にいろいろな情報ももたらす。行商人は、地方都市と農村をつなぐ媒介だった。

ただ、近江商人や富山の薬売りはともかく、行商人たちが専業の商売人ばかりとは限らない。農業のかたわら、商品作物を作って商品にし、それを販売してまわる。この場合、行商人の実態は「村に住む百姓」である（渡辺『百姓たちの幕末維新』）。藩は行商人を把握しようとするが、すべての行商人を網に掛けるのは難しかった。このような行商人も、村々を行き交ったのである。

紀州や阿波から　いったい行商人は、どこからやってくるのか。『内匠日記』をみると、実に様々なところから行商人がやって来ていることがわかる。まず、肥後国の外からやて来ている者たちからみてみよう。

いちばん遠くからやってきているのは、紀伊国の椀売りである。「紀伊国椀商椀代取ニ来。四拾五匁相渡ス。右之椀は六〇目也、黒椀しるしは菊花の折り花」（文化十年二月九日）とある。何と紀州（和歌山県）から「椀売」が来ている。「紀の国」は、古くは「木の国」とも呼ばれた。紀伊山地の豊富な森林に由来する呼称である。木材が豊かなため、室町から戦国期にかけて、紀州には椀などを作る木地師集団が生まれた。そして漆器も盛んに生産されるようになる。

紀州黒江（現海南市）の椀は、伊予桜井（現今治市）の椀舟行商人によって九州にももたらされた。桜井の行商人たちは、黒江で造られた漆器を仕入れて九州方面で行商をしていたのである。だから「紀州の椀売」は、実際には紀州の商人ではなく、伊予桜井の椀舟行商人だと言うことになる。豊後国日出《ひじ》（現大分県日出町）の港にも椀舟が来ていたという話を聞いたことがある。九州東部の瀬戸内側の港に入った椀舟から、行商人たちが九州各地を歩いて椀を売ってまわっていたものと思われる。また椀舟行商人たちは、帰りには有田焼や唐津焼など、九州の商品を購入して帰ったという。

それにしても黒椀が四五匁とは、やはりかなり高価だと言える。一両が六〇匁で現在の五万五〇〇〇円とすると、四万円あまり。一客と言うことはないだろう。五客なのか一〇客なのか。一〇客としても、一客四〇〇〇円である。こんな高価な買い物は、村の上層の家と言えども、とても高い買い物だったに違いない。

紀州のつぎに遠いのが「江州之薬商」（天保十四年二月十一日）である。江州とは近江《おうみ》国（滋賀県）のことである。江州商人はまた近江商人とも言う。大坂商人、伊勢商人とならぶ日本三大商人である。江州商人とは通常、近江国外に出て活動した行商人のことをいう。江州商人は、はるか九州にまでやってきていたのである。江州の売薬商人については、またのちに触れる。

次に四国阿波国（徳島県）の行商人。「四国阿波かな物うり来。屋すり一本求」（安政二年四月朔日）とある。内匠は、阿波の金物屋から、やすりを一本買い求めた。金物と言えば、筑後国柳川（福岡県）からも来ている。「筑後柳川かな物うり商人泊ル」（安政四年十一月十六日）。この時柳川の金物商は、内匠宅に一晩世話になっている。

近江薬売りも阿波の金物売りも、紀州の椀売り同様、瀬戸内の船便を利用したのは間違いない。広域を移動する行商人が、さかんに行き交う瀬戸内の「海のルート」が見えてくる。

対馬の薬売り

肥後国外からの行商人にもうひとつ、対馬（長崎県）の薬売りがある。文化十年（一八一三）に「対馬薬商来る」（六月三日）、文化十三年（一八一六）にも「對馬國薬売来」（六月二十日）とある。

対馬の薬売りが、対馬からはるばる船に乗って阿蘇までやってきていたかと言えば、そうではない。実は現在の佐賀県鳥栖市田代は、対馬藩の飛び地であった。対馬藩は、朝鮮国との外交、貿易を一手にになっていたことは、よく知られている。その朝鮮貿易で入手した朝鮮人参やその他の漢方薬の製法を得たことで、製薬業は対馬藩の一大産業となった。そして肥前田代に拠点を置いて、薬の販売を行っていたのである。九州各地をまわる「対馬薬売り」は、この佐賀田代から各地に出て行っていたのである。そして「肥前田代の入れ薬」という、いわゆる配置売薬業が発展した。この田代の配置売薬業は、越中富山、奈良大和、滋賀近江とならぶ日本四大配置売薬業として、今日に引き継がれている。ちなみに有名な久光製薬は、この田代で創業した企業である。

他国商人の規制

十八世紀も後半になると、他国からの行商人も増加し、領内の商人を圧迫した。『年表稿』には、「他国商人密々に領内で商売すること多く、熊本商人に打撃あり、厳重に監督す」（明和八年九月）、「他国商人が在中にて販売している商品は、下関あたりの旅人が肥後向商品として上方で仕入た物の由」（同年十二月）などとある。

このような状況に対し熊本藩は、熊本町ほか領内の商人を保護するために、たびたび他国商人の商売を禁止している。例えば寛政元年（一七八九）閏六月には、「越州富山・江州日野の薬売、紀州の椀売、筑前姪ノ浜の売人、五ヵ年間入国禁止、売懸金取立には本年中入国を許す」という法令を出している。ここに出てくる、富山や近江、紀州の椀売りなどが、他国商人の代表的なものだったことがわかる。しかし、それでも他国商人を完全に閉め出すことは不可能だったとみえる。その後もこの手の禁止令は、『年表稿』にたびたび出てくるのである。

江州之薬商の終焉

さきに触れた「江州之薬商」について、もう少し詳しくみてみたい。『内匠日記』には、近江の薬屋の記事が五回登場する。いずれも二月から三月の春先、田植え前にやってきている。対馬の薬売りがやって来たのはだいたい六月である。村にやってくる時期は、業者によって異なっていた。配置薬の行商人は、一年に一度やってきた。そして例えば、「江州之薬商来、去年薬代拾七匁九分払」（天保十四年二月十一日）というように、前年に使った分の薬の代金を回収し、また新しい薬を置いていく。その繰り返しである。

ところが、この繰り返しが途絶えるときが来た。明治元年（一八六八）三月のことである。「江州薬屋、近年薬品々入レ居候処、世上さわがしきニ付、世志つまり候迄薬入不申由申、当時迄之薬代不残取候而薬はいれ不申候」（三月二十五日）とある。薬屋が言うには、「これまでずっと薬を入れてきましたが、世の中が物騒になってきました。世の中が静まりますまで、薬はもう入れることができません」と。そして薬屋はそれまでの代金をすべて回収し、新しい薬は入れなかった。薬屋が春先に売り懸け金を回収してまわることは、誰でも知っている。だから薬屋は、かなりの現金を持っていることになる。そんな薬屋を襲う事件も、各地で起きたのだろう。幕末・維新の動乱、いや混乱が、近江の薬屋の商業活動の妨げになっていた。そしてこれ以降、『内匠日記』に近江の薬屋の記事が出てくることはなかった。

熊本商人

肥後国内では、やはり熊本商人が行商に訪れている。その中で屋号や店の居所が分かるものがひとつだけある。「熊本坪井廣嶋や薬売来」（文政十三年九月二十八日）、「熊本坪井廣嶋や薬うり来候間、取置候」（同二十九日）。熊本の坪井にある広嶋屋という薬屋が来た。最後の「取置候」とう表現から、やはり置き薬と推測される。しかし、廣嶋屋の名が見えるのは、このとき限りである。

熊本からは魚売りも来ている。文化十一年（一八一四）九月、「熊本之肴売り来」（十九日）とある。同じ年の九月朔日に、ぶりを買った話はすでに述べた。この魚屋も熊本からやってきたのかもしれない。

遠方から来た行商人は、商売をする村々で宿を確保しなければならない。とは言え、阿蘇の村々に宿屋がそうあるわけではない。長野村近辺では、温泉の湯治宿があるくらいである。だから部屋や寝具、食べ物などに余裕のある家を訪ねて、一夜の宿を依頼する。今風にいえば民泊というところか。「熊本之商人来泊ル」（文化十四年六月十七日）。「熊本、さかなうり商人とまる」（明治五年二月十二日）と、内匠の家にも熊本商人がたびたび泊まっている。

高瀬や植木、山鹿から

肥後国内の湊町や在町からも商人がやってくる。「損蔵方ニ高瀬より来居油しめ商人、油しめ道具ニ致由ニ而槻木枝買ニ来候ニ付遣候」（安政四年閏五月四日）。近所の損蔵方に高瀬から「油しめ商人」が来ている。

高瀬は現在の玉名市中心部にあたる。菊池川と繁根《はね》木《ぎ》川の合流点付近に位置し、両川に挟まれ古くから川の湊として発展した。江戸時代、熊本藩五ヵ町（熊本・八代・川尻・高橋・高瀬）のひとつで城北地域の政治・経済・交通の要地で、町奉行が置かれていた。菊池川に沿って運河が造られ、町屋の蔵に直接荷物が上げ下ろしされていて、藩の蔵米や特産品の納屋物の集散地でもあった。

「油しめ商人」とは、搾油道具を携えて村々をまわり、油を搾っては手間賃を得る。また搾った油を買い取って、また他所で販売する、そんな商売人だろう。道具は自分で補修しながら移動する。そのためか、内匠のところへ「槻木枝」を買いに来た。「槻木」は、『内匠日記』では欅をさす。欅は落葉広葉樹で硬い。そのため建築資材や道具の材料として欠かせない。「油しめ道具」の部品にも適していたのであろう。

高瀬からは、「高瀬古着うり来」（慶応三年十一月四日）と、古着屋も来ている。江戸時代には綿布が普及し、衣料事情も良くはなった。とは言え、新しい着物は高価でおいそれと購入できるものではなかった。享保期の江戸では、古着屋が一〇〇〇軒以上あったと言われ、一大産業だったと言っても過言ではない。店舗を構える者も多かったが、行商人も多かった。着物を作る布は一反の大きさが決まっていたから「規格品」であった。だから古着を買って解体すれば、また別の着物が縫えるわけである。

植木（旧植木町）からも行商人が来ている。「上之宇曽ニ来居候植木之宇七商ニ来」（文化十一年七月十一日）。植木は、熊本から豊前小倉へ向かう豊前街道の宿場町である。江戸時代はじめは、宿場のうち味取町が栄えたが、元禄ころになると北に向かう三池街道と、東の合志・大津方面へ向かう道の分岐点あたりに味取新町（九州自動車道植木ＩＣ付近）が開かれ、それ以降ここが町の中心となる。文政三年（一八二〇）には、質屋一、酒造二、揚酒本手三本、麹屋四、藍瓶五本、商札六八枚、馬口労札一枚があったとある（『角川日本地名大辞典 43 熊本県』）。

植木の商人はいったい何を持ってきたのか。商品名が一度だけ見える。「植木商人来、団扇買」（文化十四年五月二十三日）。内匠は植木商人から団扇《うちわ》を買っている。団扇も江戸時代になって急速に普及し、江戸では夕涼みに女性が団扇を持つことが流行した。植木の商人は、細々とした日用品を取り合わせて商っていたのだろう。

植木と同じ豊前街道の宿場町、山鹿からも商人が来ている。山鹿は江戸時代、菊池川流域の物資の集散地であった。また温泉町としても名高い。「山鹿湯町萬屋武平商ニ来」（文化十一年十二月十八日）。山鹿湯町の「萬屋武平」は、文化年間に頻繁に行商に来ている。内匠とも顔なじみだったようだ。萬屋という通り、特定の商品名は出てこない。その後天保期になると、山鹿からは「釜うり」が何度かやって来た。

枯木や大津から

安政二年（一八五五）から六年にかけて、「枯木之藤兵衛」という行商人がかなり頻繁に（安政三年にはほぼ月に一度）来ている。枯木は豊後往還（大津街道）の街道沿いで、大津から熊本方面におよそ一里、熊本からは四里のところ。現菊陽町の東端付近の集落である。江戸時代になって開かれたので新町、また枯木新町とも言う。寛政七年（一七九五）当時、商札が五四枚認められおり、行商人も多かったと思われる。

枯木の藤兵衛が商っている商品が何であったかも、『内匠日記』にはあまり書かれていない。しかし、安政四年の正月には「かれきば、商人藤兵衛年始礼申候。手拭一筋、まんびき一ツ、ちくわ五本」（十四日）とある。年始がてらやって来た藤兵衛は、いつも泊めてもらう手前、お年玉代わりに手拭《てぬぐい》、まんびき、ちくわを置いていった。藤兵衛は行商で長野村に来たとき、内匠の居宅にたびたび宿泊している。定宿とまでは言えないが、内匠の家は長野村で泊めてもらえる家のひとつだったのだろう。そのお礼に品々を持ってきた。「まんぎき」がシイラであることは、すでに触れた。塩漬けの魚である。

先にも触れたが、安政六年には、「枯木馬場村藤兵衛来、黒さ糖一斤持来（八月五日）」ともある。これも「買った」とは書いていないので、藤兵衛が宿泊のお礼に黒砂糖一斤（約六〇〇グラム）を持ってきたものと思われる。砂糖も藤兵衛がお礼としてくれた物だが、彼が商っていた商品と考えても良いだろう。

さらに、「商人藤兵衛、唐芋植ニ加勢致」（安政四年閏五月十七日）と、藤兵衛は内匠のところの農作業を手伝ったりもしている。この数日前にも泊まっているので、これもその返礼の意味があるのだろう。

このように行商人が村々をまわるとき、信頼関係を結んだ村びとの家に宿泊しながら行商をつづけた。宿泊すればそのお礼にと、何かしら物を置いていく。場合によっては、農作業を手伝うなどして返礼としたのである。

吉田新町の糀《こうじ》うり

阿蘇郡内の七つの在町のうち、長野村にもっとも近いのが吉田新町であることはすでに述べた。吉田新町には常設の店舗がならんでいたが、ここからも薬を売る行商人などがやってきた。いろいろな行商人が来る中で、「糀うり」のことを紹介しよう。

「新町の糀うり来」（文化十年十二月十日）、「新町文八、糀うりニ来」（堂十三年十一月十七日）などとある。吉田新町の糀売りの名は「文八」と言った。糀は、もちろん麹のことである。酒や味噌や醤油造りには欠かせない。文八がやってくるのは、十月から十二月である。米や大豆の収穫がすんで冬場に向かう頃、それぞれの農家では味噌や醤油の仕込みをはじめる。文八はちょうどそのころ、家々をまわって糀を売って歩くのである。

行商のひろがり

これまで長野村を訪れる行商人について述べてきた。実に広範な地域から行商人がやって来た。しかし時代が下るにつれ、長野村の近辺でも商売をする者がみられるようになる。農業のかたわら、物を売り買いするのである。ほかならぬ、内匠自身も村びとの求めに応じて、いろんな物を売っていた。

そして明治になると、常設の店舗を開いたり行商を生業にする者があらわれる。隣の川後田村の仁蔵も、そうしたひとりである。仁蔵は明治七年頃から行商をはじめたらしい。「川後田商人仁蔵頃九日ニ来。熊本ニ行候由申ニ依而、諸品買物頼候処、今日持来呉候事」（明治七年八月十三日）。仁蔵は熊本に行って諸商品を調達し、村に持ち帰り販売した。しばらくすると「自身、川後田村仁蔵方ニ紙買ニ行」（明治十年六月十六日）と、内匠も仁蔵のところに紙を買いに出向いた。ちょっとしたものなら、仁蔵の所へ行けば手にはいるようになったのである。「村の雑貨屋」の成立と言って良いだろうか。

長野村でも行商をはじめる者がいた。この本で何度か登場する、大石の直人である。「大石ノ直人荷商人ニ頃日より相成候と申、柿拾五匁方買ニ来持行候」

（明治七年八月十一日）。このごろ「荷商人」になった大石の直人が、柿を一五匁ぶんだけ買いに来たのである。直人は村の産物を買い集めて、他所に売りに行ったのだろう。これも明治七年の話。

明治になって、たしかに「職業選択の自由」は保障された。しかし農民が土地をすてて商人になるとき、渡世する上でのすべての責任はその個人に覆い被さる。そんな世の中が到来したのである。

②職人

さまざまな「行職人」

これまで行商人について述べてきたが、実は行商人に劣らず村を訪れるのが、いろいろな職人たちである。職人たちは村へやって来ては手仕事をして日銭（手間賃）を得る。ひと仕事終わるとほかの村へ行ってまた仕事をする。村々を移動しながら仕事をする、いわば「行職人」とも言うべき人びとがあまたいたのである。

職人たちもまた、いろんなところからやってくる。しかも木工、金工、竹細工などなど、職種もまたさまざまである。村の中にも、もちろん職人はいたが、村のなかだけでは補えない物もあった。また職人たちは、鍋や桶など村びとが普段使っている道具を修理することも多かった。

長野村とその周辺にも石工や鍛冶屋や桶屋など、さまざまな職人がいたが、ここでは村の外からやってくる職人に的をしぼって論じてみたい。

鍛冶と鋳物師

さきに山鹿からの行商人について述べたが、同じ山鹿から鍛冶屋もやってきた。「山鹿鍋つくろい来」（文化十三年五月二十九日）、「久家ノ山鹿より来居候鍛冶や藤七来」（天保十三年四月晦日）。「山鹿鍋つくろい」と「鍛冶や藤七」が同一人物かどうか不明である。しかし、炉やふいごなどを持ち歩くことは出来ないから、「行職人」としての鍛冶屋は、主に鍋の修理などをして村々を移動していたのであろう。鍋繕いは、豊後竹田からも来ている（文化十四年三月十三日）。

万延元年（一八六〇）には、熊本から鋳物師《いもじ》がやってきた。「熊本鋳物師市左衛門と中者、鍋之抜居候仕直ス泊ル」（二月十七日）。鋳物師は言うまでもなく、金属を溶かして型に流し入れ、いろいろな物を造る職人である。鍛冶屋とはまた違う。しかし熊本の鋳物師市左衛門は、内匠宅の穴の空いた鍋を修理している。やはり鍋つくろいである。この市左衛門も行商人と同じように、内匠宅に泊めてもらっている。市左衛門が内匠宅をあとにするのは同月二十一日である。市左衛門は五日間ばかり内匠宅に滞在し、長野村の方々をまわって鍋つくろいなどの仕事をしたのだろう。

桶屋・桶つくろい

鍋を繕うのと同じように、桶もまた繕いながら長く使った。桶屋が長野村にいなかったわけではないが、桶屋も方々からやってきた。文化十三年（一八一六）十月、阿蘇永草から桶屋がやってきた。「阿蘇永草桶屋来」（十八日）。永草は赤水のとなり、旧阿蘇町だから、長野村からも遠くはない。「阿蘇永草桶屋来幾右衛門、たらい繕」（十九日）、桶屋の名は幾右衛門という。たらいを繕った。桶屋やたらいは、板が朽ちたり竹の輪が緩んできたりすると、そこを取り替えたり修理したりしてまた使う。幾右衛門は、十八日から二十二日まで五日間内匠宅に来ている。内匠宅に「泊まった」とは書いていないから、ほかの家にいて仕事に来ていたのだろう。

隣村東下田村の桶屋又右衛門は、「東下田村桶屋又右衛門、桶木を泉水之上ニ而切候而すくニ帰る」（元治二年二月五日）、「東下田村桶屋、風呂桶造ニ来」（同六日）と、桶の材料をその場で調達して風呂桶を造っている。また、「東下田ノ桶屋又右衛門来、めしつぎ作ル」（同月十二日）と、「めしつぎ」（しゃもじ）を作っている。桶屋の仕事も、桶やたらいだけではない。桶屋はほかに、矢部（現山都町）からも来ている。

天草のむしろ打ち

次は天草のむしろ打ち職人。むしろ（莚）とは、藺・藁・蒲・竹などで編んだ敷物の総称である。安政三年（一八五六）、「天草之むしろ打来ニ付、かまげ一駄うつ。廿三日ニむしろ一枚打」（四月二十二日）とある。「かまげ」は、莚を二つ折りにして作った袋のことである。「かまげ」という言葉は、大分県の久住・直入から熊本県の阿蘇の山間地などで使われる方言である。「かまげ」は通常、藁を粗めに編んで作る。「かまげ」は穀物を入れるほか、古くなったものは堆肥を入れて牛馬の背に乗せて運ぶ袋として使われた。

天草のむしろ打ちについては、明治三年（一八七〇）にも「天草むしろ打四人来、二タめうと」（八月十九日）とある。天草からきた人のむしろ打ち四人は、ふた組の夫婦だった。夫婦連れで各地をまわりながら、むしろを打ってゆくのである。むしろを編む道具は、大方の農家に備わっていたものと思われる。むしろ打ちはそれを使ってむしろを編んで日銭を得るのであろう。このふた組の夫婦は、長野村で二～三日仕事をすると、「次は阿蘇の方にいきます」と言って村をあとにした（同月二十二日）。

明治八年には、「むしろ打坊主来、かまげ・七嶋等をうつ」（四月八日）とある。「むしろ打坊主」の素性は分からないが、このむしろ打が編んだのは「七嶋《しっとう》」のむしろであることが分かる。「七嶋（島）」は、七島《しっとう》藺《い》または青莚《あおむしろ》とも言い、畳表にも使われる。江戸時代から昭和三十年代頃まで、豊後国の国東、速見、大分の各地で生産された豊後（大分）の特産品で、その畳表は豊後表と呼ばれた。日田出身で江戸時代の著名な農学者、大蔵永常の『広益国産考』にも商品作物として紹介されている。肥後国内でも藺草以前は七島藺が生産されていたようだが、詳細は分からない。七島は見た目は藺草より劣るが丈夫なため、嘉納治五郎の講道館の畳も七島藺の畳表であった。『内匠日記』に出てくる「むしろ」とは、七島藺の莚と考えて良いだろう。

鶴崎木挽と鶴崎職工

『内匠日記』には、木挽も頻繁に登場する。木挽とは、大鋸《おが》で丸太を板や柱など材木にする職人である。近代になって製材が機械化がされるまでは、木挽職人が原木（丸太）から柱や板、棟木や化粧材など、あらゆる材木を大鋸一丁で取っていた。その木挽中でも「鶴崎木挽」というのが、各所にみられる。

「鶴崎関手永木佐上村木挽賀三次ト申物、廿日余逗留致候て今日帰ル」（文化十二年五月十六日）。熊本藩は、豊後国内に久住、野津原、高田、関の四つの手永と鶴崎町を有していた。このうち、鶴崎町と高田、関のふたつの手永は現在の大分市に含まれ、いずれも別府湾に面している。鶴崎は港町であり、参勤交代の際はここから藩主の御座船が大坂へ向けて出航し、また帰港した。そのため鶴崎には藩主が滞在する御茶屋が置かれていた。

なぜこんな遠くから阿蘇にまで仕事に来たのか？関手永は海に面してはいるが、佐賀関以南の日豊海岸はリアス式海岸で平地が少ない。従って田畑も乏しく、農業以外に生業をもつ人びとも多かった。関手永木佐上《きさがみ》村には、木挽のほか桶屋・杣師・左官・鍛冶職・馬口労などがいた。隣の高田手永（大野川下流）の村々も、農業のほか「余産」と呼ぶ鍛冶や機織りなどの副業がさかんで、「他所稼」と言う出稼ぎも多かった。また同じ熊本藩ということで、広域の移動にともない発生する問題も少なかったものと考えられる。さらに南郷往還は、豊後と肥後を結ぶ幹線で、この道路事情から考えれば地理的にも比較的近かったというべきだろう。

さて、『内匠日記』にもどろう。関手永木佐上村からやってきた木挽の賀三次は、二〇日間ほど長野村に滞在して帰って行った。この間、板をわいたり棟木を作ったりしたのであろう。天保十四年にきた木挽は、水車と臼を造っている（十月十九日）。安政頃からやってきた鶴崎木挽に太郎助と作太郎という者がいる。ふたりは木挽の師匠と弟子の関係だった（安政三年十一月二十日）。明治三年には「鶴崎木挽太郎助雇ニ而鎮守御鳥居材木並門材木取」（三月十七日）とある。太郎助は村の依頼をうけて、鎮守の鳥居と門の材木を取った。また「鶴崎木挽作太郎を雇薪切る」（安政四年十月十八日）と、鶴崎木挽は材木を取るだけでなく、山から薪を切り出す仕事にもしばしば雇われた。「鶴崎木挽」の文字は、明治十五年まで『内匠日記』にみえる。

ところで、日露戦争前に作成された『阿蘇郡長陽村是』（明治三十六年）には、この村では「鶴崎職工ヲ好ム習慣アリ」という記述がみえる。明治後期になっても、鶴崎の職工がこの村にやってきて、しかも良く好まれるというのである。その理由は、「彼等カ其ノ業務ニ誠実ニ勤勉スルノ外ナラン」からだと言う。鶴崎から出稼ぎにやってきた人びとは、誠実で働き者だったのである。

ちなみに、鶴崎木挽のほかに「阿蘇木挽」「的石村木挽」（以上、現阿蘇市）「山西小森村木挽」（西原村）などと、他の地域からも木挽はやってきている。

杉堂村の石工

明治十四年（一八八一）と言えば、もう内匠の晩年になる。この年に内匠の母親の墓石を建てた。その墓石の銘を刻んだのは、上益城《ましき》郡の杉堂村からやってきた石工であった。「上益城郡杉堂村石工兵吉・清五郎と申者来候ニ依而雇候而、墓印シ銘掘方を頼、但シ一日ニ八拾目取と申候」（十月十一日）とある。益城と言えば、加藤清正が熊本城築城のために呼び寄せた近江国の石工集団、穴太《あのう》衆《しゅう》が築城後に住み着いたと言われるところである。その石工たちの伝統が、益城地方には脈々と受け継がれていたのか?。そう言えば肥後の石工のうち、有名な石工仁平《にへい》は、上益城の上島村の人である。仁平は長崎で石橋築造の技術を習得し、肥後国内にいくつも石橋を造った。

それはさておき、たまたま村にきていた杉堂村の石工兵吉と清五郎のふたりに、一日八〇目で墓石の銘字を彫る仕事を依頼した。雨が降ったりしたため、墓石の字が彫り上がったのは十六日だった。この日内匠は、兵吉に二二〇目を「作料」として渡した。一日八〇目だから計算が合わないが、実働三日として少々負けてくれたものだろうか。二十一日、塚を築き直して母の墓石を建てた。そして傍らには、娘加賀の墓石も一緒に建てた。

余談になるが、さきに触れた石工仁平は天明二年（一七八二）、数鹿流ヶ滝のやや上流の黒川に眼鏡橋を架けている。肥後の石橋の中でも、初期に建設された石橋のひとつである。ただ残念な事に、この橋は昭和二十八年の大水害の際に流されてしまった。十九世紀になると、肥後の石工たちによる石橋が各地に建設される。

竹細工職人　竹で編んだ笊《ざる》の類も、農業ほか日常生活になくてはならなかった。一口に竹製品と言っても、実にさまざまなものがある。そのなかで『内匠日記』の中に頻繁に出てくる物に「せうけ」（ショウケ）がある。せうけは笊の一種で、長径が一メートルほどの楕円形のものである。縁が全部閉じた物と、一方だけ口があいた物などがある。農作業の際、土・肥料・雑草・収穫物、あらゆるものを運ぶために用いる。ショウケという語は、「塩受け」から転じたとも、笊笥（そうけ）が訛ったものとも言う。

ショウケ作りには、やはり特別な技能を必要とする。誰でもが精緻で丈夫なショウケを作れるわけではない。だからショウケ作りの職人がいる。「益城郡小川海東村関兵衛と申者、四国廻り帰ニ来。せうけ作」（安政五年五月二十四日）。益城の海東村（現宇城市小川町）の関兵衛という者が来た。関兵衛は何と、四国をまわって郷里に帰る途中で立ち寄ったという。関兵衛は「せうけ作」とあるから、ショウケ作りの職人なのである。関兵衛は、四国各地を周りながら、ショウケを作っては手間賃を得ていたものであろう。

長野村の塚野にも「塚野の金作」と言うショウケ作りの名人がいた。たびたび内匠に雇われてショウケを作っている。「せうけ造金作来、籾をろし作ル」（明治元年十月晦日）、「金作、肥取せうけ作。晩方より帰る」（同年十一月朔日）。金作はショウケを作って、それを持って売り歩く行商人ではない。雇われて二～三日逗留しながら、その場でショウケを製作する。ショウケにも種類があって、「籾おろし」「肥取せうけ」などがあった。

ショウケと同じく竹製品で、農作業に欠かせない物に箕《み》がある。ショウケが円形なのに対して、箕は角の丸い方形またはU字型をしている。米や麦などの穀物を空中に軽く振り上げ、風を利用して穀物から不要な小片を吹き飛ばして選別する道具である。アジアのみならず、ヨーロッパにも同じような選別具がある。シヨウケと同じく、農作業での諸物の取り入れや運搬などにも使われた。だから百姓家には必ず箕があった。

「甲佐箕作来候ニ付、作せ候。代六匁也」（安政二年八月十一日）、「箕作来而箕作」（安政五年九月二十二日）。益城の甲佐から箕作りが来たので、箕を作らせた。代金として六匁支払っている。箕作りもかなり広範囲に移動しながら注文を受け、その場で箕を作ったようだ。

箕作りには、サンカと呼ばれる山間地を回遊する漂泊民が携わったと言われる。しかし長野村に来た箕作りは、「甲佐箕作」とある。甲佐から来た者である。だから、漂泊民ではないだろう。ただ同じ竹細工職人なのに、「せうけ造」と「箕作」は別々の職人という印象を受ける。箕作りは難しい特殊な技術を必要としたからなのか。

備前の針医

嘉永五年（一八五二）には「備前之針医」が来ている。「備前之針医をおりせ手痛候ニ付、善作道々致」（閏二月六日）、「備前之針医来。おりせ手の痛療治致」（同八日）。「針医」とは「鍼医《はりい》」のことで、現在の鍼灸師の事である。江戸時代から明治のはじめ頃まで、鍼をつかって治療行為を行う者を「鍼医」と言った。そして、その鍼を作る者は「鍼師」と言って区別した。

ご存知のように備前は現在の岡山県である。この「針医」も、諸国を旅しながら鍼治療を行って日銭を得、生活していた者だろう。そうして阿蘇までやってきた。針医はどこか村の近くに滞在していたのであろう。折から、妻のおりせが手の痛みを訴えた。内匠はさっそく呼び寄せた。おりせは二度にわたって鍼治療を受けた。

明治になると政府は西洋医学こそ「科学」として、その導入を優先した。同時に東洋医学は退けられ、これまでの鍼医は「医」の字を使うことを禁じられた。こうして「鍼医」と言う語は、死語となってしまったのである。

笠縫・笠編

慶応元年（一八六五）閏五月、「笠縫来、三ツ四ツ縫。但シ此者中村之道之上ニ来居候由申候」（十八日）、「笠編父子四人、但シ手前笠一ツぶん作料弐匁渡ス」（十九日）とある。笠は雨や雪、直射日光を防ぐために頭に被る道具であって、傘ではない。笠の材料には、檜板・竹・藺草・藁などいろいろなものが使われた。また塗笠は、檜や杉の板材を薄く剥いだ「へぎ板」に和紙を貼って漆を塗ったものである。

ここでは、「笠縫」とか「笠編」と書いているので、塗笠の類ではなく編笠と考えて良いだろう。「父子四人」と書いているから、母親はいないか、またはこの時は伴っていなかったのか。中村は旧白水村。やはりどこからかやってきて、しばらく滞在しているのだろう。仕事が終われば、またどこかへ行く。内匠の笠を編んでその「作料」は二匁だった。米で換算した銀一匁は六六〇円ほど。家族四人が食べていくのはたいへんだ。

村の職人たち

これまで主に村の外からやってきた「行職人」たちを紹介してきた。しかし、長野村とその周辺にもたくさんの職人がいた。少し拾ってみるだけで、鋳掛師、石工、桶作、桶輪替、鍛冶屋、紺屋、木挽、左官、大工、畳屋、屋根葺などが見える。職人は商人同様、その多くは都市部に住んでいた。それは間違いない。しかし、外からやってくる職人も合わせてみてみると、村には実に多彩な職人がいたことになる。ただし、村の職人たちは、専業的職人かと言えばそうではない。ほとんどの場合、農業のかたわら、副収入を得るために物づくりをしていたものと思われる。それは、長野村のような小村にいても、それほどの需要は見込めないからである。そして行商人同様、各地からやってくる「行職人」が、村の職人たちにいろいろな技術や情報を伝えたであろう。そうして都市と農村、村と村が結ばれていたのである。

③芸人

村びとの楽しみ

踊りや芝居、歌舞伎や浄瑠璃、猿まわしや軽業などの芸人たちも、村の外からやって来た。そしてそれは、娯楽の少なかった時代、村びとたちの無類の楽しみであった。【表3】は、『内匠日記』から拾った芝居興行などの一覧である。だいたい年に一～二度ほど「楽しみ」は催された。芝居などが執りおこなわれるのは、時期は稲刈り後の九月から十一月、それに田植え前の二月から四月ころである。江戸時代の芝居興行は、年貢納入がいわば条件であったから、十二月から三月に限って許可された（宮地正人『幕末維新期の文化と情報』）。また、時代が下るにつれて回数が増えているように見える。

しかし、幕府や藩は「芝居は無駄なもの、浪費」と捉えた。また村びとが芝居などにのめり込むと、仕事にも差し支える。幕府や藩は芝居などを規制して、「楽しみ」を取りあげようとする。お上だけではない。村の上層たる村役人も、基本的にはお上と同じ立場である。江戸時代後期に作られた村掟には、博打だけでなく芝居の「自主規制」もよくみられる。もちろん、村びとはこれに反発する。

　さて、長野村の「芸能事情」をみてみることにする。

操芝居と世話人

長野村で行われる芝居の類で、最も多いのが「操《あやつり》」である。「操」は操芝居、操人形芝居とも言う。文字通り、人形を操って上演する劇である。三味線を奏でて浄瑠璃語り（義太夫節）が人形芝居と組み合わさると、人形浄瑠璃である。文楽は人形浄瑠璃の代名詞。

　操は『内匠日記』の冒頭、文化十年（一八一三）の正月にすでに出てくる。その後、毎年とは言えないが、明治のはじめまで村で興行が行われる。文化十一年（一八一四）二月、「内匠、操座来由知セニ村中ニ行」（二十一日）、「頃日来候又吉操座興行致、矢口之渡致候十五人連也、人多見物ニ来。操せわ人庄助、藤助、理助世話致候」（二十八日）とある。操が上演されたのは二十八日。その一週間前に、内匠は「操がやってくるぞ」と村中に触れ回った。なぜ内匠が走り使いをしたか分からないが、内匠もこの時まだ十六歳の若僧であった。操の一座は「又吉操座」と言い、「十五人連《づれ》」であった。

　演目は「矢口之渡」。正式には「神霊矢口渡」という。福内《ふくうち》鬼外《きがい》こと平賀源内の作で、明和七年（一七七〇）初演。「太平記」に取材し、新田義興の矢口の渡（武蔵国）での横死、義興の弟義岑らの苦心、新田神社の縁起などを脚色。この演目は浄瑠璃から歌舞伎になり「神霊矢口渡」で七代目団十郎が頓兵衛役を演じて有名になった。江戸ではやりの演目が、操芝居で長野村にも伝えられている。さすがに「人多見物ニ来」と、長野村でも大人気であった。

　ところでこのような一座の興業には、村にもそれを受け入れる世話人がいる。この時の世話人は、「庄助、藤助、理助」の三人であった。世話人は一座の宿泊や食事はもちろん、上演の場所の確保、舞台・芝居小屋の設置、村びとへの呼びかけ（宣伝）、興業当日の炊き出しなど、一切を取りしきる。このような村側の受け入れ態勢があって、はじめて興業は成功する。ただ

【表3】『内匠日記』にみる長野村とその周辺での芝居・相撲興行

年	月日	場所	種類	演者・演目など
一八一三（文化十）年	正月二十七日	黒川村出小屋新左衛門	操	「コモチヤマンバ」
一八一四（文化十一）年	正月九日	不明、内匠宅か？	浄瑠璃	久木野山田桂助
一八一四（文化十一）年	二月二十八日	長野村	操	「矢口之渡」、一五人連
一八一四（文化十一）年	三月三日	長野村	猿まわし	
一八一五（文化十二）年	八月二十一日	久木野龍王社	芝居	
一八一七（文化十四）年	八月十三日	下市村	相撲	
一八二一（文政四）年	五月八日	長野村	浄瑠璃	
一八二五（文政八）年	四月十九日	東下田村西野宮	かるわざ	
一八二五（文政八）年	十月九日	光照寺	相撲	
一八三〇（文政十三）年	三月二十一日	松木村	芝居	
一八三四（天保五）年	五月五日	白川村白川社	芝居	
一八三八（天保九）年	正月二十七日	白川村常太郎方	ふれ舞	
一八三八（天保九）年	二月十四日	喜多村権助方	操	
一八四〇（天保十一）年	三月十二日	袴野村野口市十方	操	
一八四〇（天保十一）年	四月十七日	長野村	歌舞伎	役者四人泊ル
一八四二（天保十三）年	二月十八日	長野村	踊	三人連のをどり来
一八四二（天保十三）年	三月四日	長野村	浄瑠璃語	
一八四二（天保十三）年	三月二十四日	長野村茂八方	操	布衣屋、「太功記」
一八四二（天保十三）年	三月二十五日	長野村損蔵方	操	「忠臣蔵」
一八四四（天保十五）年	十一月十一日	長野村庄太郎宅	歌舞伎	「浮木の亀山」

年	月日	場所	種類	演者・演目など
一八四四（天保十五）年	十一月十二日	長野村茂八宅	歌舞伎？	「忠臣蔵」
一八五五（安政二）年	三月二十六日	長野村甚之助宅	操	若者共世話ニ而操致させ候
一八五六（安政三）年	三月二日	川後田村	芝居	「日高川」
一八五七（安政四）年	三月十二日	袴野村	操	
一八五七（安政四）年	九月十七日	長野村	相撲	月田之河にあらたに石橋を掛、はしがため祝
一八五九（安政六）年	四月十八日	川後田村	操	
一八五九（安政六）年	十月二十六日	黒川村	相撲	黒川とごうぜ橋かけ候いわい
一八六〇（万延元）年	八月九日	下市村	相撲	
一八六五（元治二）年	三月九日	立野村	相撲	
一八六五（元治二）年	九月二十二日	長野村	相撲	栢木谷ニ石橋掛り、其祝ニ今晩方ヨリ相撲橋之辺ニ而有之
一八六七（慶応三）年	三月十九日	喜多村熊作宅	操	
一八六七（慶応三）年	四月十日	長野村八百吉宅	子ども踊	大津の者
一八六七（慶応三）年	九月二十九日	西下田村	操	願解のため
一八六八（明治元）年	四月二十四日	栃木村	踊	
一八七一（明治四）年	八月九日	袴野村財満恒之助方	踊	熊本の者
一八七一（明治四）年	十月九日	長野村岩熊宅	手踊	願解祭、新町之町人共、「忠臣蔵」、「近江源氏」
一八七二（明治五）年	三月六日	長野村長左衛門方	手踊	
一八七二（明治五）年	四月二十日	喜多村卯添社	操	
一八七二（明治五）年	九月二十三日	下田村西野宮	踊	高森之者共

一八七三（明治六）年	四月七日	長野村岩熊宅	歌舞伎	「日高川」、「安達原」
一八七四（明治七）年	二月二十二日	下田村俊助方	芝居	
一八七四（明治七）年	十月十四日	川後田村	相撲	
一八七五（明治八）年	九月十二日	東下田村	歌舞伎、操	
一八七五（明治八）年	十月十四日	長野村松山踊畑ヶ	相撲	
一八七八（明治十一）年	三月二十四日	中村	芝居	
一八七八（明治十一）年	九月十二日	東下田村	芝居	「忠臣蔵」
一八七八（明治十一）年	十一月二十一日	長野村松山踊り畑	軽業	
一八七九（明治十二）年	二月四日	長野村天満宮の前	相撲	杉尾水車屋五郎八弟子共
一八七九（明治十二）年	閏三月七日	下久木野村	芝居	
一八七九（明治十二）年	十月二十九日	長野村市太郎方	歌舞伎	「千本桜」
一八八〇（明治十三）年	四月十八日	長野村忠太郎方	踊	大津之者
一八八〇（明治十三）年	九月十五日	東下田村西の宮	神楽	豊後岡神楽舞十三人
一八八〇（明治十三）年	十月十二日	長野村忠太郎・傳蔵宅	子供歌舞伎	
一八八〇（明治十三）年	十一月二日	長野村市太郎方	相撲	札銭六匁
一八八一（明治十四）年	二月十六日	長野村岩熊方	狂言	
一八八二（明治十五）年	三月二十日	長野村順太方	操	「東山おさなものがたり」
一八八二（明治十五）年	八月二十三日	東下田村光雲寺の上	芝居	
一八八二（明治十五）年	十月三日	長野村氏神の庭	歌舞伎	村中歌舞伎致させ候
一八八三（明治十六）年	八月六日	長野村氏神	相撲	願解

この興業の木戸銭がどれほどで、どのように分配されたかなどは一切わからない。

安政二年には、「ば、之甚之助方ニ而若者共世話ニ而操致させ候ニ付見物ニ行」（三月二十六日）とある。ここでは「若者」が一座の世話人になっている。どこの村でも、若者組とか若衆組と言う集団が芸人を呼び寄せ、芝居興行を主催していることが多い。長野村でも若者が中心になって芝居が行われていた。

一座はどこから？

又吉座以外に一座の名前、演目が分かる操芝居がもうひとつある。

「鍛冶之茂八方ニ操有之ニ見物ニ行。布衣屋太功記いたし候。おりせ・お加賀、おしげ、小児迄も見物ニ行候事」（天保十三年三月二十四日）。晩ニ松山ノ揁蔵方ニ而操有り、家内共見物ニ行。忠臣蔵あり」（同二十五日）。一座の名前は「布代屋」。おそらく正しくは「布袋《ほてい》座」だろう。

実はこの一座の名前には、聞き覚えがある。それは、豊前国の役者村の一座の名前である。今も中津市に伝えられる北原人形芝居の一座に「布袋座」というのが、明治のはじめまであった。中世の北原村は宇佐宮の散所《さんじょ》で、祭礼の折、傀儡舞《くぐつまい》を披露することで宇佐宮に仕えた。近世にはいると宇佐宮の衰退に伴って「役者村」として自立していく。中津藩（小笠原氏）の庇護もあったが、プロの役者集団として北部九州はもちろん、中国山陰地方にまで巡業したという。江戸時代の中頃には、大坂系統の人形芝居と歌舞伎がともに発展した。村人のほとんどが役者または芝居を生業とし、一年の半分以上「旅行脚」に出たという。

役者村は北原だけではなくほかにもあったから、断定はできない。しかし布袋座という名称や、長野村での演目も上方の世話物や時代物が多いなどからも、北原の役者が長野村に来た可能性は大きいように思われる。また北原には人形芝居の座＝集団だけでなく、歌舞伎の座も複数あった。次にに触れる歌舞伎芝居も、北原の役者村からやってきたのかもしれない。

歌舞伎の演目

歌舞伎の一座もたびたびやってきた。

「歌舞伎やくしや四人泊ル」（天保十一年四月十七日）。この時はこれだけの記述であるが、歌舞伎役者四人が内匠宅に泊まっている。歌舞伎の一座の人数が四人というのは少なすぎるから、分散して村内に宿泊したのだろう。旅芸人たちは、村の比較的上層の百姓家に厄介になりながら、数ヶ月にわたって巡業を続けた。

『内匠日記』から歌舞伎の演目を拾ってみよう。「浮木の亀山」（天保十五年十一月十一日）、「忠臣蔵」（天保十五年十一月十二日）、「日高川」（明治四月七日）、「安達原」（同四月八日）、「千本桜」（明治十二年十月二十九日）の五つがみえる。

「浮木の亀山」は「敵討浮木亀山」で、元禄年間に伊勢亀山城下で実際に起こった仇討ち事件を題材にした芝居で、「亀山の仇討」物と呼ばれる一連の作品群がある。江戸時代から何度も書き換えが行われて、昭和の初期まで上演された人気演目である。「日高川」は安珍と清姫の日高川伝説を芝居にしたものである。代表的な歌舞伎の「道成寺」物のひとつである。「娘道成寺」は歌舞伎舞踊の演目のひとつで、その伴奏音楽である長唄の曲名でもある。「安達原」は「奥州安達原」で、奥州安達ヶ原（福島県二本松市）にある黒塚にすむ鬼婆の伝説に題材をとった演目である。伝説でこの鬼婆は、黒塚にすみ人を食らったと言う。「忠臣蔵」「千本桜」は、説明は要らないだろう。これらの演目は、いずれも浄瑠璃や歌舞伎の人気演目であった。

人形芝居にしても歌舞伎にしても、村にやってくるのは田植え前か稲刈り後の農閑期である。農閑期であると言う理由のほかに、熊本藩でも、宝暦三年（一七五三）に「芝居興行は十二月より三月迄に限る」（『年表稿』）としている。また、さきの北原人形芝居も「巡業は旧正月二十日頃からの田植頃までの春興業と八月初めから十二月中旬までの秋興業」とがあったと言う。村びとたちにとって、芝居は農閑期の無類の楽しみであったろう。ちなみに芝居興業は昼間に限られ、「夜芝居」は禁止されていた。

踊り畑で軽業

軽業とは、とんぼ返りや綱渡りなど危険な技を軽快に演じて見せるものである。江戸時代の見せ物の中では中心的なものである。「西野宮ニ而かるわざある」（文政八年四月十九日）。軽業も神社の祭礼などの際におこなわれた。また、「村中より松山踊り畑ヶニ而軽業致さセ候筈ニ而、村中之者共世話致」（明治十一年十一月二十一日）、「原口之常吉並武左衛門、明日軽業致させ候ニ付、道具かりニ来、但シ、此軽業は大刀を致見せ候由」（同年十一月二十四日）とある。村中のものがこぞって世話をして、軽業の興業を行った。この時は、太刀を使った軽業だったようだ。

ここでひとつ注目したいのは、軽業を行った場所である。「松山踊り畑ヶ」とある。松山は長野村の南東のはずれで、川後田村との境界付近。「踊り畑ヶ」とは、文字通り村人の「踊り場」だったのではないか。そしてそれは収穫を終えた畑だったのだろう。隣村との境界という位置からして、たくさんの人を集めるための場所設定だった。ここでは相撲も行われている(後述)。軽業や相撲、それに踊りなど、比較的動きの激しく広い場所が必要なものを行う、言わば「公共の場所」だったと言えるのではないだろうか。

芝居の規制

江戸時代、寛政の改革や天保の改革で庶民の生活や娯楽が「倹約令」という名で規制されたことはよく知られている。程度の差こそあれ、それはどこの藩においても同様であった。芝居興行は一般に許可制であり、町場では役人による立入検査も行われた。作柄の悪い年には、特に規制が厳しくなった。天保の改革による農村部での興業規制は全国に及んだ。上演時間も原則昼間で、夜芝居は禁止されていた(宮地、前掲書)。村びとたちは、このような規制をかいくぐって芝居を楽しんだ。

規制はお上から来るばかりではなかった。村びとみずからが「自主規制」することもある。とくに上層の村役人層は、芝居を浪費ととらえ村落の維持上、障害とみることが多かった。天保十四年(一八四三)、高森手永村山村の庄屋と頭百姓は、連名で「生活規則」に関する文書を惣庄屋に提出した。その中のひとつに「小唄、三味線并浄瑠理、琵琶等の遊芸一切決して仕まじき事」というのがある。近隣の村でも芝居禁止の村掟があったのである。しかしこの村掟は、村役人層の意志であって百姓たちの本音ではない。

長野村ではどうか。少なくとも高森手永山村のような村掟の存在は確認できないが、芝居に対する科料徴収の記事がみえる。それは、文政八年(一八二五)のことである。「役場より去春操り致させ候間、科料銭出候様申来間、役場ニ行出シ候ハス様申ス。晩、村中若者共来、相談致」(五月二十七日)とある。去年春に操(人形芝居)をしたことに対し、科料(罰金)を払うよう、役場から内匠に言ってきた。内匠はさっそく役場に行き、庄屋に「払わない」ときっぱり断った。夜になって若者たちが内匠の所へやってきて、科料を払うか否か相談した、と言う。

文政七年の『内匠日記』をみると「操仕ル、絵本太閤記也。弁右衛門座。本方禎助、英助、千吉、内匠、万吉、柳吉、禎藏、左兵衛、傳吉、千五、藤八、五郎吉。下中(シモチウ)よりハ一人モ不来トハヤせ共、弥右衛門妻並ニ庄やが小娘二人見物ニ来」(二月十三日)、「操仕サせ候本方ノ者共ぶたいくすす、銭商算用仕。役者宿ハ禎助也、操は私宅也」（同十四日）とある。確かに操が行われている。しかも内匠宅で行われている。「本方」と言うのがこの興業を主催した者たちであり、世話人と言っても良い。禎助から五郎吉まで一三人。内匠も本方の一人である。内匠、この時二六歳である。ほかの者たちもおそらく二〇歳代の若者であろう。下中《しもじゅう》というのは、長野村の南西部の地域で月田や鍛冶などが含まれる。下中の者は「操には行かない」と口をそろえて言ってきたが、弥右衛門の妻と庄屋の娘の二人が見物に来た。翌日、本方の面々で舞台を崩し、木戸銭を数えた。きっと盛況だったのだろう。『内匠日記』の文章には、高揚感が感じられる。

　さて、一年以上たった文政八年五月になって、科料を出すよう庄屋が言ってきた。一年以上も何も言わず、なぜ突然の科料請求なのかは分からない。しかし、「操や芝居の主催者は科料処分」という規定があったのだろう。下中の者たちが、操見物に行かない、と言ったのも処分を恐れたからかも知れない。これが先の村山村のような「自主規制」だったのかどうか。

　さて内匠は科料をきっぱり拒否したが、その後どうなったのか。『内匠日記』には、科料を支払ったという記述はない。本方の若者たちも、「払わない」方針を取り決めたのであろう。と言うのも、庄屋には少々弱みがあった。何せ「庄やが小娘」が操の見物人の一人だったからだ。内匠は役場へ行き、庄屋に向かって「あんたの娘も操を見に来てたじゃないか」と強く出たのかも知れない。

　ともあれこの一件で分かるのは、第一に操や芝居の規制があったことである。そして主催者に対しての処分は科料であった。しかしもそれは「自主規制」で、厳しい刑罰を適用するようなものではなかったのではないだろうか。ふたつめに村の若者たちと村役人層とのあいだに、芝居や祭りをめぐって対立や緊張があったことである。いつの時代も同じだが、若者は祭りや遊興に向かう。それを年寄や役人は押し留めようとする。若者たちのエネルギーをコントロールし、村社会の利益にどう結びつけるか。「分別のある」年寄たちはいつも腐心している。

伝播する都市の芸能

　さきに豊後の役者村の話をしたが、浄瑠璃や歌舞伎など上方や江戸で成熟した芸能が阿蘇の村々にも伝わってゆく様子も見えてくる。

　明治四年（一八七一）十月、「村中相談ニ而願解祭と申、新町之町人共手踊致者共を雇候而、ば、崎之岩熊

宅をかり踊致させ見物致候。今日は忠臣蔵を致」（九日）、「今日も岩熊宅にて踊致。近江源氏をいたし候」（十日）とある。願解の祝いに新町の町人のうち、「手踊致者共」を雇って踊りをさせたと言う。ここに手踊をする集団があったのだろう。手踊とは何か。『広辞苑（第六版）』には、「①すわりながら、手だけを動かしてする踊。②三味線につれてする踊。歌舞伎所作事に対していう。③浄瑠璃所作のうち、手に何も持たないでする踊。④多人数そろって同じ手振りでする踊り」とある。忠臣蔵や近江源氏を演じたと言うから、この手踊は②か③に該当するものと思われる。忠臣蔵はご存知の通りだが、近江源氏は「近江源氏先陣館」で、明和六年（一七六九）に近松半二や三好松洛らが合作した時代物浄瑠璃である。今も歌舞伎で上演される人気の演目である。

いわゆる地方《ぢかた》歌舞伎、地歌舞伎または素人歌舞伎などとよばれる、現在も農村に伝わる歌舞伎や浄瑠璃は、江戸や上方から伝わったものである。多くは江戸時代後半から明治期にかけて伝わり、神社の祭礼などで上演された。吉田新町の手踊も同じような経緯で伝わったものと思われる。ところで、手踊と言う形態をとったのは、大がかりな衣装や舞台を必要としないからであろう。都市の芸能が、アレンジされて伝わったとも言える。

吉田新町だけではない。長野村でも歌舞伎や浄瑠璃が行われていた。「晩ニ村中より峯之三五郎宅をかり願解、踊、歌舞岐、興げん致。極てへたなり」（慶応二年二月三日）。「村中より」とあるところから、村人自身による踊りや歌舞伎や狂言だっと思われる。見物に行った内匠の感想は「極てへたなり」であった。素人だから仕方ないが、何とも率直なご意見である。

次のような記述もある。「晩、小その、庄三郎、浄瑠りかたりニ来。伊賀越へをかたる」（嘉永五年八月十二日）、「晩ニ小園之庄三郎、浄瑠璃かたりニ来」（安政四年正月十七日）、「庄三郎、浄瑠理かたる」（元治二年四月十五日）。小園の庄三郎は、内匠と同じ組の百姓である。田植えもともにやる。「伊賀越へ」は「伊賀越道中双六」で、これも近松半二ら合作の時代物の浄瑠璃。天明三年（一七八三）初演。有名な荒木又右衛門の「伊賀越の敵討」を脚色したものである。

庄三郎は浄瑠璃の師匠について学んだのか。そう言えば、久木野村からも浄瑠璃語が来ている。「久木野山田桂助しやうるり語候。桂助坊主とまる。是浄るりかたり也」（文化十一年正月九日）。久木野の浄瑠璃語「桂助坊主」がきて浄瑠璃を語り、ついでに泊まった。この桂助が浄瑠璃語を生業とする者か、また庄三郎の師匠かなどは分からない。しかし確実なことは、江戸時代後期、阿蘇の村々でも浄瑠璃がひとつのブームになっていたことである。

相撲という神事

相撲と言えば、今はプロスポーツとしての大相撲がまっさきに頭に浮かぶ。しかし少し前までは、どこの村でも祭で奉納相撲が行われていた。これは相撲が、もともとは神事であったことを示している。相撲も長野村で盛んに行われていて、これもまた村びとを楽しませる見せ物でもあった。

安政四年（一八五七）九月、「月田之河にあらたに石橋を掛、はしがため祝ニ町頭ニ而相撲あり。晩迄おふにぎあい也。手前、むつ・まの・さかへを連見物ニ行」（十七日）とある。長野村の南西の月田川に新しい石橋を架けた。その「はしがため祝」に相撲を奉納した。この相撲が村びとによるものか、相撲取りを呼んできたのかは分からない。しかし注目したいのは、橋が崩れないようにと神に祈るとき、相撲を奉納しているのである。寺社や橋の補修や修復の費用を捻出するために行われる「勧進相撲」が、江戸時代には各地で催されたが、ここは橋の完成を祝う奉納相撲である。『内匠日記』にはほかにも、長野神社に鳥居を建てたときに、子ども相撲を奉納した記事がみえる（明治十三年八月二十八日）。これらはまさに、相撲が神事であることを物語っている。

見せ物、興業としての相撲もある。「馬場市太郎方木戸市蔵屋敷ニ而、角力、芝居あり。今日より両日。札銭六匁の由」（明治十三年十一月二日）。相撲と芝居が「同時開催」されたものだろう。札銭とは木戸銭のこと、つまり見物料。札銭を取って相撲を見せている。地方の相撲取り集団も巡業をしていたのだろう。

相撲取り集団（相撲組）があったことをうかがわせる記述がいくつかある。明治八年、「杉尾渡瀬甚之允角力頭取ニ相成候歓ニば、を遣。樽代等持行」（十月十七日）とある。内匠宅にも近い杉尾の甚之允が「角力頭取」になったので祝いの樽代を持って行ったと言う。『内匠日記』で杉尾の甚之允を追っても、甚之允はずっと長野村にいる。おそらく長野村に若者たちの相撲組があってその頭取になったと言うのであろう。明治十二年には、「杉尾水車屋五郎八今晩外屋敷、但シ天満宮の前ニ而角力を取らせ申ニ付見物に参り候様申来候、右は五郎八角力弟子共年頭礼ニ五郎八方ニ来、角力取候也」（二月四日）とある。ここでは同じ杉尾の五郎八が弟子たちに相撲を取らせていることがわかる。村に相撲組があったとすれば、『内匠日記』にたびたび出てくる奉納相撲は、この相撲組によるものかもしれない。

江戸時代には、地元に密着した相撲取りと行事の世界が存在した。そして「地方相撲」は、地域の有力な娯楽のひとつであったとともに、力自慢で貧しい農家の子弟が自らの食欲と夢を叶えることのできた大切な職場であったという（宮地、前掲書）。

所在と四股名《しこな》が分かる相撲取りがひとりだけいる。「上大津角力取萩戸銀右衛門来」（十月二日）、「上大津すまふとり萩戸銀右衛門来」（文化十四年四月七日）。文化十三年と十四年に上大津の相撲取りが来ている。四股名は「萩戸《はぎのと》」という。ただこの萩戸が、村に何のために来たかと言えば、木の商いに来ているのである。内匠の兄七郎から松の木を購入し代金を支払っている（文化十三年八月五日）。試しにネットで「大相撲星取表」を検索してみたところ、文化十年冬場所と十一年春場所の二段目に「萩ノ戸」という四股名が見える。時期的には合致するが、さて同一人物かどうか。

④出稼ぎ人

天草からの出稼ぎ

「植えほうそう」のところですでに紹介した彦右衛門の妻は、天草からの出稼ぎ者であった。栃木あたりで仕事をしていたと、『内匠日記』は書いている。栃木というのが、はたして栃木温泉かどうかは分からない。ただこの天草から来た女性は、のちに彦右衛門と結婚してそのまま長野村で暮らしている。江戸時代の民衆は、百姓以下、基本的には土地に緊縛されたと言われてきた。少なくとも、自由な移転は出来なかったはずである。

実は天草からは、ほかにも長野村に来ている者がいる。「日雇取天草乙松」である。この名前がはじめて登場するのは、慶応元年（一八六五）十一月八日のことである。「日雇取天草乙松雇候而、北の前之田之麦ニ肥を掛ル」とある。内匠が乙松を雇って、畑の麦に施肥をした。「掛ル」とあるから下肥《しもごえ》か。その後、乙松はしばしば『内匠日記』に登場する。たいていは雇われて農作業をしている。つまり乙松は、「日用取り」（農業労働者）なのである。慶応三年（一八六七）には、「原口ニ居候天草乙松息子、手習門弟ニ頼候由申来」（正月二十二日）とある。乙松は、長野村の原口に住んでいて、息子を内匠の手習所に入門させている。と言うことは、乙松も天草からやってきて、長野村に定住したことになる。

天草地方は、伝統的に出稼ぎ者を送り出す地域として知られている。「からゆきさん」も天草から海外への女性の出稼ぎ者である。なぜ天草から出稼ぎが多いのか。まずは、天草での人口増加が要因のひとつである。全国的には人口の増加傾向が止まった江戸時代中期以降、天草では一貫して人口が増え続ける。また天草は平地が少なく、容易に田畑を開墾できる土地は限られている。そこで島外への出稼ぎによって、生活資金を天草へ持ち帰ることが常態化した。江戸時代、天草は幕府領であった。明和年間以降（一七六四年以降）、出稼ぎの増加に規制がかけられる。しかし、現実問題として出稼ぎを制限するのは難しかったと見える。それは、増加する人口を支え、天草の地域社会を維持するには、出稼ぎは欠かせなかったからである。まして飢饉や不作の年は、島民の生命維持のために、役人層も出稼ぎを奨励すらすることがあったと言う。結果的に、天草から九州各地に出稼ぎ者が、恒常的に拡散した。北九州各地の農村では、文化年間（一八〇四年以降）に「旅日雇」という出稼ぎ者がみられ、それは島原地方とならんで、天草からの出稼ぎ者が多かったと言う。もともと天草の住民は、島原の乱のあと激減した人口を補うために九州各地から移住させられた者たちの子孫でもあった。このこともまた、天草の住民が、その居所を離れて九州各地へ向かうことに対し、精神的抵抗がなかった要因ではないかとも言われる。

「天草乙松」の名前が、最後に『内匠日記』に出てくるのは、すでにのべた阿蘇山の硫黄取りでの大惨事の時である。乙松も硫黄採取に行っていて、阿蘇中岳の爆発に遭遇する。しかし幸い、このとき乙松は、難を逃れた。これは、明治五年（一八七二）十一月の出来事である。乙松は明治になっても、天草へは帰らず長野村で暮らしていた。

豊後国からの出稼ぎ

豊後国からも出稼ぎに来ている。「ぶんご之日雇甚之允と申者雇て中畑山ニ而薪切。是ハ二日也」（慶応元年十月三日）。甚之助は薪取りなど、内匠のところで二日間の仕事をした。甚之助はしばらく長野村で仕事をしていたらしく、十一日と十二日にもやってきて「薪わり」を、二十七日にも「薪取」と「木わり」をしている。従って約一ヵ月間、長野村で働いていることは確かである。この時期は、すでに稲刈りが済んで冬支度がはじまる頃である。それで薪取りと薪割りに何度も甚之助を雇っているのだろう。『内匠日記』にはこれ以上甚之助のことは書かれていないが、一ヶ月間だけでなくもっと長期にわたって長野村に滞在した可能性もある。

甚之助が豊後国のどこから来たかは不明である。しかし、先に述べたように豊後国の熊本藩領から多くの「行職人」が来ていた。断定はできないが、甚之助も熊本藩領から来た可能性が高い。さきにも取りあげた豊後国高田手永の地誌とも言うべき『高田風土記』には、「すべて此近郷土地狭く人多きゆへ、農業のミにてハ渡世難渋し、日雇・他所稼其外諸職商札等を以て渡世するもの数多あり」とある。これは江戸後期の史料であるが、高田手永や同じ豊後国の関手永では「他所稼」とよばれる出稼ぎが多かった。

頻繁に移動する人びと

天草と豊後国からの出稼ぎについてみてきたが、そのほかにも矢部（現山都町）からも日雇いが来ている（万延元年四月二十日）。行商人や職人のほか、農民たちにも出稼ぎのために移動する人びとが、かなり広範にいたのである。これまで、「江戸時代の百姓は土地に緊縛されていた」というイメージで語られる事も多かった。しかし、『内匠日記』からみえてくる江戸時代後期の村の光景は、かなり違ったものである。天草や豊後国の熊本藩領が特殊なのか？

確かに幕府や藩が、無制限に移動の自由を認めていたわけではなく、天草の場合のようにそこには一定の規制も実施した。しかし天草から来た出稼ぎ者は、出稼ぎ先である長野村に住みついている、というのが実態である。このような出稼ぎ者が、「多数にのぼった」とは言えないだろう。しかし江戸時代後期は、こと人の移動についてみればかなり流動的だったと言って良かろう。

⑤宗教者

各地の宗教者

商人、職人に劣らず村を訪れるものに宗教者がある。なかでも多いのが修験道に関わる宗教者たちである。阿蘇山が修験の山だったことは、阿蘇山信仰のところですでに述べた。しかし阿蘇山以外に、英彦山《ひこさん》や求菩提山《くぼてやま》（いずれも福岡県）からも、祓い札をもって毎年村を訪れるものがあった。そのほか近隣の村々の神社や寺院からも、たくさんの宗教者が村を訪れた。さらには、陰陽師《おんみょうじ》たちもいる。ここでは、村を訪れる宗教者たちをみてみよう。

阿蘇山の山伏

天保九年（一八三八）年九月三日、妻おりせの実家、下田村の俊助が阿蘇参詣の誘いに来た。内匠は娘の加賀を連れて山に登ることにした。加賀にとっては、初めての阿蘇参詣だった。このときの阿蘇参詣は、参詣以外にもうひとつ目的があった。「今日は山伏峯執行かけ出ニ而有之候」。実は山伏たちの峰入修行があり、この日はその駆け出しの日であった。山伏たちの駆け出しは、一種のデモンストレーションであった。

峰入は入峰とも言い、修験道の根本修行であった。精進潔斎して身を清めたのち、山に入る。山に登り、山中の祠や岩、滝、池、峰などを巡歴・参拝し、定められた行法を果たしたのちに下山する。修験者（山伏）はこの苦行によって本尊や守護霊と一体となり、自然を超越する力を得るとされる。阿蘇の峰入は、阿蘇山上（古坊中）を出て、菊池・鹿本をまわり、福岡県の黒木、大分県の津江を経て、さらに北外輪山や高岳の険しい岩場や山道を駆ける。全行程七〇里（約二八〇キロ）、四〇日にも及ぶ荒行だった。

身を清め高揚感にみちた白装束の山伏たちが、隊列をなして山を下っていく。その隊列を参詣に来た麓の人びとが、かけ声とともに見送る。俊助と内匠親子もその群衆のなかにあった。峰入は修験の山、阿蘇山の一大イベントであった。

その山伏たちが、阿蘇の村々を巡回しながら長野村にもやってくる。村びとに乞われて、祈祷や湯立を行うのであるが、それについては「阿蘇山信仰」の項ですでに述べた。

英彦山と求菩提山

祓札を配りにたびたび村に来ているのが、英彦山《ひこさん》と求菩提山《くぼてやま》の「坊主」（山伏）たちである。大分県との県境近くにある福岡県の英彦山も修験の山（天台系）で、山岳信仰のメッカのひとつである。英彦山は羽黒山（山形県）・熊野大峰山（奈良県）とともに「日本三大修験山」にも数えられ、現在も山伏の坊舎跡など往時をしのばせる史跡が残る。英彦山信仰は、福岡をはじめ熊本、大分など北部九州に広く浸透していた。それは活発な英彦山の山伏たちの活動によるものである。山伏たちは諸国を回って牛王宝印《ごおうほういん》（護符）を配ったり加持祈祷を行ったという。『内匠日記』には、「翠蔵院」「法城坊」「宗真坊」「藤輪坊」「山本坊」などの坊舎名が見える。英彦山の周囲には多くの堂塔や僧坊が建ち、山伏たちが護符をもって諸国を廻っていたのである。「彦山坊主来泊ル」(文化十一年正月二十八日)。山伏の中には、内匠宅にやっかいになったものもある。

明治になっても英彦山信仰は衰えない。明治十五年(一八八二)二月、「定嘉、群雄を連れ彦山ニ願解ニ参詣致」(十一日)、「定嘉、群雄、彦山願解致今朝かへる」(二十日)。内匠の婿養子定嘉と孫の群雄は、英彦山に十日ばかりの「願解」の旅をしている。群雄は明治元年生まれだから、十五歳である。この年元服し、長野家の「家譜」を祖父の内匠から授けられた(正月十五日)。当時、元服すると、その後の息災や家の繁栄を祈って寺社参詣を行うことが多かった。従って、この英彦山への祈願は、群雄の元服を祝ってのものであったと思われる。

英彦山とともにさかんに「配札」に村を訪れるのが求菩提山(天台系)の山伏たちである。求菩提山は、福岡県豊前市求菩提と築上郡築上町寒田の境界に位置する標高七八二メートルの信仰の山である。明治の中頃までは、英彦山とならんで山伏の活動が活発であった。英彦山が九州における修験の中心道場であったとすれば、求菩提山は同じ豊前国の松尾山や犬ヶ岳等とともに、英彦山の衛星的道場であったとされる。先の英彦山に複数の坊舎名がみられたのに対し、求菩提山の場合、『内匠日記』には「城泰坊」という坊舎名しか出てこない。数年のブランクがみられる事もあるが、文化年間(一八一〇年代)から安政年間(一八五〇年代)まで、ほぼ毎年のように「城泰坊」は長野村を訪れた。もちろん、「配札」のためにである。「求菩提山坊主、配札ニ来。寛仲初而来。但シ当年十六歳と申」(文政四年二月四日)。文政四年にはじめて長野村を訪れた「求菩提山坊主」の名は、「寛仲」と言った。歳は弱冠一六歳。『内匠日記』には単に「求菩提山城泰坊配札ニ来」などと書かれているが、配札に来る山伏は交代で来ていたのであろう。安政三年(一八五六)十二月には、「くぼて坊主城泰坊、祭致由申奉加ニ来。米壱升呉候。三ヶ年ニ三升呉候筈ニ候」(十八日)とある。「祭致由申奉加ニ来」とは、内匠のところに来て何らかの祈祷を行ったのだろう。それに対し内匠は、米一升を城泰坊の山伏に渡している。三カ年で三升になると言う。配札にきた山伏は、家々に護符を渡し祈祷をして、その代わりに米などの「お布施」を受けとっていたのである。

ふたりの陰陽師《おんみょうじ》

『内匠日記』には、陰陽師がふたり出てくる。嘉永五年(一八五二)には、「おりせ痛ニ付、山鹿之陰陽師を雇、祈祷致」

（五月二十八日）、「山鹿陰陽師帰ル。古閑正箔ト云者也」（六月朔日）とある。妻のおりせが病を患った。そこで山鹿の陰陽師を雇い祈祷を行った。この陰陽師、おそらくは長野村近辺に来ていたところを雇われたのであろう。陰陽師は、内匠宅に二日ほど滞在し、病気平癒の祈祷を続けた。陰陽師の名前は、「古閑正箔」と言った。

江戸時代、京都を中心に陰陽師の集団があった。京都の土御門《つちみかど》家が事実上の本所《ほんじょ》として、配下の陰陽師たちに許状を与えていた。その見返りとして、陰陽師たちは土御門家に貢納金を上納した。幕府も土御門家を介して、陰陽師たちを把握しようとした。陰陽師は、求めに応じていろいろなことをした。祓い、祈祷、占い、舞、暦作成などなど。しかし、地方に生きる陰陽師の存在形態や京都とのつながりについては、まだ不明な点が多い。

さて、山鹿の古閑正箔が土御門家の許状を得ていたか否か、それはわかならい。しかし古閑がここで行ったのは、病気治しの祈祷である。おそらく彼もまた、山鹿を居所としながら、各地をまわって祈祷や占いを行っていたものと思われる。村近くにいたところに声がかかり、内匠に招かれたのは、病気治しでそれなりの「実績」があったためであろう。

さて、もうひとりの陰陽師は、名を山本伊織という。山本の名前がはじめて見えるのは安政四年（一八五七）の正月七日である。山本は、長野村の南西、鍛冶の林次郎宅にやって来た。それから一ヶ月ほど名が見えないが、二月になって「卜者山本伊織、仙次郎方ニ祓ニ来遊、此伊織と申者ハ豊後府内之者之よし」（二月三日）とある。山本は豊後国府内（現大分市）の陰陽師だった。ここでは山本は、「卜者《ぼく》」となっている。つまり占いを行う陰陽師である。山本は、仙次郎方では祓いを行っている。陰陽師が行う祓いの中で多かったのは、「竈祓《かまご》い」「荒神祓《こうじんご》い」「地鎮《じしずめ》」など、敷地そのものや水・火を使う台所を鎮め、家の安全を期す祈祷であった。山本もおそらくは、この手の祓いを行っていたのであろう。

山本がはじめて内匠の所を訪れたのは、二月九日である。この時は、世間話をして帰っている。十四日にも来て、夜半過ぎまで話し込んだ。この時は、「勘へ者山本伊織」となっている。ここでは、山本は「勘へ者」となっている。「勘へ」とは占いのことである。山本は占いを「専門」とする陰陽師だったのかも知れない。十九日には、「山本伊織、軍書読ニ来」とある。

内匠の蔵書のうち、「軍書」を読みに来たと言う。それからしばらく書物を見に来て、二十五日と二十九日には書物を借りて帰った。山本は内匠の豊富な蔵書に大いに興味を寄せた。

陰陽師は役者や芸人と同じく、江戸時代には身分的には差別される側にあった。しかし、内匠は山本と親しく接している。また山本は、軍書を読んだり内匠の蔵書を拝借している。彼は豊後府内という地方都市（城下町）に住む、知識人であり文化人であったと言うことができるだろう。山本は長野村の家々で、祈祷や祓いを行うかたわら、熱心に読書に親しんでいたのである。

三月十日、「晩方ニ鍛冶之藤助来。山本伊織、鍛冶之林次郎方を立チ申候と、いとまごひニ来」。山本が暇乞いに来た。正月はじめに村にやってきて、三ヶ月あまり村に滞在していたことになる。「鍛冶之林次郎方を立チ申候」とあるから、この間ずっと林次郎方にやっかいになっていたようだ。暇乞いをした山本は、どこへ行ったのか。五月になって、再び山本が内匠のもとを訪れた。「陰陽師山本伊織来、矢部ニ行候嘶致」（五月十三日）。どうやら山本は、しばらく矢部の方に行っていたらしい。その後山本が、豊後府内に帰ったのかどうか?、それは分からない。以後、山本伊織の名前は、一度も出てこない。

虚無僧森儀八郎

虚無僧《こむそう》も長野村にやってきた。「阿蘇四分一《しぶいち》村森儀八郎、虚無僧致来候而、畑ヶ鋤ニ加勢致、中畑之畠すく」（万延元年五月十九日）、「森儀八郎、肥たてニ加勢致」（同二十日）。虚無僧の名は森儀八郎、阿蘇の四分一《しぶいち》村の者だという。

虚無僧とは禅宗の一派である普化宗《ふけしゅう》の僧であある が、剃髪しないで半僧半俗の存在であった。中世末期には尺八を吹く乞食芸人であったが、近世にはいると芸人、浪人を集めて開宗し、関東農村を中心に勢力を広げていった。近世の前半期までは百姓・町人をはじめ誰もが参加し修行できる宗派であった。しかし十八世紀頃を転機として、武家浪人を囲い救済するものに変化した。幕府は一月寺と鈴法寺を通じて普化宗とその傘下の虚無僧たちを支配しようとした。しかし両寺は、日本往来自由や不入守護（治外法権）の特権を主張し、半ばアジール（聖域）化した。また、遊蕩無頼の徒が勝手に虚無僧姿になって横行することも多かった。

ところで虚無僧森儀八郎、どこかこれまでのイメージと違う。虚無僧と言えば、「着流し姿で深い編み笠

（天蓋）をかぶり、尺八を吹きながら托鉢をする。顔は絶対見せない」。もちろんこれは、時代劇などで脚色されたイメージではある。ところが森儀八郎は、内匠の畑の農作業を手伝っているのである。おそらく編笠もとり尺八もそこいらへ置いおいて、畑を鋤いている。翌日には「肥たて」と言うから、施肥まで手伝っているのである。

「森」姓を名乗っているから、もともと士分の者であろうか。さきの虚無僧の出で立ちやイメージからかけ離れているので、おそらくは勝手に虚無僧を名乗っていた手合いかも知れない。明治四年（一八七一）、明治政府は幕府との関係が深い普化宗を廃止する太政官布告を出し、虚無僧は僧侶の資格を失って民籍に編入された。

村びとと温泉

温泉のはじまり

長野村の温泉について、はじめて文献に出てくるのは、室町時代の天授二年（一三七五）の「沙弥道義寄進状」（『西巌殿寺文書』）である。これは長野村の在地領主沙弥道義が、湯ノ谷「堂敷」、すなわち建物と屋敷地を子々孫々の祈祷料所として、阿蘇大明神の上宮（阿蘇山上の阿蘇宮）に寄進したというものである。この「堂敷」は、阿蘇山上にあった天台系修験の有力宿坊「成満坊」にその管理が委ねられたらしく、翌年から成満坊関連の文書に「湯屋棟上」や「釘代」の支出の記録が残っている。この温泉は、阿蘇上宮や修験とのかかわりがはっきり見て取れることから、湯ノ谷温泉と推定されている。

中世の阿蘇は修験のメッカであり、阿蘇の山々は峯入りの修行の場であった。修験僧（山伏）は、修行を重ねることで法力を得て、その法力によって人々を苦しみから解き放つとされる。長野村ほか旧長陽村の温泉は、いずれも深山幽谷にあるが、山々を跋渉するこうした修行僧たちによって発見されたものであろう。修験僧たちにとっては、烏帽子岳中腹にある湯ノ谷は格好の修行の場となったに違いない。温泉はまた、修行僧たちが激しい修行の合間に、心身を癒す保養の場でもあった。

江戸幕府が開かれて六〇年あまり後の寛文九年（一六六九）、北島雪山によって『国郡一統志』が著された。北島は、江戸前期の書家・儒学者で江戸時代の唐様書道の基礎を築いた人物である。『国郡一統志』の「国郡寺社總録」には、阿蘇郡下田村の項に西野宮三社大明神や卯添《うぞえ》大明神とともに「十一面観音、栃木湯元」と「千手観音、垂玉」とある。栃木ははっきり「湯元」とあり、垂玉も温泉ぬきでその地名が出てくるとは考えにくい。また、それぞれ観音さまが祀られているのは、やはり修験道とのかかわりを示すものと考えてよかろう。

次に『光雲寺文書』中の元禄十年（一六九七）、社寺調査の中に「宗旨知不申　一、本尊観音　壱間ニ壱間半　花香取同郡同村之内垂玉　湯坊主　壽簾」「宗旨知不申　一、本尊観音　壱間ニ壱間半　花香取同郡同村之内栃木　湯坊主　□喜」とある。他の寺社の管理者は常住の住持や社番、また無住の堂宇の場合は「御百性《ママ》」某となっている。ところが、垂玉と栃木の場合は「湯坊主」となっている。

さらに、享保十三年（一七二八）に成瀬久敬によって著された「新編肥後国志草稿」には、次のようにある。

南郷布田手永　下田村之内川後田村　垂玉温湯
阿蘇山ノツヅキ半復ニアリ此所ヨリ熊本九里　下田村之内栃木村　栃木温泉　南郷白川ノ流近辺ニ有リ此所ヨリ熊本府へ布田通九里　合志立野通モ九里亦栃木ヨリ内牧江四里同所ヨリ黒川坊中江蛇ノ尾通三里有リ　長野村　湯谷温泉

垂玉温泉と栃木温泉は下田村、湯谷温泉は長野村に含まれるように記述してあるが（垂玉温泉は川後田村、栃木温泉は喜多村に含まれる）、地獄温泉を除く三つの温泉が揃って登場するのは、これが最初である。十八世紀には、三つの温泉が一般にもある程度知られるようになったと思われる。『内匠日記』には、三つの温泉のほかに地獄温泉が出てくる。以下、それぞれの温泉に関する事がらについてみてみたい。

栃木温泉の営業開始

宝暦七年（一七五七）の「布田手永万覚付手鑑」には「一栃木湯横目役　壱人　引高拾石　角左衛門　一同所湯亭壱人　利七」とある。この「手鑑」の中で、温泉の営業が確認できるのはこの「栃木湯」だけであり、また熊本藩の管理下あることがわかる。温泉の営業は、御郡方の管理下にあった。それは、藩の役人で温泉を管理する「湯横目役」が配置され、「引高」（課税対象から割り引く高）が「拾石」（十石）となっていることから分かる。栃の木温泉は、入湯客から湯銭を徴集して利益を得ていた。そして藩はその利益に課税していたのである。温泉に常駐している「湯亭」は「利七」となっている。

『年表稿』にはこの二年後（宝暦九）、「布田手永永野村湯谷温泉湯小屋宿屋取建、栃木温泉同様にし、一年銀一貫五〇〇目宛上納の事」とある。いずれにしても、宝暦期には湯ノ谷と栃木の両温泉は、宿屋（湯小屋）を備えた温泉地として成立していたことがわかる。

湯ノ谷温泉の湯小屋

『年表稿』の明和五年（一七六八）五月に、「緒方九郎左衛門、田添源次郎の企画にて、阿蘇湯谷に温泉仕立を命ぜらる」とある。緒方、田添両人がどのような人物なのかは詳しくはわからない。しかし、のちに湯ノ谷の湯亭となる長野家の史料（『長野克也家文書』）の中に両人から御郡方に提出された「覚」（上申書）が含まれている。これには、湯小屋が建てられる以前の湯ノ谷温泉の状況について、次のように述べている。

南郷布田手永長野村之内乙ヶ瀬と中枝村之上ノ原湯ノ谷と申所ニ温泉御座候　前々より御国中在々より病有之候者為養生入湯ニ罷越申候　右温泉之儀別而諸病ニ相応仕候由ニ而春秋大分之湯治人参候　然共小屋茂無之萱之原之儀ニ御座候得は諸人罷越申候上ニ而草萱等剪集銘々ニ仮小屋ヲ懸ケ申候　左候而近郷之者共迄鍋田子等茂持参仕候　右之通り之様子ニ付雨風之節ハ水（「田」欠か）同然の躰ニ而入湯人殊之外難渋仕候（後略）」（『長陽村史資料集第四集』）

要するに、「はじめは湯小屋のひとつもなく、まさに露天風呂があるだけだった。春と秋にはかなりの湯治客があったが、湯治客はみずから周囲の萱や薄を切って粗末な小屋を建てて入浴していた。自炊をするための鍋もなく、それぞれ持参しなければなかった。雨でも降ろうものなら、風呂の周辺はたちまち水田のようなぬかるみになった」と言うのである。

この緒方・田添両人の企画は、熊本藩も取りあげた様で、同年十二月には「阿蘇南郷湯谷に温泉小屋建始むる」（『年表稿』）とある。さらに「阿蘇湯谷仮小屋出来、来正月より入湯許可に付入湯其他の規則を定む。特に新規取立の所であるから特別に揚酒本手一本許す」（同）とある。「本手《ほて》」とは、藩からの営業許可（証）のことである。さきに述べたように、当時の長野村の揚酒場本手は一つだけで、これは長野内匠の長野家に許されたものである。さらに翌年五月には、「南郷湯谷温泉小屋竣工、六畳敷二間あてもの二、七畳敷のもの四室出来」（同）とある。

ところでこれ以降、長野次左衛門が温泉の管理者たる湯亭となって、その子孫が代々その任にあたる。次左衛門が湯亭になった理由は、彼が温泉の近くに御赦《ごしゃ》免開《めんびらき》の畑を九畝所有していて、その土地を湯小屋建設地として提供したからであった。「御赦免開」とは、長野武士に許された新開地で年貢も免除されていた。長野次左衛門は、長野内匠の長野家の分かれで在御家人である。その後、湯ノ谷温泉は昭和の初めまで次左衛門の子孫の長野家によって管理、経営が続いた。もともと誰のものでもなく、誰もが自由に入浴できた湯ノ谷温泉が、近世から近代にかけてこのような経緯で長野家の「私有財産」として引き継がれて行ったのである。

明礬の採取・製造

垂玉温泉と地獄温泉では、明礬《みょうばん》の採取が行われていた。単に明礬という場合、硫酸カリウムアルミニウムをさすことが多い。要するに、カリウムとアルミニウムと硫黄の化合物である。わが国では、各地の温泉で明礬が採取された。現在でも、例えば大分県別府市の明礬温泉には、藁葺き屋根の「湯の花小屋」が建ちならび、「湯の花」と称する明礬が採取されている。ちなみに明礬温泉の明礬は、アルミニウムと鉄の硫酸化合物である。

明礬の用途は実に広い。染色剤や防水剤、皮なめし剤や沈殿剤などとして使われ、古くはローマ時代から使用されたという。天然の明礬は白礬《はくばん》とも呼ばれ、その殺菌作用から洗眼やうがいにも用いられた。筆者も幼少の頃、歯ぐきが腫れたりなどすると瓶入りの粉末状の明礬を塗ってもらった記憶がある。酸味がかった、何とも妙な味が記憶として残っている。

『年表稿』の宝暦元年（一七五一）六月に、「南郷布田手永のうち垂玉・湯谷、北里の内黒川、この三ヶ所にて、明礬仕立試の結果、垂玉・黒川にて仕立仰せ付けらる」とある。藩もこの頃から、阿蘇の二ヶ所で本格的に明礬採取に乗り出したものと思われる。ところが、『内匠日記』には垂玉温泉での明礬採取の記事は現れず、地獄温泉でのそれが幾度かみえる。おそらく垂玉と地獄は近接していること、地獄温泉の成立が垂玉よりずっと新しいので、『年表稿』の垂玉も、実際には地獄での明礬採取をさしていたものと思われる。

さきの宝暦五年から約一〇〇年後、『内匠日記』の安政二年（一八五五）の十二月に次のようにある。「地獄にて明ばんせんじ致道具阿蘇より持帰り、九ヶ村庄屋中ニ嶋一端宛進物ニ遣由」（五日）、「今日地獄ニ而明ばんせんじニ打立ニ付、九ヶ村庄や中ニ案内致候へ共、一人も参らざる由噺有之」（六日）とある。「阿蘇から焼き明礬をつくる道具を持ってきた。これから世話になるからという意味でか、地獄温泉に近接する九か村の庄屋に、縞（嶋）織一反ずつを進呈した。そして明礬づくりをはじめるからと、祝いに九か村の庄屋を案内したが、ひとりも行かなかった」と言う。翌年の十月には、「文兵衛方古居宅、地獄明ばん小屋ニ買候て、宮地町栗林くずし候」（二十五日）とある。ここで明礬づくりの主が、「阿蘇宮地町栗林」と言うことが分かる。栗林が明礬小屋に文兵衛の古い居宅を買い取ったのである。

宮地町の栗林家と言えば、もと酒造家で、金融業によって土地を集積した阿蘇郡内有数の富豪である。また多額の寸志（藩への献金）によって士席にも列せられた。その栗林家が、藩の許可を得て明礬の製造に乗り出していたのである。

収穫後の骨休め

温泉の利用法でもっとも多いのは、言うまでもなく湯治場としてである。つまり現在のような観光の一貫ではなく、治療のための入湯である。これについては、「村びとと病」ですでに触れた。

治療としての湯治についで多いのが、厳しい農作業のあとの休養をかねての湯治である。『内匠日記』をみても、特に稲刈り後の十月に温泉に行っていることが多い。明治四年（一八七一）の十月には、次のような記述がある。「自身湯谷よりおりせ・寿まな・群雄・むつ、皆々湯谷より帰る十五日より今日迄」（二十二日）。この年は、十月十四日に『田籾収納致」と水田にかかわる農作業も終わっている。翌日には、「自身、おりせ孫寿満なを連、湯谷ニ入湯ニ行」と、妻のおりせと孫のすまなを連れて湯ノ谷温泉を訪れた。ほかの家族も、少し遅れて合流した。結局、この時の湯治は八日間に及んだ。ゆっくり骨休めも出来たことだろう。

この湯治でもうひとつ注目すべき記事がある。それは、「湯谷熊之允、手前入湯致、本陣侍席間ニ置候而種々馳走いたし候事」（十六日）である。熊之允は同じ長野家から分かれた湯ノ谷温泉の湯亭。長野熊之允は、先にあげた長野次左衛門の長男である。湯ノ谷温泉は御郡方の支配で、その管理がこの当時、湯亭の熊之允に任されていた。その熊之允は内匠を「本陣侍席間」に通したと言うのである。

湯ノ谷温泉の湯小屋は四つに区分けされていた。それは、①阿蘇社家の間、②阿蘇山寺方の間、③士席間・軽輩間、④平人の小屋の四つである。先述したように、もともと湯ノ谷温泉は阿蘇の修験僧たちが開いた温泉である。中世には長らく阿蘇社の支配下にあった。近世になって、阿蘇山衆徒方によって湯ノ谷温泉を管理したいと言う申し出が藩に寄せられたが（宝暦十三年）、藩は却下している。それでも阿蘇の社家関係者、寺方の修験僧たちの利用が多かったものと思われる。武士が利用するのが、士席間・軽輩間である。長野熊之允は、内匠をこの武士専用の部屋（士席間）に通したのである。士分格として遇されていたとは言え、熊本藩士ではない内匠を士席間に通すのは、本来は憚れる行為だったろう。しかし熊之允からすれば、内匠は同じ長野一族中で最も尊敬すべき人物だったに違いない。また、熊之允の子どもたちも内匠について学んでいる。内匠は子どもたちの手習の師匠でもあった。

八日間、ゆっくり温泉につかって自宅に帰った二十二日に、内匠は「熊之允並子供中朝夕心を付饗応限りなく致候事」と書いている。熊之允と子どもたちの心づくしのもてなしに、内匠は満足し、また心から感謝した。農作業の疲れもどこかへ消えてしまったことだろう。

温泉での商い

内匠の家にもほど近い、馬場のおのわと言う女性が栃の木温泉にたびたび商いに出向いている。その後、「ばゞノ利助母、ちん内ノ千吉母、栃木湯ニあきないニ行ついで立寄」（文化十一年四月十六日）とある。「利助母」と言うのが「おのわ」で、「千吉母」と言うのが「おさの」で、ふたりは連れだって商いに行くようになっている。さらに文化十三年（一八一六）には、「鍛治ノ祖母・宇助妻・陣内おさの、栃木湯ニ商ニ行ト申来」（八月二十五日）と、さらに「鍛治ノ祖母、宇助妻」など、新顔が加わっている。すべて女性である。しかしここまでは、栃木温泉での商いであった。ところが文化十四年には、「おさの・おいそ・おそい、垂玉ニ柿うりニ行而帰ニよる、飯喰」（八月晦日）と、ここで垂玉温泉に「進出」している。こうして長野村の女性たちの商いは、人数も増え、あらたな市場も開拓していった。何を売っているかと言えば、「垂玉ニ柿うりニ行」と言うように、何か特別な商品を作っていたのではなく、柿が色づけばそれを売りに行くという程度の商いだった。

温泉での商いと言えば、内匠の幼少期、住まいは栢ノ木谷にあった。栢ノ木谷では、酒を造っていた。そして揚酒屋の本手（免許）を得て、酒を売っていたとみられる。実は栢ノ木谷は湯ノ谷温泉と栃の木温泉、ふたつの温泉の中ほどにある。従って、長野家の酒造、酒販売業は、このふたつの温泉での販売を目的としたものだったのだろう。しかし、商売は軌道に乗らなかった。長野家は揚酒屋の権利を内ノ牧の孫兵衛に貸し、利権料を得ていた。孫兵衛は、内牧温泉で酒の販売をしていたのだろう。長野家は揚酒屋の権利を孫兵衛に貸与すると、しばらくして栢ノ木谷から長野村に帰ってきている。

国司御連雀衆の垂玉入湯

慶応元年（一八六五）四月には、垂玉温泉に熊本の「国司御連雀衆」が大挙してやってきた。「国司御連雀」の「国司」というのは藩主をさす。「御連雀」とは「御連枝」のことで、藩主の兄弟または近親さすものと思われる。文化・文政の頃にはすでに、垂玉温泉も「温泉宿泊地」として整備されていた。熊本町に住む藩士たちも、遊山をかねて垂玉や地獄温泉などをしばしば訪れるようになっていた。「国司御連雀衆」に、藩主その人も含まれるかどうか不明だが、殿様またはその近親がやって来るというので、その準備で、村はもとより阿蘇郡中が大騒ぎとなる。

（現在の）垂玉温泉

四月二十二日　国司連雀衆、垂玉ニ入湯之筈ニテ、郡中ノ人歩垂玉地獄ニ来、普請道作、其外大手入之由。

同　二十七日　垂玉地獄湯小屋普請余り手入過候

垂玉金竜の滝

由、上江間へ役人共とがめにあい大方崩し方致居候処、大風にて吹崩し。

同　二十八日　国司御連雀衆垂玉へ入湯之筈ニテ普請致候処、昨日より今朝之大風にて三々吹崩し候ニ付、崩れ余計致す由也。

同　二十九日　御連雀入湯ニ付、御休所大石の庄八方之筈ニ付、金屛風並毛氈かりに来。公役にて武左衛門持行。

同　晦日　御連雀様、垂玉御入湯。但し熊本より垂玉まで日づき大津通り曲松より往還通り松山坂より入、大石の庄八方にて御休有之候節は昼八ツ刻也。上下三十人余。槍二タ筋其の外馬かごなし。御通行拝上致し候と、道中うんかのごとく松山坂より庄八、内蔵之允きど迄、道ニよけばなき様ニ人集まる。くだ物うり商人多く来ル。爰元には室町・柿野・松ノ木・中村・東下田等之者共、男女子供など大勢庭見物に来候事。公役にて武左衛門、庄八方より屛風毛氈返しニ来。

殿様を迎えるというので、まず阿蘇郡じゅうの「人歩」（人夫）がかき集められた。何のためかと言えば、垂玉温泉とそこへ通ずる道路などの補修工事を行うためである。ところが、過剰な「手入」（準備）のことが藩の上層部の耳に入ったらしく、「やり過ぎはいかん」と不興をかった。そこで今度は元に戻そうとしていたところへ、暴風雨で湯小屋などが崩れてしまった。おそらくその後、大慌てで再修復を行ったことだろう。いっぽう、大石の庄屋宅が殿様の休憩所に使用されることになった。そこで、役宅から内匠のところに金屛風と毛氈を借りに来た。さすがに内匠翁、困ったときに助かる。

そしていよいよ殿様の御成となる。垂玉への道筋は、どこも雲霞のごとく老若男女が見物に押し寄せた。ついぞ殿様なんぞにお目にかかったことなどない村びとたち。「ひと目みてみたい」が人情である。道は人だかりで除けようもないくらいだった。挙げ句には、「くだ物うり商人」まで多数あらわれ、露店が建った。長野村はもう、文字通りのお祭り騒ぎとなった。

ところで殿様見物に来た多くの者が、その序でに内匠宅に立ち寄っている。「室町・柿野・松ノ木・中村・東下田等之者共」とあるから、長野村だけでなく旧白水村（松ノ木・中村）や旧久木野村（室町・柿野）の者たちも大勢やって来た。目的は、内匠翁ご自慢の「庭」見物である。庭には泉水があり、それを囲んで植木や庭石が配置されている。旧暦の四月だから、庭のつつじなどが花盛りだったことだろう。序でとは言え大勢の見物客を迎えて、この日は内匠翁も鼻高々だったに違いない。

阿蘇一揆と温泉

明治十年（一八七七）二月下旬（第四章と整合させるため、この項の日付はすべて新暦で表記する）、西南戦争と軌を一にして、阿蘇一揆が起こった。西南戦争で熊本県各地が戦場となり、熊本県の行政機能も麻痺し、権力の空白がうまれた。その間隙を突くように阿蘇一揆は起こった。西南戦争と阿蘇一揆については、次章で詳しく取りあげる。ここでは、長野村と隣村からも多数参加した一揆勢の要求と行動の中に、地獄・垂玉温泉に関するものがあるので、その点に触れておきたい。

『内匠日記』の三月十一日に、次のようにある。「一揆共、夜前垂玉・地獄両所ニ泊り候」。『内匠日記』では十一日にこの記事があるが、一揆勢が温泉にあらわれたのは、前日の三月十日である。いったい、何のために一揆勢は垂玉・地獄温泉に向かったのか。おそらく勢いに任せて、大勢が無銭で入浴して見せたことは、想像に難くない。一揆の首謀者と目された人物の供述書に次のようにある。「翌三月十日河陽村字垂玉地獄両所ニ罷越、十小区人民ニ限リ温泉入浴ハ無銭、浴客へハ勝手次第商売可為致旨、温泉ノ戸主へ談判ニ及ヒ其旨証書為指出」（水野公寿『西南戦争期における農民一揆』）と。つまり、垂玉・地獄温泉の戸主に要求して、①「十小区」（ほぼ旧長陽村にあたる）の住民に限って入浴料を無料とすること、②両温泉の入浴客への村びとの商売は自由にできること、このふたつの要求を証書を出させたうえで認めさせている。長野村と河陽村の住民にとって温泉が、湯治と入浴客への商売というふたつの点において、大きな重みを持っていたことが窺える。

なお、一揆発生当初の要求の中でも一揆勢は「温泉ノ割賦金」の行方をただしている。この「温泉ノ割賦金」というのは、温泉の営業活動による利益の一部を区内の村々へ還元するために毎年積み立てられていた、いわば「公金」である。一揆勢は、その公金が不正に流用されていないかと、村役人を問いただしたのである。

村びとたちに言わせれば温泉は、もともと何の断りもなく、誰に断るでもなく利用してきた「自然の恵み」であった。単なる露天風呂で粗末であったとしても、温泉は誰の持ち物でもなかった。しかし温泉が藩の管轄下に入り、「湯亭」という管理者が置かれ、湯治場として整備されるにつれ、温泉は「村びと共有の財産」ではなくなっていった。一揆勢の要求からは、村びとのそんな心情が読み取れるのではないだろうか。

第四章

近代は〈開明〉か〈迷惑〉か

「はじめに」でも述べたように、『内匠日記』は七〇年余りにわたる日記で、前半の五〇年が江戸時代、後半の二〇年が明治以降である。したがって『内匠日記』は、近世から近代への移行期の変化が、克明に記録されている。そのことによって、日記の記録的価値がさらに増している。

記録としての『内匠日記』は、概ね淡々と綴られていると言って良い。しかし、近世から近代への激変の中で、晩年の内匠翁の位置づけも大きくかわっていく。一例を挙げれば、手習所は小学校に取って代わられ、手習の師匠としての内匠翁は不要になる。日記にはあまり感情をあらわにしない内匠翁も、急速な「近代化」＝変化に苦言を呈する場面も見られる。

それに加え、長野村は西南戦争の戦場となり、またほとんどの農民が阿蘇一揆に加担する。その様子も細大漏らさず日記に認めたが、このふたつの出来事は、否応なしに村びとの間に亀裂をもたらさずにはいなかった。内匠翁と村びとは、変化をどのように受け入れ、また拒否したのか。

なお本章での日付であるが、『内匠日記』がすべて旧暦で記されてため、それを尊重して明治以降も『内匠日記』の日付は旧暦である。ただし本章のうち、「西南戦争と長野村」および「阿蘇一揆と長野村」の項は新暦で記述している。旧暦を付す場合は（　）をつけている。

変革の予兆

彗星あらわる

　安政五年（一八五八）年八月、突如彗星があらわれた。『内匠日記』の八月十七日に、「今晩方、初めて亥之方ニ異なる星出る。此星次第ニ南の方の様ニより成る」とある。「亥之方」とは、北西よりの方角である。この「異なる星」＝彗星は夕方、北西よりの空にあらわれ、長い尾を天空に引きながら次第に南方へ移動した。

　大津の日吉神社の神官であった坂本経治が書き残した『寿賀廼舎《すがのや》日記』にも、彗星は次のように記録されている。「八月の上旬の頃より彗星顕れ候。朝七つ頃東北の方、夕方五つ半頃までは、西の方に相見え申し候。色々悪しき風説之れ有り候。アメリカ船も浦賀に多く参り候由に御座候。

　古来、中国や日本では彗星を「妖星」と称し、その出現は災厄がおこる前兆とされ、人びとを不安におとしいれた。折しもこの年、コレラが大流行し、それは現実味を帯びていた。また七月には、神奈川沖に停泊していた黒船の威圧とハリスの強硬な外交姿勢に屈して、幕府は日米修好通商条約の調印を余儀なくされたばかりだった。坂本の日記では、彗星の出現とコレラ流行や黒船の圧力などの「悪しき風説」が結びついていることがうかがえる。世上の人びとも、同様だったに違いない。人びとは世の激変を予感し、そして不安と恐怖感にさいなまれた。

コレラと民衆

　安政五年（一八五八）六月、長崎で発生したコレラは九州各地に蔓延した。その後、大坂・京都を経て七月には江戸に達した。江戸では、九月までに二万八〇〇〇人が死亡したという。『年表稿』の七月の項にも「コレラ流行、死者一、五五八人」とある。コレラは、もともとガンジス川流域の風土病で、感染すれば嘔吐・下痢を繰り返し、最悪の場合、数日で死に至る。いったん流行すれば、感染力も強く死亡率も高いため、人びとは「コロリ」といって恐れた。

　さきの『寿賀廼舎日記』にも、熊本をはじめ各地で「霍乱症の痛み病」＝コレラが流行したことが記録されている。魚介類に毒気が激しく、これを食べるとたちまち霍乱《かくらん》をおこすという噂は、全国的にも広まっていた。霍乱とは、下痢や嘔吐を繰り返す症状全般を言う。魚介類が原因とされたため、漁師や魚屋は各地で失業同然となった。人びとは、コレラ除け、コレラ神送りの祈祷や神楽を繰り返し行ったという。『内匠日記』には、この年、長野村で疫病が流行した記述はみあたらない。しかし、明治十一年〜十二年には流行している。これについては第二章ですでに述べた。

文政五年（一八二二）、コレラはすでに日本に上陸している。これは、まだ開国以前である。その後コレラは、開国とともにたびたび大流行を繰り返したため、民衆はコレラを「異人がもたらした災厄」だと考えた。そして、開国して異人を迎えいれ西洋化をすすめる為政者、すなわち幕府や明治新政府にも、不審の目をむけることになる。

開港と米価の上昇

嘉永六年（一八五三）、アメリカ東インド艦隊司令長官ペリーは軍艦四隻をひきいて浦賀にあらわれ、フィルモア大統領の国書を提出して日本の開国を要求した。幕府はやむを得ず国書をうけとり、翌年に回答をのばしペリーを退去させた。翌年（安政元年）ペリーは、軍艦七隻をひきいてふたたび来航し、条約の締結を強硬にせまった。幕府はその威力に屈して、日米和親条約を結んだ。この間、幕府の権威が次第に失墜する一方、朝廷や諸藩の発言権が増大した。

その後、初代アメリカ領事ハリスは、イギリス・フランスの脅威を説きながら通商条約の調印を強硬にせまった。大老井伊直弼は勅許を得ないまま、安政五年（一八五八）六月、ついに日米修好通商条約に調印した。この条約によって横浜ほかの港が開かれ通商がはじまり、国内の物価が上昇しはじめる。

対外貿易は、安政六年（一八五九）から横浜（神奈川）・長崎・箱館の三港ではじまった。貿易額は横浜が圧倒的に多く、貿易相手国ではイギリスが第一位であった。日本からの輸出品は、生糸・茶・蚕卵紙・海産物などの半製品や食料品が多かった。ちなみに、蚕卵紙と言うのは和紙に蚕の卵を産み付けたものである。当時、フランスをはじめヨーロッパでは、蚕の病気が広がり、養蚕が困難になっていた。そこで日本から蚕卵を輸入したのである。

いっぽう、毛織物・綿織物などの繊維製品や鉄砲・艦船などの軍需品がわが国に輸入された。開港後しばらく、わが国の貿易は大はばな輸出超過（貿易黒字）であった。しかし、国内の諸品の品不足などから、物価は上昇しはじめた。

物価の上昇は、上下の波をえがきつつも、幕末をつうじて大きく上昇した。大坂でも卸売物価は、安政六年から慶応三年（一八七六）までの八年間に六・六倍になっている。史上まれにみる物価急騰が幕末の民衆生活を襲ったのである。

小倉戦争

幕末の政局

幕末の激動期を語る前に、幕末の政局について簡単に触れておきたい。

井伊大老による通商条約違勅調印は、開港を好まない孝明天皇の怒りを招き、朝廷と幕府は衝突した。井伊は強硬な態度で臨み、朝廷や反対派の公家・大名をおさえ、その家臣たちの多くを処罰した（安政の大獄）。このきびしい弾圧に憤激した水戸脱藩の志士たちは、万延元年（一八六〇）、井伊を桜田門外で暗殺した（桜田門外の変）。さらに公武合体を進めるため、孝明天皇の妹和宮を将軍家茂の夫人に迎えることに成功した老中安藤信正も、文久二年（一八六二）に坂下門外で水戸脱藩士に襲われ重傷を負い、失脚した（坂下門外の変）。こうして、幕府の権威は根底からくずれはじめた。

こうした事態のなかで、薩摩藩では、藩の実権を握っていた島津久光が同年、勅使を奉じて江戸にくだり、幕政改革を要求した。幕府は薩摩藩の意向を入れて、松平慶永を政事総裁職、徳川慶喜を将軍後見職に任命した。こうして安政の大獄で処罰された有力者たちが、政界に復帰した。また、京都守護職をおいて会津藩主松平容保をこれに任命するなど、幕制を改革した（文久の改革）。

いっぽう京都では、尊王攘夷論を藩論とする長州藩が、政局の主導権をにぎって朝廷を動かし、攘夷の決行を幕府にせまった。幕府はやむなく、文久三年五月十日を期して攘夷を決行するよう諸藩に命じた。長州藩はその日、下関海峡を通過する外国船を砲撃して攘夷を実行した。

この長州藩の動き対して、薩摩・会津の両藩は同年八月十八日、朝廷内の公武合体派の公家とともに朝廷内の実権を一気に奪い、長州藩勢力と急進派の公家三条実美らを京都から追放するクーデターに成功した（八月十八日の政変）。翌元治元年（一八六四）七月、長州藩は勢力を回復するために京都にせめのぼったが、薩摩・会津両藩の兵に敗れてしりぞいた（禁門の変）。『内匠日記』七月十九日には、「後日聞書」と断った上で「京都今日大火、並長州勢官兵と大ニ戦由」と記している。幕府は禁門の変の罪を追及するため、第一次長州征討の軍をだした。

第一次長州征討

いよいよ世の中も騒がしくなり、緊迫の度をましてきた。禁門の変で朝敵となった長州を征討せよとの「勅諚」は七月二十三日に下った。同月二十八日、熊本藩には「小倉応援」が命ぜられる。八月にはいると、備頭《そなえがしら》沼田勘解由《かげゆ》が小倉応援の出陣を命じられる（十日）。そして十六日には、沼田の兵が小倉に向けて出陣した。熊本藩では、戦時に編制される部隊がありそれを「備《そなえ》」と言った。この備は足軽隊（鑓・鉄砲・弓）、騎馬隊、小荷駄隊などで構成され、独立した作戦行動をとれる軍隊の基本単位である。一備は約二〇〇〇人ほどの規模である。「備頭」というのがその指揮官である。第一次長州征討では、四つの備、一万人以上が熊本から小倉に出兵した。

『内匠日記』の同年八月には、「御上より、京都出火、其外長州之乱之書付数通内蔵之允ニ持せ拝領」（十六日）、「聞書、今日熊本より人数千騎、ぶぜん小倉ニ行候由」（十八日）などとある。内匠は「御上」、すなわち阿蘇家から数通の書付を得ることで京都の情勢を把握していたらしい。十六日の熊本藩の「数千騎」におよぶ小倉への出兵も、ほぼ正確に記録している。

村からも陣夫

熊本藩の第一陣は小倉へ向けて既に出発したが、後続の軍勢の編制もすすめられた。布田手永の村々のほとんどは、藩主から上級藩士に与えられた「御給地」であったことはすでに述べた。長野村の内匠が居住するあたりは、熊本藩士右田某の「御給地」であった。「杉尾之直太方ニ給人右田が百姓共、給人右田軍役ニ豊前小倉ニ参り候供之鬮取致候事」（八月二十二日）。その「給人右田」が小倉に出陣することになり、村の百姓たちが「杉尾之直太方」にあつまった。そして誰がお共として右田に随行するかをくじ引きで決めたという。

長らく続いた徳川治世下の「太平の世」は、ついに崩れようとしている。この間、百姓たちが戦争に動員されることはなかった。百姓だけではない、幕府の軍役令が実際に発動されたのは、寛永十四年（一六三七）の天草・島原一揆以来なかったのであるから、武士にとっても出陣は、はじめての経験となる。動員と言っても、百姓たちは戦闘員として動員されるのではない。弾薬や食糧などの物資を運ぶ「陣夫」として動員されるのである。「陣夫」はつまり兵站《へいたん》の役割を担うものであり、いま風に言えば「後方支援部隊」の構成員と言うことになる。のちの西南戦争のときは、「軍夫」とよばれた。ひとたび戦争となれば、戦闘員の数より軍夫の数が多いのが一般的である。戊辰戦争の時も、これから述べる第二次長州征討（小倉戦争）のときも同様だった。言い換えれば、陣夫という後方支援があってはじめて戦闘が成り立つのである。

ただ後方支援の陣夫と言っても、戦場ではいついかなる事態が起こって、命を失わないとも知れない。誰しも陣夫になりたくはない。おそらく、村の百姓たちにとって陣夫となることは青天の霹靂であったに違いない。そこで長野村では、恨みっこなしのくじ引きで陣夫を決めよう、と言うことになったのであろう。西南戦争でも、くじ引きで「軍夫」を決めた例は各地でみられる。

さて、不幸にも「当たりくじ」を引いてしまったのは誰か。「大石ノ傳太郎、前ノ九蔵儀、給人右田小倉軍用手あて相あたり候ニ付世話致候と申、彼両人方ニ行候事」（同二十九日）。大石の傳太郎と内匠宅の「前ノ九蔵」が引き当てた。早速、小倉へ赴く準備をしている両人のもとへ内匠は手伝いに行った。その頃すでに小倉では、「長門大守毛利大膳大夫謀反ニ付騒動。軍勢小倉ニ相集り候筈ニ付、熊本大小名出陣ニ付、在家人共迄、有増参り候事之由ニ候」（八月晦日）という状態だった。「長門大守毛利大膳大夫謀反」、すなわち禁門の変で朝敵となった長州を討つために、熊本の大名小名、それに在御家人まで続々と小倉に結集していた。

前の九蔵が実際に小倉へ出たのは十一月だった。「前之九蔵儀、隈府之給人右田、小倉江軍役ニ参るニ付、人足ニ参るニ付暇乞ニ来付而、爰元より皆々九蔵方ニ行、餞別等遣」（十一月十一日）。戦場となる小倉に向かう九蔵宅に、内匠の家族は皆で挨拶に行った。内匠は九蔵に餞別を渡した。翌日、いよいよ出発の日。九蔵は内匠のもとに昨日の礼と「いとまごひ」に来た。内匠は九蔵に「阿蘇宮疫病除之御守」を手渡したが、「家のことは心配無用、無事に帰ってきなさい」と言って送り出したに違いない。結局、「當村より給人人足ニ行人数、九蔵、今朝八、諫八、傳太郎、乙ヶせ之左衛門参る由ニ候」（同月十一日）と、長野村からは九蔵以下五人が、給人の御供として随行した。ちなみに九蔵は、米を盗んで殺された、あの九蔵である。

陣夫に「当たった」者も、彼らを送り出した村人たちも、暗澹たる気持ちだったに違いない。しかし九蔵たちが村を出て間もなく、うれしい知らせが入った。「晩ニ仙吉来、九蔵隈府ニ而小倉は無之、右田方ニ逗留致し居候由便り有之候段咄来」(同月十四日)。九蔵の父親の仙吉がやってきて、「九蔵の小倉行きはなくなり、隈府《わいふ》(菊池)にいる」と言う便りが来たことを内匠に伝えた。仙吉のよろこぶ様子が、目にみえるようである。そして十七日には、九蔵たちは無事帰村した。さっそく内匠は、「九蔵、傳太郎方ニ、小倉江は不行隈府より帰り候ニ付、歓ニ行」と歓びに出向いた。まことに、村にとってはこの上ない歓びであった。

　この月の末、近所の者たちが内匠宅に佛参りにやって来た。その時、「噺ニは小倉陣立の事斗多く致」と、話題は「小倉陣立」の事ばかりであった。第一次長州征討は、長州藩が恭順の態度を示したことにより、十二月には撤兵の命令が出た。『内匠日記』にも「長州騒動静謐ニ相成模様ニ而熊本より小倉に詰候人数十二月廿日比より大方引取」(この年の冒頭記録)とある。十二月には、諸藩の兵が撤退した。しかし、この第一次長州征討から、戦争がおこれば百姓であっても動員されることが明らかになったのである。百姓たちの「小倉陣立」への関心は、嫌がうえにも高まった。

小倉戦争(第二次長州征討)

　第一次長州征討でいったん屈服した長州藩であったが、藩内で新しい動きがおこった。攘夷の不可能をさとった高杉晋作・桂小五郎(のち木戸孝允)らの革新派が、保守的な藩の上層部に反発し、高杉はさきに組織した奇兵隊をひきいて元治元年(一八六四)末に下関で兵をあげ、藩の主導権をにぎった。この革新勢力は領内の豪農や村役人と結んで、藩論を恭順から討幕へと回転させた。

　幕府は長州藩に対して、第一次出兵の結末として領地の削減などを命じたが、藩論を一変した長州藩はこれに応じなかった。そこで幕府はふたたび長州征討を宣言した(第二次長州征討)。しかし第一次長州征討のころと、幕府を取り巻く状況が変わりはじめていた。中でも、第一次長州征討の中心勢力だった薩摩藩が、長州征討に応じなかったのである。さらに慶応二年(一八六六)には、土佐藩出身の坂本竜馬・中岡慎太郎らの仲介で薩長連合の密約が成立し、両藩は反幕府の態度をかためる。

　このような状況のなかで、六月二七日、幕府軍艦の周防大島への砲撃で、第二次長州征討の戦いがはじまった。しかし戦況は、幕府軍に不利に展開した。幕府軍は長州を四境から攻めた。四境とは、芸州口（山陽道）、大島口（瀬戸内海）、石州口（山陰道）、小倉口（九州）である。幕府軍は芸州口はともかく、四境のほとんどで長州藩に敗北することになる。

九州小倉口では、老中小笠原長行《ながみち》が小倉・肥後の両藩兵を率いて海峡をおし渡ろうとした。熊本藩は、六月六日溝口蔵人率いる征長軍一番手の一六〇〇人が熊本を出発し小倉に向かった。つづいて二十日遅れて二番手も小倉に向かった。六月十七日、長州藩の参謀高杉晋作や山県有朋の指揮する奇兵隊などが先制攻撃をかけ、乙丑丸《いっちゅうまる》にのった坂本竜馬も参戦した。小倉口の戦闘を、熊本藩領では小倉戦争とも言う。以後、長州軍は何回もの攻撃をおこなった。七月二十六日、長州軍が小倉を攻めると、熊本藩兵は小倉藩を援けて奮戦した。しかし、他藩からの援軍はなく、幕府軍も傍観する始末であった。二十九日夜には、九州軍総指揮小笠原長行も軍艦で長崎にのがれ、小倉城は陥落した。小倉藩兵は、城を放棄して香春《かわら》郡へ敗走し、小倉城も炎上、焼失した。三十日、将軍家茂死去の報が小倉の熊本陣営に届くと熊本藩兵も小倉を去って、八月九日に熊本に帰陣した。幕府はまもなく大坂城中の将軍家茂の急死を理由に、長州征討を中止した。

この第二次長州征討では、第一次長州征討よりさらに多くの村びとが動員された。「立野中尾方より下人来。右之様子は監物殿明後之廿五日、長州一件ニ付小倉江人数を連被参候ニ付、立野・新所不残供ニ而参り候段申越」（六月二十一日）。立野と新所は、熊本藩家老長岡監物の給地であった。内匠の養子、定嘉は立野の中尾家の出である。そこで中尾家から知らせが来たのであった。それによれば、長岡監物が六月二十五日に小倉へ兵を率いて行くので、立野・新所の者は残らず供として参加するように、との動員令が来たという。さっそく定嘉とまのが、見舞の品と餞別を持って定嘉の実家である中尾家を訪ねた。

七月になると、「今日、役宅ニ於而右田知行内百姓共、小倉行鬮取あり」（二十四日）と。ふたたび長野村で、給人右田の供まわりのくじ引きが、庄屋宅に村人を集めて行われた。今回もくじ引きである。給地においては、給人による陣夫負担要求に応じるのことは義務であった。しかし、陣夫を負担する村にとっては大きな負担である。給人と給地の村での陣夫負担をめぐる軋轢も多かった。

八月二日、今回のくじに当たった「前之政太・杉尾之亀八」が小倉に向け村を出立した。しかしこの時すでに、小倉勢は長州勢に敗れ、小倉城は炎上している（八月一日）。そのため政太、亀八のふたりは、まもなく帰村している。政太の話によれば、「去月廿七日ニ小倉小笠原左近持場館へ、長門勢押寄候処、小倉勢打まけ、肥後米田監物陣所へにげ来候」（八月十一日）と言うことだった。七月二十七日の戦闘では、熊本藩兵も参戦し、長州勢を圧する勢いを見せた。しかし、他藩の援軍はなく幕府軍も傍観するばかりであった。さらに小笠原長行は終始消極的な戦いぶりで、ついに小倉藩兵は敗走した。そして熊本藩も、間もなく撤退を決めたのであった。第二次長州征討は、事実上、小倉戦争もふくめ幕府軍の全面的な敗北で終わった。これで幕府の権威は地に落ち、その滅亡も近いという印象を世人にあたえることになった。

幕末維新期の社会情勢

　ところで、この小倉への陣夫がいかに過重な負担だったかについていては、実は藩当局にも認識があった。熊本藩における、この時期の「庶民困窮之端」を開いたのは小倉出兵だったという。さらに小倉戦争以降は熊本藩の主な通行が「豊後路」に偏り、そのため人馬継立において、特に「阿蘇・南郷・小国・久住・野津原」の村々に過重な負担を強いている。そのため、「この地域の疲弊は著しい」と言う。

　慶応二年十二月、横井小楠も「阿蘇、南郷などの困窮は著しく、それを役人もかえりみないため、内牧会所には不穏な張り紙が貼られ、坂梨では付け火がおこり、ほかの二つの村では強訴がはじまるとの風聞もある。非常に恐るべき百姓一揆が起こることもあるのではないかと心配している」と、元田永孚あてに書簡を送っている（『新熊本市史　通史編第五巻近代Ⅰ』）。

　このような社会情勢は、基本的にはその後もずっと続いていく。明治新政府による諸改革が、期待したような「御一新」ではなかったことに次第に民衆は気づきはじめる。その行き着く先が、阿蘇一揆であったが、これについてはまた改めて詳述することにしよう。

長野村の明治維新

幕府の滅亡

　家茂のあと一五代将軍となった徳川慶喜は、幕政のたて直しにつとめたが、長州征討の処理をめぐって薩摩藩と激しく衝突した。慶応三年（一八六七）、連合していた薩長両藩は武力討幕を決意した。これに対し土佐藩はあくまで公武合体の立場をとり、藩士の後藤象二郎と坂本竜馬とがはかって、前土佐藩主の山内豊信をとおして将軍慶喜に、薩長の機先を制して政権を朝廷に返還するようすすめた。慶喜もこの策をうけ入れ、ついに十月十四日、大政奉還の上表を朝廷に提出した。

これに対し、武力討幕をめざす薩長両藩は、朝廷内の岩倉具視らと結んで「討幕の密勅」を奇しくも同じ日に手に入れた。しかし、大政奉還で機先を制せられた。討幕派は巻き返しをはかる。約二ヶ月後の十二月九日、一気に政権を奪取する。いわゆる王政復古の大号令を発して、天皇を中心とする新政府を樹立したのである。新政府は、幕府はもちろん、朝廷の摂政・関白も廃して、天皇のもとにあらたに総裁・議定・参与の三職を置いた。そして参与には、薩摩藩やそのほか有力諸藩の代表的人物を入れて雄藩連合の形をとった。こうして幕府は消滅した。また同日夜の三職による小御所会議で、慶喜に内大臣の辞退と朝廷への領地の一部返上（辞官納地）を命じた。慶喜は大坂城に引きあげ、新政府と対決することになる。

江戸で庄内藩士らが薩摩藩邸を襲撃した報が伝わると、勢いを得た幕府軍は、大坂城から京都にむけて兵を進めた。西郷隆盛率いる新政府軍と幕府軍は、鳥羽・伏見で衝突した。兵力的に劣勢であった新政府軍であったが、近代的な装備で幕府軍を圧倒した。これをみて、西国諸藩はこぞって新政府に帰順した。新政府は、大坂城から江戸へ敗走した徳川慶喜に対し、追討の兵を向け、戊辰戦争がはじまった。

若殿様上京

王政復古は、古代以来阿蘇の祭祀を担ってきた阿蘇家にとっては、まことに喜ぶべき出来事であった。江戸時代、阿蘇家は祭祀者として、かろうじて命脈を保ってきた。しかし幕藩制下では、地域権力としての地位は失った。従って阿蘇家も、それに従う家来たちも、抑圧されたと言う思いは強かったに違いない。幕府が滅亡して、その重しは取り除かれた。

明治元年（一八六八）閏四月、次のような書状が内匠の元に届いた。

今度
王政復古被仰出候ニ付　御歓為可被仰上
御前為御名代　若殿様来十五日御発途被遊
御上京筈ニ付　此段左様被相心得候　以上
南郷御家来中

閏四月十日　　　御役間（後略）

その知らせは、王政復古の慶賀のため、阿蘇の「若殿様」が上京するというものであった。「御前」は阿蘇惟治で、「若殿」は惟敦である。書状は「南郷御家来中」あてであった。

十四日、定嘉はお見送りのため、長野蔵之允・直太郎らとともに、阿蘇の館に向かった。「若殿様御上京御発駕、巳之上刻惣御家来中、坂梨又は鶴崎迄も御送りニ参り候」（十五日）。巳之上刻と言うから午前九時過ぎ頃、若殿様を乗せた駕籠が出発した。見送りに来た阿蘇家の家中は、坂梨、そして中には鶴崎（現大分市）までも見送りに行った者もいる。定嘉は、坂梨で見送った。若殿様が、天子様に謁見するために上京される。この度の上京は、阿蘇家家中の面々にとって、この上ない名誉であった。幕藩制下の鬱屈した気持ちが晴れる思いであったろう。

肥後の維新は明治三年

王政復古以来、熊本藩は新政府に恭順をしめしつつも、旧幕府に通ずるなど、あいまいな態度を示した。しかし、明治二年（一八六九）年一月、薩摩・長州・土佐・肥前の四藩主が版籍奉還の願を出すと、熊本藩も一月二十八日に版籍奉還の願書を出した。この願書は六月に許されて、正式に「肥後藩」は「熊本藩」とされた（従ってこの明治二年以前は、「肥後藩」というのが正しいが、本書ではすべて熊本藩で通している）。藩主細川韶邦《よしくに》は知藩事に任命された。しかし、藩政そのものは守旧派の学校党が握っており、維新の改革にじゅうぶん順応できないままであった。そこで、実学党を中心に改革断行のための準備が進められ、明治三年五月、新政府を後楯とする護久《もりひさ》が家督を継いだ。この新藩主護久のもとで実学党政権が誕生し、雑税免除などの画期的な藩政改革が断行されることになる。徳富蘆花が『竹崎順子』の中で、「肥後の維新は、明治三年に来ました」と書いたのは、まさにこの実学党政権の成立をもって、肥後の維新としたのであった。しかし肥後の維新を含めた明治維新の変革によって、そこ（農村）で暮らす人の生活は、いかほど変化したのだろうか。以下、『内匠日記』にみる維新変革による「村の変化」または「村の不変化」について少し触れてみよう。

米価暴騰に不満つのる

『内匠日記』には、幕末から維新期にかけての米市場での一俵あたりの価格が記録されている【表4】。年によって高下しているが、長期的にみれば年を経るごとに、米価が上昇し続けているといえる。とくに明治二年（一八六九）には春先（四月）の一俵三〇〇目から秋（十月から十一月）には四五〇目とわずか半年で一・五倍に上昇している。

　開港による物価刺激と慶応二年から明治二年にかけての凶作つづきが、米価上昇にさらに拍車をかけた。布田手永会所では、「米穀の類は、一切ほかの手永や村から買い入れてはならない。手永や村の境には、番を出して売買がないか監視する。また手元にある穀類は、藩が買い上げる」という指令を出した。藩は米穀の売買を規制することによって、米価の上昇を抑制しようとしたのである。しかし、ほとんどその効果もなく米価は上昇しつづけたのであった。米価につられてそのほかの物価も上昇した。すでに貨幣経済にならされていた民衆には、耐え難い苦痛であった。このことは、開国と通商を断行した幕府に対する民衆の不満をいっそう大きくさせる一因となる。

生膽《いきぎも》取りの風聞

　幕末・維新期の民衆を恐怖におとしいれた風聞に、生膽《いきぎも》取りのそれがある。「生膽取り」とは、文字通り生きた人間の肝（肝臓）を取り、その生膽は異人に売り渡されるといううわさである。これは、異人＝鬼のイメージと結び付けられて、この時期全国にひろまった。『内匠日記』の

【表4】 幕末・維新期の米価の変遷

年号	米価	備考
安政五年（一八五八）	六九匁九分五厘	
安政六年（一八五九）	五九匁七分余	
万延元年（一八六〇）	七一匁四分三厘	小俵三斗入
元治元年（一八六四）	七五匁	
慶応二年（一八六六）	二九〇目	
慶応三年（一八六七）	三三〇目	三斗二升俵
明治元年（一八六八）	一三〇目ほど	二月〜七月
〃	一七〇目	十二月末
明治二年（一八六九）	二七〇目	三斗俵
〃	三〇〇目	米一俵（四月）
〃	二〇匁	白米一升（四月）
〃	一六匁	白米一升（七月中旬）
〃	四〇〇目	一俵（七月）
〃	四五〇目	（十月〜十一月）

『長野内匠日記』より作成

明治二年（一八六九）八月八日に「生膽取りが所々に徘徊していると噂があるので、夜になると子どもや女は一切外をあるくことができない」という記事が見える。さらに八月十一日には、次のようにある。「此三、五日前より、人之生膽を取候者、徘徊致し候申事、風説有之。既ニ阿そ之車帰り、又は野尻方ニ而、右様之事有之。野尻ニ而は三人捕へ、牽而熊本の様ニ由ニ候。今日より村入口出口ニ番小屋村中打寄掛ケ候事、毎日毎晩替るがわる番致候」と。

生膽取りが周辺の村むらを徘徊しているという風聞が広がった。しかも「車帰り」や「野尻」などと、具体的な地名まで出てくる。そして、「野尻では生膽取り三人が捕らえられ、熊本の方へ護送された」と。何とまことにリアルなうわさ話となっている。「生膽取りがもう近くまで来ている」と言ううわさは村びとを恐怖に陥れた。村びとたちは話し合って、村の出入口に番小屋を設けた。そして昼夜を分かたず、かわるがわる番をして生膽取りの村への侵入を防ごうとした。

犯人が捕縛されたかなどの真偽を確かめる術はないが（おそらくその様な事実はない）、いずれにしてもこの時期の民衆が社会の変革の中で、いかに不安にさらされていたかを示すものであろう。

長野村のゆくえ

明治維新後の地方制度は、試行錯誤の連続であった。明治三年（一八七〇）八月、近世以来の手永制度が改められ、布田手永は布田郷となり、村役人である庄屋は「里正《りせい》」という名称にかわった。明治五年初頭には、大区小区制が導入され正副戸長が置かれた。この大区小区制度も幾多の変転をとげながら、しだいに旧長陽村地域の行政区画が形づくられていく。明治六年（一八七三）一月には、現在の熊本県域とほぼ重なる白川県（明治九年二月、熊本県と改称）が成立する。

明治七年には大区小区制の大改編が行われた。大区の合併をすすめて、県下を一六の大区に統合したのである。この時、長野村は第十一大区十小区に組み込まれた。第十一大区は概ね阿蘇郡にあたり、旧手永（郷）では「内牧　坂梨　小国　波野　野尻　菅尾　高森　布田」の九つが含まれる。また十一大区の戸数と人口は、「戸数壹萬千七百〇八　人口五万五千九百〇七」とある。十小区は「村十六　戸数千三百〇七　人口六千百五十八」とあり（『白川県下区画便覧』）、これは高森郷の一部と、布田郷の村々である。これはのちの久木野村、白水村、長陽村にあたり、高森町（九小区）は含まれない。そうすると、十小区は現在の南阿蘇村にあたるわけである。平成十七年（二〇〇五）に三村が合併して南阿蘇村が成立したが、その淵源はこの大区小区制にあったと言っても良いかも知れない。

その後明治九年（一八七六）年七月に、下田・東下田・川後田・喜多・宮寺の五か村が合併して河陽村が成立する。この時、長野村は単独であった。なお、大区小区制は明治十一年七月二十二日、地方三新法の一つである郡区町村編制法が制定されるまで続いた。

地租改正と村

江戸時代は、田畑の売買は禁止されていた。田畑や山林は、基本的には領主のものであって、農民の私有財産ではなかった。寛永二十年（一六四三）の田畑永代売買禁止令が、それを法的に明示したものであった。ただ現実には、土地を担保にお金を借り、そのお金が返済できないと土地は持ち主の手を離れた。これを質地と言うが、江戸時代後期には、いわゆる質地地主が全国にうまれた。

明治の世になり、田畑も私有財産となった。明治五年（一八七二）、田畑永代売買禁止令が廃止された。そして土地の所有者を明示した地券（壬申《じんしん》地券）が発行された。さらに翌年、地租改正条例が発布されると、壬申地券に代わって一筆ごとに一枚の地券（改正地券）が発行された。

ところで、地租改正のその要点は、①課税の基準を不安定な収穫高から一定した地価に変更する、②物納を金納に改めて税率を地価の三%とする、③土地所有者を納税者とする、の三つがその柱であった。明治六年七月には、『地方官心得』が出されて、地価算定の方法が示された。しかし政府の基本方針は、あくまでも「旧来ノ歳入ヲ減セサル」ことが大前提であった。すなわち、江戸時代の年貢収入を下回らないようにということであり、はじめから予定された地価が想定されていたのである。また地価を算定するための式である「検査例」には、控除される必要経費に農具代金も牛馬の飼育費も含まれておらず、おのずと高額の地価になるよう仕組まれていた。

地租改正事業は、すべての土地を点検し、面積を測量すること（丈量調査）からはじめ、ついで収穫高・小作料額・穀価・利子などを調査し、さきの検査例にもとづいて地価を算定した。長野村で丈量調査が実施されたのは、明治八年になってからであった。それに先立つ明治七年六月、『内匠日記』に「御改メ田畑坪限り帳面あらたに出遣候而、小前中を役宅ニよひ印致させ候也。うりかい之節ハ彼帳面一枚遣様ニ成り証文は不入様ニ相成候」（二十九日）とある。おそらくこの時、農民たちを戸長役場に集め、押印させて改正地券を発行したものと思われる。役人の説明では、「以後、田畑を売買するときにはこの地券一枚有ればよい。それ以前の証文は一切いらぬ」と言うものであった。

長野村に丈量調査のため、熊本県の「検地役人」がやって来たのは明治八年の九月のことである。この時の検地役人はふたり、まず「道筋川々等之間数」(九月十六日)の丈量からはじめた。内匠の土地の丈量は、十月はじめであった。「爰元屋敷検地あり、今度屋敷畑三ツニ分ル。中程居屋敷、家之西南畑畝、上之段山畝ニナル」(十月三日)。「屋敷畑三ツニ分ル」とは、屋敷と周辺の畑を三筆に分割したと言う意味であろう。

地租改正のための「検地」は、翌年四月まで続いた。『内匠日記』の明治九年の冒頭記録には、「一、国中検地去亥の十月より當子ノ四月廿六日迄ニ相仕廻ニ成候、右検地役人は筑前福岡家中之侍五人来、去冬より當月迄爰元ニ不絶来、入魂いたし候ニ依而、五月十二日ニ国本江帰り候中、暇乞ニ来候、高山昇、山崎其外三人」とある。丈量調査が終わったのは、明治九年四月二十六日。長野村の「検地」に半年以上かかっている。役人は、もと筑前福岡の家中の高山昇以下五人だったと言う。役人たちは、内匠の家にやって来ては庭とその草木を愛で俳句を詠むなどして、内匠とは「入魂」(昵懇)の仲となった。五月、地租改正の現地での作業をすべて終え、長野村を去るときには、内匠のもとへ丁寧な暇乞いに来た。

地租改正反対一揆

地租改正の結果はどうだったのか。以前、著者は立野村(現南阿蘇村)における田・畑・宅地・山林・原野の地目別の増減を検討したことがある(『長陽村史』)。それによれば、地租改正後は田で一三%、畑で六七%、宅地で四二%、山林で一四一%、原野で五一%それぞれ面積が増加している。山林はなんと従来の二・四倍にもなっているのである。これは従来、税地としてあつかわれなかった山林が、地租改正によって地租の対象地として把握されたからだと思われる。

問題は、税金が増えたのか、または減ったのかである。立野村の旧貢租は、米で一六八石三斗八升五合と金高九円二〇銭。これを当時の米価(一石につき五円七銭五厘とする)で換算すると八六三円九一銭四厘になる。いっぽう、新しい地租は、地価の三%だから、九五八円四一銭三厘。これに雑税その他を加えると九八六円三二銭五厘となる。立野村の場合、税金は重くなった。立野村だけではない。地租が重くなった村は、全国にたくさんあった。

　こうしたことから、地租改正が進むにつれ、農民の不満はしだいに大きくなった。加えて明治九年は不作の年であった。翌明治十年に熊本県北では、戸長征伐から阿蘇一揆へと続く、大規模な農民一揆が起こる。隣県大分県でも、宇佐、中津地方を中心とする県北四郡一揆という、数万人規模の農民一揆が発生している。これらは、地租改正の結果や地租改正費の不正使用に対する農民の不満がその根底にあったと言われている。また全国的にも、伊勢暴動（明治十年）など地租反対一揆が頻発した。折しもこれらの農民一揆は、西南戦争の最中に起きている。薩摩軍だけでなく、民衆とも対決をせまられた明治政府は、この時地租を三％から二・五％に減額した。政府は、民衆と妥協する道を選ばざるを得なかった。

学制と小学校

　明治四年（一八七一）の文部省の設置につづいて、翌年八月には「学事奨励に関する太政官布告」（いわゆる「被仰出書」）と「学制」があいついで公布された。「被仰出書」は、「其身ヲ修メ智ヲ開キ才芸ヲ長スル」ためには学問によらざるを得ず、「学問ハ身ヲ立ルノ財本」という。そして文部省の目標は、学校を建てあまねく教育をほどこし、「邑ニ不学ノ戸ナク、家ニ不学ノ人」をなくすことであった。こうして学校を造り均一の「国民」をつくり出すことは、上からの資本主義化にとっても不可欠の課題であった。

　「学制」は、フランスの制度にならったもので、全国を八大学区に分け、各大学区ごとに大学を一つ置き、一大学区を三二の中学区に分け、各中学区ごとに一つの中学校を置き、一中学区を二一〇の小学区に分け、各小学区ごとに一つの小学校を置くというものであった。したがって、全国の学校数は、八大学、二五六中学、小学校にいたっては、五万三七六〇校となるわけで、これは遠大な計画であった。この膨大な数の小学校が一挙に建設されたわけではなかった。学制公布三年後の明治八年（一八七五）には、全国で二万四〇〇〇あまりの小学校が建設された。しかしその小学校の多くは寺子屋程度のものであり、就学率もまだ三割程度であった。

学問所建設

　長野村でも「学問所」の建設にとりかかった。明治六年（一八七三）十一月の『内匠日記』には、「馬場崎ノ岩熊方東隣、畑ケ中ニ学問所家作初る」（二十九日）とある。ところがつづけて、「然処、村方三ツニ二ツは不得心ニ而、故障等多し」と記している。「不心得」にて「故障多し」とは、「村人の三分の二は同意せず、異論も多い」と言う意味だろう。内匠も、この学問所建設に批判的であったと考えられる。いずれにしても村の学問所建設は、ままならなかったものとみえる。当時の学校建設や運営は、すべて村びとの負担（民費）であったから、その経済的負担を強いられる人びとの反発も大きかったのである。この学問所が、実際に完成したかどうかは『内匠日記』では確認できない。つづいて『内匠日記』の明治八年（一八七五）八月には、「学問所立方之儀ニ付、下ノうそノ勝蔵ニ行候事。右は爰元門前、隣之畑ケニ手習小屋立候由、村中談ジ候と聞候ニ付、故障申候事」（二十日）とある。むら人が相談して「手習小屋」を、こともあろうに長野内匠宅の門前の畑に建設することになった。しかし、これを聞いた内匠は「故障」を申し立てたと言う。「故障を申す」とは「異議を唱える」ことであるから、つまり内匠はここでも反対したのである。反対の詳しい理由は何も述べていない。しかし内匠自身が、手習いの師匠であったことに無縁ではあるまい。この時、内匠は齢七七歳。もう六〇年以上も手習いの師匠をやってきた。内匠には、長野村の教育をになったと言う自負もある。また学問所建設の費用や運営法、そこで教える内容も方法も理念も、これまでとはずいぶん異なる。何より、手習いの師匠たる内匠自身も、学問所＝学校ができれば、「あなたはもう要らない」と言われているようなものである。老いた内匠翁が、学問所建設に反対したくなる気持ちも分からないではない。

「穢《え》踏《ふみ》」廃止

明治になると絵踏も廃止される。江戸時代の絵踏については、すでにのべた。絵踏みについて、『内匠日記』明治元年（一八六八）の冒頭の記事に、「穢踏当年より止に成」とある。「穢踏」とは、もちろん「絵踏」のことである。絵踏は制度的には、安政五年（一八五八）に廃止されたと言われるが、長野村を含む阿蘇地域では明治初年まで続けられていたのである。

　ところがこの翌年の明治二年に「穢踏」が再び復活している。「穢踏、去年之春は止ミ候へ共、當年今日穢踏東下田仮会所ニ而有之」（二月二十八日）とある。絵踏は毎年二月末から三月はじめに、東下田の仮会所（布田手永の出張所）などで行われていた。いったん廃止されたはずの絵踏が、ここでなぜ再び行われるようになったのか。その理由はわからない。ただ明治政府が、列強の圧力でキリスト教を「黙認」するようになるのは、明治六年（一八七三）になってからである。だからこの時期はまだ、キリスト教が解禁されたわけではなく、むしろ近世以来の宗教政策が継続されていたと考えたほうが良さそうである。しかし「穢踏」に関する記事は、この明治二年を最後に『内匠日記』から消える。いずれにせよ、明治にはいって間もなく「穢踏」は廃止されたのは確かである。

旧暦から新暦へ

『内匠日記』明治五年十二月朔日と二日に次のようにある。

十二月朔辛亥　晴天（中略）大石ノ太郎、當年は明二日迄ニ被廃、三日ニは明治六年一月一日と可申由、其触状持来見せ候事。太政官より當年は十二月二日迄ニ而被廃、三日より新年と可申旨ニ候事。

十二月二日壬子　曇、昼八ツ過より雨少降、夜半過ニ雷少鳴。當年は今日迄ニ而終リ、今晩を歳末と申。祝等いたし候事。但シ明日三日を新年元日ニ定候。右之通、上ミより触ニ相成候事。

内匠が大石の太郎から改暦のことを知らされたのは、十二月一日のことであった。突然、二日後には新暦にかわると聞いたのだから、その唐突さに驚いたに違いない。改暦の前日の十二月二日は「歳末」として、ささやかながら祝事をしたことが記されている。明日から、年が改まるのだと自分に言い聞かせたが、旧歴で暮らした習慣が急に改まるわけでもなく、実感はわかない。

次の日から内匠は、新暦の月日で日記をつづってはみた。ところがそれから約三ヵ月後、新暦の三月も下旬となり旧暦の三月一日を迎えた日に、長野内匠はふたたび月日を旧暦に戻した。内匠は、「此月ヨリ今迄ノ暦之通月日ヲ用ル也。新暦ニテ者、農家ハ不便ノ事多故」と書いている。旧暦に戻した理由は明快だ。新暦は農家にとって不便だからという。旧暦は、農作業の必要と経験とに即して作られている、いわゆる農事暦である。中国の暦にはない八十八夜や二百十日、初午や彼岸などは、農作業の目安をつけるうえでの節目であった。農家にとって、旧暦はなくてはならないものだったのである。西洋化をすすめる政府は、「新暦は陰暦よりも精密で便利だ」と説明したが、農民にとっては迷惑な話であった。だから農民たちは、その後も旧暦で生活した。『内匠日記』も内匠の死とともにその終わりを迎えるまで、一貫して旧暦であった。実は、日露戦争が終わったあとの明治後期にあっても、阿蘇地方では旧暦を用いるのが一般的でさえあったという。

おかしき小札

貨幣制度もかわった。明治四年（一八七一）五月、明治政府は新貨条例を公布した。これは、貨幣制度の混乱を是正し、金本位制を確立しようとしたものであった。貨幣の呼称を円、銭、厘とし十進法を採用（一円＝一〇〇銭、一銭＝一〇厘）、一円を原貨と定めた。同年七月、廃藩置県とともに従来発行の藩札約二五〇種を政府の負債として受け継ぎ、新紙幣による統一整理の方針をたてた。廃藩置県後、租税上納のほかは藩札の流通を禁じ、明治五年から新紙幣との交換を開始、小額藩札は新貨の価格を押印して流通を許可したが、これも明治七年（一八七四）より交換＝整理を開始した。結局すべての藩札を交換しおわったのは明治十二年（一八七九）で、交換総額は二五〇〇万円の多額にのぼった。

明治六年三月の『内匠日記』につぎのようにある。「當時迄通用之御銀所預、拾匁札より百目壱貫迄、今日限ニ取遣通用不致様、上より触ニ相成候而、圓札と云おかしき小札、官家より下しニ成候事」（二十日）。この日を限りに、従来の藩札の取扱をしないようにとの触れがあり、かわって新しい「圓札」との交換が行われたものと思われる。長野内匠は、はじめてみる新紙幣＝「圓札」を「おかしき小札」と言っている。揶揄していると言うべきか。新しい銭貨が村に来なくても、村では普段の生活に困ることはなかった。銀遣いの経済的日常は、何ら変わらない。

明治政府は、明治五年に新紙幣として明治通宝札を発行する。「圓札」が、この明治通宝札のことをさしているのかはわからない。しかし、初期の紙幣はドイツなど外国で印刷され、算用数字も使用さている。これまでの藩札とは、ずいぶん趣が異なる。また形も、細長の藩札にくらべれば、縦長の紙幣ではあるが、短くずんぐりとした印象をあたえた。内匠が、「おかしき小札」と言っているのは、このような事情によるものと推察される。

名字・脇指御免

明治三年閏十月の『内匠日記』に次のような記事がある。「百姓共ニ名字小脇指御免ニ成候ニ付、不相知者共村中有増、爰元ニ習ニ来候へ共、名字脇差御免と云事はいまだ無之」（二十七日）。百姓が苗字を名のること、また脇指を腰に差す事が許可されたと言う。それで、自分の苗字を何にしてよいか分からない村中の面々が、大勢内匠のところへやってきて、「苗字は、何とつけたら良いでしょうか」と尋ねる。内匠は「苗字はさておき、脇指御免のことは聞いていないぞ」と答えた。

確かに明治三年の九月四日には、いわゆる「平民苗字許可令」が出されて百姓も公式に苗字を名乗ることが許されたのである。これは、戸籍制度導入の前提として実施されたものであったが、武士の佩刀禁止とともに封建的身分制度を廃する目的もあった。苗字公称の強制は、地域によっては混乱も見られた。しかし実際には、でたらめに苗字をつけたりするなどの例は、それほど多くなかった（豊田武『苗字の歴史』）。

江戸時代には、百姓は公式の場で苗字を名乗ることは許されなかった。しかし実際には、苗字を持っている百姓もいた。また百姓たちは屋号を持っている場合も多く、それを名前の上に冠して呼び合うことが一般的であった。内匠は系図や由緒書を求めに応じて作成したことは、既に述べた。内匠は村うちのそれぞれの家々の成り立ちを、さかのぼってみせることができたのである。だから百姓たちは、内匠のもとへ行けば、自分たちの「家」を表す苗字が分かるに違いない、と考えたのであろう。

面白いのは、百姓たちが脇差を携行することも御免（許可）となったと言っていることである。もちろん、そんな事実はない。それどころか、明治新政府は当初から百姓や町人の勝手な帯刀を禁止した。そして明治九年には廃刀令が出され、武士からも刀が奪われたことは周知の事実であえる。しかしここには、百姓たちの願望が込められているように思う。日本の中世社会においては、髷を結い烏帽子をかぶり、脇差しを差すことが成人男性の表象であった。刀・脇差しは自立した男たちのシンボルだったのである。しかし、秀吉の刀狩りによって、脇差しは百姓たちから取り上げられた。百姓たちは、その成人男性の証したる脇差しを取り戻すことができる、と喜んだのではないだろうか。近世（江戸時代）という長い年月を経て近代を迎えた時、中世の「男たちのシンボル」としての脇差が再び思い起こされたと考えると、実に興味深い。

乗馬許可

江戸時代は、百姓の乗馬も原則禁止であった。これもまた、苗字や脇差し同様、武士と百姓その他を身分の上で峻別するための措置であった。したがって明治になり、市民平等とともに農民に乗馬も許可されたことになる。明治四年の『内匠日記』に「今日、百姓共へ騎馬ニ乗候而も差支不申段、里正より申渡」（九月十二日）とある。以後、馬に乗っても差し支えない、と里正（もとの庄屋）から知らせがあった。

おそらく阿蘇では、草原で百姓も裸馬に乗っていたに違いない。また、病人や医者を運んだりするときに馬を使うことはあったであろう。しかし武士の前で大ぴらに馬に乗ることはできなかったのである。明治四年になって、ようやく農民以下平民の乗馬が許可された。許可令が出たのは四月十九日。この日は「乗馬許可記念日」として、乗馬愛好家にはよく知られている。

異国人がきた

『内匠日記』にみられる異国人の記事は三度しかない。いちばん初めにみられるのは「十一月異国人富士山ニ登山ニ付、水戸浪人より討取」（元治元年冒頭記録）というものである。これはおそらく、イギリス公使オールコックが公使館である東禅寺で水戸浪士に襲撃された事件を言ってるのであろう（第一次東禅寺事件）。と言うのも、このときの襲撃理由のひとつに、オールコックが富士山に登り「神州を穢した」ことがあげられているからである。しかしこの事件は、文久元年（一九六一）のことで、元治元年より三年も前のことである。

二度目は、明治三年に阿蘇の殿様に随行して京都から江戸までのぼった杢の手紙の写しである。杢によれば、異人が日本にやってきて「日本神州清浄地を穢したるにや京都を初メ所々松枯候」、また「伊勢の神山焼ケ又伊勢の神地ニ鳩けあい候」と言う。穢れた異人がやって来てから所々の松が枯れたり、伊勢の神山が焼けたりしたというのである。これら二つの話に共通するのは、「異国人が神州を穢している」と言うものである。この排外的な意識は、幕末維新期の民衆に広く存在した。しかしどちらも真偽のほどはおろか、事実無根に近い話である。またどちらも、阿蘇から遠く離れたところの話である。日本人の異国人に対する極度の恐怖心が、こうした誤った想像をふくらませることになったのであろう。

しかし三度目は、はるか彼方の話ではない。ほかでもない、異国人が長野村にもやって来たのだ。それは明治四年六月のこと。「六月十日比太政官より之免許ニ而、異国人湯谷ニ来逗留致候而阿蘇山御池之硫黄を取ニ打立候」（十四日）とある。太政官の許可を得て、異国人が湯ノ谷温泉に来て逗留している。その目的は、阿蘇山の御池での硫黄採取のためだという。御池とは、湯だまりのある中岳をさしているものと思われる。ここには、冷静に事実だけしか書いていない。異国人が来た事実を確かめることはできなかったが、村びとたちもいよいよ異国人に接触する、そんな時代がやって来たのである。

明治政府は王政復古を宣言し、祭政一致のスローガンのもとに神祇官を再興するなど、神道を国教化する政策をおしすすめた。さらに明治元年（一八六八）、神仏分離令をだして、これまで一体化していた神社と寺院を明確に区別した。全国の神社・神官は神祇官に属することになった。

神と仏の分離

神仏分離令が初めて出されたのは、旧暦の三月十三日であったが、『内匠日記』には五月二十日に次のような記事がみえる。

> 従太政官、日本一州神体異相並仏像抔を神体ニ致置候所は皆々造直し候様惣官家より申来候由ニ而、祇園社人田尻山城御館へ罷出、今日阿蘇よりすぐに爰元へ来。当村産神、神体僧形ニ而有之候間作替致段、山城より相談ニ及び候ニ付、隣杢ニも此段相知せ、庄屋庄太郎にも右之段申遣候

これによると、太政官より「異なった形状の神体や仏像を神体としている場合は造り直せ」との命令が出た。そこで祇園の社人田尻山城が、詳細を確かめるために阿蘇の御殿に罷り出た。山城はすぐに帰ってきて、「長野村の産土社（長野神社）の御神体は僧形であるから、造り直した方がよい」と内匠に助言した。そこで隣の杢にもこのことを知らせ、さらに庄屋の庄太郎にも連絡した。翌日、「祇園社司兼田尻山城来而、依勅宣氏神御神体幣白ニ奉移」とある。さっそく田尻山城がやってきて、御神体を僧形のものから幣帛に移す儀式を行った。幣帛とは、神への捧げもの一般をさす言葉だが、とりあえずの応急処置だったのかも知れない。

さらに二十二日には、「西之宮社人、宮川豊前守西野宮神体何之尊共、相分り不申由ニ而手前ニ習ニ来候ニ付、くわしく教へ候事」。今度は西野宮の宮川豊前が内匠のもとにやって来て、「うちの神体は、何の尊《みこと》か分からないので教えてくれ」と言う。西野宮の御神体は、確かに神像であった。しかし宮川には、この神像の素性が分からなかった。内匠は丁寧に詳しく教えてあげた。

長らく神仏習合に馴染んできたところへ、突然の「神仏分離令」である。長らくと言っても、少々の長さではない。神仏習合は、古代以来の日本の仕来りだったのである。だから神社の神主たちも、自分の社の御神体を調べたり変更したりして慌てふためいた。このち、廃仏毀釈の嵐が吹き荒れ、仏像が廃棄され寺院そのものも荒廃する。明治の宗教をめぐる激変と、

その混乱ぶりがみえてくる。

社僧たちの還俗

明治になると神社は社格によってランクづけされ、伊勢神宮を頂点に全国すべての神社がピラミッド型に編成されていく。神社はまず官社（官幣社と国幣社）と諸社に二分される。さらに諸社は上から、県社―郷社―無格社のランクがあり、郷社は一小区に一社との原則があった。阿蘇神社は国幣社（のち官幣大社）で、国造神社が県社であった。長野村とその周辺では、東下田の西野宮神社が郷社で長野神社・卯添神社（喜多村）・下野神社（下野村、菅原神社ともいう）の三社は村社であった。

神仏分離によって、神社は寺院から独立した。阿蘇山上の「社僧」や行者たちは、一旦還俗し、神職になるなどして生き残ろうとした。『内匠日記』明治元年冒頭記録に次のようにある。「日本一州、社僧御つぶしニ相成、皆々元俗致、此近辺ニ而は、阿そ濱の宮の残僧長寿院元俗致し、長濱筑前と六月頃より名乗。阿そ山は、行者方不残元俗致、社人ニ成」と。もともと阿蘇山は修験の山で、神と仏は一体のものとして信仰の対象であった。天正年間（一五七三～九二）に大友・島津両氏の確執により、山上古坊中は離散し、改めて一六〇〇年（慶長五）加藤清正によって山麓部に再興された。これを麓坊中という。三七坊は祈祷僧の集団＝衆徒方と阿蘇大峰修行を支配した行者方に分かれ、その配下には山伏がおり、衆徒行者は舎坊に、山伏は庵にそれぞれ居住した。「社僧」とは、文字通り神社にいる僧侶のことであるが、ここでは祈祷僧をさしているものと思われる。現代人の感覚では奇異に感じるが、近代以前は神社も寺院も同じ場所に混在していた。江戸時代には、この社僧が実質的な神社（寺院も含めて）の経営者であり、神主は社僧に従うのが一般的であった。明治維新で、この関係がまったく逆転した。還俗しても、社家に従うことを嫌った社僧たちは、山を去るほかなかった。「濱の宮」の長寿院は、何事かがあれば長野村やその周辺地域の人々のために祈祷をあげる信頼のある「社僧」であった。彼もまた還俗し、「長濱筑前」と名乗ったという。

明治元年八月、その長寿院がむつの安産祈願にやってきた。「爰元む津、平産致候様、阿蘇濱宮大明神之社僧長寿院ニ頼立願置候ニ付、長寿院還俗致し長濱筑前と申。頃日より下久木野柏野ニ祈祷ニ来居而、今日右願解祈祷ニ来候」（八月十三日）。先の冒頭記録の社僧還俗のくだりは、このとき長寿院改め長濱筑前から直接、詳しく聞いたものだろう。

阿蘇神社には青龍寺という、供僧寺があったが、これは衰微が激しく廃寺となった。濱宮長寿院は、この青龍寺同様の供僧寺と見られていた。阿蘇神社の大宮司は、この長寿院に神職になるよう働きかけた。はじめはこれに応じなかった長寿院も、やがて神職になることを承諾したらしい（吉村『藩政下の村と在町』）。古代以来の修験の山＝阿蘇の様相は、明治になって大きく変わっていくことになる。

村の安全祈祷

これまで長野村でのいろいろな祈祷は、右の長寿院など阿蘇の社僧が行ってきた。すでにみてきたように、神仏分離令によって阿蘇山の修験は、惨憺たる状況となった。しばらくすると、年頭の村の安全祈祷にももう阿蘇の社僧たちは訪れなくなった。また、村の方も招かなくなった。そうすると困った事が起こる。

明治三年二月に次のような記事がみえる。「於氏神ニ祇園社司田尻壱岐並ニ同人二男をよび村中安全祈祷今日より致、是ハ前ヶ度、阿蘇山より雇候而湯立祈祷候処、阿蘇山坊主共不残つぶし方ニ相成候ニ依而雇、村中より祈祷致候事」（二月十七日）。この田尻壱岐を雇って「村中安全祈祷」をしまで、阿蘇山から社僧たちを呼んで湯立祈祷をしていたのだが、社僧たちが還俗したので、致し方なく田尻壱岐を雇って祈祷した、と言う。阿蘇の社僧たちが、突然還俗してしまったので、村の安全祈祷が出来なくなったのである。

神社の整理・合併

さきにあげた社格決定作業の中で、村じゅうに点在する極小神社や土俗的な神を祀る祠は「小祠」や「淫祠《いんし》」とよばれ、「整理」＝処分の対象となった。「淫祠」とは、何か分からない「いかがわしい神」を祀っている祠（ほこら）のことである。

これらの小祠・淫祠は、村の比較的大きな神社の境内に寄せ集められ合祀されることになった。こうした神社の合祀は、明治初年と明治後期に二度、大規模に行われているが、明治初年の神社合併の実態は、これまであまり明らかにされていない。

明治七年（一八七四）には、小社にまでおよぶ詳細な神社調査が行われた。この年三月には、予備調査（であろう）のため、東下田の西野宮社人宮川豊前が長野村を尋ね、内匠宅を訪れている（三月二十二日）。続いて五月には、「村中氏神を始、小社ニ至迄社床、然而惣体ニ、間数を打改ニ役人共来、社床を建何間、横何間程間打候、勝蔵・三五郎、仮会所より一人其外間次一人来候」（十七日）とある。役人が訪れ、小社に至るまでその建物の床面積を実測調査したと言うのである。調査結果は、『神社明細帳簿』に記載され、熊本県に提出されたものと思われる。神社合併の実態を、長野村を例にみてみよう。

『内匠日記』の明治十一年（一八七八）十月に、「上より村々社諸堂、小社、一所ニよせ候由申来候也」（十四日）とあることから、この明治十一年十月ころに神社合併が実施されたと思われる。長野神社に合祀された神社は、諏訪神社・若宮神社・八王神社・天満宮の四社。護王神社に合祀されたのは、年神社・山神社・山王神社・吉岡神社の四社である。大きな「社」でも八尺（二・四二メートル）×七尺（二・一二メートル）、小さい「社」に至っては五尺（一・五一メートル）四方というまさに「小社」ばかりである。しかし、そのような小社が長野村のどこそこにあり、村びとの崇敬を受けていたのである。現在、全国各地の多くの神社の境内の周縁に、往々にして何者か不明の社がたたずむ光景をよく目にする。合併された「小社」たちだ。これらはどれも、もとは村の中で、それなりの特別の役割をもった小社たちだった。

長野村で合祀された「小社」たちが、崇敬を受けていたことが分かるのはなぜか。二年後の明治十三年（一八八〇）になって、長野神社と護王神社へ合併がきまった小社を、合併せずにそのまま残して欲しいという「神社存置願」が、むら人から富岡県令あてに八通も提出されているからである。これらの文書には、「信徒数八四戸」と記したものがある。おそらくこれが、明治初年の長野村の戸数だったと思われる。中には、一社の信徒が八戸という神社もある。さらに、一戸の敷地内にもっと小さな「小祠」もある。こうしたことから、長野村には「無数の神々」が祀られていたことが分かる。しかしこれは、決して特別なことではない。この日本列島の各地に、無数の社があったのだ。村びとはこうした小社や小祠を合併して「処理する」ことに反対だった。「神社存置願」は、むら人の、神社合併に対するささやかな異議申し立てなのであった。これに対し県は「書面願之趣、已ニ合併済ニ付、難聞届候事」と回答した。「すでに合併済みであるから聞き届けがたい」と、むら人の「願」をあえなく却下したのであった。近世から近代への移行期、村びとたちは、「伝統的民衆世界」が壊されることに反発した。

神葬祭のはじめ

明治二年（一八六九）二月、「當家並ニ御家中一統、當家は格別神葬祭以来は致候様申付ニ相成候事」（三日）、「内蔵之允、於御館神葬祭申付ニ相成候段、くわしく噺致候事」（五日）とある。またこの年の『内匠日記』の冒頭記録にも「二月、阿蘇御家中一統神葬祭式致し候旨御触有。但シ光雲寺江は内蔵之允を遣、右之趣届ケ致置候事」とある。明治二年から、「阿蘇家御家中」はすべて神葬祭とするよう、阿蘇家から指令が来た。神葬祭とは、神式の葬儀のことである。

長野本家の墓地では、仏式の西向き墓石と神式の南向き墓石がみられる。明治より前の墓石は、ほとんど西向きである。本書でも村で行われた葬儀についてみてきたが、例外なく仏式の葬儀であった。長野家も光雲寺の檀家であり、光雲寺の僧侶が葬儀を執りおこなっていた。しかし明治以降、長野家の墓石は南向きに変わる。ほかでもない、長野内匠自身の墓も南向きである。「阿蘇家御家中」である長野家の葬儀は、この明治二年から神葬祭に変更された。そして檀那寺であった光雲寺（浄土真宗）へは、これ以降、神葬祭とする旨を届け出た。

言うまでもなく江戸時代は、仏式の葬儀が一般的であった。と言うより、寺請制度によって仏式の葬儀が強制されたと言った方がよいかも知れない。また神道では、死は「穢れ」という観念があるため、神式の葬祭というのは行われなかった。神主も葬儀には関与しなかったのである。要するに神道では、「死」や仏教で言う「彼岸」の世界は扱わないのである。しかしこれは、神道の宗教としての未熟さを示していることになる。宗教という観点からみれば神道は、死の問題を積極的に扱わず、また完成された「教典」も備わっておらず、あきらかに仏教やキリスト教に劣るのである。

これを克服しようとしたのが、復古神道を唱えた平田篤胤であった。宣長の継承者である平田篤胤は、「古事記」の冒頭にあらわれる天御中主神《あめのみなかぬし》を宇宙の主宰神とし、死後の世界にまで解釈を加えた。そして祖先崇拝を強調し、神葬祭にも思想的根拠をあたえた。こうして日本古来の信仰にもとづいた葬儀をもとめる運動がおこった。神道の国教化をめざす明治政府は、このような考えを継承して神葬祭を奨励したのである。

明治四年五月、隣の杢の五歳の子、六郎が病死した。この時、「今日葬式致候ニ付、近辺不残参り候、神葬祭ニ而候事」（五日）とある。おそらくこれが、長野家での初めての神葬祭であった。

余談だが、現在でも長野本家では神葬祭で葬儀を行っている。筆者も父親を神葬祭でおくった（平成八年）。しかしそれは、特に筆者が神道や国学の信奉者であるからではない（ちなみに喪主は筆者の兄）。しきたりだから、それに従っただけである。しかし、父親をおくってからしばらくしてのこと、意外な話を聞かされた。それは、認知症気味の父親のかたわらに常によりそっていた母親からである。父親が「死ぬ数日前、一度だけ〝なんまいだ〟とつぶやいた」と言うのである。死期も近いと悟った父親には、阿弥陀仏にすがる気持ちが潜んでいたのではないか。神道（または神葬祭）の「死後の世界」の物語は、幕末になって、それまであった神道の観念に接ぎ木されたものである。この死をめぐる問題については、神道は仏の物語を超えることは難しい、と思うのである。少し飛躍するが、靖国をめぐる混乱の一端も、実はそこにあると筆者はみている。

神武天皇祭

江戸時代の村の祝祭日は、五節句やお盆、村祭りの日などで、これは休み日でもあったことはすでに述べた（第三章）。明治になると、こうした従来の祝祭日は大きく転換させられて行く。明治以降の祝祭日には、皇室や宮中行事にまつわるものが取り上げられ、実は現在もその枠の中にあると言っても過言ではない。そのような祝祭日の先駆けとなったのが、どうやらここでとりあげる神武天皇祭であったようだ。神武天皇祭とは、「初代天皇」＝神武天皇の崩御日を祝う祝日である。

明治四年五月、「定嘉、大石ノ太郎道々ニ而阿蘇ニ出る。明日神武天皇御祭致候ニ付」（十八日）とある。翌十九日の神武天皇祭執行のために、定嘉が阿蘇の館に向かった。翌日、村では「里正より触聞書　神武天皇御祭太政官申来ニ依而　當年より例年三月廿九日相勤候筈ニ而候」（十九日）と、里正が神武天皇祭を行うようにと書面で触れ回った。そして長野神社で喜多・乙ヶ瀬・黒川・下野の村々の住人も参加して盛大に行われた。祭式を務めたのは、祇園の社人田尻阿直記であった。

翌明治五年三月十一日、「神武天皇御祭ニ而村中惣休ミ」とある。神武天皇祭で、村も「惣休ミ」となった。神武天皇は紀元前五八六年三月十一日に崩御したとされ、以後この日に神武天皇祭が行われた。三月十一日は旧暦で、新暦では四月三日である。翌年の三月十一日にも神武天皇祭が行われた記述がある。しかし、明治七年以降、神武天皇祭の記述は全くない。おそらく村のレベルでは、この「祭」は定着しなかったと思われる。しかし反対に、国家のレベルでは明治四年（一八七二）九月の「四時祭典定則」で規則化され、さらに明治四十一年（一九〇八）九月の「皇室祭祀令」で改めて法制化された。明治以降の祝祭日は、これまでの民衆のそれを解体しながら、国家の側から枠組みを作っていったものである。建国記念の日は紀元節、文化の日は明治節で、現在の祝祭日の多くも明治になって設定されたもの。さきに「現在もその枠の中にある」といったのは、そのためである。

宗旨替え

ところで明治になると、『内匠日記』には「宗旨替」の記事がいくつか見られる。明治七年、「前之源太郎法華ニ宗し替へ致、願出し候と来咄致候」（四月七日）とある。翌年にも「手前、源太郎方ニ行候処、源太郎法華宗ニ願候而相成候由噺致、願書出し見せ候事、去月十八日ニ付、紙相添願書下り候也、法華ニ相成候者共、源太郎・忠太郎・新兵衛・三五郎・幸四郎・用吉六人也」（六月二日）とある。源太郎以下五人は、おそらくは内匠と同様、光雲寺の檀家だったと思われる。だからわざわざ内匠のところへ話しに来たのであろう。彼らがなぜ、浄土真宗から法華宗（日蓮宗）に宗旨替えをしたかは分からない。しかし明治になって、さきの神葬祭も含め、村びとの宗教生活が流動的になってきたことは確かである。

維新の村

ここでは『内匠日記』にみる、幕末から明治への村の変化をみてきた。明治維新によって幕府は倒れ、近世社会の柱であった兵農分離、石高制、鎖国はいずれも消滅した。また身分制もくずれ、苗字や乗馬も解禁された。檀家制度もなくなり、「信教の自由」へも踏み出した結果、影踏は廃止、宗旨替えも自由になった。

しかし村びとの生活が、江戸時代から向上したかと言えば、それは疑わしい。開港によって物価は高騰し、品不足も著しかった。明治二年には不作もかさなり、人びとの生活は窮乏した。異国人の影は、悪疫流行とかさなり、不安がかき立てられた。生き肝取りのうわさには、リアリティーがあった。地租改正は旧来の貢租、すなわち江戸時代の年貢を下回らないことが前提で、人びとの負担は軽減されることはなかった。新しい紙幣があらわれたが信用はうすく、人びとはあいかわらず「銀遣い」の生活を続けた。政府は新暦に切り替えたが、農事暦として使い慣れた旧暦に村びとは固執した。お上が「小学校をつくれ」と言っても、建設費用も運営費用もすべて村びとの負担である。「御一新」と言っても、実際の生活の上では大きな変更はなかった。生活レベルで言えば、全く旧態依然のままで、地域によっては悪化することもままあった。村では日露戦争がおこる明治後期になっても、江戸期以来の古い習慣が根強く残っていた。結局、人びとが期待した「御一新」は、幻想でしかなかったのである。

もうひとつ指摘しておきたいことがある。それは村びとの宗教生活についてである。長野村の人びとは、維新の変革の中でも、特に神仏分離や神社整理などに戸惑っているように見える。神仏分離令では、神社の御神体をあわてて確認し、場合によっては変更を余儀なくされた。阿蘇の修験僧らは還俗し、村の安全祈祷にも来なくなった。神社合併では、身近にあった小祠が撤去され合祀された。これには異議を申し立てても、合併は強行された。結局、すぐれて精神的な営みである宗教生活は、短期間のうちにかなりの変化をみせている。維新の変革は、伝統的な民衆世界へ土足で足を踏み入れたような印象すら覚える。もちろん、旧来の宗教生活がすっかり変化するにはかなりの時間を要した。しかし日常の生活の変化と比較するとき、維新という変革は、民衆の宗教生活にもっともドラスティックな変化をもたらしたと言えるのではないだろうか。

西南戦争と長野村

有司専制と士族反乱

成立したばかりの明治新政権は、西南雄藩の連合政権的な性格をもっており、はじめは旧来の藩の存在を前提にした権力であった。しかし、欧米列強の東アジア進出や国内での世直し一揆の頻発といった内外の状況に、新政権がじゅうぶん耐えうるのか疑問であった。こうした事態をいち早く見抜いた大久保利通や岩倉具視らは、個別領有権の解体、すなわち藩の解体と封建的諸制度の廃止を急ぐ必要を感じた。大久保・岩倉らの周辺に組織された新政府の統治集団は、国家機構の重要な部分を独占した。そして明治四年七月、大久保の手腕によって廃藩置県を断行し、あいついで封建的諸制度も解体していった。これは藩のもつ一切の権限を奪い取る、一種のクーデターであったと言える。この独占的な統治集団＝大久保系官僚による統治形態を「有司専制」とよんでいる。「有司」とは、大久保以下、権力の中枢にいる高級官僚たちである。この「有司専制」体制は、大久保が暗殺されるまで続く。

しかし当然の事ながら、権力を独占した有司に対しては、権力から排除された多くの官僚や政治家から批判が集中することになる。この有司と他の官僚とが衝突したのが征韓論争であり、明治六年の政変で双方の分裂が決定的となった。この政変で下野した西郷隆盛・板垣退助・江藤新平・後藤象二郎ら前参議らは、士族反乱の中心となり、あるいは自由民権運動で「有司専制」を攻撃することになる。板垣らが、「方今政権ノ帰スル所ヲ察スルニ、上《かみ》帝室ニ在ラス、下《しも》人民ニ在ラス、而独有司ニ帰ス」とした「民撰議院設立建白書」の「別紙」冒頭部分は、士族反乱にも民権運動にも通ずる論理なのである。西南戦争には特権を奪われた不平士族に加え、熊本県や大分県の一部の民権運動家も薩摩軍に身を投ずるが、それはこうした脈絡のなかで理解できることである。

西南戦争の経過

西南戦争と阿蘇一揆のおおまかな経過は、【表5】に示した（西南戦争と阿蘇一揆については新暦で表記、必要に応じて旧暦も併記する）。熊本城の攻防戦がはじまるのが、二月二十二日。政府軍が熊本城に入城し、薩摩軍が現熊本市の東方面に退却するのが、四月十四日。この間三月四日から三月二十日まで、有名な田原坂の戦いが繰り広げられる。熊本から撤退した薩摩軍のその後は、敗走の一途であった。四月二十日には、熊本東方の各地で激戦。いずれも薩摩軍が敗北した。大津でも激戦ののち、薩摩軍は敗北して木山方面へ撤退した。後退した薩摩軍は、四月二十八日に人吉に本営をおいた。戦闘は宮崎・大分の両県にもおよんだが、散発的な戦闘を除けば、政府軍が圧倒的に優位であった。六月一日には、政府軍が人吉を占領。追い詰めれた薩摩軍は八月十六日、宮崎県長井村で解散令をだす。九月一日、鹿児島にたどりついた薩摩軍は、城山に籠城。城山を包囲した政府軍は同月二十四日、総攻撃を開始。力尽きた西郷が自刃、城山が陥落し西南戦争はようやく終結した。

二重峠と黒川口

さて、話は二月までもどる。薩摩軍の一隊が大津に進出したのは二月二十四日であった。二十六日には、さらにこの一部が二重峠に陣取った。二重峠は、阿蘇市車帰（旧阿蘇町）にある。阿蘇西外輪山の中央部にあり、標高は六八三

【表5】西南戦争および阿蘇一揆関係年表

新暦日付	西南戦争の経過 全体的な動き	西南戦争の経過 阿蘇周辺の動き	阿蘇一揆の経過
二月十五日	薩軍、鹿児島発進		
十九日	政府、征討令発布。熊本城炎上		
二十日		豊後口警視隊、横浜出航	
二十二日	向坂（植木の南方）の戦い。熊本城攻防戦始まる（〜四月十四日）		
二十三日	山鹿口の戦い（〜三月二十一日）	警視隊、小倉に上陸	
二十四日	高瀬の戦い（第一戦）	薩軍、大津町に進出	
二十五日			河陽村（十小区）、地蔵堂で集会。戸長詰所に迫る
二十六日		大津の薩軍、二重峠に進出	
二十七日			満願寺村・赤馬場村の農民、四小区詰所へ押し寄せる
二十八日			河陽・長野両村の農民が小学校で集会。行方不明の戸長を探索。内牧村浄信寺集会。夜、内牧で打ちこわし始まる。波野郷（六小区）、笹倉で集会。野尻郷（七小区）、吉見神社で集会。詰所に押しかける
三月一日		警視隊、大分へ到着	河陽・長野両村の農民が河陰村龍王社で集会。打ちこわし、宮地・坂梨・坊中など阿蘇谷一円に広がる（一〜三小区）
二日			北里村（五小区）、玉岑寺に乱入
四日	田原坂の戦い（〜二十日）		

六日			上色見村（九小区）、了蓮寺で集会。戸長詰所へ押しかける
七日			中松・河陽・長野・下市・久木野の各村から五百人が中松で集会
八日		警視隊、竹田に進出	十小区で打ちこわし
九日			吉田村（九小区）、小学校で集会
十日			警視隊五番小隊、四小区の一揆鎮圧。警視隊四番小隊坂梨村に進出
十一日		警視隊、本営を笹倉へ移す	河陽村光雲寺で村民集会。菅尾郷（八小区）、二瀬本神社で集会。警視隊五番小隊、五小区の一揆鎮圧。警視隊四番小隊、内牧に進出
十二日		警視隊、本営を坂梨へ移す	
十四日		警視隊の一部が吉田新町に進出。このころ、南郷有志隊が吉田新町で結成される 薩軍も一小隊を黒川に進出させる	
十七日		警視隊、内牧に進出	
十八日		二重峠・黒川口の戦い。政府軍敗北、坂梨に撤退。佐川官兵衛大警視戦死	
二十日	田原坂で薩軍敗北、撤退		
二十三日	鳥栖の戦い、植木・吉次峠方面の戦い（～四月十五日）		
四月三日		警視隊、竹田へ撤退。薩軍、坂梨へ進出	
四日		中津隊（増田宋太郎）、二重峠の薩軍に合流	
七日		警視隊、本営を竹田町から片俣村に移す	
十日		薩軍（二百人あまり）、坂梨村大黒屋を本陣とする	
十三日		滝室坂の戦い。薩軍敗北、笹倉放火	

新暦日付	西南戦争の経過		阿蘇一揆の経過
	全体的な動き	阿蘇周辺の動き	
十四日	政府軍、熊本城入城。薩軍、熊本市東方に後退（～十五日）	大津で激戦（十六日）村木で戦闘（十九日）	
二十日	熊本市東方その他で激戦、薩軍敗北		
二十一日		薩軍、大津・二重峠より撤退、木山町に後退	
二十二日	薩軍、矢部町から人吉町に撤退		
二十三日		熊本県坂梨出張所を仮設	
二十八日	薩軍、人吉に本宮を置く（～五月二十九日）。以後、大分・宮崎・鹿児島各県内で戦闘展開	警視隊、御船町で別働第三旅団に編成される	
五月 七日		熊本県坂梨出張所を内牧に移転	
二十五日	竹田の攻防戦（～二十九日）		
二十七日			一揆参加者の逮捕始まる
六月 一日	政府軍、人吉町を占領		
十日			第十一大区の平民の旅行を当分禁止
二十六日			熊本裁判所内牧出張所、取り調べ開始
七月二十九日		熊本県、内牧出張所へ軍夫募集について照会	
八月 十六日	薩軍、宮崎県長井村で解散令		
十八日	薩軍、可愛嶽《えのだけ》突破		
九月 一日	薩軍、鹿児島に入る。城山に籠城		
十日	政府軍、城山を包囲		
二十四日	城山総攻撃。西郷自刃、城山陥落、西南戦争終結		
二十九日			阿蘇一揆参加者のうち、兇徒聚衆・放火について判決

メートル。大分へ通じる豊後街道が通り、ここから北へのびる小国街道との分岐点でもある。参勤交代でも豊後国鶴崎へ向かうときは、ここを通らねばならなかった。

この薩摩軍と二重峠・黒川口で衝突することになる東京警視隊が、横浜港を出港したのは二月二十日のことであった。東京警視隊は、西南戦争に投入された警察の部隊で、隊長は檜垣直枝《なおえ》権少警視。大分から参戦したので、一般に豊後口警視隊という。警視隊は、二十三日には小倉に到着。大分を経て竹田に到着したのは、三月八日であった。同月十一日には本営を笹倉(現阿蘇市波野)へ、十二日には坂梨(現阿蘇市宮地)へ移した。十三日には、坂梨に本営を置いた警視隊の一部が、さらに吉田新町(現南阿蘇村)まで進出。この吉田新町に派遣された小隊の指揮官は、もと会津藩家老佐川官兵衛である。この頃南郷では、長野一誠らによって南郷有志隊が結成され、佐川率いる小隊の指揮下にはいる。同じ頃、鎌田雄一郎(惟一郎とも)率いる薩摩軍の小隊も、長野村の西方黒川口に進出した。この黒川口の薩摩軍へ、阿蘇一揆の首謀者として逮捕されようとした長野唦《さばく》が身を投じたのは、三月十三日であった。これで、黒川口での役者はそろった。

黒川口は、南郷の村々から大津へ向かう出口にあたる。長野村から大津御藏へ年貢米を運ぶ場合、ここを通って黒川を渡り立野に出ることになる。この時、さきに触れた石工仁兵の眼鏡橋を渡ることになる。内匠やその家族が大津や熊本へ出るときに、いつも通った道だ。こうして、吉田新町の警視隊と黒川口の薩摩軍が長野村をはさんで対峙したのだった。

豊後口警視隊出動

三月十三日(正月二十九日)の『内匠日記』には、次のようにある。

同二十九日乙酉　曇

聞書

官軍と申、新町に七、八十人宿致居候者五、六人、ばばの前の市太郎、下田のをごもりの清太郎息子など案内いたし、大石の直人、月田の下の川儀八郎、松山の庄之助、喜多村熊作、川後田の助之允、同村宇三郎息子などをからめとりに早天に来、しばり新町の様につれ行候。其内禎蔵孫庄之助、川後田宇三郎息子などはにげさり候由。其外久木野邊よりも数人召捕候由に候。右は銭持共、證文或は質物共、一揆共に渡候ニ付、官軍共に内通いたし、一揆の頭取之者共をからめ候と風聞致し候也。

『内匠日記』の記述は、南郷の農民一揆と錯綜しているので少し説明がいる。まず三月十三日には吉田新町に「官軍」＝警視隊の「七、八十人」が進出している。このうち、「五、六人」の隊員が、一揆の指導者とみられる者たちを捕縛するために出動した。警視隊は、農民一揆鎮圧の任務を帯びていた。と言うより、農民一揆を抑えておかねば、警視隊は一揆勢と薩摩軍のふたつの敵と戦わねばならなくなる可能性がある。だからまず、一揆の首謀者の逮捕に踏み切った。またこの出動には、薩摩軍や村々の民情などに関する情報収集の目的もあったであろう。

この「五、六人」の警視隊員を案内したのは、「ばばの前の市太郎、下田のをごもりの清太郎息子など」であった。市太郎や清太郎の息子たちは、農民一揆の攻撃対象となった富裕者たちであった。彼らは「早天」（おそらくまだ暗いうち）に、首謀者と目される者たちの家へ警視隊員を導いた。そして、「大石の直人、月田の下の川儀八郎、松山の庄之助、喜多村熊作、川後田の助之允、同村宇三郎息子など」を、次々に逮捕しようとした。直人や儀八郎たちは逮捕されたが、「禎蔵孫庄之助、川後田宇三郎息子など」は逮捕をまぬがれ、どこかへ逃亡した。この庄之助というのが、このあと黒川口の戦闘に出てくる「農民兵士」長野唀である。数日後に分かったことだが、長野唀は警視隊員が来たとき、自宅にいなかったと言う。逃げた唀は、黒川口にいた薩摩軍に身を投じる。もちろん、警視隊に逮捕されることから逃れるためであった。

これは「銭持共」（富裕者たち）が、農民一揆で借金「證文」や「質物」を一揆勢に奪われたので、「官軍共に内通」して「一揆の頭取之者共」を逮捕したのだ。村びとたちは、こう噂した。『内匠日記』の記述は、多くの村びとたちの気持ちが一揆側にあることをにおわせる。

村は大騒ぎ

翌日十四日、「下久木野（見瀬・坂の下・堀渡・柏野・岸野・柿野）・川後田・下田・長野之者共薩州と上方勢と軍致と申大騒動、諸道具、俵物は地を掘りて埋め、皆山林ニかくれ候由。當村之鍛冶・原口・月ノ田之者共は、田尻彦右衛門後口之竹藪の中にかくれ候也。此内陣内之者ハさわぎ不申候」（正月三十日）とある。長野村とその周辺の村々では、「薩州」と「上方勢」との「軍《いくさ》」が、今にもはじまりそうだと言って大騒ぎになった。村びとは、家財や「俵物」を地面に穴を掘って埋め、みな山林に逃げて隠れた。長野村の「鍛冶・原口・月ノ田」の者たちもみな、田尻彦右衛門の家のうしろの竹薮に隠れた。しかし、内匠を含む「陣内」の者は逃げなかった。

西南戦争で戦場になった九州各地の村々では、戦闘がはじまる前に家財を隠して、わずかな食糧を携え山林に逃げた。村びとたちは戦闘が終わるまで山林で身を隠し、様子をみて、戦闘が終わるとまた自宅に戻る。このような行動は、各地でみられた。ここには、戦場となる村の人びとがこの戦争の被害者であったことが如実に表されている。ところで、陣内の人びとが逃げなかったのはなぜだろうか。内匠翁があわてず、泰然自若とした態度をみせていたからか。

光雲寺鐘撞き事件

十五日には痛ましい事件が起きている。この日、黒川口にいた薩摩軍のうち、十人あまりが高森の方へ向かった。吉田新町にいた警視隊の様子を調べるためだろう。つまり斥候(情報収集)である。ところが、この一隊が東下田村の光雲寺付近を通過しようとする頃である。突然、光雲寺の鐘が鳴るのを聞いた。「鐘が鳴る時分でもない。おかしい」、一人が言った。彼らは、この鐘は吉田新町の政府軍に薩摩軍の来襲を知らせる鐘に違いない、と考えた。一隊はすぐに光雲寺に走り込み、鐘を撞いた見妙という住持をつかまえ縄で縛り上げた。そしてそのまま、見妙を黒川口の薩摩軍の陣に連行した。「住持見妙をしばり、黒川之様ニ引行候を、自身、月ノ田ニ而見候也」(二月朔日)。内匠自身、見妙を連行する様子を、月ノ田で目撃した。噂を聞いた村の人びとも大勢沿道に詰めかけた。薩摩兵に引き立てられる見妙をみて、村びとたちは恐怖に震えた。そして、いよいよ戦争がはじまるのだと言う実感をもった。

見妙は、連行された薩摩の陣で拷問を受けた。「見妙が殺されるかも知れない」と思った光雲寺は、長野村に薩摩軍との交渉と見妙救出を依頼した。薩摩軍との交渉には、長野村の「松山ノ揁蔵、辻ノ仁吉、磯田元厚三人」が選ばれた。このうち「揁蔵」(禎蔵とも書く)は、薩摩軍に身を投じた長野唀(庄之助)の祖父である。おそらく彼は、孫の安否が心配でこの役を買って出たのではないだろうか。また磯田元厚は、これまで何度か出てきた村医者である。黒川口の陣に入った揁蔵らは、あの鐘は合図などではなく、たんなる仏事の鐘であるから許してほしいと、額を地にこすりつけながら詫びた。そしてそのまま、泊まりがけで詫び続けた。しかし、「さつま一向聞入す、けん妙をごうもん致候由」(同日)。薩摩軍は揁蔵たちの訴えに全く耳をかさず、見妙を拷問し続けた。それどころか「今

光雲寺

度一揆共より向フに立候かね持共と商人直作を搦め捕渡し候ハバ光雲寺見妙と引替に致べく候との事也」（『南郷騒動見聞書　薩州と上方勢合戦の見聞書』。内匠が阿蘇一揆と西南戦争について冊別にまとめたもの。以下『見聞書』と略記）などと無理難題を突きつけてきた。金持ちと直作を捕まえて連れてくれば、見妙を渡しても良い、と言うのである。見妙はもう、人質同然であった。「金持ちと直作」とは、次の見妙の自白の中にでてくる。

　拷問に耐えかねた見妙は、ついに「光雲寺坊主白状ニ、おさわず直作並銭持共より、さつま勢とをり候ハバ鐘をつき呉候と頼候」（同日）と自白してしまったらしい。東下田村の商人小沢津直作と「銭持共」たちが、「薩摩軍が通過したら鐘を撞いて知らせてくれ」と光雲寺に依頼していたと言うのだ。しかしこれは、拷問によって強要された自白とも考えられる。

　結局、見妙が解放されたのは二十一日になってからである。これは十八日の戦闘で、薩摩軍が大勝利をおさめたあとである。勝利によって薩摩軍の見妙に対する態度も、軟化したのであろう。薩摩軍に捕らえられてちょうど一週間目であった。

　光雲寺の門徒数人が、見妙を引き取りに行った。しかし、激しい拷問を受けた見妙は、立ち上がることすらできなかった。そこで門徒たちは、見妙を「たご」（「担桶」と書く。にない桶）に入れ、かついで光雲寺まで連れ帰った（『見聞書』）。ふかい傷を負った見妙は、見るにしのびなかった。

以上は『内匠日記』と『見聞書』をもとにした記述である。従ってこれは、あくまで内匠の「聞書」なのであるから、事件の真相がこの通りであったか、それはわからない。この自白の内容と薩摩軍の無理難題の要求の裏には、黒川口の薩摩陣に身を投じた数人の農民たちの意思がはたらいているようにも感じられる。つまり、身を投じた彼らが「見妙は警視隊や富裕者の協力者だ」と主張していたのかも知れない。

気の毒なことに見妙は、ことときの拷問の傷がもとで翌年死亡している。見妙は病の床で、この村での農民一揆と西南戦争の記録、さらには「鐘撞き事件」に関する文章を綴ったという。この記録が、光雲寺に今も残されている。しかしこの記録は、見妙本人の遺志とプライバシーに配慮して、未だ公開されていない。事件の真相は、謎のままである。

いよいよ黒川口へ

見妙が捕まった十五日夜、薩摩軍は下久木野村と加勢（地名）の住人に命じて、俵山から下る道に松明をともさせた。そして薩摩軍は、「夜終俵山之七曲坂を下り七曲之下ニ一宿いたし、夜之明ケざる内、高森通行、陣を引候由」とある。薩摩軍は、夜中俵山から坂を下り、そこで野営した。そして高森の方へ一度向かい、すぐに俵山下へ陣を引いたと言う。俵山から高森へ向かう道は、白川を隔てて吉田新町（旧白水村）の南側の対岸（旧久木野村）にあたる。薩摩軍はここで、白川を挟んではいるが、吉田新町の警視隊に接近している。この薩摩軍の行動は、どうみればよいのか。警視隊を襲撃する機をうかがっていたのか、それとも単なる挑発行為か。

実は黒川口にいた薩摩軍は、はじめは五〇人ほどだった。いっぽう、吉田新町の警視隊は一五〇人余り、それに南郷有志隊五〇人ほどが加わっている。警視隊側は、人数では薩摩軍の四倍。あきらかに薩摩軍が不利である。ところが、十八日の戦闘では、薩摩軍の人数が、警視隊側のそれを上まわっていた。この「俵山から坂を下ってくる薩摩軍」というのは、黒川口の薩摩軍を増強するために大津や二重峠方面から迂回して投入された応援部隊だったと思われる。

翌十六日、昨夜の薩摩軍の行動に触発されたのか、今度は阿蘇山方面から黒川口に密かに進入した警視隊の小隊が、薩摩軍が止宿している黒川の「源四郎宅」を背後から銃で襲撃した。しかし、薩摩軍はすぐさま走り出て反撃。警視隊の小隊を撃退した。光雲寺の見妙を救出するためにこの場にいあわせた松山の禎蔵は、命からがら逃げ出して難を逃れた。

十七日、俵山の七曲下に布陣した薩摩軍は、この日も加勢・久木野の百姓に命じて、篝火を盛んにたかせた。その様子は、「此方より能く見へ夥敷候。篝火焼キ候薪代は、一わニ三匁宛出し候由」(二月三日)と言う。俵山は、長野村からは白川を隔てて南側になり見通しもよい。内匠の家からも、おびただしい数のかがり火がみえた。夜にかがり火をたくさんたいてみせるのは、自分たちの軍勢を多くみせ、警視隊を牽制する目的だったのだろう。このころ、薩摩軍と警視隊双方の駆け引きが非常に活発化している。それは、決戦も近いという印象を与える。ところで、加勢と下久木野の住民に支払われた薪代は一把につき三匁だったという。

運命の黒川口の戦い

二重峠の薩摩軍は、近隣の的石村(現阿蘇市)の農民を強制的に動員して土塁を築いていた。いっぽう黒川口には、一小隊を配置して吉田新町の警視隊を牽制していた。戦い前日の十七日、警視隊幹部は軍議をひらき、檜垣隊長は内牧で指揮を取ることとし、総攻撃は十八日夜明けと決した。黒川口には、一番小隊と五番小隊の半分が配されることになった。この一番小隊の小隊長が、会津の「鬼官兵衛」こと佐川官兵衛一等大警部であった。佐川については、またのちに触れたい。

高野原、黒川口の激戦地。左上の建物は京大火山研究センター

黒川口は、長野村を経て下野村へ至る通過点にあた

る。近隣の旧阿蘇町にも「黒川村」があるが、この黒川とは別である。黒川口の方は、黒川が白川と合流する地点の左岸である。今では、「東海大学農学部の校舎があるところ」と言った方がわかりやすいかもしれない。ここは当時、黒川口から北隣の下野村へ出て西へ向かい二重峠を越え熊本方面へ、また東へ向かえば豊後往還を経由して大分方面へいく、その分岐点に近かった。言い換えれば、熊本方面から二重峠越えルートの南郷谷への入口でもあった。

戦闘がはじまったのは、三月十八日の未明。場所は、黒川村集落の東方のはずれ、「高野原」とよばれる原野であった。ここは今、京都大学阿蘇火山研究センターの建物が建つ丘の南側の裾野である。

以下、黒川口の戦闘の模様を記録した史料をもちいて戦闘の模様を再現したい。【史料①】は、大分県警察の探偵と雇い入れ巡査が現地で入手した情報を、大久保内務卿に具申したもの、【史料②】は、大分県の香川権令の電報による報告、【史料③】は、この作戦の指揮官であった檜垣権少警視からの電報（以上は『明治十年騒擾一件』所収）。【史料④】は、『内匠日記』中の「聞書」。【史料⑤】は、内匠の手になる『南郷騒動見聞書・薩州と上方勢合戦聞書』である。

【史料①】

同　廿日

○内務卿大警視総督本営京都府ヘ通知

（前略）三月十八日午前一時坂梨警視本営ヲ発シ、二重嶺黒川村ノ賊ヲ攻撃ス、佐川一等大警部一小隊ヲ引テ間道ヨリ、倉内二等中警部半小隊内外ヲ率ヒテ正面ヨリ、共ニ黒川口ニ向ヒ、隊長不詳一小隊計ハ二重嶺本道ニ、檜垣権少警視ハ自ラ三百余ノ査兵ニ将トシテ、二重嶺ニ通スル一線ノ間道ヲトリ正奇賊ノ巣窟ヲ発カントス、午前七時間道ノ兵賊ノ塁ヲ距ル百間許ノ地ニ達シ、互ニ射弾スルニ賊ハ自然ノ要處ニ胸壁ヲ構ヘ狙撃ヲナシ、我兵ハ渺《びょう》茫《ぼう》タル原野ノ撤兵ナレハ死傷スル者不少處、追々揓軍の喇叭ニテ少シク引揚ルト、賊胸壁ヲ出テ追撃ス、査兵且進且退キ午後一時ニ至リ相引トナル、二重嶺本道ノ兵モ同時賊塁ヲ攻撃スルニ、地利ノ便ナラサルヲ以テ利アラスシテ引揚ク、黒川村ヘ進ムノ兵ハ拂暁ニ二手ニ別レ、先隊黒川村ニアル賊ノ屯所ニ発砲スルヤ否左右林樾ノ間ニ伏兵アリ、査兵頗ル激戦スル凡二時間ニシテ隊長佐川氏之ニ死シ、其他死傷不少ヲ以テ直ニ引揚賊亦不逐、同日午後三時内牧ニ整備シ坂梨本営

ニ引揚、此日戦死三十六名負傷者三十名隊長以下士官八九名死傷アリ、

【史料②】

サクジフハチニチ（昨十八日）、ケイシタイ（警視隊）、フタヘトウゲ（二重峠）、クロカハグチ（黒川口）、シンゲキ（進撃）、フタヘトウゲハ、セイハイ（勝敗）、イマダシレス（未だ知れず）、クロカハクチハ、ヨウガイ（要害）、ケンゴ（堅固）、ミカタ（味方）、フリトノホウアリ（不利との報あり）、イサイハ（委細は）、アトヨリ（後より）、

十年三月十九日香川大分縣権令

久留米　総督本営参謀　御中

大坂　大久保内務卿殿

同　川路大警視殿

＊なお原史料はすべてカタカナ。（　）内は筆者による解釈。【史料③】も同じ。

【史料③】

福岡　写

征討総督参謀

小沢陸軍大佐　　大坂　川路大警視へ

サクジウハチニチ（昨十八日）。カイセン（開戦）。フタエグチノシヨウメン（二重口の正面）。ナラヒニ（並びに）。クロカワグチ（黒川口）。ニカシヨへムケオキ（二ケ所へ向け置き）。ソウグン（総軍）。サンロノケンナンヲヲカシ（山路の険難を冒し）。ヒソカニ（密かに）。カンドウヨリススミ（間道より進み）、ゴセンコシ（午前五時）。リヨウシヨ（両所）。タタカイ（戦い）。ハジマルヲミ（はじまるを見）。フタエトウゲノヒダリノ（二重峠の左の）。ホウダイヲ（砲台を）。ソゲキス（狙撃す）。サンセントモ（三戦とも?）。ゾクテンケンニヨリ（賊、天険に拠り）。ヌクコトアタワズ（抜くこと不能）。スコブルクセンス（頗る苦戦す）。センシ（戦死）。サンジウロクメイ（三六名）。テオイサンジウメイ（手負い三〇名）。タイチヨイカ（隊長以下）。シクワン（士官）。ハツクメイ（八、九名）。シシヨウアリ（死傷あり）。

三月十九日午十一時　肥後國坂梨駅出張

檜垣権少警視

【史料④】

聞書

上方勢百余人、黒川薩摩之陣に押寄、黒川村之様、栃木道の入口にて大に戦ひ、上方勢大敗軍。討死の者五拾人斗、薩州勢討死両人、手負三人と申。上方勢之残党二タ手に分り、一手は往還を上り迯、三十人斗は湯谷の様に迯、駄の草より三ツ尾の下、うしろ谷より大河原に出、中村の道の上に下りにげのび候由。

【史料⑤】

同四日　新町之上方勢百五十人程、南郷士族共案内致、黒川薩摩陣へ押寄候処ニ、薩摩勢早ク此事を知り、高野の村際ニ出迎ひ、双方鉄砲一放チ〃打、刀を抜入乱レ戦ひ候処、上方勢戦ひ負、往還と湯谷道二ツに分れ迯候処、薩摩勢至急ニ追掛打捕、湯谷道を迯登候者共ハ、日ゲ暮山又は白水追掛、鉄砲を放チ掛、或は刀にて切伏、過半候由。此所にて頃日直人列共搦ニ来候者は、長野啰討取候由。残党三十人斗湯谷之様ニ、其外落行だの草に迯登り、後口谷より大河原に出、中村の峯村に落チ下り、新町陣所ニ帰り候由（後略）。

これらの史料を総合すると、黒川口の戦いはおよそ次のようになろうか。

十八日午前一時、警視隊は坂梨を出発した。吉田新町の警視隊一五〇名余も同じころ黒川口へむけ、南郷有志隊五〇人あまりの先導で出発した。それまで警視隊が得た情報では、黒川口の薩摩軍はおよそ五〇人ほどと思われた。しかし情報戦では薩摩軍が上回ったのか、黒川口の薩摩軍は、数日のうちに二四〇〜二五〇名に兵力を増強していた。これは、吉田新町の警視隊の数を上まわる。しかも、薩摩軍は警視隊の動きをも察知し、道の脇に待ち伏せて、やってくる警視隊を待っていた。警視隊は、黒川口の薩摩軍の正面と間道の二手にわかれて進んだ。

午前五時、警視隊正面軍が薩摩軍屯所をめがけ発砲し、戦闘が開始された。ところがすぐさま、薩摩軍の伏兵が、道の左右から警視隊にめがけて銃を乱射した。お互いに銃を打ち合い、さらに抜刀し入り乱れて戦った。不意討ちをくらった警視隊は大混乱に陥り、多数の死傷者を招く結果となった。

もと会津藩の家老で戊辰戦争で勇名をはせ、家臣から「鬼官兵衛」といわれた猛将佐川官兵衛一等大警部も、長野村の一農民長野啰の狙撃にあい落命した。享年四十五。この日の『内匠日記』後半には「松山の禎蔵孫嘐、薩州勢に加はり、新町陣の大将（佐川官兵衛―筆者注）を黒川之上にて討取候由」とある。

逃げ惑う警視隊は、南東方面の南郷往還と北の湯ノ谷の方へ、ふた手に分かれて敗走した。薩摩軍は、追撃し多数を討ち取った。嘐は、一揆の首謀者とみられた長野直人らを捕縛にきた警視隊員を討ち取った。嘐も一揆参加者であり、三月十三日に警視隊が捕縛に来たときは、間一髪で逃走したのだった。嘐の同志四人は、警視隊に捕らえられたままである。したがって嘐は、仲間を捕縛した役人に対し、ここで復讐をとげたことになる。湯ノ谷方面へ逃れた警視隊の残党は、阿蘇山側に大きく迂回して、吉田新町まで逃れた。その後、警視隊は吉田新町から宮地の坂梨へ撤退した。黒川口の戦闘は、約二時間ほどで終わった。警視隊の大敗北であった。

いっぽう、二重峠の戦闘は数時間に及んだが、こちらでも警視隊は二重峠を落とすことができなかった。警視隊は、峠を阿蘇谷の麓側から攻め登ったわけで、戦術的に不利であった。内匠は、「阿蘇坂梨に陣取居候上方勢大軍ニ而、薩摩二重之峠の陣ニ押寄戦候処、上方勢打負過半討死致由、百七八十人討れ候と、薩摩勢共的石邊迄追討いたし候由。上方勢一手は、小国往還を引候而、坂梨ニ帰り候由」としている。警視隊は、午後三時ころまでには、内牧まで撤退した。「上方勢打負過半討死致由、百七八十人討れ候」とは、負傷者を入れてもややオーバーではである。しかしこの日の戦闘で、警視隊は死者三六人、負傷者三〇人、士官の死傷者も八～九人にのぼった。やはり、警視隊の大敗北であったことは間違いない。なお、この戦闘に関して水野公寿氏は、「死者三一名、負傷者二九名、行方不明者五名」としている。警視隊は坂梨まで退却し、ふたたび体勢を立て直す必要に迫られた。

佐川官兵衛のこと

ここでの警視隊の指揮官（第一小隊長）が佐川官兵衛であった。余談だが、二〇一三年のNHK大河ドラマ「八重の桜」では、中村獅童が官兵衛役を演じて人気をあつめた。その佐川官兵衛について、少し触れておきたい。

佐川官兵衛は、天保二年（一八三一）、会津藩上士佐川道直の子として生まれた。文久二年（一八六二）には、藩主松平容保に従って上洛した。官兵衛の弟又四郎、は慶応三年（一八六七）、京都守護職屋敷前での薩摩藩士との斬り合いで落命している。鳥羽伏見の戦いからはじまる戊辰戦争では、会津藩の家老として各地を転戦し、その勇猛な戦いぶりから「鬼官兵衛」と呼ばれた。しかし、戊辰戦争では父ともうひとりの弟も失っている。

会津藩が敗れ、家老として降伏・開城を受け入れた官兵衛は謹慎、その後耐乏生活を余儀なくされる。明治七年（一八七四）になって、東京警視庁に出仕することになり、西南戦争の時には警視隊小隊長として他の会津藩士とともに九州に派遣された。幕末から維新にかけて、会津藩士としてかならず名前があがる人物の一人である。現在、会津若松市の鶴ヶ城三の丸址には「佐川官兵衛顕彰碑」が建っている。また黒川口周辺および吉田新町の警視隊の屯所跡などにも佐川の顕彰碑が多数建っている。

また大分県護国神社には、西南戦争で戦死した「豊後口警視隊」の墓地が営まれ、その中心にあるのが佐川の墓である。余談だが、大分県護国神社には西南戦争で戦死した政府軍（陸軍）兵士の墓もある。しかし、陸軍の墓が神社のある丘の最上段にあり、日当たりもよい場所にあるのに対し、警視隊のそれは丘の中腹の日当たりの良くない所にある。従って、訪れる人もまばらで、まして警視隊の墓がなぜそこにあるのか知る人も少ない。このふたつの墓地（陸軍墓地と警視隊墓地）の扱いの違いに、陸軍と警察の階層性を感じるのだが、それは思い過ごしだろうか。

南郷有志隊のこと

佐川官兵衛のついでではないが、南郷有志隊にも少し触れておきたい。豊後口警視隊が阿蘇に進出すると、坂梨、内牧、

佐川官兵衛戦死の地

南郷有志隊碑

小国、高森などでは、一領一疋などと呼ばれる金納郷士や地域の有力者を中心とする「有志隊」が結成され、警視隊に協力した。彼らの中には、阿蘇一揆で攻撃の対象となった者もあり、大分からやってくる警視隊の到着を待望していた。もともと警視隊は、情報収集（探偵）や物資運搬などが主な任務であり、実戦部隊ではなかった。警視隊が大分から熊本県に入ってきたのは、同時期に大分県北で起きた「県北四郡一揆」やこの阿蘇一揆など、農民一揆の鎮圧が主要な目的だったからではないかと考えられるのである。だから各地の「有志隊」は、警視隊にとってもなくてはならない協力者であった。これらの「有志隊」は、西南戦争が終結するまで、第三旅団、別働第三旅団（四月二十八日、豊後口警視隊は御船で別働第三旅団に編入）などに協力する。南郷有志隊は、長野一誠を隊長として、五〇余名で結成された。黒川口の戦闘では、警視隊を先導し、さらに物資を運ぶなどして参加している。黒川口では警視隊とともに大敗を喫したため、彼らも一時四散した。

逃げる村びと

長野村から黒川口の戦場まで、北に約三キロ弱ほどである。筆者は子どものころ父親から、「（黒川方面の）高野原の方がキラキラと光るので、刀で斬り合っているのだろうとうわさしたと、祖父が言っていた」、と言うようなことを聞いたことがある。早朝の戦闘であったから、晴れていれば（『内匠日記』では確かに「晴」）抜き身の刀が朝日に光る可能性はある。要するに、長野村からは戦闘が見えるほど近い所で激戦が行われたのである。この時、村びとはどうしていたのか。

当日の『内匠日記』にはその後半に、つぎのようにある。

當村中、黒川ニ而戦ひあるニ付、家内之諸道具俵物抔は山ニ隠し、人は月田・原口・鍛冶之者共狐塚之山、田尻之彦右衛門方之後口之藪ニかくれ、馬場陣内之者は天神山と出水之藪ニ隠れ候、然れ共、爰元ニは左様之事は致し不申候、大石・下之宇曽之者共は湯坂之山、宇曽谷ニかくれ候。然而明る五日之ひる過ニ宿本ニはかへり候事（二月四日）

数日前と同じように、家財を地中に埋め、藪に身を隠した。具体的な山や藪の場所まで書いている。村びとはほとんど姿を消し隠れたが、「爰元ニは左様之事は致し不申候」と、内匠とその家族は姿を隠すようなことはなかったと言っている。やせ我慢か、肝が据わっているのか、はたまた村の様子を見ておかねばと言う使命感に燃えていたのか。

「然而明る五日之ひる過ニ宿本ニはかへり候」（同日）とあるから、村びとは山や藪の中で一昼夜過ごしたことになる。彼らにとって、この上なく不安な一夜だったに違いない。翌日の昼頃になって、何人かがおそるおそる様子をみに里にもどってきた。そして、「もう戦いは終わっている」ことを確認すると、やっと自宅に帰還したのであった。

遺体の処理　戦いの二日後の三月二〇日、『内匠日記』に「五日、當村百姓共へ黒川陣所より、一昨日討死致候骸を埋メニ来候ニ付、夫方共数人行候事。喜多村・川後田・長の・下野、夫ニ出候」（二月六日）とある。戦場となった黒川㞢の高野原には、戦死した者たちの遺体が転がっている。翌日、薩摩軍は遺体処理の「夫方」を村に依頼に来た。しかし村びとは、右に見たように十九日の午後に帰還しているから、遺体処理は二十日となった。

遺体の数がいくつだったのか、はっきりは分からない。『内匠日記』では、討ち取られた警視隊の数を「討死の者五拾人斗」としているが、多すぎるように思う。いずれにしても、多数の遺休が転がっていたことは確かである。遺体処理の「夫方」には、喜多村・川後田・長野・下野の各小村々から人が集まった。西南戦争で最大の激戦地であった田原坂でも、戦闘の終了後、近隣の住民が集められ遺体処理に従事した。戦争は兵士がするが、遺体処理は戦場の村びとの仕事であった。

遺体はその場に穴を掘り埋葬するのが一般的である。高野原にも多数の穴が掘られ、そこに遺体が埋葬された。さきに警視隊の墓が大分県護国神社にあると書いたが、ここは形式的に改葬された先の墓で、いわば戦争のモニュメントにすぎない。死んだ兵士の墓は、斃れた所にある。長陽村史編纂空が、『長陽村史』編纂の過程で調査したところ、高野原には数基の

「塚」が認められるという。この「塚」が、この時の戦いで戦死した兵士の墓の一部ではないかと言われている。

権力の空白下の村

黒川口で薩摩軍が大勝利をおさめ、吉田新町の警視隊が坂梨に後退したため、長野村とその周辺地域は、は一時薩摩軍の支配するところとなった。支配すると言っても、薩摩郡自体が「反乱軍」なのであるから、この地域は権力の空白下にあったと言うべきだろう。黒川の薩摩軍が坂梨へ向かって村を去る四月七日までの一ヶ月足らず、村ではいろいろなことがあった。『内匠日記』から、日を追って記事をひろってみる。ただここでは、『内匠日記』を意訳し、さらにわかりやすくするために言葉を補っていることを断っておく。

《三月十九日》黒川の薩摩軍は、再び警視隊が反撃に出てくることを警戒して、警備を強化した。萩尾の磯田元厚の家の前に「出小屋」（見張り小屋）を造り、十人程がここに常駐し、道筋の往来を警戒した（萩尾は、川後田村に含まれ長野との村境付近に当たる。つまり、長野村の南東の入り口である。薩摩軍は北西の黒川口に拠点を置き、長野村のほぼ全域を支配下に入れていることがわかる）。

《二十日》高野原での遺体処理。これはすでに触れたので省略。

《二十一日》長野啰が、内匠宅に話にやってきた。啰が言うには、新町の上方勢（警視隊）が、村の者の案内で直人・儀八郎ら四人を捕らえにきたときは、自分はちょうど宿本（自宅）におらず難を逃れた。その後すぐに、黒川の薩摩軍の陣へ走り込んだ。そして、十八日の高野原での戦闘では、自ら「大手柄」をあげた。啰は、こんなことをしばらく話して帰っていった。

《二十二日》黒川口の薩摩兵二〇人ばかりが、人夫に出た百姓を連れ、新町の警視隊が逃げ去った屯所跡を見に行った。すると吉田新町の町人たちが、薩摩兵の姿を見てあわてて逃げ去った。そこで、「何故逃げるのか、逃げるにはおよばない。危害は加えない」と言って、町人たちを呼びもどした。

《二十四日》久木野村の浅尾源八（もと里正）と井芹助之允が大石の長野太郎宅を訪ねてきた。浅尾源八は、一揆勢の攻撃対象となって逃げた者（富裕者）と一揆の首謀者として捕らわれた者たちの和段（和談、すなわち仲裁）をしたいと申し入れた。

《二十六日》黒川村の薩州軍の大将（鎌田雄一郎）から、長野村に対して樽代（謝金）が贈られた。この事は、杉尾の甚之允から村中へ知らせがあった。

《三十日》薩摩兵が、久木野村室町の長野瀬平（一誠）の米蔵から、米百俵を持ち去った。ただし、代銭は一俵につき三〇〇目を支払うとのことである（〰部は、のちに線を引いて削除している。『見聞書』には、「薩州黒川陣より久木野室町、長野瀬平の米百俵餘奪い取り、駄賃にて黒川陣へつけ越し候由」とだけあり、実際には薩摩軍から代金が支払われなかったため、棒線を引いて削除したものと思われる）。

《四月一日》薩摩兵がやってきて、用吉方のにわとりを捕まえて食べた。しかし結局代金が支払われなかったため、あとでもめ事になった。

《三日》俵山に駐屯していた薩摩兵が、下田村の清太宅に数十人きて、米・籾・雑穀・諸道具一切を人夫に持たせ、持ち去った。

《四日》長野村「ばばの前」の市太郎宅に、俵山の薩摩兵が人夫を連れてやってきた。そして、米二〇俵を奪い取り、さらに衣類、ふとんなどの家財、それに馬一匹と馬具も持ち去った。この一部始終は、私自身（内匠）が目撃したことである。

《七日》黒川の薩摩軍は、そこを引き払って、阿蘇宮地の坂梨の方へ出て行った。

シンクロする村びとと薩摩軍

　以上の記述から、注目される点をいくつか上げてみたい。

　注目される点の第一は、むら人が薩摩軍に多数人夫として動員されていることである。戦死者の遺体を埋める人夫のほか、物資を運ぶ人夫としてしばしば動員されている。しかし、脅迫をもって強制的に動員された印象はうけない。『内匠日記』には、人夫賃が支払われたとの記事が多い。また、長野村に対しては、むら人が協力的だったからか、樽代まで贈っている。長野村からは人夫ばかりでなく、唠をはじめ数人の農民が黒川口の戦闘に銃をもって参加し、活躍してるのである。

　第二に、［資産家の地主・商人］対［薩摩軍・農民］という対立構図が明瞭に見える点である。黒川口の戦い後、薩摩軍が人夫を連れ吉田新町に行ったとき、新町の商人たちは一斉に逃げている。また、久木野村室町の長野一誠、下田村の清太、長野村の市太郎の三軒が薩摩兵の略奪にあっているが、彼らはいずれも富裕者で、警視隊に協力した人々であった。長野一誠は南郷有数の地主であり質屋（高利貸）も営んでいた。この時は、南郷有志隊隊長として、黒川口の戦闘にも参加していた。清太と市太郎は一揆の首謀者（長野直人、儀八郎ら）の捕縛の際、警視隊を案内して協力していた者たちである。ということは、これらの資産家宅へ薩摩兵を導いたのは、一揆に参加した農民たちと考えざるをえない。しかも清太と市太郎宅では、食糧はともかく、家財道具一切を略奪している。これは、薩摩兵が必要から奪ったものとはとても思えない。この行為は、両家への農民たちの制裁、または報復行為だと考えたほうが納得できる。実は『見聞書』の四月四日に「其の後、着類諸道具はかへし候由」とある。数日後には、衣類や家財は返却されているのである。このことも、家財の略奪が、一時的な制裁であったことを示すものと思われる。つまり、農民たちは薩摩兵の力をかりて、西南戦争中も農民一揆同等の行為を継続していたことになるのである。坂梨の戦闘で薩摩軍が敗北した後、薩摩軍は再び黒川に帰ってくるが、四月十九日に今度は東下田の野田政道宅で米百俵あまりと家財道具を略奪している。野田政道は当時、阿蘇南郷有数の資産家のひとりで阿蘇商会も経営しており、一揆のときには、借金証文を出させられ借金帳消しを強制されている。つまり、一揆の攻撃対象と薩摩軍のそれは、一致していたのである。

第三に、このようにいわば村は富裕者と貧しい農民に分裂したのであるが、それを修復しようとする動きがみえることも重要である。それは、『内匠日記』の三月二十四日の記述である。久木野村のもと里正浅尾原八と井芹助之允のふたりが、長野村大石の長野太郎を訪ねて、富裕者と農民一揆との「和平工作」を持ちかけていることである。長野太郎は一揆のリーダーの一人で、のちに逮捕される。直人や儀八郎が捕縛されたあとは長野村の一揆の中心人物と目された。つまり久木野村の有力者が、長野村の一揆のリーダー宅に来ているのである。

これは、長野村と久木野村の違いを浮き立たせる問題である。久木野村は白川の南側で水が豊富な水田地帯である。長野村は白川の北側の傾斜地で畑作地帯である。農業がその村の生産力を決定づけるこの時代、この差は大きい。要するに久木野村は豊かで、長野村は貧しいのである。地主ほか富裕者の多くは、久木野村にいる。長野一誠、野田慶之允らである。阿蘇一揆で打ち壊しにあったり、借金証文を奪われている者の多くは久木野村の人びとである。南郷の一揆では、貧しい長野村の者たちが豊かな久木野村を襲っているように見えるのである。

この「和平工作」がその後、どうのように結実したか、残念ながら分からない。しかし、もと村役人が一揆のリーダーのもとを訪ねて、分裂した村と村の関係を修復しようと行動したことは、非常に興味深いことである。

長野㬈の戦い

ここでしばらく、さきに登場した長野㬈に目を移してみたい。㬈は、黒川口の戦いのあとも薩摩軍に従い転戦をつづける。そして帰村した後、その手記である『明治十年　長野㬈戦加記録』（長野立春氏所蔵文書、以下『記録』と略記。なお『記録』の日付はすべて新暦である）を残している。この史料は、表紙の傍らに「惟起貫いたるもの」とあるとおり、㬈が内匠に進呈したものである。史料の末尾には「明治十丁丑年九月十九日長野㬈自筆いたし持来呉候」とあり、『記録』が㬈自身の筆になるもので、内匠が本人から貰い受けたものである。この表紙と末尾の一行だけが、内匠の字である。ただし、『記録』には九月十九日に貰ったとあるが、『内匠日記』では、九月二十九日に貰ったことになっている。

『記録』は、㬈が戦いから帰村してから認めたものである。戦いの最中に書かれたものではない。しかし日付を追って記述していることから、㬈はメモ程度の記録を携えながら転戦していてものと思われる。全体に漢字仮名交じりの文章で、宛て字がひどいことと、少々読みにくい文字があるくらいで、実にしっかりとした筆致である。この時代の農民の文字、文章ではなく、武士のものだと言った方が良いかも知れない。実は㬈は、内匠の手習所の門弟である。安政四年（一八五七）正月の『内匠日記』に「松山之損蔵孫庄之助、手習入門致。但シ損蔵連来」（二十五日）とある。この庄之助が㬈である。㬈は読み書きを内匠に学んだのである。内匠の手習所のレベルの高さが知れよう。この手習入門が七～八歳であったとすれば、西南戦争当時㬈は二〇歳代後半になる。血気盛んな年頃であった。

前置きが長くなったが、この史料をもとに㬈の行動を追ってみよう。三月十八日の黒川口の戦いのあと、薩摩軍が最終的に長野村近辺から退去するのは四月二十日であった。この日、薩摩軍は立野から御船方面に移動した。この三日前の四月十七日の『内匠日記』に、「松山之庄之助事㬈、熊本之薩陣ヘ明日出陣致候筈ニ付、今日門出之祝致ニ付案内致ニ付参り候事。但シ、樽代一封持」（三月四日）とある。唀が薩摩軍に加わって翌日出陣するというので、「門出之祝」をした。内匠も樽代を持って祝いに行った。翌日「五日之朝、サバク熊本之様ニ出候と申、暇乞ニ来」。唀は内匠に「熊本の方へ行ってきます」と暇乞いに来た。おそらく唀は、その時立野にいた薩摩軍の陣へ向かったのであろう。これを待っていたかのように、薩摩軍は四月二十日、御船の方へ移動した。

唀の『記録』は、この四月二十日からはじまっている。しかもこの日は、御船で激戦があった日であった。いきなり唀は、激戦の渦中にお放り込まれることとなった。この日の『記録』には、次のように書かれている。

　但大拝軍（敗軍）ニ付、福山平嗣、長野サバク右両名引残、大ニテキヨリ取牧レ、間六七間斗ニ而向ニミゆる敵四百名斗相見へ大ニクルシミト□□□度ニ戦死ト思、右両名ニ而切入申候。敵六□□□江開、其中ヲ飛出、道壱町斗参りそ□□り一度炮打立玉は雨乃振（降）如参り申に、早両名迯延、一命タスカリ候也

唀が御船に着いたとたん、大激戦がはじまり、薩摩軍は大敗北。薩摩軍は矢部方面に敗走したが、逃げ遅れた唀は福山某とともに敵兵四〇〇名ばかりに取り囲まれてしまう。もう決死の覚悟で、ふたりは敵兵に切り込んだ。弾は雨のように飛んでくる。しかし二人は何とか死地を脱出することができ命びろいをした。

やっとの思いで矢部村にたどりついた唀は、「熊本士隊」＝熊本隊に入隊を許されたようである。熊本隊について、「但一中隊弐百名余、五中隊ニ而御座候、右一番中隊ヨリ五番中隊迄組立左之通　一大隊長　池部吉十郎（後略）」と記録している。しかし唀自身がどの中隊に属したかは、書いていない。

『記録』から、唀の移動した場所と日時をたどってみよう。四月二十日御船から矢部、五月十二日鹿児島の大塚、五月十七日鹿児島の山野から県境を越え熊本県の佐敷へ、五月二十四日水俣久木野、六月九日神山（現宇城市）、再び県境を越えて六月十六日高熊山（現大口市）、六月二十四日川内川、鹿児島西田、志布志福山、七月二十日志布志から大久保（大窪か、現霧島市）へ、七月三十一日宮崎から二里のシグレ（不明）、八月二日宮崎の中村、八月三日佐土原から都濃を通り美々津へ、八月四日細島、八月十四日延岡、八月十七日長井村。この長井村（現延岡市）で熊本隊も降伏、

投降。囚われの身となり、大分県の重岡から佐伯へと送られている。『記録』の最終日付は八月十七日、旧暦では「九月九日」である。最後は、薩摩勢による可愛岳突破の記事で終わっている（ただし、可愛岳《えのたけ》突破は八月十八日）。御船を出てから約四ヵ月、唠は右のようなルートをたどりながら転戦した。この間、何度も死地をくぐり抜けている。『見聞書』によれば、唠が帰村したのは九月三日頃であった。

阿蘇一揆に主導的な役割で参加し、逮捕を逃れるために薩摩軍に加わり、のち熊本隊に加わって鹿児島、宮崎の激戦地を転戦した農民がいた。おそらくこのようなケースは他にはない。長野唠は、阿蘇一揆から西南戦争を一気に駆け抜けた。

唠を駆り立てたもの

戊辰戦争でも、わずかながら自ら進んで戦闘に身を投じた軍夫（百姓）がいた（渡辺『百姓たちの幕末維新』）。しかし、唠を西南戦争へと駆り立てたものは、いったい何だったのだろうか。やはり一揆の首謀者として、捕縛されることを避けるためであったろうか。しかし、戦場に行くのは命がけである。逮捕される以上に、命を失う危険性がある。それではなぜ、唠は戦場に向かったのか。

黒川口の戦闘では、唠は「敵の大将」（佐川官兵衛）を討ち取った、薩摩軍側のヒーローだった。しかし、それだけではない。唠はほかの警視隊員と渡り合って、やはり討ち取っている。薩摩の武士たちも、農民とは思えない唠の勇猛ぶりに驚いたに違いない。黒川口薩摩軍の指揮官だった鎌田雄一郎あたりが、「俺たちに付いてこないか」と誘った可能性はある。薩摩軍が立野村を去るのにあわせ、唠も長野村をあとにした。唠はずっと薩摩軍と連絡を取り合っていたことは間違いない。

もうひとつ、黒川口の戦闘のあと、いったん帰村した唠が再び村を出るときに「門出之祝」をしていることに注目したい。これは「出陣の祝」と言っても良いだろう。これは言うまでもなく、武士の儀式である。唠もまた、系図をたどれば長野家の一門筋である。長野家は、戦国時代までは武士であった。彼は、戦うことで「武士としての自分」を取り戻そうとしたのではないか。家族や縁者が彼を祝って送り出したのも、同じような気持ちからではなかったか。また、唠は四ヵ月もの間の戦いで、最後まで離脱することなく長井村に至っている。武士の中にも離脱者が出るほど過酷な戦場で、彼がもし単なる農民なら、離脱しても誹りを受けることはあるまい。逆に言えば、唀の「武士としての気概」が彼を支えたと言えるのかもしれない。そして彼が認めた『記録』は、彼の武士としての戦場の記録であり、「武士の証明書」なのであった。『記録』の記事は、ほとんど戦場と戦闘に関するものである。彼が訪れた地方やそこに暮らす人びとの様子は、一切出てこない。『記録』は、彼がその戦場にいたことを示すためだけに作られたのである。

それにしても近世から近代へと時代は動き、いよいよ農民も戦争に参加する時代が到来した。幕末には長州の奇兵隊に代表されるように、農兵などによる諸隊が結成され戦闘にに加わった。長州だけではない、全国各地で農兵が組織された。身分制の解体にともなって、すべての成年男子を兵士として組織するための徴兵制も、既に明治六年にはじまっている。

坂梨峠の戦い

さて、話をもとにもどそう。二重峠、黒川口の戦いで大敗した警視隊は、いったん坂梨に退却する。しばらく内牧・坊中・宮地・坂梨を確保していたが、体勢を整えるため、四月三日に大分県の竹田まで退却した。それを追うように、薩摩軍は坂梨まで進出する。「黒川陣薩摩勢、阿蘇坂梨之様ニ行」（二月二十五日）。黒川口にいた薩摩軍も、本隊に合流すべく坂梨へ向かう。四月七日のことである。この日、薩摩軍約二〇〇名は、坂梨村の大黒屋を本陣とした。

この間、三月二十二日から二十七日にかけて、田原坂の戦いがあった。特に、二十五日からの三日間は歴史上稀に見る激戦であった。『内匠日記』三月二十三日に、「今日、玉名郡之内歟田原と申処ニ而上方勢と薩州勢と大合戦致、薩摩勢、多く大炮ニ當り討死致候由風聞」（二月十日）とあり、二十五日には、「田原タバル合戦大炮之音毎日毎夜よく聞へ候」（二月十二日）とある。田原坂の大砲の音は、阿蘇の長野村にまで聞こえた。遠く聞こえる大砲の音は、「いつかはこの村でも」と、村びとを不安に陥れたに違いない。

四月十三日早朝、警視隊は滝室坂《たきむろざか》付近の薩摩軍に対し、総攻撃を開始した。虚をつかれた薩摩軍は、総崩れとなり滝室坂を下り坂梨へ逃げ下った。ところが『内匠日記』にはすでに四月十日の条に「下田俊助来、薩摩勢坂梨陣逃、上方陣笹倉之本陣ニゆだん致候処へ押寄、大将を打取、陣屋不残焼払候由」（二月二十七日）とある。この記述は、明らかに十三日の坂梨峠の戦闘の模様であると考えられるが、日付が違っている。三日も早い。『内匠日記』に日付の誤りはほとんど見いだせないのだが、ここで間違えた理由は分からない。下田俊助からの伝聞であるが、さまざまな情報が錯綜し、混乱した可能性はある。

ふたたび薩摩兵が来た

それはさておき、坂梨峠での戦闘に敗れた薩摩軍の一部は、また黒川口に集結する。その敗走の途中、一部の薩摩軍兵士が長野村に立ち寄った。四月十一日（これも日付は誤りであろう）「阿蘇坂梨ニ黒川より行候薩勢共、坂梨之軍ニ打負、杉尾之甚之允宅ニ落来、飯を喰、當村より人夫を取、黒川之様ニ行候」（二月二十八日）とある。坂梨の戦闘で負けた薩摩軍兵士の一団が、長野村に落ち延びてきた。そして、杉尾の甚之允宅で飯を食い、その後人夫を雇って黒川の方へ行ったという。

この記述の少し後には、挟紙に「薩州勢、阿蘇之坂梨ニ而軍ニ打負、ちりぢりニ落候者共三十人斗、當村杉尾ニ落来、ひだるさこらへ難ニ付、何成共くわせ呉候と申ニ付、家々より飯、麦めし、だんご汁抔持出、喰ハせ候。然而甚之允宅ニ飯をたき喰候而、村中之百性を呼出し召連、黒川之様ニ夜半比ニ帰り（候脱カ）事。食物を持来、喰はせ候は、儀右衛門、直太、次左衛門、甚蔵、亀八共也」とさらに詳しく書いてある。

甚之允宅にやってきた薩摩兵らは、約三〇名ばかりだった。ひとりの兵士が、「もう空腹に耐えられない、何か食わせてくれ」と訴えた。そこで不憫に思った甚之允と近辺の者たちは、飯、麦飯、団子汁などを持ち寄って、兵士たちに食べさせた。兵士たちは夜まで滞在した。そして夜半になって、村びとを動員して黒川の方へ帰って行った。

記述からは、薩摩兵が甚之允らを脅して飯を食っているようには感じられない。むしろ甚之允ほか村びとが、薩摩兵に手をさしのべているように思われる。薩摩兵も村びとを頼っている。長野村の人びとの薩摩兵に対する心情が読み取れるエピソードである。ここでも村びとと薩摩兵がシンクロしている。

その後薩摩兵たちは、一時黒川に結集し、その後立野に陣を敷いた。そして、四月十六日に大津で、十九日には枯木などで戦闘が行われ、いずれも薩摩軍は敗退している。四月二十日、「今晩立野ニ居候薩摩勢、立野を引き払ひ候、みふね之様ニ逃候由」（三月七日）とある。薩摩兵は立野を引き払い、御船方面に逃げ去った。その後、長野村とその周辺に、薩摩兵がふたたび現れることはなかった。

官軍がきた

　薩摩兵が立野を去った翌日には、今度は入れ替わるようにして官軍が現れた。「今日、枯木辺ニ来居候官軍共、立野ニ入替候也。阿そ坂梨ニ陣取居候官軍、黒川村高野七竈焼」（三月八日）。枯木は現在の菊陽町である。官軍の一隊は、大津を通って立野へ、もう一隊は坂梨から黒川へ来ている。黒川では民家を七軒焼いている。熊本城の攻防戦でも、官軍が城下町に火を放って焼いた。それは、薩摩軍の隠れる場所をなくし、射撃の障害となる物を取り除くためである。黒川で民家を焼いたのも、同じような目的があったのだろう。さらにここは、ひと月あまり薩摩軍の拠点となった所である。薩摩軍に二度と使わせない、という理由もあったのだろう。それにしても黒川の住人は、とんだ災難だったと言わねばならない。

　四月二十五日、「（聞書）上方勢、頃日大津・熊本・立野之薩摩勢を追払、瀬田・大林・黒川・新町・高森・色見・白川ニ充満候由。上方勢大勢高森、新町辺より月田川の下ニ来。當村喜多、川後田より馬を取乗、合志郡之陣内迄、夜通しニ行候。但シ駄賃は月田より陣内迄二百弐拾目渡し候」（三月十二日）とある。西は大津から、東は高森まで官軍が充満している。南郷は、官軍によって完全に制圧されている。官軍の一部は喜多村と川後田村から馬を徴発している。それは、長野村の月ノ田から現在の大津町陣内まで荷を運ぶためだったようだ。馬が何頭で、人夫が何人か、また荷物が何だったのかは不明だが、駄賃を「二百弐拾目」支払っている。

　五月二十三、二十四日には、「官軍、大勢往還筋、大津之様ニ下り候」（三月二十三日）、「近日、毎日往還をのぼり候官軍勢、皆一同ニ今日下り候。但シ、村中老若共ニ見物ニ、今市往還筋ニ行候事。面白き見物也」（二十四日）とある。おびただしい数の官軍兵士が、宮崎県や大分県の方から、長野村を通り大津方面へ向かっている。『見聞書』には、その人数を「両三日に人数五六千之風聞」とある。二〜三日の間に五、六〇〇〇人が通過したという。驚いたのは村びとである。村の住人の何倍もの数の兵士が、続々と移動している。村びとの目には、官軍の軍服も珍しかった。もう、沿道は見物人であふれた。内匠翁は、「面白き見物也」と記している。

　はじめは驚きの目で官軍を見守っていた村びとも、しばらくするとすっかり慣れっ子になる。七、八月頃には「月ノ田下ノ川儀八方ニ而焼キ唐黍一ツ三分又は五分ニうり候由」（『見聞書』七月十八日）と、何と道を行き交う官軍兵士を相手に、焼きとうもろこしを売っているではないか。村びとはしたたかでもあった。そう言えば、西南戦争を軍人の目から克明に記録した、川口武定の『従西日記』にも、熊本県内各地の戦場で露店が立ったり、物売りで小銭を稼ぐしたたかな庶民の記事がみえる。

軍夫・人夫　戦争は、直接武器を持って戦う戦闘員（軍人）のみで成立するものではない。軍費の予算化・調達、徴兵などに関わる役人はもちろん、軍の後方にあって食料や弾薬、軍需品の補給などを受け持つ兵站に関わる人々（＝軍夫・人夫）がいてはじめて成り立つ。西南戦争も例外ではない。今では後方支援とも呼ばれるこれら兵站を担う軍夫や人夫は、もっとも戦争に生々しくかかわることになった。

　長野村の人々は、薩摩軍と官軍の双方から、軍夫や人夫として徴発された。薩摩軍の人夫には、駄賃が払われないことも多かったと言われる。特に、西南戦争の終盤になるとその傾向が強かった。しかし『内匠日記』を見る限り、駄賃は支払われている。一例をあげよう。

「同六日　東下田畑ヶ田野田方より薩摩勢米百俵余奪取、駄賃ニ而立野陣へ取候由、駄賃東下田より黒川迄一駄ニ付廿目也」（三月六日）。旧暦三月六日は、四月十九日である。これは坂梨峠で破れた薩摩軍が敗走し、立野に一時拠点を置いていた頃である。薩摩軍は、東下田の野田政道方から米百俵を奪い取って、米俵を東下田から立野まで村びとに運ばせた。東下田から立野まで、距離にして七～八キロくらいである。駄賃は一駄につき、二〇目であった。

　四月の下旬以降、官軍が南郷にやってくると、今度は官軍による人夫徴発が多くなる。六月八日には、「南郷村々官軍高森陣を坂梨ニ移し候由ニ而、人馬夫方ニ呼出候、但シ、十五歳より六十九歳迄、皆々出夫いたし候」（四月二十七日）とある。官軍が高森の陣を坂梨に移すというので、十五歳から六十九歳までの男を各戸一人ずつ、「人馬夫方」に動員したという。さらに翌日には、「今日も夫方、高森ニ出候、但シ後家又は屋主病候共は、女迄も夫ニ出候。但シ當村ニ而は、月ノ田福太郎後家、かちの子之作、下ノ川儀八妻、夫ニ出候」（四月二十八日）。男手のない後家や戸主が病気の場合は、女も人夫として徴発された。「下ノ川儀八」とは、農民一揆の首謀者として捕縛された長野儀八郎と思われる。夫は捕縛されているため、代わりにその妻が人夫として出ている。高森から坂梨までは、おそらく阿蘇根子岳と高岳の間にある日ノ尾峠を越えただろう。峠の標高は一〇〇〇メートル近くある。高森から坂梨まで、日ノ尾峠を越えて重い荷物を運搬するのは、大変な重労働であったに違いない。

『見聞書』には、政府軍の軍夫の描写もみられる。五月二五日の条に「今日は諸道具、米、味噌、梅つけ等を持夫方二千も通り候。米俵は壱俵弐人ニ而荷候、二俵は四人ニ而荷候、または馬にも荷物又人も乗候而通り候事」とある。米やみそ、梅漬けなどの食糧や諸道具を運ぶ大勢の軍夫の様子が、目に浮かぶようである。

田尻の久米作

田尻の久米作は、彦右衛門の倅である。長野村からも官軍の人夫として何人かの若者が村を出ていった。五月十七日、「田尻之彦右衛門倅久米作、官兵之夫方ニ八代ニ行病、立野迄来居候、村中より荷ニ行」（四月五日）とある。久米作は官軍の人夫として徴発され、軍に従い八代まで行った。ところがそこで病を発症し、村に帰ることになった。しかし、立野まできたところで動けなくなった。そこで村中から久米作を迎えにゆき、担いで村につれて帰ることにした。

こうして久米作は、何とか無事に帰宅できたが、容態は芳しくなかった。内匠も何度か見舞いに行った。約一月後の六月十三日の『内匠日記』に「田尻之久米作、先月下旬之比、官兵之夫方ニ出、芦北之田之浦ニ行相病候而生死不相分程ニ病候へ共、次第ニ全快いたし、今日始而来、病中萬端せわニ相成候礼申候」（五月三日）とある。久米作は生死の境をさまよう状態が続いたが、何とか持ち直すことができた。そしてこの日、やっと全快して内匠の元に礼にきた。

久米作の病気が何だったのかは分からない。しかし西南戦争では、兵士や軍夫の間にも感染症が広がっていたという。コレラも流行したらしい。全国から集まった何万人という兵士や軍夫が密集し、そして移動する。コレラは翌年にもかなりの流行をみせ、明治十二年には全国で大流行する。西南戦争による人の移動も、大流行の一因とする見方もある。

戦場から命からがら逃げ帰った者もいる。八月二十二日に「昨十三日ひる過、日州美多井官軍、薩軍ニ打負、長野、下久木野より夫方ニ出候者共迄ちりぢりニ相成候而逃帰り候」（八月二十二日）とある。宮崎県の三田井（現高千穂町）での戦闘では、長野村や下久木野村から行っていた人夫たちが、戦闘に巻き込まれそうになり散り散りになってそのまま帰村したという。

定嘉も人夫に

ほかならぬ、内匠の養子の定嘉も官軍の人夫として動員されている。彼の動きを追ってみよう。定嘉がはじめて人夫として村を離れたのは、六月二十五日であった。この時は、前の源太郎とともに熊本へ行ったらしい。二日後にはいったん帰宅したが、翌日、今度は大分に向かった。「定嘉、源太郎と道々いたし、豊後ニ行」（五月十八日）。今度も源太郎と一緒だった。七月十九日、「定嘉、官軍豊後大分ニ而、薩摩軍を合戦致候軍役ニ行、廿二日逗留致し、今晩帰り候事」（六月九日）。大分県大野郡（現豊後大野市）で戦闘が続いていた頃、定嘉は二十二日間にわたって大分県内に滞在し「軍役」に従事した。そしてこの日の夜、帰宅したという。

大分から戻って十日ばかりすると、定嘉は今度は宮崎の方に行くことになった。七月三十一日、「定嘉、日向美多伊軍役ニ出ル」（六月二十一日）とある。「日向美多伊」（三田井）から帰宅したのは、約一週間後だった。

阿蘇は、大分、宮崎の両県に隣接していることから、定嘉のように両県に人夫として動員された者も多かった。『見聞書』には、「官軍南郷村々より人夫或は馬を牽候而、日州美多井官軍陣江夫に替なく行候事。但シ、一人に付一日ニ百目宛渡シ方ニ相成候。又、馬を牽出候者江は、百四十目宛に相渡候事」とある。

人夫に出るとひとり一日につき「ニ百目」の賃金が得られた。さらに馬を牽いてゆけばさらに「百四十目」が支給された。官軍の人夫・軍夫の労賃＝日当は、当時としては破格のものであった。時期によっても違うが、通常の二〜三倍の報酬だった。だから、自ら軍夫や人夫になったものも多くあった。しかし、一般の農民にとっては農繁期に動員されることは、耐え難い負担でもあった。しかも危険なうえ、いつ帰ることができるとの知れない軍夫に動員された者のなかには、途中で逃走した者もあった。

阿蘇一揆と長野村

頻発する火事

旧暦明治九年の十月から、長野村と近隣の村々では、なぜか火災が頻発するようになる。『内匠日記』にみる火事の件数をみると、明治八年までは年間にせいぜい一〜三件ほどであった。ところが、明治九年の十二月には四件、明治十年と十一年もそれぞれ一〇件を超える火災が起こっている。明治十年の火事の件数は一五件【表6】。一月三日と二月二十五日はそれぞれ二ケ所で火事が起きているから、これを二件として数えると一七件にものぼる。この火事の多さは尋常ではない。特に、この年は一月から二月に一七件中一二件の火事が起きていて、この火事の多さはやはり異常である。しかも火事は、農民一揆と西南戦争で南郷が騒然としていた時期にはほとんど記録されていない。内匠翁が一揆と戦争の聞書に終始したため、火事の記録が少ないのか。

明治九年の十月から十二月にかけての火事の多くは、なぜが亥の刻頃に起こっている。現在の時間では、午後十前後である。午後十時と言えば、今の感覚ではそんなに遅い時刻とは感じないが、当時はおそらくほとんどの村びとが寝静まっていた時刻である。さらに明治十年になってからの下久木野近辺の火事はあきらかに不審である。件数の多さもさることながら、一月三日と二月二十五日は同時に二ケ所で火事が起きている。一連の火災は、放火の可能性が高い。下久木野村といえば、阿蘇一揆のときに不正を追求され居場所をくらました戸長宅がある所である。長野村での火災では、ばばの前の市太郎宅が焼けているが、彼もまた一揆で攻撃対象となった富裕者の一人である。

村びとも、一連の火災が明らかに異常だと思いはじめた。「誰かが放火しているのかもしれない」、おそらくそんなうわさが流れはじめたのだろう。二月二十二日に「郷中村々火事多有之に付、村中申談じ、夜廻を始る。但し、一夜に五ツ度ヅツ廻る」（正月十日）とある。「郷中」とは布田郷、高森郷などをさすものだろう。長野村だけでなく、近隣の村々も含め、火事が多すぎるのである。この日から村びとは、交替で夜まわりをはじめることになった。

民衆による放火は、「単なる放火」ではなく、その行為には意味と作法がある。近年、放火を民衆の「不徳なる者」、すなわち物価をつり上げ庶民を苦しめる強欲な商人など富裕者に対する制裁行為ととらえ、放火と言う行為を通して、幕末から維新期の民衆意識をさぐる試みがある。また阿蘇一揆のあと、阿蘇谷において放火が頻発していることには、水野氏が言及している。南郷においては、「一揆の前」にも放火が頻発していたことは注目される。はたして放火は、「不徳なる者」に対する制裁だったのか。であるとすれば、この放火と阿蘇一揆は一連の行為であったことになる。

【表6】『内匠日記』にみえる明治9年末から11年の火事

明治9年	十一月二十九日	ばん、柿野今村方火事あり
	十二月三日	晩亥時、ばばの前ノ市太郎方、馬屋ヨリ火起り、居宅迄焼失致
	十二月七日	ばん、亥ノ時比、嘉勢藤本共三竈火事あり
	十二月十五日	ばん、亥ノ時比、東下田村とやの尾ニ火事あり、一竈焼る
	十二月三十日	ばん、亥之時比、喜多村谷口□□火事あり
明治10年	一月二日	ばん、亥子之時比、月ノ田下ノ川虎作方本宅、近年あき屋ニ相成居候処
	一月三日	朝日之出比ニ久木野井手下タ火事あり又昼比ニ同所ニ二タ竈焼失
	一月十二日	晩、夜半過松木村小屋敷火事あり、三竈焼る
	一月二十一日	ばんニ下久木野三瀬村竈数三間焼失
	二月二日	ばんニ袴野ニ火事あり、三竈、證範坊主・おせよ後家・誠二郎並ニ天満宮御社炎上
	二月十四日	ばん、山西内牧村大火事有、三十六竈焼る
	二月十六日	川後田村田ノ口火事有
	二月二十二日	晩方ニ加勢村ニ火事有、三竈焼る 郷中村々火事多有之ニ付、村中申談じ夜廻を始る。但シ一夜ニ五度ヅツ廻る
	二月二十五日	晩方ニ下久木野坂の下と見瀬村両所ニ一時ニ火事有、坂の下一竈、見瀬二タ竈焼る
	三月四日	ばん、高森郷新町中程より東三十六竈焼る
	六月十八日	晩暮方、下久木野、火事あり
	九月二十八日	亥之上刻護王堂焼失、尊体ともに焼亡
	十二月十日	ばん、亥の時比、川後田村田之口彦蔵火本ニ而、三竈焼る
	十二月二十一日	ばん丑ノ下刻、西下田村高呂木徳太、其隣二タ竈焼る
明治11年	三月十二日	暮方ニ下久木野村岸野ニ火事あり、二竈焼る
	三月十九日	夜半、東下田光雲寺焼失、馬屋ヨリ火起り、庫裡・本堂焼る。寺内善雄家は残る
	四月七日	ばん、合志郡立野村ニ火事有一ト竈
	四月十三日	夜半比合志郡立野村ニ火事あり、八竈焼ル
	六月八日	夜明方、小園之弁喜方、火事あり。右ニ付近村並村中之者共、世話致候事
	六月十七日	暮方、下久木野柿野ニ火事有一ト竈焼る
	十月二十九日	ばん亥時下田村興呂木岩太方火事有、さかゑ火事くやミニ早速行候事
	十一月二十八日	ばん亥ノ刻過ニ松山サバク方、火事あり。但シ馬屋ヨリ火起り候ニ候事
	十一月二十九日	室町長野瀬平、夜前、松山火事ニ世話致候由申来
	十二月三十日	東下田小沢津ニ火事あり、二竈焼る

水野公寿氏の『西南戦争と阿蘇』など、これまでの研究に依拠しながら、阿蘇一揆の背景と経過をみておこう。

阿蘇一揆の背景と経過

熊本県内の農民一揆は、明治九年（一八七六）年末からその兆しがみえ、翌十年正月には県北部で高揚する。山本・山鹿・菊池・玉名の各地では、一月上旬ころから戸長や用掛など、村役人に対する不正追求の集会が盛んに行われた。これに対し県当局は、集会禁止などの弾圧策ほか説諭のために県の役人を各地に出張させた。しかしこれは、かえって民衆の反発を招くありさまであった。そのうち二月十五日には、薩摩軍が鹿児島を発して北上をはじめる。二月十九日には、熊本城が炎上し焼失すると言う衝撃的な出来事が起こった。こうして熊本県下は、西南戦争の戦場となる。西南戦争が本格化していくにつれ、県庁は移動を余儀なくされ、地方行政機構も次第に崩れはじめる。この権力の空白状態は、農民一揆をさらに助長することになる。

民衆を一揆に駆り立てた原因は、いくつかある。第一に民費増徴である。地租が国税となったため、戸長や巡査などの役人の給料、地租改正の事業費、学校の建設・運営費用などが、「民費」として増徴されることになった。国税である「地租」に加え、地方税にあたる「民費」の徴収は、民衆の生活を二重に圧迫した。第二に地租改正にともなう、「石代納《こくだいのう》」の問題がある。地租改正では、税をこれまでの米納から地価を基準とした金納に改めた。しかし、地租改正の事業が完了して地価が決まるまでの間は、とりあえず米を換金してお金で納めさせるようにした。ところが明治九年は米価が下落したため、税金は結果的に重くなってしまったのである。第三に地租改正事業そのものに対する、民衆の反発がある。まず地租改正にかかる費用は、民費三に対し官費は一であった。また従来入会地として村びと共有の土地が、所有者が明らかでないとして官有地に組み入れられることがあった。さらには「旧租を下回らぬ様に」お上が決定する新しい地租に不信や不公平感が渦巻いていた。第四に、自由民権運動の影響があった。公選された熊本県民会議員たちは、役人の給料を民費で賄うのなら、戸長を公選にすべきである、と主張した。熊本県側はこの要求を拒否したが、こうした政治的要求は県下にかなりの広がりをみせていた。

これらに加え、一揆の原因をもうひとつあげれば、幕末から維新期にかけての「格差」の拡大という社会状況もあげられよう。貨幣経済（商品経済）の浸透にともない、豊になる者と困窮していく者の差がいっそう広がっていく。「幕末期はには、村人全体の生活水準の全般的向上と、その中における格差の拡大とが同時進行」したのである（渡辺尚志『百姓たちの幕末維新』）。『内匠日記』の阿蘇一揆の部分にも、「銭持共」という語がたびたび出てくる。この村も裕福な「銭持共」と、貧しい「一揆勢」に分解していたのである。そのような社会状況によって、民衆の不満がくすぶっていたことは間違いない。

二月下旬になると、県北部の一揆は阿蘇へ波及し、阿蘇郡各地で集会や打ちこわしがはじまる。阿蘇一揆は数日のうちに、阿蘇郡のほぼ全域にひろがった。その中でも阿蘇谷の一揆・うちこわしは、農家のほぼ全戸が参加した大規模なものであった。一揆勢は、地主・高利貸しなどの資産家や正副戸長など村の役人を襲った。打ちこわしの被害にあった戸数は、一小区（内牧郷）十九戸、二小区（内牧郷）十八戸、三小区（坂梨郷）二十四戸、あわせて六十一戸にものぼった。このうち、役人が三十六戸、地主・高利貸しが二十五戸であったと言う。農民立ちは、「役という名のついているものは膏薬でも打ちくずせ」とさけび、役人への敵意をあらわにした。農民たちは、鉈・斧・鎌、あるいは担い棒などの「得物」をたずさえ、つぎつぎに富家をうちこわした。また、農民たちは傘連判状を認めて結束をかため、「盗るな、焼くな、殺めるな」という規律をもって集団行動した（水野前掲書）。

一揆勢の要求は、地主・高利貸しに対しては、小作料引き下げ、農地の解放、借金利息の引き下げなどであった。いっぽう、正副戸長や用掛などの役人たちに対しては、民費をはじめとする公金の取扱いについての疑惑追及、精算要求、郷備金の割り戻し要求などが主なものであった。このうち郷備金とは、江戸時代以来、凶作など備荒用に郷（大区）ごとに蓄えられていたお金である。従って郷備金は、「人民の共有の財産」と認識されており、それを役人が独占することは許されない、と民衆は考えたのである。

三月十日には、豊後口警視隊が東京から大分県を経由して阿蘇に入ってきた。警視隊は、二重峠の薩摩軍と対面するいっぽう、まずは一揆の鎮圧を行った。一揆の鎮圧は、小国郷（四・五小区）からはじまり、阿蘇谷、南郷谷におよんだ。先にも触れたが、警視隊の任務には一揆鎮圧も含まれていた。警視隊が阿蘇に入ってくると、農民一揆は急速に沈静化する。一揆勢は、完全武装した警視隊と対決することはなかった。

　一揆参加者に対しては、五月二十七日からその指導者を逮捕しはじめ、以後関係者に対し始末書の提出や呼び出し、取り調べが行われた。六月三十日には、内牧小学校に熊本裁判所内牧出張所を開設し、審理ののち順次判決を言い渡した。阿蘇一揆の被告は、八八八六人にのぼった。罪状別にその内訳をみると、兇徒《きょうと》聚衆《しゅうしゅう》（集団で暴力をふるった罪）二九人（全体の〇・三％）、放火五人（〇・〇五％）、破毀牆屋《はきしょうおく》（かきねや家屋を破壊した罪）一七四三人（一九・六％）、附和随行七一〇九人（八〇％）であった【表7】。

九小区の一揆

　九小区は、高森郷である。現在の高森町市街地を含む西部と南阿蘇村の旧白水村東部が含まれる。三月初旬、九小区の色見・上色見両村（現高森町）では、戸長や高利貸しに対する不満がくすぶりはじめていた。戸長に対しては雑税の賦課に反対し、高利貸しに対しては利息引き下げの相談をはじめていた。三月三日、高森村で借金利子引き下げの交渉が行われ、一部農民たちの要求が実現した。四日には色見村で、学校建設費にかかわる残金の割り戻し要求が行われ、七日に実際に割り戻しが行われた。六日、上色見村の農民たちは了蓮寺に集会。「役人退治万民之為」と書いた紙旗をおしたてて、郷備金や野開増税（これまで免租であった新開地への増税）などの取り調べのためと称して、戸長詰所（役場）へせまった。翌七日から十日まで、色見・上色見両村では「貸借悉皆捨方《たいしゃくしっかいすてかた》」、すなわち借金の帳消しを要求し、債権者と交渉し借金証文を取り返した。いっぽう吉田村（旧白水村）では、三月八日ホテが谷で集会、貸借悉皆捨方について相談、翌日も小学校で集会をした。十日になって、白川・吉田両村で借金利子引き下げを要求した。吉田村では約二〇〇〇人の農民が、家屋を巻き倒すための縄や鉈、鎌、杖などを用意し威圧しながら各債権者と交渉、さらに小作料引き下げも合わせて要求した。

　九小区の一揆で注目されるのは、打ち壊しには発展しなかったものの、手に手に「得物」をもちかなり強硬な要求を行っていることである。そして利子の引き下げや、公金の割り戻しなどを勝ち取っていることである。

　またこの九小区で、「役人退治万民之為」という旗＝スローガンを農民が掲げていたことも注目される。「役人退治」とは、文字通り正副戸長や用掛などの役人の不正を暴き、要求が容れられなければ役人宅を打

【表7】阿蘇郡小区別、罪名別処罰者数

刑の区分		小区名（村名）	1小区・阿蘇谷	2小区・阿蘇谷	3小区・阿蘇谷	4小区・小国	5小区・小国	6小区・波野	7小区・野尻	8小区・菅尾	9小区・南郷谷	10小区・南郷谷	計	
兇徒聚衆	懲役	終身		1									1	29人（0.3%）
		10年		2								1	3	
		3年		1									1	
		2年半		1									1	
		1年半						2	1	1			4	
		1年		6		2	1			1			10	
		100日		5				2		2			9	
放火	懲役	3年		3									3	5人（0.1%）
		2年半		2									2	
破毀牆屋	収贖金	1円50銭	7	3	8								18	1,743人（19.6%）
		1円75銭	3	2	2								7	
	杖	60	362	408	561							11	1,342	
		70	120	85	57		5					17	284	
		90		1									1	
	禁獄	60日	10	3	50								63	
		70日	9	8	5							6	28	
附和随行	無罪		8	19	26	44	183	15	3	6	3	8	315	7,109人（80%）
	呵置		4	20	2	1		110	2	1	3		143	
	収贖金	50銭	13	14	10	7	14	3	2	18	14	13	108	
		75銭	1	2									3	
		1円					1						1	
		1円50銭	346	560	560	892	775	623	579	703	402	914	6,354	
		2円50銭	2	23	4	7	9	25	14	5	26	16	131	
		3円		1	1	6	6	8	16		9	7	54	
			885	1,170	1,286	959	994	788	617	737	457	993	8,886	
			3,341（37.6%）			1,953（22.0%）		788（8.9%）	617（6.9%）	737（8.3%）	1,450（16.3%）			8,886（100%）
破毀戸数（ ）内は奉職者			19戸（12人）	18戸（13人）	24戸（11人）							3戸（0）	合計65戸（36人）	

（『西南戦争期における農民一揆』274ページより引用）

ち壊すことを意味する。ここには熊本県北部で展開した「戸長征伐」に通ずるものがあった。また、「役人退治」は「万民之為」に行うものであって、「この一揆は私的行為でない」と宣言するものであった。同じ九小区の中でも、借金証文取り戻しに参加する者は「正義の者」、参加しないものは「不正義の者」とはっきり区別され、この一揆に参加することこそが「正義」だと主張したのであった。

十小区の一揆

十小区は、ほぼ現在の南阿蘇村にあたる。旧長陽・久木野両村、さらに中松などの旧白水村の西部を含む地域である。一揆当時の戸長役場（詰所）は、中松村松ノ木にあった。長陽村を含む十小区での一揆の経過を、日を追って詳しくみてみよう（意訳）。なお使用する史料は、①水野公寿『西南戦争期における農民一揆』所収の十小区関係三人の供述調書、②『長野内匠日記』、③『南郷騒動見聞書・薩州と上方勢合戦聞書』の三つである。

《二月二十四日》①夜、河陽村で村中の者が集まり、元庄屋宅売払い代金ならびに村備え籾代金の精算について、元用掛に要求した。元用掛は、「明日にも取り調べ返答する」と、答えた。さらに元用掛は、「熊本変動によって県庁も瓦解し、戸長詰所も引き払うかもしれない。薩摩軍も来襲するかもしれない」とも言った。

《二十五日》①河陽村地蔵堂に村民集会。元用掛があらわれ、帳簿をみせて不正がないことを示した。ここで、薩摩軍が来襲して村の公金（郷備金、民費予備金、温泉割賦金（「是ハ区内温泉入湯銭之内幾分カ年々区内村々へ割賦ニ相成ル分」との注あり）など）を略奪するかもしれないので、それなら戸長に要求してこれらの公金を村民へ割り戻しが方がよいということになり、中松村の戸長詰所へ行った。ところが、戸長は帳簿をどこかへ移し、自宅に引き取ったあとであった。そこで副戸長に面会し、帳簿受け取りを申し出たところ、副戸長は「あす渡すので二、三人で戸長詰所に取りにくるように」と回答した。

《二十六日》①約束通り二名が戸長詰所にいったが、帳簿類が膨大にあってすぐには調査できなかったため、翌日また戸長詰所に行くことにした。そこへ、北（喜多）村の者がやってきて、自分たちも郷備金取り戻しに加わりたいと言った。

《二十七日》①さらに長野村の者が合流することになり、翌日長野村の小学校へ集合することになった。

《二十八日》①河陽と長野両村民が長野村学校で合流し、行方不明の戸長を探索するために、河陰村（久木野村）へむかった。しかし夜になったので、それぞれいったん帰村した。

③むら人にひとりも残らず出るようにという、動員令がでる。

《三月一日》①両村の者が、河陰村龍王社で集会をしていると、長野一誠ら村の有力者が数名あらわれた。長野一誠が四、五日あれば、郷備金などの調査を行い回答する、としたので一任し解散した。

②柿野（河陰村、もと下久木野村）の野田敬之允が戸長役を務めていて大金を横領したというので、南郷谷のもの大勢（六〇〇人ほど）が龍王社に集まり、これから野田（敬之允）方に押し寄せて、家を打ちつぶそうという相談をした。

《四日》①主だったものが、長野一誠らと会見した。長野一誠は、十小区の貧民へ救助米をだすので一揆を中止するよう示談。しかし村民には異存もあり、また意見を聞く必要もあるので、その場では合意せず、いったん引き取った。

②村中のものがあつまり、上納銭を取り返す相談をした。

《五日》①ふたたび長野一誠らとの交渉もあったが、あくまで不明の戸長を捜し出し郷備金などの割り戻しを迫ることに決定した。そこへ下野村の者がやってきて、一小区では借金証文を捨てさせたことを伝えた。この日、中松村の村民も加わることになった。

《六日》②野田敬之允が、公金を横領した件について、村々のものが大勢松ノ木会所に押しかけた。しかし、野田敬之允は兄弟たちとともに、逃げたとのこと。

《七日》①十小区の農民が約五〇〇人が、戸長詰所に集まった。ここで、一揆参加者ひとりの借金証文を債権者から取り返した。河陽村の一部は、正教寺へ集合。家屋を巻き倒す縄などを携えて、ただならぬ状況であった。その後、一揆勢一同は河陽村字羽山天神社へ集合。そのうちのひとりが、小高い所にのぼって取り返した証文を差し揚げて、集まった者へ見せながら「阿蘇谷では借金証文を取り返して捨てた。十小区でも取り返そう」と、声高にさけんだ。どこからか「（債権者が）証文を捨てなかったらどうする」という声が聞こえた。すると直ちに衆人のなかから「阿蘇谷同様、打崩せ」という声があがった。一揆勢は、河陽村の野田（政道）方に押し寄せた。さっそく「証文捨方」の書付けを取付け、これを張り出した。長野一誠宅にも一揆勢が押し寄せ借金捨方の書付を出させた。

③東下田畑ケ田野田方に泊まり、夕飯と翌日の朝飯を賄わせた。

《八日》①河陽村では、「十小区人民中」という旗を作り、これを押し立てていたるところを徘徊した。大勢で押しかけ、下村宅ほか数件を打ちこわした。河陰村の伊手《ママ》方ほか五軒の借金証文を捨てさせた。近隣の屠牛場出火。

②一揆勢が下田に来たところ、大小森《おごもり》の清太は、飯を炊き出した。一揆勢は、そのあと久木野室町へむかった。

③一揆勢は西下田に押し行き、久木野室町の数友方に半日、中原の荒牧方に半日ほどいた。柿野の下村傳之助宅を少々踏みつぶした。一揆勢が、下村方の家屋をいよいよ打ち壊しにかかると、彼の妻たちは両手を合わせ涙をこぼしながら許して欲しいと懇願したので、少しだけ打ち壊した。門と土蔵も少々打ち崩した。

《九日》②一揆勢は室町から上久木野の二子石に行き、さらに新町方面へむかった。その後、未解放部落を襲ったところ、村人は自ら家に火をはなち逃げ去った。一揆勢は、下市にむかった。

《十日》①垂玉・地獄両温泉に行き、温泉の戸主と交渉し、十小区人民の入浴を無料にさせ、入浴客に対する村民の商売は自由とさせた。

②一揆勢が大勢長野村にやってきた。こんな人だかりは、珍しいことである。

《十一日》①一揆勢が、河陽村、光雲寺に集合。豪家から取りあげた証文を、借主に配った。

②一揆勢は、昨夜地獄・垂玉温泉に泊まった。百姓一揆は、今日までに衰え静かになった。

《十二日》②今度の百姓一揆で、長野村の市太郎など富裕者は逃げ去り、自宅は三〇日間ばかり、空き家になった。

《十三日》①河陽村で、郷備金の割り戻しがあった。

②官軍という者たちが吉田新町に七、八〇人ばかりやってきた。馬場の前の市太郎、それに下田の

清太の息子などが官軍を案内し、大石の直人、月ノ田の儀八郎、松山の庄之助（誘）、喜多村の熊作、川後田の助之允と宇三郎の息子などを逮捕するために早朝からやってきた。数人を捕縛し、新町の方へ連行した。庄之助や宇三郎の息子などは、逃げ去ったらしい。また、下久木野でも数人が逮捕されたらしい。これは金持ち連中が、借金証文や質物などを一揆勢に奪われたため、官軍に内通して一揆の首謀者たちを捕縛にきたとの噂である。

村々百姓共迷惑

阿蘇一揆における農民たちの要求は、「阿蘇一揆の背景と経過」でみた。十小区＝南郷谷の農民たちの要求も、阿蘇谷それとほぼ同じものであったと言える。すなわち、戸長らの公金の取扱に対する疑惑追及と、郷備金などの割り戻し要求がその主なものであった。三月一日に河陰村龍王社での集会の場へ、長野一誠らがあらわれて集会の趣旨をたずね、戸長への疑惑を書面に列挙するように述べたとき、農民たちは「上納米代区々ノ取立、旧会所売払代金、温泉割賦金（中略）、油水車売払代金、郷備金、民費予備金割戻シノ稜々」と、六項目をあげた。「上納米代区々ノ取立」とは、さきにあげた石代納のことである。米価の下落のなかで、農民たちは重税にあえいでいた。

『見聞書』の冒頭には、農民一揆がおこった理由を次のように書いている。

> 伊勢大神宮之御初穂銭は五匁宛ニ而候処、八匁ニ而取立候、餘之事は是ニ見合、過分ニ取候也
> 今度村々一揆起シ候事は下久木野柿野野田慶之允兄弟儀、戸長小長いたし、上より不被仰出ニ、上より被仰付候と申、農家、諸職人、商人ニ不レ依二何事一、多分之運上を掛、かすめ取候ニ依而、村々百姓共迷惑致ニ、無據一揆起シ候事

これを訳すれば、「伊勢神宮の初穂料は五匁であるのに、八匁取り立てる。ほかの事もこれと同じ様にして、多めに取り立てる。今度の一揆は、下久木野村柿野の戸長、すなわち野田慶之允兄弟が、御上（藩）から命令もないのに、御上（藩）からの命令だと言って、農家・職人・商人にやたらと多くの雑税を掛け、上前をピンはねしている。それで村々の百姓たちは迷惑し、拠ん所なく一揆を起した」、と言ったところであろうか。

ここでは、役人の不正が一揆の原因だと言っている。しかし、本当にこのような不正があったのか。少

なくともこれまでの阿蘇一揆の研究において、明らかな不正を指摘したものを知らない。従ってさきの理由は、内匠翁も含め農民たちの「思いこみ」である可能性が大きい。しかし、郷備金（会所官銭）ほかさまざまな雑税が農民を苦しめていたのは確かで、そこにこそ「村々百姓共迷惑」の原因があったのである。

龍王社に集結　はじめて大勢が集結したのが、三月一日の龍王社の集会であった。龍王社は、現在の久木野神社である。龍王は雲を呼び風をおこし雨を降らせるとの信仰から、旱ばつの時には雨乞いの祈りを捧げた。現在も水利・農耕の神、また祖先神・産土の神として尊崇され、現在で言うところのパワースポットである。百姓一揆の集会（大寄）が、神社で行われることは多かった。しかし、龍王社で集会が行われたのには、もうひとつ深い訳がある。

龍王社は長野一誠の居宅から目と鼻の先にあり、逃亡した野田敬之允がいた柿野にも近い、久木野村のいわば中心部である。従ってここで集会をすれば、長野一誠らの有力者が出てこないはずがない。一揆勢は、そんな場所を選んで示威行為を行ったのである。案の定、長野一誠と久木野村の有力者がその場に現れ、一揆勢と富裕者との本格的な交渉がはじまるのである。

龍王社（久木野村）。一揆勢600人が集結した場所

ところでここに結集した一揆勢の数は、約六〇〇〇人だったと言われる。この当時の十小区の総人口は、六〇〇〇人余。男の数を単純に半分とみると、その二割ほどの人数である。一揆に動員されるのは、「一五歳から六〇歳」までの男が一般的であるから、これでみると三〜四割ほど。最終的には十小区で一〇〇〇人ほどの一揆参加者をみるから、全体では成年男子（一五〜六〇歳）の半数近くが一揆に参加したとみられる。

郷備金の行方

一揆勢のいくつかの要求のなかでも、郷備金ほか公金の取扱の問題も大きい。郷備金は、江戸時代に熊本藩で設けられた「会所官銭」が起源である。凶作などに備え、十九世紀はじめから、手永会所に貯蓄されていた。会所官銭は、凶作時の救恤のほか、灌漑設備などの公共工事にも使用された。そして時代が下るにつれ、積み立てられた会所官銭は、膨大な金額に上った。しかし「官銭」とは言いながら、それは農民たちへの付加税から捻出されたものである。従って農民たちにすれば、自分たちの血税によって蓄積された「公共の財産」と言う意識もあった。いやそういう意識は、郷備金を創設した主体である熊本藩が、廃藩置県で消滅したあとに強くなっていった。藩政時代の郷備金は、誰に受け継がれるのか。民衆の手に戻るのか、これまで同様お上＝官のもとで管理されるのか。とりあえずは、手永が郷と改称された明治三年以降、郷備金は「郷（のちの大区）」に引き継がれた。こうして、官と民の間での郷備金をめぐる対立が生じた。そして阿蘇一揆だけでなく、明治十年に熊本県北で立ち上がった農民たちの多くが、郷備金の割り戻しを要求した。

十一大区（もと布田郷）の郷備金は、誰が管理していたのか。この当時の十一大区の区長が野田敬之允であった。野田は文政二年（一八二二）生まれで、南郷の金納郷士の家に生まれた。十一大区の区長に任命されたのは明治七年の十二月であった。言うまでもなく、この野田が十一大区の郷備金を管理していた。久木野村柿野にいた野田は、二十三日、人心の不穏な状況を見て同村室町の長野一誠ら有志を招き、官米や郷備金の保護について協議している。翌二十四日、農民一揆が起こると野田は、郷備金の一部を持って南郷を脱出し、熊本へと向かう。郷備金を旧藩主細川家に託す（返還）ためであった。しかしその目論見は挫折する。その後野田は、いったん南郷に戻るが、農民一揆の激烈な状況を見てふたたび脱出。その後、一ヶ月以上にわたって、県内での逃亡生活を余儀なくされる（今村直樹「肥後藩の『遺産』相続争い」)。

一揆の中心人物のひとりである今村徳治は、その供述調書のなかで、郷備金などが「賊徒（薩摩軍）ノ掠奪ニカ、リ候ヨリハ」「戸別ニ割取度発意シ」と述べている。しかし、これはは方便であろう。確かに薩摩軍に奪われる可能性が無かったとは言えない。しかし農民としては、たとえわずかであっても、早く郷備金を自分たちの手に取り戻したい、と言うのが本音だったに違いない。農民たちにすれば、郷備金は割り戻されるのが当然であった。いっぽう、戸長ら村役人にとっては、これはあくまで「公金」であったから、職務上農民に取られるわけにはいかないのである。阿蘇一揆は、郷備金をめぐる攻防という側面も見せていたのである。

三月十三日、郷備金の一部が、河陽村で割り戻された。一揆勢の要求は多岐に及んだが、そのひとつはこのような形で実現した。しかし、郷備金の大部分は、野田敬之允が持ち出していたことが分かっている。従って、一揆勢の手元に戻ったのはごくわずかだったに違いない。

「十小区人民中」

三月八日には、さきの今村徳治の発案で「十小区人民中」という旗を作り、この旗を前面に押し立てて一揆勢が南郷谷をねりあるいた。これは九小区の「役人退治万民之為」と同様の効果をねらった行為である。しかし九小区が明らかにスローガンなのに対し、ここでは自分たちの所属を明示する旗となっている。しかし「人民中」という語は、明らかに「官」と対置されたものである。一揆に参加する者は「人民」であって、その行為は「公の行動」であることを明示するものである。また、その旗を見る者に「大義」が人民にあることを示し、参加を促す効果もねらったものであろう。さらに、「十小区人民」はすべて一揆に結集しているとして、村役人や富裕者たちに圧力をかけるねらいもあったのだろう。村役人や富裕者たちだけではない、久木野村や東下田村などは、同じ十小区でも一揆参加者が極端に少なかった。旗は、このような村に対しても圧力となった。

近世の百姓一揆においても、自分たちの村の標識として、村名をあらわす旗を掲げた。村を超えて展開した広域の百姓一揆の場合、それは顕著だった。ここでは個別の村の名称ではない。しかし、阿蘇一揆は阿蘇郡全域に及んでいたから、その中の「十小区」という意識もあったものと思われる。

九小区の「役人退治万民之為」の旗が立ったのは、三月六日。「十小区人民中」の旗は、二日後の八日に立った。阿蘇郡全体の一揆をみても、各地の情報はかなり速い速度で伝わっている。この旗も九小区の情報を得て、今村が発案、作成した可能性もある。

一揆の強制力

とは言え、一揆に参加した大勢の農民たちが、すべて自らの意志で参加したのではないことにも触れておきたい。一揆への消極的参加とも言える「附和随行」の罪を問われた長野源太郎の始末書（『見聞書』中に記載）には、次のようにある。「川後田村喜多村両村より多勢罷越し、今日より者、段々談判の筋も有之間、壱人も不残出方仕候様申参候」。これによれば、村役人どもと談判するから、「村民は一人残らず参加せよ」との「総動員令」がかかったのは、二月二十八日であった。源太郎は仕事（奉公）などもあって、一揆に参加しないままでいると、翌三月一日になって「猶出方不仕候ハバ、家を巻倒候」と言ってきた。一揆に加わらなければ家を引き倒すぞ、と言う。これはもう、半ば脅迫である。それで源太郎は、しかたなく一揆に加わり、久木野村龍王社での集会に加わったというのである。十小区だけで、一千名近くの一揆参加者がいたのは、こうした「惣公役」なみの動員令＝「締めつけ」があったためである。このような形の「強制力」も、江戸時代の百姓一揆の伝統である。江戸時代においても、集会や一揆に参加しない者に対する「制裁予告」が強制力となっていた。一揆勢は決して一枚岩ではなく、複雑な気持ちの参加者が入り乱れていたのである。

源太郎は、内匠の家の前に住んでいる。この「始末書」が、『見聞書』のなかに含まれているのは、内匠翁がこの始末書を認めたからではないかと思われる。実は、内匠の養子の定嘉も一揆に参加している。そして源太郎と同じ、附和随行の罪に問われている。源太郎と定嘉は、官軍の人夫でも行動をともにしている。定嘉も源太郎と同様の経緯で、一揆に参加したものと推測される。

一揆勢の情報網

三月五日、長野一誠らとの交渉がなかなか妥結せず、あくまでも郷備金の割り戻しを要求することにしたところへ、下野村の者がやってきた。そして、「一小区では、借金証文を破棄させた」との情報を伝えた。この日から中松村の者たちも合流し、一揆の勢いは六日から八日へとさらに盛り上がりを見せていく。一区の「証文捨方」の情報が、十小区の農民たちを奮い立たせているよう思われるのである。これ以降、十小区の農民たちの要求に は、公金問題のほかに高利貸しからの借金証文取り戻しの要求が加わることになる。三月七日には、はじめて借金証文取り戻しをはたし、そのことが農民たちをいっそう奮い立たせた。証文を出さないものがいたら、阿蘇谷同様、打ち壊せ！、と声高に叫び、運動は激化していく。農民はその勢いで、富裕者宅に押し寄せた。そして農民たちが、実際に打ち壊しという行動に出たのは、三月八日であった。

一小区は坊中を含む、旧阿蘇町南部地域である。十小区と境を接している。下野村は、十小区から一小区へ到る道路が通じている。一小区の情報が、下野の者を通じて道沿いに十小区へ伝わっている様子が見えてくる。阿蘇一揆は参加人数もさることながら、その波及した面積も広大である。一揆勢の農民たちは、阿蘇郡内の他の地域の情報をやりとりしながら行動していたと考えられる。

未解放部落の襲撃

この日、十小区の一揆勢が、九小区の未解放部落を襲ったことは、阿蘇一揆の評価にもかかわる重大な問題である。未解放部落が襲われたのは、今村の供述調書によれば三月八日で、「近隣の屠牛場出火」とある。『内匠日記』には九日の出来事になっている。一揆勢は、八日には柿野、下田、室町などにおり、九日になって旧久木野村方面から旧白水村方面へ向かっている。従って、実際に未解放部落が襲撃に遭うのは、九日であろう。八日に下村宅を打ち壊したあとであり、一揆勢はかなり激昂していたものと思われる。一揆勢が未解放部落に侵入すると、その姿を見たむら人たちはみずから家に火をかけて逃げ去ったという。

明治四年（一八七一）八月、政府は「穢多・非人等ノ称ヲ廃止セラレ候条、自今身分職業共平民同様タルベキ事」と、いわゆる「解放令」を出したがそれは形式的なものにすぎなかった。民衆の反応も一般には冷たく、解放令撤廃を求める農民一揆も兵庫・岡山・高知・北部九州などの各地でおこった。解放令反対一揆というのは、新政全般にたいする反発のあらわれでもある。しかし、近世以来農民自身がもつ差別意識はいまだ克服されず、一揆という異常な事態の中で噴出したのだった。

特に新政反対一揆の中では、ここの場合と同様、屠牛場が襲われることが多かった。維新期の民衆には、「新政府と異国人と穢多は連んでいる」と言う意識があった。民衆の中には、「新政府が異国人を招き、異国人の食する牛肉を穢多が整える。だから『解放令』が出されたのだ」と考える者も少なくなかった。伝統的な生活を破壊する政策を出す新政府、得体の知れぬ異国人、そして差別され続けた人々が重なって見えたのである。大分県において、明治五年（一八七二）暮れから翌年にかけて、大分県中部を席巻した「県中四郡一揆」でも、真っ先に未解放部落が一揆勢の襲撃に遭っている。しかも一揆勢の要求書の第一に「牛馬殺シ之事」への反対が掲げられたのである。

そう考えると、「一揆勢が村に迫ったから、それを知った未解放部落の住民が自ら火を放って逃げた」と言う供述にも注意を要する。そもそも、未解放部落の人々には自分たちの家に火を放つ理由がない。彼らが逃げたあとに一揆勢の隊列から離れていた者が、火をかけた可能性があるのではないだろうか。阿蘇一揆では、「焼くな」という規制が働いていたと言う。しかし、未解放部落の場合はこの規制のらち外にあったと思われる。阿蘇一揆では、もう一カ所「皮革所」がおそわれ、さらに発砲された未解放部落もあった。

豊後口警視隊登場

三月十一日、一揆勢は、富裕者たちから取り戻した借金証文を、光雲寺で借主たちに配った。郷備金の一部を割り戻させ、借金証文の破棄、温泉の入浴料無料などを実現させ、一揆勢の要求のかなりのものが実現した。『内匠日記』には、一揆はこの日までに静かになった、と書いている。そこへ警視隊の足音が近づいていた。三月十一日、警視隊は本営を笹倉（旧波野村）へ、十二日には坂梨（旧一宮町）へ移した。そしていよいよ、十三日には吉田新町に入った。

阿蘇一揆の指導者の逮捕がはじまるのは、一般には五月二十八日からである。ところが、長野村の直人、儀八郎、喜多村の熊作、川後田村の助之允ら、一揆の首謀者と目される四人は、すでに三月十三日に警視隊に捕縛されていた。つまり佐川官兵衛率いる警視隊の小隊は、吉田新町に入るやいなや、一揆勢の捕縛をはじめているのである。この四人は捕縛されたあと、黒川口の戦いの直前に坂梨に送られたと思われる。直人と儀八郎は、坂梨からさらに大分県へ護送されている。

一揆の攻撃対象になった南郷の富裕者たちは、警視隊の到着を待ちかねていた。彼らにとっては、これでやっと秩序が回復すると期待した。一揆勢捕縛の案内役は、南郷有志隊の面々が買って出た違いない。ここに至って、十小区の一揆は、警視隊によって完全に制

【表 8】十小区一揆参加者人数と処罰

刑の区分／村名	破毀牆屋						附和随行								計
	収贖金		杖		禁獄		無罪	呵置	収贖金						
	1円50銭	1円75銭	60	70	60日	70日			50銭	75銭	1円	1円50銭	2円25銭	3円	
中松村			8			2	3		2			164	2	2	183
一ノ関村							1		2			71			74
河陽村			3	12		1	2		5			244	10	2	279
川後田村									1			12			13
長野村				1		1						78	3	2	85
東下田村				1											1
久石村				1		2						154			157
河陰村				1			2		3			191	1	1	199
久木野村				1											1
合計			11	17		6	8		13			914	16	7	992

ほかに河陽村には懲役 10 年 1 人がいる（兇徒聚衆）
（水野公寿『西南戦争と阿蘇』128 ページより引用）

圧された。黒川口の戦いの五日前である。

一揆参加者の逮捕と処分

南郷谷で、ふたたび一揆指導者の逮捕が行われたのは、五月八日であった。『内匠日記』に「大石之庄八、下ノ宇曽之うん平事勝蔵搦捕、東下田畑ヶ田ニ引行、ぎんみ強聞致候由」（三月二十五日）とある。長野村の庄八と勝蔵が捕らえられ、東下田の畑ヶ田に拘引され、「ぎんみ強聞」（拷問）された。さらに翌日、「望月亀太、長野太郎、住江平馬、官約四五人来搦取引行候事。庄八・勝蔵は強聞ニ付、歩ミ得不申ニ付、馬ニ乗セ行候事。但シ、今晩、大津ニ泊り、熊本之様ニ行候由」（二十六日）とある。今度は望月亀太、長野太郎、住江平馬の三人が逮捕された。すべて、内匠翁にごく近しい者たちである。五人はこの日、大津経由で熊本へ護送された。うち庄八と勝蔵のふたりは、前日の拷問で歩くことができなかった。このふたりは馬に乗せて護送した。厳しい拷問だったのだろう。

庄八と勝蔵が釈放されて村に帰ってきたのは、約二ヶ月後の七月一日であった。内匠翁は、さっそく大石の庄八宅へ「歓び」を言いに行った。亀太、太郎、平馬の三人は、いったん熊本へ連行されさらに長崎へ送られた。ここで裁判を受けたものと思われる。そしてこの三人が帰ってきたのは、九月二十九日のことであった。逮捕されてから、五ヶ月近くがたっていた。

河陽村の今村徳治（当時三三歳）も、五月二日に逮捕された。彼は、南郷谷の一揆でただひとり兇徒聚衆の重罪に問われ、懲役一〇年を言い渡された。彼の供述調書によれば、確かに常に一揆の指導的役割を果たしていると言える。一揆の初期、彼は長野村、喜多村、中松村、下野村の指導者たちと広範に接触しており、徐々に一揆の規模は拡大していく。また副戸長や用掛など役人との交渉でも、前面に立った。「十小区人民中」という旗を発案し作製したのも彼であった。今村は懲役一〇年であったが、翌年の明治十一年に死去したという。地元では、三池炭鉱の強制労働で死亡したのではないかと言われているが、それを証明する史料は手元にない。ただ、懲役刑に処せられた阿蘇一揆の指導者のうち、明治十一年に獄死したものが、今村を入れて六人もいる（水野前掲書）。単なる獄死にしては、異常に多いと言わねばならない。

総動員令で一揆に参加し、あとからついて行った者たちは附和随行の罪に問われた。一揆参加者のうち、大部分が附和随行による処分であった。彼らの多くは、始末書を提出したうえ、一円五〇銭の「収贖金」（罰金）を支払った。『見聞書』には、「旧暦十月　阿蘇谷筋、南郷、野尻、菅尾之者共、百姓一揆ニ加ハり候者、一人ニ付三百目宛之科料銭取上ニ相成、此事相済候由。此人数六七千も有之との事也」とある。この「三百目宛之科料銭」というのが、一円五〇銭の収贖金にあたる。

ところで、江戸時代の百姓一揆では、一揆の首謀者は重罪となる。しかし、ここで言う「附和随行」の百姓たちの罪は問われなかった。江戸時代には罪を問われなかった行為が、近代になって「犯罪」となったのであった。なお、十小区の一揆参加者の処罰については【表8】のとおりであった。

ふたたびシンクロする一揆と薩摩軍

阿蘇一揆と薩摩軍の関係をどう考えるかは難しい問題である。また、農民一揆と薩摩軍を結ぶ史料も、きわめて少ない。基本的には、明確な接点＝同盟関係はなかったというのが通説であろう。

このような中で、『内匠日記』が伝える長野村とその周辺地域における薩摩軍と農民のかかわりは濃厚である。二重峠・黒川口での戦闘で警視隊が大敗し、長陽地域は、一時薩摩軍の支配下に入った。薩摩軍支配下で、薩摩軍が農民たちをねこそぎ戦争に動員しようとした形跡はない。しかし、農民と薩摩軍は協同しながら、物資・食糧調達と称して富裕者たちからの略奪を繰り返した。また、長野村から一揆に参加したものの数名は、捕縛を逃れるため、黒川の薩摩軍陣営に身を投じ、黒川口の戦闘にも参加した。さらに、長野琇のように、薩摩軍に従って鹿児島まで転戦した農民もいる。薩摩軍は、農民の協力に対し感謝の意を示すため、長野村の「協力者」たちに対し樽代を与えたし、いっぽう坂梨で敗北し落ちのびてきた薩摩軍兵士たちに、村の農民たちは食糧を分け、手厚く扱った。ここには、単なる心情的なものを超えた、薩摩軍と農民との深い結びつきを見ることができる。

西南戦争と阿蘇一揆の構図

長野村とその周辺は、西南戦争と阿蘇一揆が交錯するという特異な様相を見せた。ここで阿蘇一揆と西南戦争の対立の構図を整理してみたい。西南戦争における〈政府軍（警視隊）〉対〈薩摩軍〉の構図については触れるまでもなかろう。また阿蘇一揆においても、〈富裕者・村役人層〉対〈貧困層〉の対立は疑う余地はない。

南郷ではそれにもうひとつ、地域間の対立があったと思われる。【表8】から一目瞭然なのは、東下田村と久木野村の一揆参加人数（処罰者）はそれぞれ一人ずつである。このうち、東下田村には富裕者の代表格のひとりである野田政道宅があり、一揆の時に襲撃を受けている。また光雲寺も東下田であり、鐘撞きを依頼したとされる「おさわず直作」も東下田村の住人である。いっぽう久木野村は阿蘇郡内屈指の地主である長野一誠のお膝元である。このことから、〈東下田・久木野村〉対〈長野・河陽・河陰（下久木野）村〉という地域間対立が浮かび上がる。長野村や河陽村は、いわば小農と土地を持たない「日用」の多い村であり、東下田村や久木野村は、農民層が分解する中で富を集積していった「豪農の村」だったと言えないだろうか。多数の一揆参加者を出した村々は、豪農のいる東下田村と久木野村を包囲するような構図になっている。もちろんこれは、〈富裕者〉対〈貧困層〉の対立の副次的なものと言うべきものかもしれない。しかし南郷谷地域での一揆参加数に、地域間（村と言っても良い）の大きな違いが出ていることは注目して良かろう。

以上のような三つの対立構図が、長野村とその周辺では重なり合って、より複雑な様相を呈していたと言えるのである。

引き裂かれた村びとたち

阿蘇一揆から西南戦争へ、この大きな出来事の流れのなかで、村びとの多くは翻弄されそして引き裂かれた。

一揆に参加した長野直人は、一揆の指導者として三月十三日に捕縛され、八月まで拘留された。帰宅しても、その後約二ケ月間にわたり自宅に軟禁された。十一小区のリーダー今村徳治は、南郷の農民一揆の首謀者として懲役一〇年の判決を受け入獄し、翌年獄死した。

農民一揆の指導的立場にいた長野唽は、警視隊の追っ手から逃れるため自ら薩摩軍に身を投じ、黒川口では警視隊の指揮官佐川官兵衛を狙撃して手柄をあげた。彼はさらに熊本隊士のひとりとして九州各地を転戦、幾度となく修羅場をくぐりぬけた。八月十六日の薩摩軍解散令のときは、宮崎県長井村にいた。その後政府軍に投降して大分県へ移され、九月はじめ頃帰郷した。帰郷後には、従軍記録である『長野唽戦加記録』を認めた。彼は不可解なことに農民一揆の首謀者として、重い罪には問われていない。今村徳治と長野儀八郎の供述書にも、長野唽の名前はたびたび登場するのにもかかわらずである。『見聞書』の末尾には、唽の処分について、次のようにある。

十月、松山禎蔵孫唽、薩州勢ニ加ハり候科ニ依而阿そ内ノ牧ニ呼出し、数日召籠置、熊本様ニ遣候と也（中略）、松山ノ長野唽去々月被召捕内之牧籠より熊本籠ニ行居候へ共、難題筋皆々申払、帰宅いたし候事

これによれば、唽は「薩州勢ニ加ハり候科」で内牧の裁判所に呼び出され、さらに熊本へ送られた。ここで二ヵ月ほど拘留されたが、何とか「難題筋皆々申払」、つまりなにやかにやと難題を持ち出し、ついに何とか言い逃れたと言う。唽は阿蘇一揆の罪は問われていないように思う。彼はその後役場吏員（職員）となり、そして長野村のいわば「名士」として生きた。

内匠翁の婿養子の長野定嘉は、農民一揆当初、一揆勢と行動を共にするが、主体的に行動したわけではなかった。つまり、「附和随行」である。彼は、六月の下旬から、今度は政府軍の人夫として動員され働くことになる。大分県や宮崎県の戦場へ赴き、政府軍のために物資を運搬した。

河陽村（下田村）の荒牧茂熊は南郷有志隊に加わり、政府軍の探偵を務めるいっぽう、坂梨ではおそらく長

野直人ら同郷の一揆関係者の監視と竹田への護送の任を負った。かれは、のちに長野村と河陽村が合併した長陽村の村長に就任する。

南郷谷屈指の資産家で高利貸、大地主の長野一誠は、南郷有志隊の組織者のひとりで、黒川口の戦闘では、何とか命びろいをした。その後、長野一誠は、第二回衆議院選挙に熊本国権党から出馬し、当選している。この一誠の長野家は、その後もこの地域の政治や経済に絶大な影響力を持ち続ける。

長野村でも、阿蘇のほかの地域と同様、西南戦争の逸話はよく語り継がれてきた。筆者もその逸話を聞いたひとりである。そして西南戦争の事蹟は、至るところで顕彰され記念碑が建った。ところが農民一揆については、先人たちは実に寡黙であった。筆者自身も阿蘇一揆の詳しい事実を紐解いたのは、学生になってからである。

村びとたちが一揆について何も語らなかった理由のひとつは、一揆側がいくら自らの行動を「人民」「公」「大義」で正当化しようとも、結局は逮捕され罪人となってしまったからである。裁判において、一揆は犯罪であると認定され、参加者は処罰を受けたのである。大勢での犯罪行為は、後代に伝えるべき「物語」ではなかった。理由のふたつめは、村びとが「引き裂かれた」からではないだろうか。単に豊な者と貧しい者の溝が深まって、引き裂かれたというだけではない。先に見たように、同じように一揆に参加した者の「その後」も実に様々であった。また地域（村）間の対立も、おそらくその後も尾を引いたのであろう。

ふたたび火事について

右のこと関連して、ふたたび頻発した火事に目を向けてみたい。もう一度、火事の一覧【表6】を見て頂きたい。ここで注目したいのは、明治十一年になってからの火事である。三月十九日、東下田の光雲寺、馬屋から出火して焼失。十一月十八日、長野哢宅、馬屋から出火して焼失。十二月三十日、東下田の小沢津で二軒焼失。

光雲寺は、すでに述べた「光雲寺鐘撞き事件」の現場である。南郷の一揆では、一揆勢が最後に借金証文を借主に配布した場所である。しかも、普段は火の気のない馬屋から出火している。何かいわくありげと思うのは、勘ぐり過ぎか。

次に長野哢は、一揆のリーダーで、黒川口では佐川官兵衛を狙撃した男である。ここでも、亥の刻過ぎに馬屋から出火している。驚くことに、火事の翌日の

『内匠日記』に、「室町長野瀬平、夜前、松山火事ニ世話致候由申来」（十一月六日）とある。あの長野一誠（瀬平）がやって来て、啄宅の火事の「（事後の）世話をしたい」と申し出たと言うのだ。啄と一誠、この二人は黒川口では敵味方で戦った。一誠は南郷有志隊、啄は薩摩軍のひとりとして。一揆においても一誠は富裕者側の代表格、啄は一揆のリーダー。二人は何度か交渉の席で顔を合わせている。従って、このふたりは仇敵と言うべき関係である。それにもかかわらず、なぜ長野一誠は火事見舞いに来たのか。

東下田の「小沢津」は小字名である。小沢津と言えば、光雲寺に「薩摩軍が通過したら鐘を撞いて知らせてくれ」と光雲寺に依頼した人物として、「東下田の商人小沢津直作」が思い出される。直作は「銭持共」側にいた。直作はこの小沢津の住人であろう。焼けた二軒に直作の居宅が含まれるのかどうか、それは確かめるすべはない。しかし、気になる。

阿蘇一揆が鎮まったあとも、阿蘇では不穏な空気が流れた。そして阿蘇谷、なかでも宮地周辺で放火によると見られる火災が多発していた。しかも、一揆参加者の逮捕、裁判、処罰が行われていた頃に火事は頻発した。一揆の時には「焼くな」という規制が働いていたが、一揆鎮定後はその規制が効かなくなった。同じ状況が、南郷谷でも見られたと言えるであろう。一揆後も富裕者と一揆に参加した者たちの確執が続いたのである。

もし長野啄宅の火事が、何者かの放火によるものなら、ここでは一揆側の家も焼かれていたことになる。久木野村のもと里正（庄屋）浅尾源八が、一揆鎮定後の三月二十四日に長野村の長野太郎宅を訪ねてきて、富裕者と一揆参加者との「和段」を持ちかけたことは既に述べた。長野一誠が、長野啄の居宅が焼けた翌日に火事見舞いにきて、今後の世話をしたいと申し出たのも、未だに続く確執を埋めるための行動とすれば、理解できる。が、裏を返せば〈富裕者〉と〈貧困層〉、それに〈東下田・久木野村〉と〈長野・河陽・河陰村〉の埋めがたい確執が阿蘇一揆のあともしばらく続いていたと考えられるのではないだろうか。

一揆と戦争

これまで述べてきたように、長野村を含む南郷谷では、阿蘇一揆と西南戦争が交錯して複雑な様相を呈した。しかし、一揆に参加した農民たちと西南戦争で戦かう薩摩軍との間にたとえ同盟関係があったとしても、農民一揆と戦争を同列に扱うことはできない。

「一揆」と「戦争」の本質的な違いを示す明らかな事実を示しておきたい。

阿蘇の農民一揆は、富裕者を襲ってその借金を踏み倒し財産を奪ったが、人命を奪った事実は一切ない。阿蘇谷の農民一揆では、「殺《あや》めるな」という規制が働いていたことは、良く知られている。南郷谷でも打ち壊そうとする家の家族が、手を合わせて許しを乞えば、少しの打ち壊しですませる「度量」さえあった。

ところが、西南戦争を通じて、いったいどれほどの人が犠牲になったか。黒川口の戦闘では、薩摩軍、政府軍の双方に多数の死者が出た。長野村の住人たちは、その遺体の処理に動員された。阿蘇では、薩摩軍によって住民が殺害される事件も起きている。光雲寺の見妙も拷問のあげく、それがもとで翌年に死亡している。また、軍夫に動員された者も戦場で多数犠牲になっている。戦場となった熊本・宮崎・鹿児島・大分では、軍夫の墓が点在する。西南戦争では、兵士だけでなく、軍夫・人夫や一般住民にも多数の犠牲がでたのである。

世界晩方の如し

阿蘇一揆が最高潮に達し、豊後口警視隊が入ってきてそれが沈静化し、その後黒川口で薩摩軍と警視隊の戦闘が行われた。この一連の事件は、ほんの十日くらいの間の出来事である。村が戦場になるなど、これまで経験したことがなかった。長野村の人びとにとって、これは未曾有の出来事であった。

『内匠日記』は日付の次に、かならず天気が書かれている。「晴」「曇」「雨」「風」「暑」「寒」などの語を組み合わせて、至極客観的に簡潔に書かれている。ところが、黒川口の戦いの三日後、三月二十一日の天気には「雨降土降世界晩方の如し」(二月七日)と書かれている。「雨降」は分かる。しかし「土降」とは、如何なる意味なのか。さらに「世界晩方の如し」とは?単に「土砂降りで暗い」と言っているだけなのか?しかし筆者には、ここに内匠翁が近代=新しい時代を迎えての感慨を、象徴的な言葉で語っているのではないかと思えてならない。「世界」は世の中、「晩方の如し」を真っ暗闇だと言い換えると、「世の中は闇だ」と言っているように思えるのである。

『内匠日記』を読むと、けっして平穏な暮らしだったとは言えない。しかし、不作で食べるにも事欠くような年があっても、村びとはみなで助け合いながら何とか暮らしてきた。

しかし、この村でも農民層の分解は着実にすすみ、地主が土地を集積するいっぽう、貧しい農民も増加した。藩の財政悪化による、各種雑税の賦課も農民の生活を圧迫した。そこへ西南戦争がはじまり、権力の空白がうまれた。これは農民一揆を誘発する効果を持った。そして村は、大規模な農民一揆をはじめて経験した。そこへ薩摩軍と警視隊が入ってきて、村は戦場になった。老いた内匠翁が、新しい世の中に期待するのではなく、「えらい世の中になった。ああ、世の中は真っ暗だ」と嘆息したとしても不思議ではない。内匠翁は、新しい時代をこのような感慨を持って迎えたのではなかろうか。

あとがき

『長野内匠日記』の存在は、大学に入って歴史学の勉強をはじめてしばらくたった、学生の頃に知った。もう、三〇年ほど前のことである。しかしその日記は、長野内匠の御子孫の手もとにあり、直接見る機会はなかなか訪れなかった。私自身も求めて見に行くことはなかった。その『内匠日記』とはじめて出会うことができたのは、『長陽村史』の編纂過程においてであった。『長陽村史』の仕事では、時間が限られた中で大部の原稿（近世後期から近現代を担当）を書くことが求められたので、『内匠日記』そのものは一通り読んで付箋を付けて、原稿に少しずつ引用するのが関の山だった。とはいえ、日記の質は極めて高く、自分の育った村に思いを重ねると、イメージが次々と湧いてきた。

『長陽村史』が終わってからも、大分県の『竹田市史』や大分県先哲叢書の『堀悌吉』（大分県教育委員会、平成二十三年）などを手がけたこともあって、なかなかこの日記に取り組めなかった。しかしこの間、時間を見つけては『内匠日記』をパソコンに入力し、自分だけの「データベース」を作った。実は歴史史料をどのようにデータとして扱って良いかも分からず、「とりあえずパソコンに入力すればあとで使うのに便利かな」と思ったくらいで、その作業をはじめたのだった。日記のすべてを入力する作業には、四～五年ほど費やしたであろうか。この間、構想を少しずつ暖めながら。日記を読むと驚きと疑問の連続だったが、いつも「知的興奮」の中で、遊んでいるような感覚にとらわれた。特に謎が解けたときの快感は、何とも言えないものだった。そして原稿を書きはじめたのは、『堀悌吉』を終えてからである。だから、平成二十三年の夏頃からである。

『内匠日記』を改めて読みながら、そしてパソコンに入力しながら、いろいろな疑問が湧いてきた。筆者は「長野村」に生まれて、四半世紀ほどそこで暮らした。にもかかわらず、その村のことはほんの少ししか知らなかったことを改めて痛感させられた。なじみのある地名や人名が出てくるのだが、何も知らないことに気付いた。誰かに聞きたい衝動に駆られ、母親にいろいろな質問を浴びせた。母親は、この本を執筆するにあたって重要な「相談役」であった。しかし筆者の母親は、久木野村の出である。かゆいところに手が届かない、そんな感じがぬぐえなかったことも確かだ。「(平成八年に死んだ) 父親が生きていれば」と、何度思ったことであろう。

しかし導きの糸は、ほかにもいろいろあった。特に『長陽村史』編纂室のみなさんが収集してくれた近世から近代の史資料。そして編纂室の中心におられた、藤岡美寿夫先生のまとめられた文章やアドバイスである。藤岡先生は、筆者の中学生時代の恩師である。だが藤岡先生は、実は元理科の先生なのである。その先生が、退職後に古文書読解の勉強を一から始められたというのは、あとで聞いた話である。いまさらに、その熱意とおそらく「非常な御努力」には頭が下がる思いである。そうして『長陽村史』のころには、『内匠日記』の読み下しもほぼ出来上がっていたのである。

長野内匠のことは、父親からも少し聞いたことがある。内匠の言葉、「文明の風は娑婆を滅ぼす」。父親から聞いたはずだが、いつ聞いたのかも、そもそも本当にこんな事を言ったのかも分からない。全くの「伝聞」である。しかし、何かこの言葉は印象深く、その後もずっと記憶に残ったのである。この言葉をそのまま受けとるなら、内匠翁 (あえてそう言いたい) は、近世から近代の激動期を生きて、「近代化」に疑問を感じていた、と言うことになろうか。西南戦争の最中にも「世界晩方の如し」という謎めいた言葉を日記に書き付けている。「晩方の如し」を「闇のようだ」と受けとれば、やはり泰平の世のあとにやって来た長野村での戦争に、絶望感さえ持っていたということになる。そして内匠翁と長野家も、村の中での近世期のような光=存在感を次第に失ってゆく。阿蘇家の家来としての地位も失せ、阿蘇家との関係も希薄になって行く。内匠翁と長野家にとって、近世から近代への変化は、実に大きい。だがそれは、長野村にとっても同じ事であった。

『内匠日記』を紐解きながら、近世から近代の長野村を描いてきて、近世は「実に貧しい時代」だったと思う。これが実感である。しかし生活は貧しいながらも、争いは少なく、村びとはお互いに助け合いながら暮らしていたように感じた。そんな安定した村が、近代という時代に放り出された途端に、その激しい流れに翻弄される様をみた。特に阿蘇一揆と西南戦争は、その最たるものである。筆者は、「歴史の進歩」には、大局において信頼をおいている者である。しかし長野村の人びとにとって、近代は必ずしも「進んだ時代」ではなかった。また「現代の貧困」を目の当たりにするとき、その信頼が、さらに揺らぐことしばしばである。

近世から近代への移行期研究は、近年格段に進歩している、と思っている。佐々木潤之介の「世直し状況論」が描いた、近世から近代へのイメージを多くの研究者が克服しようとした、その成果である。しかし、昨今の「近世に近代が準備されている」「日本の近世は進歩していた」式の議論には、しばしば違和感を感じるときがある。要するにどこをみて、どの「部分」をみてそう言っているのか、と言うことである。最近の近世の研究者の目は、その多くがいわゆる「中間層（団体）」に向けられているように思う。そして中間層（団体）の行政能力の高さや、中間層（団体）で構成される地域行政システムの進歩性、中間層（団体）の立案した政策が藩政や幕政にも反映されていた、ことなどが見いだされてきた。それはそれとして、事実であることに異論はない。しかしそこには、貧しい小村の、一揆にまで追いつめられていく人びとへのまなざしはない。もちろん歴史は、総合的に捉えられなければならないから、「中間層（団体）」と貧困にあえぐ人びとの両方に立脚した村落史を構成しなければならないだろう。ただ筆者は、近世から近代になって、「生活者」の暮らしがどれくらい豊かになったのだろうか、と思うのである。資本主義国家（または「国民国家」と言っても良い）の属性とはいえ、近代的政治システムの構築、生産力の驚くべき向上、その裏で「国民」は資本の奴隷となり対外戦争では死を強制される。いったい近世から近代へ、社会全体としては、何が進歩し何が進歩しなかったのか。

話が少し飛躍したかも知れない。

筆者は、歴史研究を職業としてはいない。またこの本は、研究書（専門書）ではない。一般読者むけに読みやすく書いた。『内匠日記』という史料を読み解きながら、史料に基づいて描いた、「近世から近代の長野村の物語」である。かなり推測や憶測も交えたが、史料に基づいて述べたつもりである。

なるべく『内匠日記』の全貌がみえるように、書いてきた。しかし筆を擱くにあたり、まだまだ書き果せなかった部分が多々あることに、忸怩たる思いはある。しかしここらあたりが、今の筆者の能力の限界でもある。今回この本で触れられなかった出来事などは、また少しずつまとめて行きたいと思う。

学生時代から、そして大学を出てからも、公私ともにお世話になりっぱなしなのが、猪飼隆明先生である。先生には、一介の高校教師にすぎない筆者を、いろいろな研究会にお誘いいただいた。そんな研究会に参加することで、新しい研究状況や史料に触れることができた。また、自治体史の編纂に声をかけていただいたことも何度かある。さらに先生の著作を、出版のたびごとに頂戴した。そしてお会いする度に、いろいろなご助言をいただいた。この本も例外ではない。先生にいただいた「学恩」は、限りがない。ただ、先生の「私は弟子は持たない」というお言葉は意味深く、いまも肝に銘じているつもりである。

最後に、刊行にあたりいろいろな助言をいただき、また出版事情の悪い中、本書の刊行を引きうけていただいた弦書房の小野静男氏にお礼を申し上げます。

【主要参考文献】

本書全体にかかわるもの

『長陽村史資料集第一集』長陽村教育委員会、平成十六年
『同二集』長陽村教育委員会、平成十六年
『同三集』長陽村教育委員会、平成十六年（以上『内匠日記』）
『肥後読史総覧』鶴屋百貨店、一九八三年
『長陽村史』長陽村史編纂室、平成十六年
『角川日本地名大辞典 43 熊本県』角川書店、昭和六十二年
『熊本藩年表稿』細川藩政史研究会、一九七四年
本田秀行『阿蘇南郷谷史覚書』自費出版、昭和五十九年
『阿蘇郡長陽村是』明治三十六年、南阿蘇村教育委員会所蔵

はじめに

成松佐恵子『庄屋日記にみる江戸の世相と暮らし』ミネルヴァ書房、二〇〇〇年

第一章

松本寿三郎・吉村豊雄編『街道の日本史51　火の国と不知火海』吉川弘文館、二〇〇五年
吉村豊雄『幕藩制下の村と在町』一宮町史編纂委員会、平成十三年
渡辺尚志『百姓たちの江戸時代』ちくまプリマー新書、二〇〇九年
塚本学『生類憐みの政治学』平凡社、一九八三年
藤木久『刀狩り』岩波新書、二〇〇五年
武井弘一『鉄砲を手放さなかった百姓たち』朝日選書、二〇一〇年
『日本の近世一〇　近代への胎動』中央公論社、一九九三年

第二章

大藤修『近世村人のライフサイクル』山川出版、二〇〇三年
横田冬彦編『身分的周縁と近世社会5　知識と学問をになう人びと』吉川弘文館、二〇〇七年
瀬戸口明久『害虫の誕生』ちくま新書、二〇〇九年

第三章

『熊本県阿蘇郡是』明治三十七年、一の宮町教育委員会所蔵
『熊本歴史叢書5　細川藩の終焉と明治の熊本』熊本日々新聞社、二〇〇三年
吉村豊雄『幕末武家の時代相（上）』清文堂出版、二〇〇七年
『長陽村史資料集第四集』長陽村教育委員会、平成十六年
鬼頭宏『人口から読む日本の歴史』二〇〇〇年、講談社文庫
渡辺尚志『百姓たちの江戸時代』筑摩書房、二〇〇九年
吉村豊雄『幕末武家の時代相（下）』清文堂出版、二〇〇七年
立川昭二『日本人の病歴』中公新書、一九七八年
『復刻・増補　寿賀廼舎日記抄』大津町教育委員会、平成五年
菅野則子『江戸の村医者』新日本出版社、二〇〇三年
池辺伸一郎・藤岡美寿夫「文化十三年（一八一六）の阿蘇『湯の谷大変』―古文書・絵図資料による水蒸気爆発記録―」『火山』第四六巻四号二〇〇一年
兵藤晶子『精神病の日本近代』青弓社、二〇〇八年
藤木久志『中世民衆の世界』岩波書店、二〇一〇年
『日本史大事典』平凡社、一九九三年
『新熊本の歴史5』熊本日日新聞社、昭和五十五年
水本邦彦『草山の語る近世』山川出版社、二〇〇三年
熊本県高等学校地歴・公民科研究会日本支部会編『熊本県の歴史散歩』山川出版社、二〇一〇年
豊田寛三ほか編『大分県地方史史料叢書（九）』所収「高田風土記」昭和五十七年
赤坂憲雄『東西／南北考』岩波書店、二〇〇〇年

『精選日本民俗辞典』吉川弘文館、二〇〇六年
宮地正人『幕末維新期の文化と情報』名著出版、一九九四年
島通夫「北原人形芝居おぼえがき」『大分県地方史』七六号、昭和五〇年
董振江「天草の人口問題」、『天草諸島の文化交渉学研究』関西大学、二〇一一年
中村正夫「徳川期天草島における出稼の諸相」『熊本大学教育学部紀要第五号』一九五七年
『日本宗教事典』弘文堂、平成六年
『大分県歴史事典』ＯＢＳ大分放送、一九九〇年
高埜利彦編『民間に生きる宗教者』吉川弘文館、二〇〇〇年
吉村豊雄『中村恕斎日録抄（上）』清文堂出版、二〇〇七年
水野公寿編著『西南戦争期における農民一揆』葦書房、昭和五十三年

第四章

山本俊一『日本コレラ史』東京大学出版会、一九八二年
石井寛治『大系日本の歴史12開国と維新』小学館、一九九三年
内山幹生「第一次長州征討にみる熊本藩の兵站」、『熊本史学』九二号、二〇一〇年
三沢純「幕末維新期熊本藩の『在地合議体制』と政策形成」『熊本藩の地域社会と行政』思文閣出版、二〇〇九年
『新熊本市史通史編第五巻　近代Ｉ』新熊本市史編纂委員会、平成十三年
奥武則『文明開化と民衆』新評論、一九九三年
『熊本県史料集成第三巻　白川県下区画便覧』談義社、昭和二十七年
豊田武『苗字の歴史』中公新書、一九七一年
藤木久『刀狩り』岩波新書、二〇〇五年
猪飼隆明『西郷隆盛』岩波新書、一九九二年
『南郷騒動見聞書・薩州と上方勢合戦聞書』（長野立春氏所蔵）
水野公寿『西南戦争と阿蘇』一の宮町史④、二〇〇〇年
田中悟『会津という神話』ミネルヴァ書房、二〇一〇年
川口武定『従西日記』熊本市教育委員会、一九七八年（一八八八年、青潮社復刻）
猪飼隆明『西南戦争』吉川弘文館、二〇〇八年
牧原憲夫『客分と国民のあいだ』吉川弘文館、一九九八年
渡辺尚志『百姓たちの幕末維新』草思社、二〇一二年
水野公寿『西南戦争期における農民一揆』葦書房、一九七八年
上杉聰「大分県屠牛反対一揆のとらえ方」『おおいた部落解放史』第八号、一九八九年
『明治十年騒擾一件』青潮社、平成十年

〈著者略歴〉

長野浩典（ながの・ひろのり）

一九六〇（昭和三十五）年、熊本県南阿蘇村（旧長陽村）生まれ

一九八六（昭和六十一）年、熊本大学大学院文学研究科史学専攻修了（日本近現代史専攻）

現在　大分東明高等学校教諭

主要著書　『街道の日本史　五十二　国東・日田と豊前道』（吉川弘文館、二〇〇二年）

『熊本大学日本史研究室からの洞察』（熊本出版文化会館、二〇〇五年）

『緒方町誌』（二〇〇一年）

『長陽村史』（二〇〇四年）

『竹田市誌』（二〇〇九年）、以上共著。

『大分県先哲叢書　堀悌吉（普及版）』（大分県立先哲史料館編、二〇一一年）

ある村の幕末・明治
《『長野内匠日記』でたどる75年》

二〇一三年八月五日発行

著　者　長野《なが》《の》浩典《ひろのり》

発行者　小野静男

発行所　株式会社　弦書房

（〒810・0041）

福岡市中央区大名二―二―四三

ELK大名ビル三〇一

電　話　〇九二・七二六・九八八五

FAX　〇九二・七二六・九八八六

印刷
製本　シナノ書籍印刷株式会社

落丁・乱丁の本はお取り替えします。

©Nagano Hironori 2013

ISBN978-4-86329-091-4　C0021

◆弦書房の本

幕末の魁《さきがけ》 維新の殿《しんがり》
徳川斉昭の攘夷

小野寺龍太 幕末期、他藩に魁け重要な役割を果たしながら藩主徳川斉昭が主導した「攘夷」という主義に殉じた水戸藩からみた異色の幕末維新史。複雑な人間模様から藩士たちの変転する思想と行動を読み解き維新前夜を再考する。〈A5判・304頁〉 **2520円**

幕末のロビンソン
開国前後の太平洋漂流《ロビンソン・クルーソー・ゲーム》

岩尾龍太郎 寿三郎、太吉、マクドナルド、万次郎、仙太郎、吉田松蔭、新島襄、小谷部全一郎。激動の時代、歴史に振り回されながら、異国で必死に運命を切り開き、生き抜いた、幕末の漂流者たちの哀しく雄々しい壮絶なドラマ。〈四六判・336頁〉 **2310円**

江戸という幻景

渡辺京二 人びとが残した記録・日記・紀行文の精査から浮かび上がるのびやかな江戸人の心性。近代への内省を促す幻景がここにある。西洋人の見聞録を基に江戸の日本を再現した『逝きし世の面影』著者の評論集。〈四六判・264頁〉 **【6刷】2520円**

長崎蘭学の巨人
志筑忠雄とその時代

松尾龍之介 ケンペルの『鎖国論』を翻訳し〈鎖国〉という語を作った蘭学者・志筑忠雄（1760〜1806）。長崎出島の洋書群の翻訳から宇宙を構想し、〈真空〉〈重力〉〈求心力〉等の訳語を創出、独学で世界を読み解いた鬼才の生涯を描く。〈四六判・260頁〉 **1995円**

東京の片隅からみた近代日本

浦辺登 日本の「近代化」の中心・東京を歩く。都心に遺された小さな痕跡を手がかりに〈近代〉を読み解く。歴史の表舞台には出てこない土地の片隅にひっそりと息づいている有形無形の文化遺産は何を語るのか。〈四六判・256頁〉 **2100円**

霊園から見た近代日本

浦辺登　谷中霊園、泉岳寺、木母寺……墓地を散策し思索する。墓碑銘から浮かびあがる人脈と近代史の裏面を《玄洋社》をキーワードに読み解く。「青山霊園を巡っただけで、明治アジア外交史が浮かび上がる」おもしろさ。（荒俣宏評）〈四六判・240頁〉**1995円**

幕末の外交官　森山栄之助

江越弘人　ペリー・ハリス来航以来、日米和親条約、日米修好通商条約など、日本開国への外交交渉の実務を全て取り仕切った天才通訳官の生涯。諸外国での知名度に比して日本では忘れられてきた森山の功績を再評価する。〈四六判・190頁〉**【3刷】1890円**

近代をどう超えるか

渡辺京二対談集

江戸文明からグローバリズムまで、知の最前線の7人と現代が直面する課題を徹底討論。近代を超える様々な可能性を模索する。**【対談者】**榊原英資、中野三敏、大嶋仁、有馬学、岩岡中正、武田修志、森崎茂〈四六判・208頁〉**【2刷】1890円**

中原中也と維新の影

堀雅昭　維新の影を追い続けた長州藩士の末裔、中原中也。その詩に宿るキリスト教と東洋的美意識（もののあはれ）を読みときながら、幕末維新の精神史をも探る異色の評伝。〈A5判・272頁〉**2310円**

太宰府天満宮の定遠館

遠《とお》の朝廷《みかど》から日清戦争まで

浦辺登　古代の防人、中世の元寇と神風伝説、近世から幕末維新、近代までの太宰府の通史を描き、日清戦争時の清国北洋艦隊の戦艦《定遠》の部材を使って天満宮に建てられた知られざる戦争遺産・定遠館の由来を探る。〈四六判・176頁〉**1890円**

＊表示価格は税込